علم اجتماع الدين

دار جامعة حمد بن خليفة للنشر
صندوق بريد 5825
الدوحة، دولة قطر

www.hbkupress.com

الطبعة العربية الأولى عام 2020

الترقيم الدولي: 9789927141171

تمت الطباعة في الدوحة، قطر.

مكتبة قطر الوطنية بيانات الفهرسة – أثناء – النشر (فان)

المولى، سعود، 1953- مؤلف.

علم اجتماع الدين / إعداد د. سعود المولى. الطبعة العربية الأولى. – الدوحة، دولة قطر : دار جامعة حمد بن خليفة للنشر، 2020.

صفحة ؛ سم

تدمك 978-992-714-117-1

1. الاجتماع الديني، علم. أ. العنوان.

BL60 .M39 2020

306.6 – dc23 201927525478

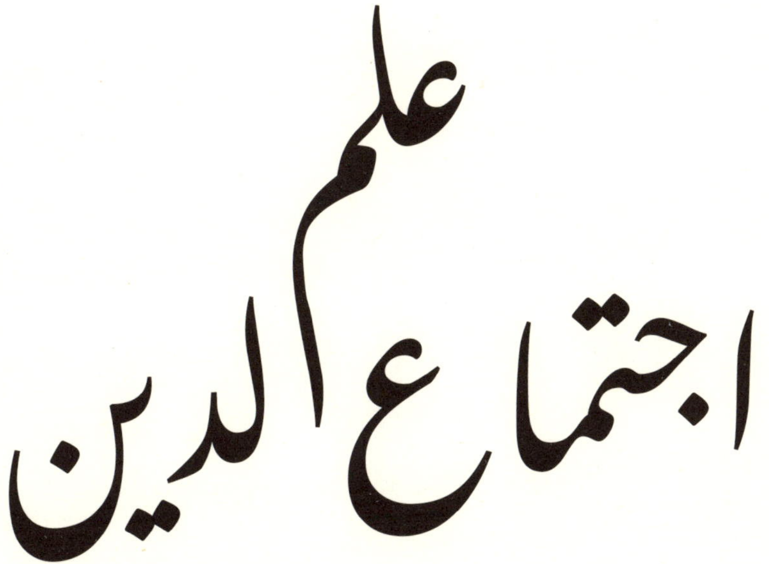

إعداد: د. سعود المولى

دار جامعة حمد بن خليفة للنشر
HAMAD BIN KHALIFA UNIVERSITY PRESS

المحتويات

هذا الكتاب

هو حصيلة تدريس مادة علم اجتماع الدين، وفلسفة الدين، وسياسيات الدين، والإلهيات وعلم الكلام، وفلسفة الفكر الديني، وحوار الأديان، وعلم الأديان المقارن، وذلك في الجامعة اللبنانية أولًا، ثم في العديد من الجامعات الأخرى؛ في لبنان (اليسوعية، الأميركية، هايكازيان، البلمند، الحكمة، الإسلامية)، وفي أميركا (إنديانا وبوسطن)، وفرنسا (جامعة باريس 12: جان مونيه)، وقطر (معهد الدوحة للدراسات العليا)، لمدة تقارب الثلاثين سنةً. وقد ارتأيت جمع هذه المادة المتنوعة المتناثرة على امتداد الدروس المختلفة التي كان عليَّ تحضيرها وتقديمها بأُفق بنَّاء ومعرفة نقدية عملية، بحيث تكون ذات فائدة لطلاب علم الاجتماع وعلم السياسة وعلم الأديان المقارن، ولكل من يريد البحث في أمور الاجتماع الديني السياسي للبلاد العربية والإسلامية.

قِسْمٌ كبير من هذه المادة هو من تأليفي، وقِسْمٌ آخر هو ترجمات لنصوص كثيرة، خصوصًا في النظريات والمقاربات الغربية.

أُهدي هذا العمل إلى ذكرى الأصدقاء:

أحمد سويدان، وبلال مطر، وعلي فاعور، وحسين حمية، وسامي زين الدين.

وإلى زملائي في معهد العلوم الاجتماعية بالجامعة اللبنانية الفرع الأول الأساتذة الذين تعلمتُ منهم الكثير وما زلت أتعلم كل يوم: سهيل القش، ورفعت الضيقة، ونظير جاهل، وحسن الضيقة، ومحمد دكروب، وشوقي الدويهي، ونجيب عيسى، وأحمد بيضون، ووضاح شرارة، وماري أشقر...

والمرحومين الأساتذة: هيام المولى، وماري فرانس جيبازي، ومحمد سويد، وحسن قبيسي، ونزار إسماعيل، ونبيل سليمان.

إليكم هذا العمل المتواضع عربون وفاء لذكرى أيام من العمر لا تُمحى من الذاكرة...

الفصل الأول
عن الدين والسوسيولوجيا

1- عن الدين والتدين في الثقافتين العربية والغربية

أ- أصل الكلمة العربية[(1)]

الدين في مصطلح اللغة العربية: العادة والشأن. والتدين: الخضوع والاستعباد. من دان خضع وذل، ودان بكذا فهي ديانة وهو دين، وتديَّن به فهو متديِّن. وجمع كلمة دين: أديان. فيقال: دانَ بديانة وتدَّين بها، فهو متديِّن، والتديُّن: إذا وكل الإنسان أموره إلى دينه. يقال: «دان بكذا ديانة، وتَديَّن به، فهو دَيِّن ومُتدَيِّن». ودانه دينًا، أي: «أذلَّه واستعبده». قال أبو عبيد: قوله: «دان نفسه، أي: أذلّها واستعبدها». (هذه العبارة جزء من حديث: «الكيس من دان نفسه وعمل لما بعد الموت». رواه الترمذي في سننه؛ كتاب: صفة القيامة والرقائق والورع. باب: ما جاء في صفة أواني الحوض)[(2)]. «وقيل: حاسبها. والدين: الورع والطاعة»[(3)]. وذُكِرَ أن: «الدين: الجزاء، الإسلام، العادة، العبادة، الطاعة، الذُّل، الدَّاء، الحساب، واسم لجميع ما يُتَعَبَّدُ الله به»[(4)].

---

(1) انظر خصوصًا: ابن منظور (أبو الفضل جمال الدين محمد بن مكرم) لسان العرب، دار صادر بيروت طبعة 2003 في 15 جزءًا، الجزء الخامس، حرف الدال، دين، ص 338-340.

(2) مصطفى حلمي: الإسلام والأديان. دار الدعوة، الإسكندرية. ط3، (1422هـ/ 2002م). ص: 13.
مصطفى حلمي: الإسلام والمذاهب الفلسفية المعاصرة. دار الدعوة، الإسكندرية. (1046هـ/ 1986م) ص: 70-74.
وأيضًا: محمد البهي: الإسلام في الواقع الأيديولوجي المعاصر. مكتبة وهبة، القاهرة. ط2. (1403هـ/ 1982م). ص: 112-115.

(3) ابن منظور. المرجع السابق نفسه.

(4) الفيروزآبادي (مجد الدين محمد بن يعقوب الشيرازي): القاموس المحيط. الهيئة العامة للكتاب، ط (1400هـ/ 1980م). نسخة مصورة عن الطبعة الثالثة للمطبعة الأميرية عام 1302هـ - القاهرة. ج4. مادة: دين. ص: 221.
وقارن: د. محمد الزحيلي: وظيفة الدين في الحياة. دار القلم، دمشق. ط2. (1407هـ/ 1987م). ص: 13.

ينبني على الدين المكافأة والجزاء، أي يُجازَى الإنسان بفعله وبحسب ما عمل عن طريق الحساب. ومنه صفة الديَّان التي يطلقها الناس على خالقهم.

إذن الدلالات اللغوية المختلفة تُبيِّن أنَّ الدين اسم عام يُطلق في اللغة العربية على كل ما يُتعبَّدُ الله تعالى به. كما يُطلق على مَعَانٍ عدة، منها: المُلْك، والسلطان، والقهر، والطاعة، والقضاء، والعادة، والمذهب، والشريعة، والملة[1]. «والمتأمِّل فيما ذكرته المعاجم اللغوية لمعاني كلمة الدين، يجد أن هذه المعاني كثيرة وبعيدة عن بعضها؛ لذا فالمعاجم اللغوية لا تضع أيدينا على المعنى اللغوي المراد -بمفهومه الدقيق- لتعريف كلمة الدين، وإنما تكشف لنا عن الوجوه المُتشعِّبة لمعاني هذه الكلمة. ونلتمس لهذه المعاجم العذر؛ لأنَّها وُضِعت لضبط الألفاظ، لا لتحديد المعاني»[2].

يقول محمد عبد الله دراز: «إن كلمة الدين من أكثر الكلمات استعمالًا، في القديم والحديث، ومن أكثر الكلمات ذُيوعًا وانتشارًا في دنيا الناس، ومَنْ أحب أن يتعرَّف كُنْهَ الأديان التي ظهرت في الوجود، يَجْمُل به أن يوفر همَّته -قبل كل شيء- على تَعَرُّف المعنى الكليِّ الذي يجمعها، والقدر المشترك الذي تَنْطوي عليه في جملتها. ومن الواضح أنه وإن تفاوتت الأديان في نفسها، أو في مصادرها، وأهدافها، وقيمتها فإنها كلها يجمعها اسم «الدين»، ولا بُدَّ أن تكون هناك وَحْدة معنوية تنتظمها، ويُعبَّر عنها بهذا الاسم المشترك»[3].

ويجمِل محمد عبد الله دراز التعريفات المختلفة بقوله: «إن الدين هو الاعتقاد بوجود ذات أو ذوات غَيبية عُلوية، لها شعور واختيار، ولها تصرف وتدبير للشؤون التي تعني الإنسان. اعتقاد من شأنه أن يبعث على مناجاة تلك الذات السامية في رغبة ورهبة»[4].

---

(1) رشدي عليان، سعدون الساموك: الأديان، دراسة تاريخية مقارنة. ط 1976م. دار الحرية - بغداد. القسم الأول، ص: 19.

(2) محمد عبد الله دراز: الدين، بحوث ممهدة لدراسة تاريخ الأديان، دار المعرفة الجامعية. الإسكندرية 1990م. ص: 21-22.

وأيضًا: د. محمود بن الشريف: الأديان في القرآن. دار عُكاظ، جدة. 1979م. ص: 20.

(3) محمد عبد الله دراز: الدين، المرجع السابق، ص: 21.

(4) محمد عبد الله دراز: الدين. المرجع السابق نفسه.

أما الإسلاميون فقد ذكروا تعريفاتٍ مختلفةً في ألفاظها متحدةً في معانيها؛ وهي:

- أن الدين وضع إلهي سائق لذوي العقول السليمة باختيارهم إلى الصلاح في الحال، والفلاح في المآل[1].
- أن الدين وضع إلهي رائد لذوي العقول إلى الحق في الاعتقادات، والسلوك والمعاملات[2].
- أن الدين وضع إلهي يدعو أصحاب العقول إلى قَبُول ما هو عند الرسول[3].
- أن الدين وضع إلهي يُحْسِن الله تعالى به إلى البشر، على لسان واحد منهم، لا كسب له فيه، ولا صُنْع، ولا يُنْقل إليه بتلَقٍ، ولا تعلُّم[4].

ب- أصل المصطلح الغربي وتعريفاته

المصطلح اللاتيني (religiō) هو الأصل لمصطلح (religion)، حيث انتقل عبر الفرنسية القديمة/ اللاتينية الوسطى[5] ولا يُعرف بالضبط أصله الإيتيمولوجي (الإيتيمولوجيا هي علم أصول الكلمات وتاريخ الألفاظ، أو التأصيل أو التأثيل...إلخ)، وقد ظهر في مطلع القرن الأول للميلاد في اللاتينية الكلاسيكية السائدة في بداية الإمبراطورية الرومانية، خصوصًا

---

(1) محمد علي التهَانَوي: كشاف اصطلاحات الفنون والعلوم. تقديم: رفيق العجم. تحقيق علي دحروج. مكتبة لبنان - بيروت. 1996م. ج1، ص: 814.
وأيضًا: د. محمد عبد الله دراز: الدين. ص: 26.
وانظر: د. عبد المقصود عبد الغني: في الفكر الإسلامي الحديث. مكتبة الزهراء، القاهرة. (1416هـ/ 1996م). ص: 171.

(2) محمد عبد الله دراز: الدين، ص: 26.

(3) الجرجاني (علي بن محمد بن علي، ت 816هـ): التعريفات. تحقيق: إبراهيم الإبياري. دار الريان للتراث، القاهرة. د. ت. ص: 142.
وأيضًا: أمين الخولي: تاريخ المِلل والنِّحل. ص: 46-47.

(4) الشيخ محمد عبده (ت 1323هـ): تفسير المنار، ط 1973م. القاهرة. ج2، ص: 69.

(5) يقول يوهان هويزينغا إن الاستخدام القروسطي للمصطلح يتماهى مع «نظام أو سلك» إشارة إلى جماعات مترابطة على غرار سلك الرهبنة ونظامها. فنحن نسمع عن «الدين» في أسطورة صولجان الصوف الذهبي (من الميثولوجيا الإغريقية)، أو عند فرسان الآفيز (سلك فرسان برتغالي تابع لسلالة الآفيز التي حكمت البرتغال بين 1385 و1580).
Johan Huizinga. *The Waning of the Middle Ages* (1919) Reprint of the Edward Arnold & Co., London, 1924 edition., p.75.

عندما استخدمه شيشرون بمعنى «الالتزام الصارم بتطبيق الشعائر التقليدية»[1].

وبحسب شيشرون نفسه فإن المصطلح يأتي من re أي إعادة وتكرار + Lego أي بمعنى اختار، تفكر وتدبر تكرارًا. ولدى العلماء المعاصرين مثل توم هاربور Tom Harpur وجوزيف كمبل Joseph Campbell أن الأصل من (ligo) أي ربط، وليس (Lego). وبالتالي فهي من (re-ligare) أي إعادة الربط والوصل مجددًا، وهذا ما أكده القديس أوغسطين ملتحقًا بتفسير لاكتانتيوس[2].

في دراسات وبحوث حديثة يبدو أن الكلمة القديمة والوسيطة (religio) كان جذرها اللاتيني يُفهم على أنه فضيلة شخصية في العبادة في سياقات دهرية وليس كعقيدة أو ممارسة أو مصدرًا للمعرفة[3].

وعلى العموم فإن الكلمة (religio) كانت تُشير إلى التزامات اجتماعية واسعة حيال أي شيء مثل العائلة والجيران والحكام، وأيضًا تجاه الله[4]. وقد استخدمها الرومان القدماء غالبًا بمعنى خارج إطار العلاقة بالله، وإنما كأصناف من العواطف والمشاعر العامة مثل التردد والحذر والخوف والشعور بالارتباط والارتهان والانضباط والانصياع وهي مشاعر ناجمة عن الانتباه العالي لضبط النفس في أي سياق دهري[5].

وقد ارتبط المصطلح بمصطلحات أخرى مثل الدقة والحذرة، وبعض المؤلفين الرومان كان يربطون في أحيان كثيرة مصطلح الشك والوسواس أو التطير (superstitio) مع ما يتعلق به من خوف وسرساب وقلق وشعور بالعيب والعار، بمصطلح روليجيو هذا[6] (religio).

(1) scrupulous or strict observance of the traditional cultus.

(2) Thomas William Harpur. The Pagan Christ: Recovering the Lost Light. Thomas Allen. Toronto. 2004. Joseph Campbell; with Bill Moyers; Betty Sue Flowers, editor. *The Power of Myth*. New York, Doubleday 1988.

(3) Peter Harrison. The Territories of Science and Religion. University of Chicago Press. 2015. Jon Roberts. “10. Science and Religion”. In: Michael Shank; Ronald Numbers; Peter Harrison. *Wrestling with Nature: From Omens to Science*. Chicago: University of Chicago Press. 2011., p. 254.

(4) John Morreall; Tamara Sonn. “Myth 1: All Societies Have Religions”. In: 50 Great Myths about Religions. Wiley-Blackwell. 2013., pp. 12–17.

(5) Carlin Barton; Daniel Boyarin. “1. ‘Religio’ without “Religion””. In: *Imagine No Religion: How Modern Abstractions Hide Ancient Realities*. Fordham University Press. 2016., pp. 15–38.

(6) Barton and Boyarin. ‘Religio’ without “Religion”. pp. 15–38.

استخدم شيشرون الكلمة (re lego) كما سبق القول بمعنى إعادة أو تكرار الاختيار وجعل معنى الدين (religio) «الممارسة الصحيحة للطقوس والشعائر في تقديس وعبادة الآلهة»[1]. أما الإمبراطور الروماني يوليوس قيصر فقد استخدمها لتعني «الزامات العهد أو القسَم/ حلف اليمين»[2]. واستخدمها بليني الأكبر (وهو عالم في التاريخ الطبيعي) لوصف تقديس الفيلة المفترض للشمس والقمر[3]. أما القديس أوغسطين فاستخدمها بحسب تفسير لاكتانتيوس لها[4] من حيث اشتقاقها من إعادة أو تكرار الربط والوصل (ligare)[5]. في اليونان القديمة كانت عبارة ثريسكايا (threskeia) اليونانية تترجم باللاتينية إلى (religio) وذلك في أواخر العصور القديمة. واستخدم المصطلح في اليونانية الكلاسيكية، ولكن يوسيفوس كان أول من أكثر من استخدامه، وذلك في القرن الأول للميلاد. وكان غالبًا ما يستخدم في تضاد مع مصطلح (deisidaimonia) الذي يعني الخوف الكبير أو الهلع[6].

وحين دخل المصطلح إلى اللغة الإنكليزية في حدود مطلع القرن الثالث عشر، بعبارة (religion) دين، أخذ معنى «الحياة النُسُكية في رهبنة ذات تقاليد ثابتة»[7]. ولم يستخدم مفهوم الدين المحدد، حيث الفصل بين الأشياء الدينية والأشياء الدنيوية قبل مطلع القرن السادس عشر، فصار التمييز حينها بين مجال الكنيسة ومجال السلطات المدنية[8].

---

(1) Cicero, De natura deorum II, 28.
http://penelope.uchicago.edu/Thayer/E/Roman/Texts/Cicero/de_Natura_Deorum/2A*.html.

(2) Julius Caesar. "Civil Wars – Book 1". *The Works of Julius Caesar:* Parallel English and Latin. Translated by McDevitte, W.A.; Bohn, W.S. Forgotten Books. 2007., pp. 377–378.

(3) Pliny the Elder. "Elephants; Their Capacity". *The Natural History.* Book VIII. Tufts University http://www.perseus.tufts.edu/hopper/text?doc=Perseus%3Atext%3A1999.02.0137%3Abook%3D8%3Achapter%3D1

(4) Lactantius in Divinae institutiones, IV, 28
http://www.newadvent.org/fathers/07014.htm

(5) The Pagan Christ… op.cit.
The Power of Myth… op.cit.

(6) Barton., op.cit., pp. 123–134.

(7) Huizing., op.cit., p. 86.
Morreall and Sonn., op.cit., pp. 12–17.

(8) ibid.
Barton., pp. 15–38.

التعريف الغربي الحديث لمفهوم الدين (religion) بوصفه تجريدًا يستتبع بالضرورة منظومات مميزة من المعتقدات أو العقائد، هو في الحقيقة اختراع حديث من اللغة الإنكليزية كان قد بدأ من خلال نصوص تعود إلى القرن السابع عشر نتيجة حوادث معينة؛ مثل انشقاق الكنيسة خلال عصر الإصلاح البروتستانتي والعولمة الناجمة عن عصر الاكتشافات التي استدعت الاتصال بالكثير من الثقافات الغريبة التي لا تتحدث باللغة الإنكليزية[1]. وهذا جعل البعض يقترح عدم صواب استخدام المصطلح (religion) للشعوب غير الأوروبية[2]. وقال آخرون إن استخدام المصطلح على الشعوب غير الأوروبية يشوه معنى إيمانها وأعمالها[3].

إذن المفهوم الغربي الحديث تَشَكَّل بينَ القرنين السادس عشر والسابع عشر[4]، على الرغم من أن الكتب الدينية القديمة مثل العهد القديم والعهد الجديد، وغيرها، لم تعرف مصطلح دينٍ أو مفهوم الدين بمعناه الغربي الحديث[5].

في العبرية لا يوجد معادل دقيق لكلمة دين الغربية (religion)، واليهودية لا تفرق بوضوح بين الهويات الدينية والقومية والإثنية[6]. فالمفهوم الرئيس الحاكم هو الهالاخاه (أي الشريعة)[7]

---

(1) Harrison… op.cit.
Roberts… p. 254.

(2) Daniel Dubuisson. *The Western Construction of Religion: Myths, Knowledge, and Ideology.* Baltimore, Md.: Johns Hopkins University Press. 2007
Timothy Fitzgerald. *Discourse on Civility and Barbarity*. Oxford University Press. 2007., pp. 45–46.

(3) Wilfred Cantwell Smith. *The Meaning and End of Religion.* Minneapolis: Fortress Press. 1991.

(4) Brent Nongbri. *Before Religion: A History of a Modern Concept.* Yale University Press. 2013., p. 152.

(5) Brent Nongbri. ibidem.
Morreall and Sonn. 50 Great Myths about Religions. p. 13.

(6) Hershel Edelheit, Abraham J. Edelheit, *History of Zionism: A Handbook and Dictionary,* p. 3, citing Solomon Zeitlin, *The Jews. Race, Nation, or Religion?* Philadelphia: Dropsie College Press, 1936.

(7) الهالاخاه (הַהֲלָכָה «السير» أو «المذهب») باللفظ الشرقي لها وهالوخ باللفظ الأشكنازي، أي الشريعة اليهودية وهي مجمع القوانين، التقاليد والإرشادات الدينية المفروضة (واجبة) على من يتمسك بالديانة اليهودية. وكلمة هالاخاه مشتقة من الفعل العبري (הָלַךְ، هالاخ) وتعني المشي أو المسير والترجمة الأدق لهالاخاه ليست «قانون» بل طريقة. والهالاخاه تشمل 613 وصية، وتعاليم التلمود والتعاليم الحاخامية التي تعرف بالميتزفا (מִצְוָה).

وهي التي توجه وتقود حياة الناس اليومية في العبادات والمعاملات[1]. ونحن نرى كيف يتعاطى اليهود عمومًا مع الهوية اليهودية باعتبارها هوية قومية/ إثنية مميزة لا تستتبع أو تلزمهم الزامات دينية طقوسية أو غيرها[2].

وحتى يوسيفوس نفسه استخدم في القرن الأول للميلاد الكلمة اليونانية (ioudaismos) أي اليهودية للدلالة على قومه، أي كمصطلح إثني وليس كمفهوم عن الدين بوصفه شبكة من العقائد والممارسات[3]. ولم يبدأ الكلام عن اليهودية كدين بالمعنى الحديث قبل القرن التاسع عشر، حيث بدأ اليهود يرونها ديانة مشابهة للمسيحية[4]. واستخدم المسيحيون الأوائل من ذوي الثقافة اليونانية -مثل سابقيهم هيرودوتس ويوسيفوس- في كتب العهد الجديد كلمة ثريسكايا اليونانية (threskeia) باعتبار أنها «الدين»، إلا أن العبارة كانت تُفْهَم بمعنى العبادة في القرون الوسطى. في القرآن نجد كلمة دين ونفهمها بالمعنى الحديث، ولكنها بقيت حتى منتصف القرن السابع عشر تعني الشريعة[5].

في السنسكريتية نجد كلمة «دارما» (dharma) المترجمة عمومًا على أنها «الدين»، في حين أنها تعني أيضًا الشريعة. ففي العصور الكلاسيكية لشعوب جنوب آسيا كانت دراسة القانون أو الشريعة تقوم على مفاهيم تتعلق بالتوبة والتكفير عن الأخطاء والخطايا من خلال التقوى وأيضًا ممارسات عامة عملية واحتفالية. وفي اليابان إبان العصور الوسطى كان هناك أيضًا اتحاد مشابه ما بين القانون الإمبراطوري وشريعة بوذا الكونية، ثم انفصل هذان المصدران من مصادر القوة والسلطة[6].

---

(1) Linda M. Whiteford; Robert T. Trotter II. *Ethics for Anthropological Research and Practice.* Waveland Press. 2008., p. 22.

(2) Joshua Ezra Burns. “3. Jewish ideologies of Peace and Peacemaking”. In Irfan Omar; Michael Duffey. *Peacemaking and the Challenge of Violence in World Religions.* Wiley-Blackwell.2015., pp. 86–87.

(3) Nongbri.op.cit.

(4) Burns, op.cit., pp. 86–87.

(5) Nongbri., op.cit.

(6) Toshio Kuroda. Translated by Jacqueline I. Stone. “The Imperial Law and the Buddhist Law”. *Japanese Journal of Religious Studies*.1996: 23.3–4.
Neil McMullin. *Buddhism and the State in Sixteenth Century Japan*. Princeton, N.J.: Princeton University Press, 1984.

لم يكن عند السكان الأصليين للقارة الأميركية (الهنود الحمر) مفهوم خاص عن «الدين»، وكل ما عدا ذلك هو محض فرض من المستعمر المسيحي الأبيض[1].

هكذا نجد أنه في أغلب الثقافات التي وُجِدَتْ في التاريخ القديم والوسيط لم يكن هناك التزام بالمعنى الغربي للدين وتصوراته، فهذه الشعوب لم تكن تفصل بين الحياة اليومية الدنيوية وطقوس المقدس. في القرنين الثامن عشر والتاسع عشر دخلت لأول مرة إلى اللغة الإنكليزية مفردات البوذية والكونفوشيوسية والطاوية والهندوسية وأديان العالم[2]. لم يكن ثمة مَن يعرف عن نفسه أنه هندوسي أو بوذي أو غير ذلك من تلك المفردات قبل القرن التاسع عشر[3]. فكلمة «هندوسي» استخدمت حتى ذلك الوقت بمعنى المكان والفضاء الثقافي، ثم صارت عَلَمًا على المعتقَد الديني للسكان الذين استوطنوا شبه القارة الهندية[4]. ولم يكن لدى اليابان طوال تاريخها أي مفهوم للدين طالما لم يكن هناك كلمة يابانية مطابقة

---

(1) Tink Tinker. "7. Irrelevance of euro-christian Dichotomies for Indigenous Peoples". In Irfan and Duffey., op.cit. p. 207.

(2) Harrison. The Territories of Science and Religion., op.cit.

أول مرة استُخدم فيها مصطلح بوذية كان عام 1801 تلاه مصطلح هندوسية عام 1829 وطاوية عام 1838 وزرادشتية عام 1854 وكونفوشيوسية عام 1863. وبحلول منتصف القرن التاسع عشر كانت هذه المصطلحات قد احتلت مكانها في معجم المصطلحات الإنكليزية وصارت مدلولاتها واضحة في أذهاننا.

Jason Ananda Josephson. *The Invention of Religion in Japan*. University of Chicago Press. 2012., p. 12.

Morreall and Sonn. 50 Great Myths about Religions. p. 12.

ظهرت تسمية «أديان العالم» عندما انعقد أول اجتماع «للبرلمان العالمي لأديان العالم» في شيكاغو في عام 1893، ولم يكن التمثيل شاملًا لكل الديانات في هذا البرلمان، وبالطبع سيطرت عليه الكنائس المسيحية مع حضور جيد لليهودية، في حين تمثل الإسلام بمندوب واحد من الأميركيين المسلمين. وتمثلت الهند لكل ما فيها من أديان بمعلم واحد وثلاثة من المعلمين البوذيين. ولم تتمثل ديانات شعوب الأميركيتين وإفريقيا. ولكن جرى في هذا المؤتمر تعريف ديانات الإسلام والمسيحية واليهودية والبوذية والهندوسية والكونفوشيوسية والطاوية باعتبارها أديانًا عالمية. وصارت تعرف أحيانًا في دراسات الأديان بالأديان السبعة الكبرى.

(3) Morreall and Sonn. 50 Great Myths about Religions. p. 14.

(4) Brian K. Pennington. *Was Hinduism Invented? Britons, Indians, and the Colonial Construction of Religion*, Oxford University Press, 2005., pp. 111–118.

Lloyd Ridgeon. *Major World Religions: From Their Origins to The Present*. Routledge. 2003., pp. 10–11.

لها ولا حتى قريبة من معناها. ولكن حين ظهرت السفن الحربية الأميركية على سواحل اليابان عام 1853، وأُجْبِرَت الحكومة اليابانية على توقيع معاهدات تطلب من بين أمورٍ عدةٍ حريةَ الدين، صار لزامًا على البلاد التعايش مع هذه الفكرة الغربية[1].

وبحسب فقيه اللغة ماكس مولر من القرن التاسع عشر، فإن جذر كلمة «دين» الإنكليزية (religion) أي الكلمة اللاتينية (religio) كانت تُستخدَم للإشارة فقط إلى احترام وتبجيل الإله أو الآلهة، والتفكر المتأمل بالأشياء الإلهية، والتقوى (والتي ذهب شيشرون لاحقًا إلى أن يستنبط منها معنى الجهد والاجتهاد)[2]. وقد وصف ماكس مولر العديد من الثقافات حول العالم -بما فيها مصر وفارس والهند- بأنها كانت تمتلك بنية سلطة مشابهة على هذا المستوى عبر التاريخ. فما يمكن نَعْتُهُ اليوم بالدين القديم كانوا هم يسمونه شريعة[3].

مصطلح «دين» (Religion) هو إذن مفهوم غربي حديث[4] لا نجد ما يوازيه من مفاهيم في العديد من الثقافات القديمة والراهنة وفي العديد من اللغات أيضًا. ولذا فقد قابل العلماء صعوبة في إيجاد تعريف دقيق له، حتى إن البعض استسلم وأعلن عدم وجود تعريف هكذا[5]؛ في حين رأى آخرون أنه بغض النظر عن التعريفات يبقى المصطلح غير ملائم لتطبيقه على الثقافات غير الغربية[6]. وقد تزايد عدد العلماء الذين أبدوا ويبدون تحفظاتٍ حول إمكان

---

(1) Josephson. The Invention of Religion in Japan., op.cit., pp. 1, 11–12.
^ Phil Zuckerman; Luke Galen; Frank Pasquale. "2. Secularity around the World". *The Nonreligious: Understanding Secular People and Societies*. Oxford University Press. 2016., pp. 39–40.

(2) Max Müller, *Natural Religion*. London: Longmans Green and Co. 1889, p. 33,
Charlton T. Lewis & Charles Short. *A Latin Dictionary*. Oxford, Clarendon Press, 1879. http://www.perseus.tufts.edu/hopper/text?doc=Perseus%3Atext%3A1999.04.0059%3Aentry%3D%2340976

(3) Max Müller. *Introduction to the science of religion.* London: Longmans Green and Co. 1882., p. 28.

(4) Timothy Fitzgerald. *Discourse on Civility and Barbarity*. Oxford University Press. 2007., pp. 45–46.

(5) Morreall and Sonn. 50 Great Myths of Religion. pp. 12–17.
Nongbri. Before Religion., op.cit.

(6) Andrew M. McKinnon. "Sociological Definitions, Language Games and the 'Essence' of Religion". Method & Theory in the Study of Religion, vol 14, no. 1, 2002., pp. 61–83.
Josephson. *The Invention of Religion in Japan*., op.cit., p. 257
Daniel Dubuisson. *The Western Construction of Religion*…op.cit.
Timothy Fitzgerald. *Discourse on Civility and Barbarity*., op.cit.

تعريف «جوهر الدين» من الذين يرون أن طريقة استخدامنا المصطلح اليوم هي تركيب ذهني مخصوص مبني حديثًا لا يمكن فَهمه ضمن السياق التاريخي في ثقافات كثيرة خارج الغرب، وحتى في الغرب نفسه قبل معاهدة وستفاليا 1648[1].

2- التعريفات الغربية المعاصرة

الدين هو نسق ثقافي من سلوكيات وممارسات محددة، وأخلاق، ورؤى كونية، ونصوص (كُتب مقدسة)، وأماكن مقدسة، ونبوات (أنبياء ورسل)، ونظم قِيميَّة وتنظيمات، جميعها تربط البشر بالعناصر الماورائية والخارقة أو الروحية. ولكن لا يوجد إجماع أكاديمي حول تعريف جامع مانع لما هو الدين حقيقة[2].

وقد تتضمن الأديان أو لا تتضمن عددًا من العناصر من مثل الإلهي، والأشياء المقدسة، والإيمان، والكائن الخارق للطبيعة، أو الكائنات العُلوية، أو أي نوع من القوة المطلقة المفارقة التي تسن القيم والمعايير والقوانين لمدى الأزمان. وقد تتضمن الممارسات الدينية: الشعائر والطقوس والمواعظ والمناسبات التذكارية وفروض الاحترام والتبجيل للآلهة، والأضاحي، والاحتفالات، وحفلات التنسيب، والجلسات الصوفية، وطقوس الدفن، والزواج، والتأمل، والصلاة، والموسيقى والفن والرقص، وغير ذلك من مظاهر الثقافة البشرية...إلخ[3].

ولدى الأديان سرديات مقدسة وتواريخ مقدسة قد تكون محفوظة في كتب مقدسة وفي رموز وأماكن مقدسة، وتهدف على العموم إلى إضفاء معنًى ما على الحياة. وقد تتضمن

---

(1) Wilfred Cantwell Smith. The Meaning and End of Religion., op.cit.

(2) Morreall and Sonn. 50 Great Myths of Religion. pp. 12–17.
Nongbri. *Before Religion*., op.cit

(3) William James. The Varieties of Religious Experience. A Study in Human Nature. Longmans, Green, and Co., 1902., p. 31.
Emile Durkheim. *The Elementary Forms of the Religious Life*. London: George Allen & Unwin. 1915
Paul Tillich. *Dynamics of faith*. New York: Harper Perennial; 1957., p. 1.
Antoine Vergote. *Religion, Belief and Unbelief. A Psychological Study*. Leuven University Press. 1996., p. 16

الأديان حكايات رمزية يتناقلها الأتباع، وتقوم على شرح وتفسير أصل الحياة والكون وغير ذلك. وقد جرى تقليديًّا اعتبار الإيمان العَقَدي إلى جانب العقل مصدرَين من مصادر المعتقدات الدينية[1].

نقرأ في موسوعة «مكميلان» للأديان (The MacMillan Encyclopedia of Religions) أن مجرد التفكير في تعريف الدين أو إيجاد جوهر مميز أو فريد أو منظومة سمات تميز ما هو ديني عن باقي الحياة البشرية، هو في الأساس اهتمام غربي. فهذه المحاولة نتاج طبيعي للاستعداد التأملي والثقافوي والعلمي عند الغربيين. إنه أيضًا نتاج النمط الغربي السائد عن الدين، والذي يسمى بالمناخ اليهودي-المسيحي، أو بالأحرى إرث الألوهية التوحيدية (Theism) الناجمة عن اليهودية والمسيحية والإسلام. فهذا الشكل الألوهي للإيمان في هذه الأديان التوحيدية -حتى في مرحلة انحطاطها الثقافي- مؤسس للرؤية الثنوية الغربية عن الدين. فالركن الأساس للرؤية الألوهية يكمن في التمييز بين إلهٍ متعالٍ وما دونه من أشياء، بين خالق وخَلقه، بين الله والبشر[2].

وفي قاموس أوكسفورد المختصر: «الدين هو الاعتراف البشري بوجود كائن غير بشري يُسيطر على القوة وخصوصًا وجود إله شخصي أو آلهة ننقاد إليها بالطاعة والعبادة»[3]. وتستمر التعريفات الغربية:

«الدين هو التعبير الرمزي المتنوع والرد المناسب على الشيء الذي يُؤكد الناس عن عمدٍ أن له قيمةً غير محدودة بالنسبة إليهم»[4]... «الدين هو المحاولة البشرية لتمثل ما يتصور الناس أنه القيمة الأكثر مفهومية لهم وللعالم، وترميزه وإعطاؤه معنًى مُعَبَّرًا عنه»[5]. «الدين

---

(1) James Swindal. *Faith and Reason,* in the Internet Encyclopedia of Philosophy. https://www.iep.utm.edu/faith-re/

(2) William L. King. "Religion (First Edition)". In Mircea Eliade. *The Encyclopedia of Religion* (2nd ed.). MacMillan Reference US. 2005., p. 7692.

(3) John Bowker. *The Concise Oxford Dictionary of World Religions*. Oxford University Press Print Publication. 2000 https://www.oxfordreference.com/abstract/10.1093/acref/9780192800947.001.0001/acref-9780192800947-e-6038?rskey=BRREwq&result=6040

(4) T. William Hall; Richard B. Pilgrim; R. Cavanagh. *Religion: An Introduction* Harper and Raw. San Francisco; 1st edition 1985., p.11

(5) Ibid., p. 14-15.

هو شبكات أو مجموعات الأفكار والمواقف والأعمال والأنماط الثقافية وغيرها من الرموز التي تعبر عن طبيعة الحقيقة المفارقة، وعن موقع البشر بالنسبة إليها، وما يرجونه من استجرار القوة من هذه الحقيقة وهذه العلاقة»[1]. «الدين هو الوسيلة التي يتمكن بها الشخص من تلبية احتياجاته الوجودية،... الحاجات الوجودية هي: التغلب على الشعور بالهشاشة، وتأمين نوع من الثبات والاستقرار في الحياة، والهروب من الوحدة، وإيجاد معنى للحياة، وإيجاد طريقة للتعامل مع «المقدس»، وإيجاد الفرح والسعادة في الحياة»[2].

وتعريف غيرتز للدين هو أنه: «نسق من الرموز يعمل على إقامة خواطر وحوافز قوية شاملة ودائمة لدى الناس عبر تشكيل تصورات حول النظام العام للوجود، وبإضفاء هالة من الواقعية على هذه التصورات، إذ تبدو هذه الخواطر والحوافز واقعية بشكل فريد»[3]. وفي إشارة إلى تايلور ربما يضيف غيرتز: «لا نملك فكرة واضحة عن كيف تتحقق إمبيريقيًّا هذه المعجزة. نحن نعرف فحسب أنها تتحقق سنويًّا، أسبوعيًّا، يوميًّا، لا بل وفي كل ساعة عند بعض الناس. ونحن نملك أدبيات إثنوغرافية هائلة للبرهنة على هذا الأمر»[4].

وقد اعتبر اللاهوتي أنطوان فرغوت أن مصطلح «خارق للطبيعة» يعني ببساطة كل ما يتجاوز قوى الطبيعة أو الفاعلية البشرية. كما أنه أكد على الحقيقة الثقافية للدين الذي عرفه بأنه: «جماع التعبيرات اللغوية، والانفعالات العاطفية، والأفعال والأمارات والرموز التي تدل على كائن أو كائنات خارقة للطبيعة»[5].

وقد حاول بيترماندافيل وبول جيمس الهروب من هذه الثنائيات الحداثوية أو الفهومات الثنوية لجدليات الظهور/ التعالي، الروحية/ المادية، المقدس/ الدنيوي، فعرفا الدين بأنه:

(1) Robert S. Ellwood. *Introducing Religion: From Inside and Outside*. Englewood Cliffs, N.J.: Prentice-Hall, 1983., p. 28.

(2) John F. Wilson. *Religion: A Preface*. Prentice-Hall, 1982., p.27.

(3) Clifford Geertz. "Religion as a cultural system". *The interpretation of cultures: selected essays*. New York, Basic Books, 1973., pp. 87–125 (p. 90).

للترجمة العربية انظر: كليفورد غيرتز، تأويل الثقافات، ترجمة محمد بدوي، بيروت، المنظمة العربية للترجمة، 2006.

(4) Geertz., ibid. p.90

(5) Antoine Vergote. *Religion, Belief and Unbelief.* Op.cit., p. 16.

«[...] نسق مترابط نسبيًّا من المعتقدات والرموز والممارسات التي تشتبك مع سؤال طبيعة الوجود وماهيته، وفيه تكون العلاقة مع الآخر والغيرية معيشة كما لو أنها من داخل، والروحانية تتعالى على الوجود المتجذر اجتماعيًّا في الزمان والمكان والتجسد والمعرفة»[1]. وبحسب موسوعة مكميلان فإن هناك طابعًا تجريبيًّا للدين نجده في غالب الثقافات: «[...] كل ثقافة حية معروفة لها بُعد عميق في التجارب الثقافية [...] حيال نوع من المنتهى والتعالي الذي سيوفر القواعد والأعراف والقوة لباقي الحياة. وبعد أن تنبني إلى هذا الحد أو ذاك بعض أنماط السلوكيات حول هذا البُعد العميق في ثقافة ما، فإن هذه البنية تشكل الدين في شكله التاريخي المعترف به. فالدين هو تنظيم الحياة حول أبعاد عميقة من التجربة-تتفاوت في الشكل والاكتمال والوضوح بحسب الثقافة المحيطة»[2].

وكان «فريدريتش شلايرماخر» قد عرَّف الدين -في أواخر القرن الثامن عشر- بأنه «ذلك الشعور بالتبعية المطلقة»[3]. أما معاصره «غيورغ فلهلم فريدريتش هيغل» فقد عارضه تمامًا قائلًا: «إن الدين هو الروح الإلهي المطلق حين يعي نفسه من خلال الروح المحدود». أي أن الروح الإلهي المطلق حين يعي نفسه بأنه روح مطلق فإنَّما ذلك يكون حين يتجسد في روح محدودٍ، أي في التاريخ البشري الملموس المحدد»[4].

وعرف إدوارد «بورنيت تايلور» الدين على أنه: «الإيمان بكائنات روحية غيبية». وقال: «إن تضييق مدلول هذا التعريف ليقتصر على الإيمان بإله عُلوي أو بيوم الحساب بعد الموت أو بعبادة الأوثان والأصنام، أو غير ذلك، قد يُخرج العديد من الشعوب من صنف الأديان والتدين، ولهذا فإن التعريف له مثلبة تكمُنُ في تحديد الدين بتصورات مخصوصة عوض أن يكون ذلك على أساس الدوافع العميقة التي تحملها». وقال أيضًا: إن الإيمان بكائنات روحية غيبية أمر عرفته كل المجتمعات قاطبة[5].

(1) Paul James & Peter Mandaville. *Globalization and Culture*, Vol. 2: Globalizing Religions. London: Sage Publications. 2010.

(2) MacMillan Encyclopedia of religions, Religion, p. 7695.

(3) Hueston E. Finlay."'Feeling of absolute dependence' or 'absolute feeling of dependence'? A question revisited". *Religious Studies*. 2005. 41: 81–94.

(4) Georg Wilhelm Friedrich Hegel. *Lectures on the Philosophy of Religion* https://www.marxists.org/reference/archive/hegel/works/re/absolute-3c.htm

(5) Edward Burnett Tylor. *Primitive Culture: Researches into the Development of Mythology,*

في كتابه «أنواع التجربة الدينية» حدد العالم «وليم جيمس» الدين بأنه: «المشاعر والأفعال والتجارب التي يعيشها الأفراد في وحدتهم، بقدر ما يتفكرون بأنفسهم وهم في موقع الصلة مع أي شيء يعتبرون أنه الإلهي»[1]. وهو يقصد بكلمة إلهي «أي شيء يشبه الله، أكان ذلك إلهًا محددًا أم لا»، يشعر الفرد أنه مضطر للاستجابة له بوقار وتبجيل[2]. واعتبر عالم الاجتماع «إميل دوركهايم» في كتابه الشهير «الأشكال الأولية للحياة الدينية»، أن «الدين نسقٌ متضامنٌ من المعتقدات والممارسات المتعلقة بالأشياء المقدسة، أي المنفصلة، المحرمة، معتقدات وممارسات توحِّد في مجتمع أخلاقي واحد يسمى الكنيسة، جميع أولئك الذين يلتزمون بها»... «المقدسات (الأشياء المقدسة) لا تقتصر على الآلهة أو الأرواح، فقد تكون حجرًا أو شجرة أو نبع ماء، أو قطعة خشب...أي شيء قد يكون مقدسًا... هي ما تحميه المحرمات وتعزله. أما المدنسات (الدنيويات الفانية) فهو ما تُطبَّق عليه المحرمات وما يجب أن يظل بعيدًا عن المقدسات. إن المعتقدات الدينية هي تصورات (تمثلات) تعبِّر عن طبيعة المقدسات وعلاقاتها فيما بينها أو مع الدنيويات. أما الشعائر فهي قواعد السلوك التي تحدد كيفية التعامل مع المقدسات»[3].

Philosophy, Religion, Art, and Custom. Vol. 1. London: John Murray; 1871., p. 424.

(1) William James. *The Varieties of Religious Experience. A Study in Human Nature.* Longmans, Green, and Co. 1902., p.31

(2) William James., p. 34,38.

(3) Emile Durkheim. *The Elementary Forms of the Religious Life.* London: George Allen & Unwin. 1915., p. 40-41

Émile Durkheim. *Les formes élémentaires de la vie religieuse.* Paris. Alcan.1912. p.50-51-56

3- خلاصة واستنتاجات

معظم التعاريف تتضمن الآتي[1]:

- «مفهوم التنزيه أو الألوهية والوحدانية. وهذا ليس عامًّا بعد إدخال الأديان غير التوحيدية (وفلسفات وممارسات دينية أخرى) في تعريف ما هو الدين».
- «أحد الجوانب الثقافية والسلوكية للطقوس والشعائر وللعبادة المنظمة، وغالبًا ما تتضمن نظامًا من المعايير الأخلاقية وطبقة كهنوتية».
- «مجموعة من الأساطير، وهي حقائق مقدسة لدى المؤمنين. وغالبًا ما يعرف «المقدس» على أنه شيء متعلق بطريقة أو بأخرى بالله والدين وأسراره وما يثير سلوكًا معقدًا للتقديس والانجذاب والإعجاب وغالبًا الرهبة».
- «تعريفات أخرى لما هو مقدس تفضل تقديمه على أنه مَظهر من مظاهر القوة الغامضة والإعجاب الملهم والاهتمام الكامل».

بشكل عام، صارت تعريفات الدين تشمل جميع الممارسات أو الفلسفات التي تعتبر حاليًّا أديانًا. فالتعريفات التي تتضمن شرط الاعتقاد في الله أو آلهة أو إله ليكون مسؤولًا عن خلق الكون وصنعه، تستبعد تلقائيًّا الأديان غير التوحيدية مثل البوذية وغيرها... إلى القول بأن التطور كنظرية حول الرؤية الكونية هو دين[2].

مميزات الدين

يمكن إجمال مميزات الأديان كافة في عدة نقاط:

- الإيمان بوجود إله أو كائنات فوق طبيعية. معظم الأديان تعتقد بوجود خالق واحد أو عدة خالقين للكون والعالم، قادرين على التحكم بهما وبالبشر وكافة الكائنات الأخرى.

---

(1) Paul Connelly. *Definition of Religion and Related Terms.* Dawnstar Advanced Research Collaborative (DARC). City University of New York. 1996

(2) Henry M. Morris. Evolution Is Religion, Not Science. *Impact #332 February 2001*. Institute for Creation Research. El Cajon, CA (USA).

- التمييز بين عالم الأرواح وعالم المادة.
- وجود طقوس تعبدية يقصد بها تبجيل المقدس من ذات إلهية وغيرها من الأشياء التي تتصف بالقدسية.
- قانون أخلاقي أو شريعة تشمل الأخلاق والأحكام التي يجب اتباعُها من قِبل الناس ويعتقد المؤمنون عادةً أنها آتية من الإله.
- الصلاة وهي الشكل الأساسي للاتصال بالإله وإظهار التبجيل والخضوع والعرفان.
- رؤية كونية تشرح كيفية خلق العالم وتركيب السماوات والأرض. بعض الأديان تحتوي على آلية الثواب والعقاب، أي كيف ينظم الإله شؤون العالم.
- شريعة أو مبادئ شرعية لتنظيم حياة المؤمن وفقًا للرؤية الكونية التي يقدمها هذا الدين.

وينبغي التمييز بين مفهوم الدين ومفهوم التدين، فالدين يطلق عادة ويراد به مجموع التعاليم المقدسة الصادرة عن مصدر إلهي أو مصدر بشري ذي مكانة دينية عالية، تخوِّل له البَتَّ في أمور الدين والاجتهاد فيه، في حين أن التدين يحيل في الغالب على الممارسة الفردية أو الاجتماعية لتلك التعاليم الدينية. ومن المؤكد أن هناك فرقًا بالضرورة بين ما يقوله الدين وما يمارسه الناس في حياتهم باسم الدين.

أسس الأديان

لكل دين أسس وثوابت وهي موجودة في كل دين وهي: اسم الديانة (الإسلام)، مؤسس (النبي الرسول)، كتاب مقدس (القرآن)، تقويم (السنة الهجرية)، لغة (العربية)، نوع معبد (مسجد وجامع)، طقوس (الأركان الخمسة وهي عبادات)، مكان مقدس (الكعبة)، وقت ظهور يبدأ منه التقويم (الهجرة النبوية).

الدراسة الأكاديمية للدين

ثمة علوم ومساقات أكاديمية كثيرة تدرس ظاهرة الدين، نذكر منها: اللاهوت، الأديان المقارنة، تاريخ الدين والأديان، فلسفة الدين، الأصول التطورية للأديان، أنثروبولوجيا الدين،

سيكولوجيا الدين، القانون والدين، سوسيولوجيا الدين...

وقد حدد «دانيال بالس» ثماني نظريات كلاسيكية كبرى عن الدين ركزت على مختلف السمات المرتبطة به: الإحيائية والسحر (إدوارد تايلور وجيمس فريزر)، والتحليل النفسي (سيغموند فرويد)، وإميل دوركهايم، كارل ماركس، وماكس فيبر، وميرتشيا إلياده، وإدوارد إيفانز بريتشارد، وكليفورد غيرتز[1].

4- عن السوسيولوجيا عمومًا

هناك تجربة تاريخية- حضارية معينة لها شروطها الخاصة ظهر فيها ما تُعورِف على تسميته بـ«المجتمع المدني»، ضمن هذا الوضع ولد عِلم الاجتماع مرتبطًا بهذا المجتمع الجديد الناتج عن الثورة الصناعية. وهو ما كان يعني عند مؤسسي هذا العِلم في القرن التاسع عشر طموحًا إلى إعادة الاستقرار إلى مجتمع تحطم نظامه القديم بفعل التغيرات الاقتصادية والاجتماعية التي أَخرجت إلى الوجود مجتمعًا فذًّا في التاريخ هو المجتمع الصناعي، وما صحب ذلك من ثورات وتبدل في القيم والعلاقات الاجتماعية. نجد عند هؤلاء تسليمًا بأن المجتمع الجديد لم يستقر بعد، لذا أُحدث هذا العلم الجديد الذي أراد مؤسسوه أن يسهم بدورٍ في إعادة الاستقرار إلى المجتمع المدني الجديد على أساس من الضبط العلمي له من جهةٍ، وتوفير قيم أخلاقية جديدة بدل التقليدية لا يتنكر لها العلم من جهة ثانيةٍ، وترسيخ «الروح المدنية» لأفراده وفئاته من جهة ثالثةٍ.

إذن هناك أزمة المجتمع المدني الصناعي التي اتجه إليها تفكير مؤسسي هذا العلم، وطمحوا به إلى أن يقدموا عنها معرفة علمية لكي يتاح ضبطه وتنظيمه[2]. ويمكن القول إن تغييرًا متزامنًا تم على صعيدَين مانحًا الشرعية لنظام اجتماعي وسياسي جديد من جهةٍ، ولنظام نظري جديد من جهة أخرى، وقد نتج عن هذا الأخير إخضاع المادة الإنسانية، للخطاب

---

(1) Daniel L. Pals. *Eight Theories of Religion.* Oxford University Press. 2006

(2) علي أومليل، ملاحظات حول مفهوم «المجتمع» في الفكر العربي الحديث، في «دراسات مغربية» (بيروت: دار التنوير 1985) ص 239-241.

العقلاني[1]. إذن كان لا بد من شروط وظروف محددة لنشوء علم الاجتماع. «لم يكن بإمكان السوسيولوجيا أن تولد وتنمو إلا حيث كان يتوفر الشرطان التاليان: أولًا أن تكون الذهنية التقليدية قد فقدت سيطرتها، فلا شيء يحث التفكير على الاهتمام بالأشياء الاجتماعية لدى شعب يعتبر أن مؤسساته القائمة هي المؤسسات المثلى. وكان يجب ثانيًا أن يتوفر -بالإضافة إلى ذلك- إيمان بقدرة العقل لكي يتم التجرؤ على محاولة ترجمة الواقع الأكثر تعقيدًا وتغيرًا إلى مفاهيم محددة[2]. هذا النص تجسَّد عمليًا في القرن التاسع عشر في أوروبا وفرنسا بالتحديد «إذ اتسمت تلك الفترة بتفكك اللُّحمة الإقطاعية القديمة، نتيجة لاندلاع الثورة الفرنسية الهدامة، وعدم ولادة لُحمة جديدة ينتظم المجتمع من خلالها في وحدة متماسكة جديدة. وهذا هو بالضبط المأزق الذي حاول أوغست كونت تحليله. فقد حاول (كونت) أن يؤسس نصًّا علميًّا قوامه النظري لُحمة معقودة في واقع يتسم بتفرد أجزائه المكونة وبروز الفاعل- الفرد كشكل مميز للمجتمع الصناعي الأوروبي في القرن التاسع عشر»[3]. إن علم الاجتماع وسائر العلوم الإنسانية الأخرى أتت في سياق شرعنة التغيير و«التقدم» الذي سبق نشوء هذه العلوم، فهذه العلوم أتت للتنظير والتبرير وإعادة تنظيم المجتمع. يقول كونت: «إن ثمة نظامًا اجتماعيًّا ينهار ونسقًا جديدًا مكتمل النضوج هو في طور التكوين، هذه هي السمة الأساسية التي يتميز بها العصر الراهن بفعل مسيرة الحضارة العامة... وانسجامًا مع هذه الحالة، نجد أن هناك حركتين من طبيعة مختلفة تحركان المجتمع اليوم: حركة تخريب وحركة إعادة تنظيم...»[4].

5- عن النظريات الاجتماعية الغربية

هل تستحق علوم الإنسان والمجتمع اسم علم؟ نعم إذا التزمنا بالتعريف البدئي للكلمة (أنا أعلم بمعنى أنا أعرف) وهو تعريف يشمل كل أنواع المعرفة. قديمًا (منذ الإغريق) كانت الفلسفة والعلم يرتبطان معًا واستمرًا هكذا إلى ما بعد مرحلة النهضة الأوروبية. (لم يبدأ

(1) علي الكنز، المسألة النظرية والسياسية لعلم الاجتماع العربي، المستقبل العربي، 84، شباط 86، ص3.

(2) نص لدوركهايم أورده سهيل القش، الفرد واللحمة، مجلة الفكر العربي العدد 37-38، كانون الثاني 1985، ص179.

(3) سهيل القش، المرجع السابق نفسه، ص177.

(4) نص لكونت أورده سهيل القش: المرجع السابق نفسه، ص 177.

بالانفصال إلا مع أواخر القرن السابع عشر). وقد ظهرت العلوم الاجتماعية بالضبط مع اكتمال هذا الانفصال فتشكلت على صورة ونمط العلوم الطبيعية؛ حيث إنها بدت لها أكثر تقدمًا وأكثر عملية وإنجازية. ولكننا لا نستطيع تمييز العلوم الاجتماعية تمامًا عن الفلسفة والآداب. بعض هذه العلوم مثل الاقتصاد والسياسة تبدو بعيدة تمامًا عن الشعر، إلا أنها لا تنفصل تمامًا عن الفلسفة. وهناك ميادين أخرى جديدة ظهرت مثل السيميولوجيا أو السيميوطيقا، تجمع بشكل وثيق بين الإبداع الأدبي والفني وبين البحث العلمي. إلا أن التوافقات الأكثر واقعية والأكثر أهمية هي بين علوم الإنسان والفلسفة، أو بالأحرى بين علوم الإنسان والأفكار، التي يسميها كانط «الأفكار الناظمة» (idées régulatrices) (أو هي ربما على عكس ذلك: الأفكار المفككة) التي تستقطب مرحلة كاملة وتلهم الأبحاث والعمل... والفكرة غير الأيديولوجيا: إنها تربط بين الأيديولوجيات المختلفة. وهكذا فقد عرفت فرنسا فكرة جمهورية استوعبت ما بين 1789 و1914 عدة أيديولوجيات (العلمانية، الوضعية، القومية، الاشتراكية). الفكرة هنا هي: «وعي مشترك، مزاج سائد، قد لا ينتبه لها الناس في حينه، إلا أن المؤرخين سيسجلونها: إنها مزيج من المعارف والحكمة والمشاعر والقيم والأساطير، تحدد «حقل» كل مرحلة... لقد بيَّن ميشال فوكو كيف تنبني هكذا توافقات، حيث تتمفصل العلوم والفنون والأيديولوجيات لتشكل بنية مرحلةٍ ما. إلا أن تقطيع المراحل ليس بالأمر السهل. فالاقتصاد السياسي تشكل في القرن الثامن عشر، ولا نستطيع القول إنه أفل مع نجاح التاريخ في القرن التاسع عشر في فرض نفسه، ولا مع تطور السوسيولوجيا التي صارت اليوم تطمح إلى السيادة بعد أن أفرغت التاريخ من خصوصياته. والألسنية جددت (منذ نصف قرن) الأنثروبولوجيا وصارت تلهم عددًا من العلوم الإنسانية. الحقول المعرفية والميادين تتقاطع وتتراكب إلا أن ظهورها ونهوضها يرتبطان بأزمنة معينة وينبغي لذلك أن توضع في سياقها من الأحداث الرئيسة ومن القوى السائدة.

ما المجال الجغرافي وما العمق التاريخي اللَّذان تستند إليهما العلوم الاجتماعية في تعميماتها أو في بنيتها النظرية؟ واقع الحال أن ما يسمَّى الآن بالعلوم الاجتماعية لا يستند إلا على معرفة أهل الغرب عن مجتمعاتهم في العصر الحديث، أي أن بقعة الضوء تركزت على شريحة رقيقة من التاريخ وعلى مساحة محدودة من الأرض، وصِيغت الأبنية النظرية كافة وفقًا للأسئلة المطروحة في هذا النطاق المحدود.

وجاءت الإجابات عن هذه الأسئلة في البداية في حقبة التنوير، وهو مفهوم اجتماعي عقلاني متفاعلٌ مع عقيدة بدت منذ القرن الثامن عشر، وخاصة على المستوى المعرفي. لقد كانت سيادة أفكار التنوير تعني سيادة المفهوم الدنيوي بكافة مدارسه لأمور المجتمع، ومِن ثمَّ المفهوم الدنيوي لمضمون التقدم. وفي مجال المعرفة الاجتماعية مرت العملية عبر مسالك مختلفة: الاقتصاد الكلاسيكي والنيوكلاسيكي، والوضعية في علم الاجتماع، وما تفرع عن ذلك في علم السياسة، ثم الماركسية في مواجهة ذلك كله... إلخ. وقد غلبت البساطة على الأفكار التي ظهرت حينئذ، ثم قدمت بدءًا من النصف الثاني للقرن التاسع عشر الإجابات المركبة الأنساق النظرية.

لقد كان السؤال المحوري المطروح على الفكر الأوروبي: ما هو مستقبل مثل هذا النسق؟ وتولَّدت عن هذا السؤال أسئلة فرعية عديدة. الأفكار الأولية للتنوير ظلت مرشدة في تحديد الأسئلة والإجابات، ولكن بدا أن هذه الأفكار بسيطة جدًّا وعلى نحوٍ لا يستوعب التعقيدات الواقعية التي تواجه النسق الاجتماعي الجديد، فالتقدم المادي -تقدم العلم والصناعة- لا يؤدِّي بشكل شبه تلقائي إلى تقدم معنوي. وبوسعنا أن نقول إن الإجابات المركبة الأنساق النظرية التي قُدمت بدءًا من النصف الثاني للقرن 19 انقسمت أساسًا إلى اتجاهين. الاتجاه الأول: اتجاه صراعي بين العمل ورأس المال، بهدف التغيير الثوري الراديكالي، فالنظام البورجوازي غيرُ قابلٍ للإصلاح، ولا بدَّ من نسقٍ اجتماعي آخر يستفيد من إمكانيات الثورة الصناعية على نحوٍ ينهي التمايزات الطبقية. والنموذج الأمثل والأكمل في هذا الاتجاه، هو النسق الماركسي. أما الاتجاه الثاني: فهو اتجاه يدعو إلى استكمال المؤسسات اللازمة لاستقرار العلاقات بين العلم ورأس المال، وإجراء التحسينات المطلوبة من خلال هذا الاستقرار، وبهدف دعم التوازن المطلوب للاستقرار. والأنساق النظرية المعبرة عن هذا الاتجاه لا تهدف إلى إنهاء التمايز الطبقي بل تعارض ذلك، وتعمل من خلال ترشيد النخب القائدة. والطبعات المتتالية من أنساق هذا الاتجاه تبدأ من أوغست كونت وتنتهي بالوظيفية»[1].

يُلاحظ طبعًا أن أسئلة الاتجاهين وإجاباتهما تحددت بمفاهيم الدنيوية والتقدم الدنيوي العقيدة السائدة في الغرب الحديث، وحتى حين اكتشف البحث العلمي أهمية وجود الدين،

(1) عادل حسين، النظريات الاجتماعية الغربية قاصرة ومعادية، ضمن كتاب «إشكالية العلوم الاجتماعية» لمجموعة من الباحثين، المركز القومي للبحوث الاجتماعية والجنائية، القاهرة، 1984م، ص 256-258.

تقدمت مشروعات أديان دنيوية لأداء الوظيفة صراحةً أو ضمنًا. ويُلاحظ أن هموم الصراع والتوازن انحصرت تحديدًا في الأنماط التي تولدت في الدول الصناعة المسيطرة على النظام الدولي، والمتنافسة فيما بينها. وقد شهدت المجتمعات الأوروبية صراعًا حادًّا بين ممثلي هذين الاتجاهين، على مستوى الفعل الاجتماعي المباشر، وعلى المستوى النظري والفكري، وتم هذا وسط علميات التبلور القومي والتوسع الخارجي، وهذه نقطة لا ينبغي أن ننساها، فقد انعكس ذلك أيضا في الأنساق النظرية الاجتماعية بدرجة أو بأخرى.

كان الاقتتال بين قطبَي الصراع الاجتماعي-الرأسمالية والاشتراكية- يبدو في الماضي كنوعٍ من المباراة الصفرية في حالة صراع صافٍ، أي أن كل مكسب لفريق يمثل خسارة للفريق الآخر بنفس القدر، وفي هذه المرحلة تحولت النظريات العلمية الاجتماعية إلى رموز وعقائد مقدسة، وإن ظلت عقائد فرعية باعتبار الدنيوية الأيديولوجية الأساسية. أما في الوضع الحالي، فإن العلاقة تبدو كمزيجٍ من الصراع والتعاون، فخفَّت الحدة، وأُزيحت عن الصراع بين الرأسمالية والاشتراكية هالتُهُ الأيديولوجية، بكل ما مثلته في الحقبة الماضية من تعصب ومطلقات ومسَلَّمات كثيرة لم تخضع للبرهان، وصدرت كتابات عن نهاية الأيديولوجيا بهذا المضمون. وصدرت في الفترة نفسها دراسات اقتصادية اجتماعية عديدة تحلل اتجاه التقارب بين بنية النظام الرأسمالي القائم، وبنية النظام الاشتراكي في الدول الصناعية.

6- الغرب والعلوم الاجتماعية

لقد كان الغرب على الدوام مدفوعًا بقوتين متلازمتين: إرادة المعرفة وإرادة السيطرة. وخلال قرونٍ كان يُرسل المستكشفين والرحَّالة والمبشرين والجنود إلى كل أرجاء المعمورة التي لم تكن تبالي به. فبعد حملات الفرنجة (الصليبيين) في الشرق، وفتوحات الإسبان والبرتغال في أميركا اللاتينية، جاء دور الاستعمار.

إرادة المعرفة والسيطرة هذه ترددت طويلًا قبل أن ترتد إلى الداخل: يجري «اكتشاف» الهنود في الوقت الذي لا نجرؤ فيه على كسر الحجاب المقدس الذي يحمي الجسد الفردي والجسد الاجتماعي. إلا أنه ومنذ 1315م قام جرَّاح في بولونيا بالتشريح العلني لجثتين، وعملت نتائج ملاحظاته الطبية على تغذية نشاط علماء التشريح لأكثر من قرن، إلا أنه لم

يجرؤ على فتح الرأس حتى لا يرتكب «خطيئة» مميتة. ولكن مع النهضة جاءت الجرأة وإرادة المعرفة، وتطورت تدريجًا لتبدأ بالهجوم على المؤسسات، والسوق، وعلى الآليات الفيزيولوجية والسيكولوجية. كان المهم هو معرفة كيف تشتغل تلك الآليات وكيف تتطور، ما يعطينا طبعًا القدرة على التدخل والتعديل.

إن الرغبة في المعرفة تغذي وتقوي الرغبة في التغيير. وعلوم الإنسان ولدت في تلك الفترة من «حركة التحرر» التي ألهمت الثورة ومن بعدها في القرن التاسع عشر كل الرومنطيقيات الشعبية والقومية. لم يعد للمعرفة حدود، ولا للحرية والتحرر. ومن اندماج هذين المشروعين (المعرفة والحرية) ولدت مغامرة إنسانية جديدة، لم تعد مجرد نظرية: فعلم التاريخ حملها ثم عادت فحملته هي.

ذلك أن الأيديولوجيا دخلت في النسيج الاجتماعي وأثارت توترات ومقاومات وحروبًا ودولًا وإمبراطوريات. لقد جسد نابليون الثورة الفرنسية التي توقفت. أما هيغل فاستخلص من ذلك فكرته عن الدولة قائلًا: إن الحقيقة لا ينبغي أن تكون متصورة فقط كمفهوم، وإنما كذاتٍ فاعلةٍ أي كقوة جماعية تعمل في التاريخ على توليف المصالح المتصارعة. وهذه الذات سيعيد ماركس إيجادها: إنها البروليتاريا العمالية المنبثقة عن الرأسمالية الصناعية والمصنِّعة. وهكذا صار القول بوجود ذوات حقيقية، ذوات خاطئة (مزيفة) ما أدخل العلم إلى قلب المصير. وأشاد بذلك تلاحم النظرية بالممارسة (البراكسيس).

إن ولادة العلوم الاجتماعية ترتبط إذن بالفلسفة والاقتصاد وبالتكنولوجيا: فلكي يتصور ماركس البروليتاريا باعتبارها الذات الثورية كان من الضروري أن يسبقه هيغل والرأسمالية والمكننة الصناعية.

وإذا انتقلنا إلى المجال الخارجي: نجد أن «الآخر» -البربري- كان في البدء ملغًى، كان ينبغي أن يكون وحشًا أو أن يتحول ليكون مثلنا. (انظر كتاب تودوروف: «اكتشاف أميركا: مسألة الآخر»). (وانظر كتاب ميشال فوكو: «الكلمات والأشياء») (وكتاب نيكوليه Nicolet الفكرة الجمهورية). هذا الآخر المستعمَر المحطَّم المستوعَب، يعود ليُقلق ضمير الغرب. مجيء «البربري الجيد» إلى الغرب يترافق مع ولادة العلوم الإنسانية: «بدأنا نعرف أنفسنا» (أي كغربيين) لأننا أدركنا وجود آخر، خارج عنَّا، وأخلاق وعادات ومؤسسات وصفات أخرى.

لذلك كانت الإثنولوجيا أولى العلوم الإنسانية، وهي التي قالت لنا إنه بإمكاننا أن نعرف أنفسنا.

وعلم التاريخ لا يُختزَل بتاريخ الأفكار. إنه يقدم لنا مشهدًا من التناقضات التي تضع الفكرة -المثال في مقابل (أو ضد) نتائجها، النية في مقابل الفعل، وبعنف لا مثيل له...

أربع سنوات فقط تفصل إعلان حقوق الإنسان (الفرنسي) 1789 عن سنوات الرعب والإرهاب. وهكذا تعلَّم المواطن الفرنسي (وتعلَّمنا معه ومنه) الدرس القائل بأن الفعل البشري يُولِّد غالبًا نتائج معاكسة لما كان يريد. إن هذه الهوة بين النية والفعل، بين المثال والواقع، **هي بالضبط مبرر وشرط وجود العلوم الاجتماعية.**

7- ما وراء علم الاجتماع

تُخفي علوم الإنسان والاجتماع في طياتها ميتافيزيقيا، هذه الماورائية تتمحور حول عدد من المفاهيم التي تعمم انطلاقًا من سياق التجربة التاريخية- الحضارية الأوروبية الحديثة، ويمكن استخلاص بعضها من الاقتباسات المذكورة في المقطع السابق، ويمكن أن نطلق عليها اسم الثوابت الميتا- اجتماعية التي تبنى عليها هذه العلوم، إذ إن هناك عددًا من البديهيات الأساسية كمجموعة من القناعات المبطنة التي يتفق على صحتها علماء الاجتماع، هذه المسَلَّمات تشكل إطارًا مرجعيًّا يقوم على أساس إجماع أيديولوجي أهم سماته هي التالية:

1- سيادة العقل: هذا المفهوم استحضرته الثقافة الغربية من التجربة اليونانية؛ هذه التجربة التي تتصف بإيجاد أسس تثبت سيطرة العقل على الحياة وبناء خطاب العقل العلمي. أصبح هناك نمط ثقافي يقولب نشاطات الإنسان وفقًا لمنطق العقل، ومِن ثمَّ أصبح بإمكان المرء أن يسيطر على مصيره، ولذا يفترض في الإنسان الخضوع لشروط جديدة في تنظيم حياته، وأصبح الحق يتبع لقانون عقلاني إنساني وليس لعلم أخلاق إلهي غَيبي[1]. لقد انتقل محور النشاط في الدائرة الإلهية إلى الدائرة

(1) روجيه عساف، المسرحة: أقنعة المدينة، بيروت: دار المثلث، 1984. ص 43 و93.

الإنسانية... فينبغي ألَّا نسلمَ بصحة شيء إلا وفقًا لقوانين العقل، والفكر ينبغي أن يحكم العالم (حسبما عبّر عن ذلك هيغل) بما هو كلي يسمح ببناء الخطاب العلمي والمعرفي. والعقل بما هو واحد يقضي بالشمول والعالمية والانفتاح على الآخر. والعقل بما هو ميزة الإنسان يقضي بأن هذا الأخير هو سيد نفسه وصانع تاريخه ومرجع ذاته[1].

2- الدنيوية أو العلمانية: هذا المفهوم يستتبع المفهوم الأول ويكمله وهي سمة عصر التنوير. كانت «اللادينية» سمة فكر التنوير وفك الارتباط مع السيطرة الكنسية على الفكر والعقل، فأزالوا القيود الدينية وأصبحوا أحرارًا في العلم والثقافة لإعادة بناء المجتمع بناء مستقلًا عن كل ما يمت بصلة إلى الفكر الديني التسلطي كما عرفوه.

3- التقدم والتطور: لقد فهم الغرب التطور وكأنه يسير على خط مستقيم ومتدرج، من الأقدم إلى الأحدث ومن الأبسط إلى الأعقد ومن الأدنى إلى الأعلى، ولذلك فقد ساوى الفكر الغربي بين التطور والحداثة، وساوى بين التخلف والقِدَم، وبين الانحطاط والتقليد، بحيث صار الأحدث زمنًا هو الأكثر تقدُّمًا وتطورًا وصارت المجتمعات الغربية المتقدمة هي معيار التقدم والتخلف، وذلك من حيث مبتكراتها وإنجازاتها... فقد حسب الغربيون أنهم الأرقى والأفضل بين شعوب الأرض وأن مدنيتهم متفوقة على كل المدنيات الأخرى، وأن كل ما سواهم ينتمي إلى عالم التخلف أو إلى عالم البدائية والوحشية[2]. إن هذه النظرة تقوم على أنانية حادَّة تفصل بين مجتمعات حديثة صناعية متقدمة وأخرى تقليدية زراعية متخلفة... وتشكل الأولى ذروة الخط البياني المتصاعد، وبذلك تصبح النموذج الغائي المستقبلي الذي يجب أن تحتذي به المجتمعات الأخرى. إن قانون التقدم هو قانون القوانين الذي يفترض ضرورة تطور المجتمعات الإنسانية وتلازم تطورها هذا بارتقائها نحو مراحل أفضل سواء المتعلقة بالوعي أم العقل والمعرفة والعلم أم الحياة المادية أو حتى أشكال الوحدات الاجتماعية وأنماط النظام الاجتماعي

(1) علي حرب، التأويل والحقيقة، بيروت دار التنوير، 1985. ص179.

(2) علي حرب، المرجع نفسه ص 169.

واللُّحمة التي تميزه. هذه المراحل نظَّرَ لها مفكرو القرن التاسع عشر وخصوصًا باسكال وكوندورسيه وهيغل وكونت[1]. إن فلسفة علوم الاجتماع والإنسان تقوم على ثوابت عقائدية منضبطة بكليات النسق الغربي كما تجسد تاريخيًّا في مراحل تكونه المتعددة. فالنماذج الفكرية التي ولَّدها هذا السياق والتي طرحت نفسها على أسس وقواعد تبدو متناقضة هي ليست من ذلك في شيء. فماركس الفيلسوف المادي يلتقي مع كونت الفيلسوف الوضعي، ومع هيغل الفيلسوف المثالي، على تأسيس نظرتهم للإنسان والمجتمع والكون انطلاقًا من التسليم الكامل للنموذج الغربي الحديث، حيث يصبح هذا النموذج هو التجسد التاريخي الأكثر كمالًا فيصبح غاية البشرية والتاريخ[2].

4- الفردانية: إن الحركة الفكرية التي جاءت تؤكد مركزية مفهوم الفرد إنما كانت تعكس مسارًا تاريخيًّا افتتحته الثورات البورجوازية في أوروبا بضربها لمؤسسات المجتمع القديم وتأكيدها على حقوق الإنسان و«المواطن» في علاقته المباشرة بالدولة[3]. فبعد أن ساد نمط التفكير العلمي والنظرة العلمانية، أصبح الطريق مُعَبَّدًا ومفتوحًا للتغيير الذي أخذ طابعًا ثوريًّا بقلبه الأشياءَ رأسًا على عقبٍ، وبضربه لكل الأشكال والأنماط السابقة، بحيث أصبح الناس أحرارًا في التفتيش العقلاني الثوري عن أفضل الحلول لإعادة تنظيم المجتمع من دون قيدٍ لاهوتي. إن انهيار النظام الإقطاعي اللاهوتي تُرجم عبر مبدأَيْن يقول بهما الشعب: حرية المعتقد اللامحدودة، وسيادة الشعب. والمبدأ الأول إنما يستبدل بعصمة البابا عصمة الفرد[4].إن الإطار المجتمعي الذي نشأ وتطور فيه علم الاجتماع هو ذلك الإطار الذى قُطِعَ عن المجتمع القديم الجماعي وانحل إلى مكوناته الفردية- الأفراد.

---

(1) سهيل القش، مرجع سابق، ص 176.

(2) حسن الضيقة، النظرية الاقتصادية، مجلة الفكر العربي، 37-38، ك2، 1985 ص 328-329.

(3) سهيل القش، مرجع سابق ص 178.

(4) سهيل القش، المرجع نفسه، ص 179.

8- سوسيولوجيا الدين والحداثة

جعلت السوسيولوجيا من الدين مقولة تصنيفية أساسية لتفسير الدينامية الاجتماعية. فعند كارل ماركس وماكس فيبر، كما عند إميل دوركهايم، لا يمكن تعريف المجتمع الكلي من دون ربط الظاهرة الدينية بعناصر أخرى (حاسمة هي أيضًا) مثل السلطة/ القوة، الأيديولوجية، الطبقات الاجتماعية[1]. فمن خصائص الدين أنه يسد تلك الفجوة أو ذلك الفراغ ما بين جبال اليأس وحبال الأمل. فالدين يُولَد عند ماركس من بؤس وضياع الطبقات الفقيرة المستغَلة[2]. وهو عند دوركهايم يصير تقنية تسمح للإنسان بمواجهة القدر بشيء من الثقة بالنفس[3]. ويستعير فيبر مصطلح الأنوميا (anomie)[4] من دوركهايم ليصف الدين بأنه يساعد البشر على بلورة مقولات العدل الإلهي لتجاوز الأنوميا وبلورة نوموس (Nomos) (منطق وشرعة) لحياتهم[5]. وبحسب هؤلاء جميعهم فإنه لا يوجد مجتمع يعيش ويستمر إلا إن استطاع تقديم أجوبة صالحة على تجارب الألم والموت والشر، أي على دور استراتيجي

---

(1) Gustavo Guizzardi, "Pour une Sociologie Politique de la Religion", *The Annual Review of the Social Sciences of Religion.* La Haye, Mouton.1979. p140

Thomas Luckmann, "Theories of Religion and Social Change", *The Annual Review of the Social Sciences of Religion.* La Haye, Mouton.1977. p 12

(2) انظر: ماركس والدين، فيما سيلي.

(3) Emile Durkheim, *Les Formes élémentaires de la vie religieuse.* Paris. Presses Universitaires de France. 1960., p 272.

(4) وهو يعني الشرود والشذوذ والتحلل، ومن ثَمَّ فهو حالة من التحرر من المعايير نسبيًا أو الحالة التي تآكلت فيها المعايير. والمقصود غياب المرجعية الناظمة للقول والعمل (يمكن ترجمته باللامعيارية). وهو عند دوركهايم التحلل الأخلاقي القرين للتفسخ الاجتماعي. حيث رأى أن الشذوذ والانحراف ظاهرة ناتجة عن فشل السيطرة الاجتماعية على الأفراد، وأكد أن الانحراف يتناسب عكسًا مع العلاقة الاجتماعية بين الأفراد. فالمجتمع المتماسك يكون عكس المجتمع الْمُنْحَل خُلقيًا. وفي ضوء نظرية الوظائفية البنيوية، فإن تأثير التحرر من المعايير سواء على المستوى الشخصي أو المجتمعي من شأنه أن يدخل الاغتراب والعزلة وإزالة التنشئة الاجتماعية، بمعنى أن المعايير تصبح أقل إلزامًا للأفراد. ومن ثم يفقد الأفراد معنى ما هو صواب وما هو خطأ. انظر:

Émile Durkheim, *Le Suicide: Étude de sociologie*, Paris, Félix Alcan, 1897, Presses universitaires de France, 1960

(5) Bryan Turner, *For Weber. Essays on the Sociology of Fate*. London Routledge and Kegan Paul. 1981. pp 142-176

للدين من حيث إنه يمسك بمفاتيح التصور النظري للمجتمع ولذا يفسر له كل شيء، كما يعطي تبريرات دينية للقضايا المتعلقة بالغيب والماوراء.

وقد سارت سوسيولوجيا الدين منذ نشأتها على خطى إميل دوركهايم وماكس فيبر اللذين طرحا إشكالية العلاقة بين الدين والحداثة، في زمن كان الشائع فيه أن الحداثة والعقلانية تَجُبُّ الدين والتقاليد؛ ولذا فقد ظهرت الحداثة في السوسيولوجيا (من بعدهما) وكأنها نقيض الدين، وأنه كلما زادت الحداثة نقص الدين. وشاع هذا التصوُّر وما يزال شائعًا في أوساط المتعلمين العرب والكثير من مثقفيهم في محاولتهم تقديم تفسير «علمي» للدين، الذي يعيشون في مجتمعه ويعيش فيهم. فانتشرت لفترة طويلة (ولا تزال منتشرة) مقاربات اختزالية للدين من حيث اعتباره «متغيرًا ثانويًّا» يمكن تفسيره بواسطة متغيرات أخرى «أهم» أو أكثر «أولوية حاسمة»، كالاقتصاد (ماركس وفيبر) أو الحياة النفسية (فرويد) أو الاجتماعية (دوركِهايم). وما عزز من قوة هذه المقاربة التأثير الحاسم للماركسية في العلوم الاجتماعية خلال الستينيات والسبعينيات من القرن العشرين. هذا ناهيك عن سيطرة نسبية لفلسفة التاريخ الأحادية (خط التقدم التاريخي الأحادي من جهة والحتمية المادية التاريخية من جهة أخرى). فكانت الرؤية الغالبة للدين أنها ظاهرة فرعية قشرية، مجرد بنية فوقية ليس لها سوى أهمية اجتماعية ثانوية، وبأن ظهور المجتمع الحديث (العلمنة والتقدم الاجتماعي) سيكنس مخلفات الماضي هذه.

ارتبط إذن السؤال السوسيولوجي حول الدين، وعما هو الديني، بالحداثة الغربية. فهذه الحداثة كانت بسؤالها عن مفهوم الدين إنما تسائل نفسها في الحقيقة. وهذا التساؤل كان يحيل إلى العلاقة بالآخر، الديني إذن، أكان ذلك في التاريخ التعاقبي (الزمان الماضي) أم في التاريخ التزامني (الثقافات الأخرى). ومن ميزات الحداثة أنها حين تقوم بتعريف وتصنيف مجالات ودوائر النشاط الإنساني المختلفة فإنها تطرح في الآن نفسه مسألة الديني واللاديني. وهكذا فإن مصطلح دين كان يصف في الحداثة ظاهرة قائمة بذاتها؛ ما يسمح للمعرفة الموضوعية أن تتحدث عن حقل ديني وعن مؤسسات دينية وعن علاقات يقيمها الديني مع الاقتصادي والسياسي والثقافي والاجتماعي...إلخ[1].

(1) Jean-Marc Tetaz et Pierre Gisel, “Statut et forme d’une théorie de la religion”, in p. Gisel et J.-M. Tetaz (dir.), *Théories de la religion. Diversité des pratiques de recherche, changements des contextes socio-culturels, requêtes réflexives,* Labor et Fides, Genève, 2002, p. 10.

ولكن المسعى الحداثي لتحليل الظواهر الدينية بوصفها ظواهر/ حقائق/ وقائع اجتماعية كان يفترض ضمنًا علمنة للمعرفة السوسيولوجية عن المجتمع: أي أن بروز تحليل علمي للأديان لم ينفصل عن تطور اجتماعي عام ميزته الرئيسة فقدان الطابع الكلي والشمولي للدين. ومن ثمَّ فإن الولادة السوسيوتاريخية لمفهوم الدين في الحداثة الغربية ترافقت مع بلورة تدريجية للدين بوصفه موضوعًا للدراسة، أي أن العلوم عن الدين، ومفهوم الدين، كانت تاريخيًّا في علاقة تكاملية وثيقة من الأساس. وقد عقَّد تطور العلوم عن الأديان التعريف الدقيق لموضوعه، بحيث إن الباحث الكندي ميشال ديسبلاند Michel Despland[1] أعطى قائمة بحوالي أربعين تعريفًا للدين منذ الفترة اليونانية- اللاتينية وحتى نهاية القرن الثامن عشر. كما أحصى غيره 31 تعريفًا للتدين و40 تعريفًا للروحانية في منشورات العلوم الاجتماعية الصادرة خلال القرن العشرين[2].

يُضاف إلى ذلك أن التعريفات خضعت لاختلافات التقاليد الدينية كما العلمية السوسيولوجية للبلدان المختلفة. ويمكن هنا ذكر التعارض بين مقاربات الدين في النصوص الألمانية، حيث انطبع تاريخ الأديان بقوة بالدراسات الفيلولوجية، وبين المقاربات البريطانية المركِّزة على الأعراف والطقوس حيث تطورت الأنثروبولوجيا. أما المقاربات الفرنسية

---

(1) Michel Despland, La religion en Occident. Évolution des idées et du vécu, Fides, Montréal, 1979. Michel Despland a poursuivi son enquête en étudiant l'émergence des sciences de la religion au XIXème siècle en France: voir *L'émergence des sciences de la religion. La Monarchie de Juillet: un moment fondateur*, L'Harmattan, Paris, 1999. *Cf.* également, avec Gérard Vallée (*dir.*), *Religion in History. The Word, the Idea, the Reality/ La religion dans l'histoire. Le mot, l'idée, la réalité*, Wilfred Laurier Scott Press, Waterloo, Ont., 1992.

(2) Brian J. Zinnbauer, Kenneth I. Pargament and Allie B. Scott, "The Emerging Meanings of Religiousness and Spirituality: Problems and Prospects", *Journal of Personnality*, 67 (6), 1999, p. 889-919.

Yves LAMBERT, "La "Tour de Babel" des définitions de la religion", Social Compass, 38 (1), 1991, p. 73-85

وانظر بالعربية:

محمد عبد الله دراز: الدين: بحوث ممهدة لدراسة تاريخ الأديان، مرجع سابق.

عزمي بشارة: الدين والعلمانية في سياق تاريخي، المركز العربي للأبحاث ودراسة السياسات، بيروت 2013.

وقارن مع: سعود المولى، محاضرات في علم اجتماع الشرق الأوسط، معهد العلوم الاجتماعية، الجامعة اللبنانية، بيروت 1999.

فكانت أكثر سوسيولوجية متأثرة بالتراث السوسيولوجي الكونتي- الدوركهايمي (والفيبري إلى حد كبير ولو لم يعترف الفرنسيون بذلك) وبإشكالية الخروج من الدين صوب العلمنة، وذلك منذ نهاية القرن التاسع عشر. كما اهتم الفرنسيون أكثر بـ«مستقبل الدين» في المجتمعات الحديثة، وهم الذين عانوا أكثر ما يكون من العلمنة المتطرفة، كما أنهم كانوا أول من عانى من بروز الهويات الثقافية الدينية للمهاجرين. أما السوسيولوجيا الماركسية (الاتحاد السوفيتي والمنظومة الاشتراكية) فدرست الدين باعتباره أيديولوجيا ترتبط بمرحلة تاريخية مضت.

ولكن وما إن انتهت سنوات المجد الثلاثين (Les Trente Glorieuses)[1] حتى كان علماء الاجتماع ينكبون على دراسة الظاهرة الدينية انطلاقًا من ملاحظة أن الحداثة ليست «دينًا أقل» أو «لادينية»، وإنما هي «دين» و«دينية»، «بشكل آخر»؛ أي أنها تتسم بطريقة أخرى في عيش الدين مجتمعيًّا. وبرز تيار يدعو إلى فهم التغيرات الدينية الحاصلة في المجتمعات باعتبارها أساسية لفهم المجتمعات وتطورها. ولذا فقد أعيد الاعتبار لدراسة الدين في المجتمع ولفهم «الديني» باعتباره «ظاهرة اجتماعية» تستحق الاهتمام، ومن ثمَّ إعادة تعريف الظواهر الدينية بوصفها موضوعًا للملاحظة وللتحليل[2].

وقد اعتبر إميل بنفنيست Emile Benveniste أن الهندو-أوروبيين[3] لم يكونوا ليتصوروا

---

(1) مصطلح فرنسي يُشير إلى السنوات الثلاثين التي تلت الحرب العالمية الثانية (1945-1975) والتي شهدت فيها فرنسا فورة ديموغرافية وازدهارًا اقتصاديًّا ترافق مع إنتاجية عالية وارتفاعٍ للرواتب ولنسب الاستهلاك، كما لنظام الفوائد والضمانات الاجتماعية.

(2) Danièle Hervieu Leger, avec la collaboration de Françoise Champion, *Vers un nouveau christianisme? Introduction à la sociologie du christianisme occidental*, Le Cerf, Paris, 1986; Danièle Hervieu-Leger, *Le Pèlerin et le Converti. La religion en mouvement*, Paris, Flammarion, 1999; *La religion en miettes ou la question des sectes*, Calmann-Lévy, Paris, 2001; Danièle Hervieu-Leger et Jean-Paul Willaime, *Sociologies et religion. Approches classiques*, PUF, Paris, 2001; Jean-Paul Willaime, *Sociologie des religions*, PUF, coll. "Que sais-je?", Paris, 1998. M.B. Mcguire, *Religion: The Social Context*, Wadsworth Publishing Company, Belmont (California), First Edition, 1981; K. J. Christianao, W. H. Swatos Jr and p. Kivisto, *Sociology of Religion. Contemporary Developments*, Altamira Press, Walnut Creek (Ca), 2002.

(3) الشعوب المسماة هندو- أوروبية هي تلك الناطقة بلغة اسمها الهندو-أوروبية وتشمل شعوبًا في أوراسيا؛ مثل الألبان والأرمن والبلطيق والكلتيين والجرمان واليونان والهنود والشعوب الإيرانية والإيطالية القديمة والكرد والسلاف. تبلورت فرضية الشعوب الهندو -أوروبية في القرن التاسع عشر انطلاقًا من أعمال لغوية

هذه الحقيقة الظاهرة والقائمة، والتي هي الدين وكأنها مؤسسة منفصلة، وهم لم يكن عندهم أصلًا كلمة خاصة لوصفها[1]. كما أكدت الباحثة الهندية لخشمي كاباني Lakshmi Kapani أن الهندوسية لم تكن تعرف التمييز بين الديني واللاديني... «فما نسميه الهندوسية (وهي كلمة اخترعها الإنكليز عام 1830) لا يشير إلى حقل منفصل عن الحياة الاجتماعية كما هي حال الدين في أيامنا هذه في الغرب. الهندوسية هي أصلًا وأوَّلًا نظام اجتماعي-ديني. فالكلمة المستخدمة في اللغات السنسكريتية والهندية والبنغالية لتعريف الدين هي «دارما» (dharma)، والتي تعني بالتحديد أكثر (ومن غير أن تناقض فكرة الدين) الأساس الكوني والاجتماعي، والقاعدة الناظمة للحياة. إنها شريعة منبثقة من طبيعة الأشياء (فطرة) ومندرجة في الآن نفسه في المجتمع وفي داخل كل واحد فينا. أن تسأل هندوسيًا ما هي ديانتك؟ يعادل سؤالك إياه: ما هي طريقتك في الحياة؟ أي نمط حياتك؟»[2]. ولذا فإن ما يعتقد البعض أنه خصوصية إسلامية (الإسلام دين ودنيا، أو أنه بالأحرى، وكما يقول الإسلاميون، دين يشمل الدنيا والآخرة) هو في الحقيقة إنساني مشترك، على الأقل في حدود مجتمعات العالم الثالث.

9- السوسيولوجيا السياسية للدين

في مجال آخر، لم يكن جديدًا تناول الدين من زاوية السياسة وعلومها. فالدين والسياسة لم ينفصلا منذ قديم الزمان: أكان ذلك في مصر الفرعونية أم بابل وبلاد ما بين النهرين، أم عند بني إسرائيل. ولكن الجامعات الأميركية أوجدت منذ فترة حقلًا دراسيًا أكاديميًا جديدًا سَمَّته «سياسيات الدين» (Politology of religion)، وذلك في تطور معاكس للموقف العلماني التقليدي الذي اتخذته العلوم الاجتماعية حيال الظاهرة الدينية، والذي أحال الدين إلى مظهر من مظاهر التخلف الاقتصادي أو الظلامية الفكرية والاجتماعية، لذا فإن الدين

ونحوية مقارنة وجدت قرابةً بين لغات عدة سميت هندو-أوروبية ولكن لم توجد حتى الساعة أية آثار أركيولوجية تثبت وجود أصول واحدة لهذه الشعوب.

(1) Emile Benveniste, Le vocabulaire des institutions indo-européennes, Vol. 2: Pouvoir, droit, religion, Minuit, Paris, 1969, p. 265.

(2) L. Kapani, «Spécificités de la religion hindoue», in Jean Delumeau (dir.), Le fait religieux, Fayard, Paris, 1993, p. 375.

سينتهي مع تقدم العلم والحداثة. فهذا الموقف أدى إلى تجاهل العلوم السياسية المعاصرة لدور الدين وإلى عدم اعتباره موضوعًا للدراسة والبحث في علم السياسة. ومن ثمَّ فقد غلب على الدراسات السياسية قضايا ومواضيع العمليات السياسية والتنظيمات السياسية والنظم السياسية والأحزاب السياسية...إلخ، ضمن إطار مادي بحت يُغيِّب دور الدين وتأثيره.

سياسيات الدين هو إذن أحدث حقول أو ميادين العلوم السياسية ويمكن تعريفه بأنه يدرس تأثير الدين على السياسة وتأثير السياسة على الدين، ويعمل خصوصًا على تحليل العلاقات بين الفاعلين السياسيين بالمعنى الواسع للكلمة (الحكومات، الأحزاب السياسية، جماعات الضغط...إلخ،) والجماعات الدينية.

لعل ألكسيس دو توكفيل Alexis de Tocqueville (1805-1859) كان رائدًا في تشخيصه للحياة السياسية في أميركا في القرن التاسع عشر من زاوية دور الدين فيها وعمل المعتقدات الدينية في المجتمع السياسي. يقول توكفيل: «كان فلاسفة القرن الثامن عشر يفسرون الضعف التدريجي للمعتقدات بطريقة جد بسيطة، تقول بأن تصاعد الحرية والأنوار سيؤدي إلى انطفاء الحماس الديني، ولكن من المؤسف أن الوقائع لا تتطابق أبدًا مع هذه النظرية»[1]. بالنسبة إلى توكفيل لم تتميز أميركا بالحيوية الدينية فحسب، بل ترافقت فيها «روح الدين» مع «روح الحرية»، وبدا وكأن الدين مساهمة في الديموقراطية المعاصرة أكثر مما هو عقبة في طريقها، وهذا على العكس من النظرية الماركسية التي رأت في الدين سيطرةً سياسية اجتماعية وارتهانًا للجماهير، وعلى العكس أيضًا من النظريات السوسيولوجية الرائجة من كون الدين والعصرية أو الحداثة متعارضين (من أوغست كونت وإميل دوركهايم إلى ماكس فيبر).

ولا يُجادل أحدٌ في الدور الكبير الذي لعبه الدين في الحياة السياسية الأميركية. والعلاقة بين الدين والنظم السياسية والدستورية في الولايات المتحدة (وهي علمانية) ليست مجرد فصل للدين عن الدولة. صحيح أن الدستور أقام دولة علمانية وحكومة علمانية، إلا أنه لم يمنع الدين من أن يكون له دور مؤثر وفاعل في المجتمع بوجهٍ عام وفي السياسة بوجهٍ أخص.

---

(1) Alexis de Tocqueville, *De la Démocratie en Amérique,* Volume II, chapitres 5, 6 et 17. Édition recommandée: Edouardo Nolla, la librairie philosophique, Vrin ; Repenser la démocratie, sous la direction de Yves Charles Zarka, Armand Colin, Paris. 2010.

وهناك أفكار دينية كان لها تأثير كبير في الدستور نفسه، كما في طبيعة النظام السياسي الذي انبثق عنه. كما أنه كان للقيم الدينية دور وتأثير كبيران على الكثير من الحركات السياسية في أميركا، بما فيها تلك الداعية لإلغاء تجارة العبيد (خصوصًا دور جماعات «الكوايكرز» (Quakers) - ويسمون أيضًا «الأصدقاء أو الصاحبيون» (Friends)[1]- «والمينوناتية أو المينونايتس» (Mennonites)[2] «والبرذرن» (Brethren)[3] أي الإخوة) أو تلك العاملة من

(1) الصاحبيون أو جمعية الأصدقاء الدينية أو الكوايكرز، والتسمية الأكثر شيوعًا الكوايكرز، هي مجموعة من المسيحيين البروتستانت نشأت في القرن السابع عشر في إنكلترا على يد جورج فوكس. نشأت النزعة الصاحبية في إنكلترا في القرن السابع عشر الميلادي، أما اليوم فإن معظم أتباعها يقطنون الولايات المتحدة، ويوجد في إنكلترا وكينيا العديد منهم، وتوجد جماعات أصغر في معظم أنحاء العالم. شدد الكوايكرز منذ البداية على التجارب الروحية الداخلية، أكثر مما أكدوا على تعاليم بعينها. قام أحد الكوايكرز ويدعى «وليم بن» بتأسيس مستعمرة بنسلفانيا في عام 1682م. لتكون ملاذًا للكوايكرز الإنكليز الذين تعرضوا للاضطهاد، وأصدر «بن» دستورًا للمستعمرة، كان مثلًا أعلى لحماية الحريات الدينية للمواطنين. تعتبر طائفة الكوايكرز جزءًا من كنائس السلام التي تتخذ الموعظة على الجبل ليسوع المسيح منبعًا لتعاليمها. اشتهر الكوايكرز أيضًا بكثرة عدد العلماء، حيث حضور العلماء هو الأكثر لديهم مقارنة مع طوائف وديانات أخرى. كما عُرفوا برفضهم المشاركة في الحروب، وعرفوا في الملبس العادي والمتواضع، وفي رفض قسم اليمين، وفي معارضة الرق، والامتناع عن شرب المسكرات. وعرف عدد من الكوايكرز في التعليم والمدارس والجامعات كما في الجهود الخيريَّة، بما في ذلك إلغاء العبودية، وإصلاح السجون، والمشاريع في تنمية العدالة الاجتماعية ولهم مدارس في لبنان وفلسطين، وكانوا أول من هب لعون اللاجئين الفلسطينيين بعد نكبة 1948.

(2) المينوناتية (بالإنكليزية: Mennonite) هي طائفة مسيحية حديثة، وهي عبارة عن جالية أو جماعة كنسيَّة من تجديدية العماد. نشأت مع الْمُصْلِح مينو سيمونز (1496-1561) في فرايزلاند في أيام حكم الإمبراطورية الرومانية المقدسة. كان المينوناتيون في البداية بروتستانت معترضين على الكنيسة الرومانية الكاثوليكية، وكان أكثرهم قد هاجر من أوروبا إلى الولايات المتحدة بسبب الاضطهاد الذي لقوه هناك جنبًا إلى جنب الآميش (وهم فرع منشق عن المينونايت). ويعيش أغلبهم حياة محافظة تقيَّة بعيدًا عن العالم، ويستخدمون الوسائل القديمة في إدارة شؤونهم من دون الاعتماد على الكهرباء والسيارات والاتصالات وحتى على العملات، وتلبس نساؤهم الحجاب على الرأس ويتكلمون اللغة الألمانية بلهجتها البيرنية. حتى منتصف عام 1950 كانت الغالبية العظمى من المينونايت من أصول أوروبية وسطى وذات ثقافة ألمانية وهولندية، وعاشت الغالبية العظمى منهم في أوروبا وأميركا الشمالية والمكسيك والبرازيل. إلا أن ديموغرافيا وانتشار المينونايت مع الأنشطة التبشيريَّة أدَّى إلى ازدياد عدد المتحولين في إفريقيا والهند وإندونيسيا وأماكن أخرى خارج أوروبا وأميركا الشمالية من شعوب وإثنيات مختلفة.

والآميش (بالإنكليزية: Amish أو Amisch) هي طائفة مسيحية تجديدية العماد تتبع للكنيسة المنونية. نشأت الطائفة في العصور الوسطى، على قاعدة الانتماء إلى ما سمي «المسيحيون الجدد الآنابابتيست» التي يعتبر الآميش جزءًا منها.

(3) جماعات الإخوة ظهرت في حدود العام 1708 في مقاطعة Schwarzenau بألمانيا ولذلك سميت بداية «أخوة

أجل الحقوق المدنية (من مارتن لوثر كينغ إلى مالكولم إكس). ولذا فإن أميركا لم تحاول أن تلغي الدين من الحياة السياسية، بل إن ذلك كان مستحيلًا أصلًا[1].

إعادة علماء الاجتماع والسياسة النظر في الموضوع سببه في الحقيقة عودة الإسلام كمعطًى قويٍّ على الخارطة السياسية للشرق الأوسط ومن ثمَّ دخوله حلبة السياسة الدولية[2].

ولكن لا يجوز أن يقتصر الحديث عن سياسيات الأديان على الإسلام وحده. فلا ننسى دور البوذية في مقاومة التيبت للنظام الشيوعي الصيني، وفي الثورة الشعبية في جنوب فيتنام، ولا نجاح الأحزاب السياسية البوذية (كوميتو) في اليابان، ولا دورها في الحرب الأهلية في سيريلانكا[3]. كما أن نجاحات حزب «بهاراتيا جاناتا» الهندوسي في الهند (الذي وصل إلى السلطة بأغلبية كبيرة في العام 1999) مظهر واضح لدور الهندوسية في السياسة. ولا ننسى طبعًا دور الكاثوليكية في بولونيا أو في أيرلندا الشمالية.

شوارزناو»، كما سميت في بعض المراحل باسم «الغطاسين» (Dunkers)، وذلك بسبب ممارستهم الغطاس أو العمادة بالتغطيس. وأطلق عليهم أيضًا اسم أخوة الغطاس الألمان. وكانت ميزتهم ممارسة العمادة بالتغطيس للبالغين وليس فقط للأطفال، ورفضهم حمل السلاح والخدمة العسكرية، ولذلك اضطهدوا واضطروا للهجرة إلى أميركا الشمالية في 3 مجموعات منفصلة بين الأعوام 1719 و1733. وأبرز كنائس الإخوة اليوم هي كنيسة بنسلفانيا (1723)، ومنها انشقت كنائس أخرى في العام 1833 أبرزها في أوهايو وإنديانا...إلخ.

(1) Kenneth D. Wald, “Separation and Interaction: Religion and Politics in the United States”. An Interview with Kenneth D. Wald. In: *U.S: Society & Values, Electonics Journals of the US Inforamtion Agency,* vol.2, no.1. p.29

(2) Bernard Lewis, *The Political Language of Islam*. The University of Chicago Press. CHICAGO AND LONDON. 1988

ولعل كتاب جورج لينتشوفسكي الصادر عام 1966 كان أول من تكلم عن الدور السياسي للإسلام في سياسات الشرق الأوسط والعالم.

George Lenczowski. *The Middle East in World Affairs*, New York.1962

(3) Francois Thual, *Les Conflits Identitaries* Ellipses, 1995, Paris

الفصل الثاني
المقاربات السوسيولوجية الكلاسيكية

1- سان سيمون(1) وأوغست كونت(2): فجر المقاربة الوضعية(3)

يُجْمِعُ المختصون على كون الثنائي سان سيمون/ أوغست كونت بداية المقاربة الوضعية للدين من خلال السوسيولوجيا التي ابتكر كونت لها اسمها. وهذه المقاربة الجديدة قامت على استبعاد أنماط التفكير اللاهوتي (الديني) والميتافيزيقي (التجريدي)، مقترحة بديلًا عنهما الوضعية العلمية بوصفها تقوم على مرجعية الإنسان.

---

(1) الكونت كلود هنري دي سان سيمون دورفروا Simon-Claude Henri de Rouvroy, comte de Saint، الباريسي النشأة (1760- 1825) فيلسوف فرنسي كان يميل إلى مبدأ تدخل الدولة في الحياة الاقتصادية. وكانت دعوته موجهة إلى الاهتمام بالصناعة، ونوه إلى أهمية الحياة البرلمانية في الاقتصاد، ودعا إلى أن يكون البرلمان مكونًا من ثلاثة مجالس هي: مجلس الاختراع، ومجلس الفحص، ومجلس التنفيذ. وبذلك تتمثل في الحكومة هيئات من قطاعات الصناعة والتجارة والزراعة والمهندسين. ومن الآراء التي كان يبشر بها دعوته إلى تكافؤ الفرص لا التجانس الكامل. واشترك سان سايمون في الثورة الأميركية مدفوعًا بحماسه وإخلاصه، وأيد الثوار الفرنسيين في فرنسا. وتعرض في حياته إلى الجوع والتشرد، وتحمل الكثير من الصعاب في صراعه الطويل من أجل صياغة أفكاره ونظرياته التي كان يرمي منها إلى قيام مجتمع عادل. ومن أشهر مؤلفاته (المسيحية الجديدة). وكان من أتباعه أوغست كونت، والمهندس فرديناند دي لسبس الذي قام بحفر قناة السويس في مصر.

(2) أوغست كونت Auguste Comte (1798 - 1857) عالم اجتماع وفيلسوف اجتماعي فرنسي، أعطى لعلم الاجتماع الاسم الذي يعرف به الآن، أكد ضرورة بناء النظريات العلمية المبنية على الملاحظة، إلا أن كتاباته كانت على جانب عظيم من التأمل الفلسفي، ويعد هو نفسه الأب الشرعي والمؤسس للفلسفة الوضعية، وهو يعتبر تلميذًا لسان سايمون.

(3) عن سان سيمون وأوغست كونت، انظر:

Jean-Paul Williaime, Sociologie des Religions. Que sais-je, PUF, Paris.1995., pp. 8-9, 15- 19, 25-30.

Sabino Acquaviva, et Enzo Pace, La Sociologie des Religion.Les éditions du Cerf, Paris.1994., pp. 28-32

عمل سان سيمون (1760-1825) وأوغست كونت (1798-1857) على إرساء أساسيات هذه المقاربة الوضعية كما زعما وضع حدٍّ للازدواجية في التفكير، التي سمياها الفوضى العقلية، والتي تسببت برأيهما في ثلاث ثورات بورجوازية (1792، 1830، 1848) وقعت في أعقاب الثورة الفرنسية (1789).

اعتبر سان سيمون وكونت أن الثورات المتكررة خلَّفت الكثير من الفوضى في الفكر والرؤية، مع انهيار النظم الفكرية الدينية المعرفية التي كانت سائدة. واعتبر سان سيمون وكونت أن حالة المجتمع الفرنسي بعد الثورة اتسمت بفوضى عقلية فاضطراب خُلُقي وفساد عام. لذا فإن تنظيم أي شأن من شؤون الاجتماع والأخلاق والسياسة والدين لن ينجح إلا إذا سبقه تنظيم عقلي للآراء ومناهج البحث وطرق التفكير. ولذلك زعم سان سيمون أنه يقترح مقاربة علمية جديدة هي الوضعية التي لا تهدف فقط إلى تغيير شروط إنتاج المعرفة، بل إلى تغيير النظام السياسي والمؤسساتي والاقتصادي القائم وتحقيق العدالة في مضمونها السياسي والاجتماعي، وذلك باستبعاد الدين من الحياة الاجتماعية. لذا فإن سان سيمون سيرسي دعائم تعامل معرفي جديد مع الظاهرة الدينية بمختلف تنظيماتها ومؤسساتها، تعامل يقوم على اعتبار الظاهرة الدينية ظاهرة اجتماعية إنسانية من خلال إخراجها من دائرتها المقدسة والنظر إليها باعتبارها ظاهرة إنسانية.

والعناصر الأساسية التي اعتمدتها المقاربة الوضعية مع سان سيمون هي:[1]

- تحييد الدين والفكر اللاهوتي عن كل مشاركة في الحياة العملية.
- وضع أسس مشروع علمي وفكري ومعرفي يقوم على مبدأين أساسين هما:

أ- مبدأ العلمية: فلا تعامل بعد الآن مع الظواهر والأشياء إلا من منظور علمي.

ب- مبدأ العلمنة: وفيه تحييد وإقصاء صريح للدين.

ومبدئيًّا فالمقاربة الوضعية ستجمع بين مستويين رئيسيين:

1- المستوى النظري: عبر قراءة العلوم وتنظيمها وتثبيتها وهو ما قام به سان سيمون.

2- المستوى التطبيقي: وهو تطبيق عناصر المقاربة الوضعية في تحليل واقع المجتمع.

---

(1) أكرم حجازي: الموجز في النظريات الاجتماعية التقليدية والمعاصرة. منشورات كلية الآداب- قسم علم الاجتماع- جامعة تعز - اليمن - 2002.

لا يمكن فصل نظرية أوغست كونت في السياسة عن نظريته العامة في الإنسان والمجتمع ولا عن الظروف التي أحاطت بظهورها في النصف الأول من القرن التاسع عشر، إذ اتسمت هذه الفترة بحروب واضطرابات سياسية واجتماعية متعددة: من الحروب النابليونية إلى حرب القرم إلى الصراع بين الملكيين والجمهوريين وبين الليبراليين والمحافظين، فضلًا عن الصراع بين العمال وأرباب العمل مع ظهور النقابات وولادة التيار الشيوعي. كل ذلك قاد كونت إلى التفكير بوضع علم للمجتمع هو في رأيه دينٌ للإنسانية يجنبها النزاعات السياسية ويحقق لها السلام الاجتماعي، وإشارته إلى هذا واضحة في الدرس الأول من «محاضرات في الفلسفة الوضعية» إذ يقول: إن هدف الفلسفة هي إعادة تنظيم المجتمع، في حين كان ماركس يقول: إن وظيفتها تغيير المجتمع. ويرى كونت أنه إذا كانت الغاية هي تنظيم المجتمعات الحديثة على قاعدة العلم فإن علم الاجتماع هو الذي يسهم في ذلك؛ لأنه علم كلي، يدرس المجتمع برمته في جميع مظاهره ومقوماته.

أوغست كونت وقانون الحالات الثلاث أو الأدوار الثلاثة

يرى كونت أن الفكر البشري قد مرَّ خلال تطوره التاريخي في حالات ثلاث: المرحلة الثيولوجية (الدينية اللاهوتية) التي تعلل الأشياء والظواهر بكائنات وقوى غَيبية، والمرحلة الميتافيزيقية (التجريدية الفلسفية) التي تعتمد على الإدراك المجرد، والمرحلة الوضعية (العلمية) التي يتوقف فيها الفكر عن تعليل الظواهر بالرجوع إلى المبادئ الأولى ويكتفي باكتشاف قوانين علاقات الأشياء عن طريق الملاحظة والتجربة الحسية.

ويعتبر كونت أن العلم الذي يتفق مع المرحلة الوضعية ويساعد على فهم الإنسان ويستوعب جميع العلوم التي سبقته هو «علم الاجتماع».

أ. الدور اللاهوتي (الفهم الديني):

يعرِّف كونت الدين (في الجزء الرابع من كتابه «دروس في الفلسفة الوضعية» 1839م)[1]

(1) Auguste Comte (Isidore Marie Auguste François Xavier Comte), *Cours de philosophie positive*, édition originale en six tomes ; tome 1, Les préliminaires généraux et la philosophie mathématique, 1830 ; tome 2, La Philosophie astronomique et la philosophie de la physique, 1835 ; tome 3, La Philosophie chimique et la philosophie biologique, 1838 ; tome 4, La Philosophie sociale et les

بأنه موقف عقلي، وجداني، حالة لاهوتية (دور في تقدم الوعي البشري) متوافقة مع إحدى المراحل الإنسانية (الدور اللاهوتي). ويقصد كونت أن العقل سار بداية على أساس التفسير الديني، فقد كانت الظواهر تفسر بنسبتها إلى قوى مشخصة أبعد ما تكون عن الظاهرة نفسها كالآلهة والأرواح والشياطين وما إلى ذلك؛ كتفسير ظاهرة النمو في النبات بنسبتها إلى الله أو إلى أرواح النبات وعدم الأخذ بأسباب النمو المادية الطبيعية.

ب. الدور الميتافيزيقي (الفهم التجريدي):

في هذا الدور ينسب تفسير الظواهر إلى معانٍ مجردةٍ أو قوًى خياليةٍ أو عللٍ أولى لا يمكن إثباتها كتفسير نمو النبات بقوة أرواح النبات.

ج. الدور الوضعي (العلمي):

الدور العلمي هو أن يذهب العقل في تفسير الظاهرة بنسبتها إلى قوانين تحكمها وأسباب مباشرة تؤثر فيها؛ كتفسير ظاهرة النمو النباتي بالعوامل الطبيعية والكيميائية والقوانين المؤلفة لهذه الظاهرة.

ثم إن أوغست كونت قسم المرحلة اللاهوتية إلى ثلاثة أطوار: تبدأ بظاهرة توثينية تقديسية يسميها كونت «الفيتيشية» (Fétichisme)[1] وهي كلمة مشتقة من الأصل البرتغالي (Feitiço) «شيء مصطنع» أو اللاتيني (Facticuis) «القدَر» وتعني رُقيةً أو طلسمًا أو تعويذةً. وهي الاعتقاد بأن شيئًا من صنع شخص له قوة خارقة، أو يمكنه التحكم في الآخرين. وعند البرتغاليين أنهم أخذوها من تعاملهم مع زنوج غرب إفريقيا، حيث كانت تشير إلى أشياء خاصة مثل الأسنان أو المخالب أو الريش...إلخ، وكلها مما كان يرتديه الزنوج ويضفون عليه طابعًا دينيًا مقدسًا يستمدون منه الحظ والفأل الحسن.

بناء على قانون الحالات الثلاث يتحرر العقل البشري من هذه الحالة الوثنية الخالصة ويتقدم نحو الطور الثاني من الحالة اللاهوتية ويسميه كونت طور تعدد الآلهة (Polythéisme)،

---

conclusions générales, 1839 ; tome 5, La Partie historique de la philosophie sociale, 1841 ; tome 6, Le Complément de la philosophie sociale, et les conclusions générales, 1842 ; Paris, Bachelier (tous tomes).

(1) Auguste Comte, *Discours sur l'Esprit Positif*. Société Positiviste Internationale. Paris 1923., pp.3-4

حيث يتطور الفكر الديني بحسب كونت من النظر إلى الطبيعة وأشيائها إلى النظر العقلي والتأمل والخيال. ثم يصل الفكر الديني إلى أوج تطوره في طور التوحيد الإلهي (Monothéisme)[1].

لقد افترض كونت وجود قانون تغيُّر ديناميكي يفسر تلك التطورات التي تطرأ على الظاهرة الدينية، كما اعتبر أن لهذا القانون دورًا عقليًّا (Rôle Mental) ودورًا اجتماعيًّا (RôleSocial). يتمثل الدور العقلي في ذلك «الاضمحلال أو التقهقر السريع» (rapide décroissement)، حيث إن كونت اعتبر الفيتيشية الظاهرة الدينية الأولى والصورة الأولية لفَجْر الدين الإنساني، حيث كانت الأفكار الدينية -في رأيه- متحدةً اتحادًا تامًّا ومباشرًا بالمشاعر والإحساسات. ثم كانت ظاهرة تعدد الآلهة التي هي أول اضمحلالٍ وتقهقرٍ أو هبوطٍ عام في التفكير الديني، كما كان التوحيد سببًا في ازدياد الاضمحلال والتقهقر في الفكر الديني[2].

أما الدور الاجتماعي فيتمثل في أن الديانة الإنسانية قد كانت منبعًا لكل الظواهر الاجتماعية من سحرٍ وعلمٍ وسياسةٍ واقتصادٍ، ثم تحررت الوظائف الاقتصادية والسياسية من الوظيفة الدينية شيئًا فشيئًا.

ومن ثمَّ فإن القانون العام للتطور الديني هو التقهقر، إذ بدأت ديانة الإنسانية بالوثنية الفيتيشية؛ لأنها كنت ديانةً منزليةً تتعلق بالأسرة وبآلهة الأسرة، ثم تطورت إلى حالة أرقى تحققت في ظاهرة تعدد الآلهة بظهور «المدن» وتحول الأسر والعشائر والقبائل كي تتركز جميعها في مدن وأقاليم، وبظهور الحضارات والإمبراطوريات الكبرى ظهرت ديانة التوحيد[3].

الدين إذن ليس حالةً ثابتةً بقدر ما هو حالةٌ تطوريةٌ. ولما يتساءل سان سيمون عن الدين وماهية الأديان نراه يقول بتطوُّرية الأديان وعدم بقائها على حالها: فالأديان مثلها مثل بقية المؤسسات تتمتع بطفولةٍ وفترة قوةٍ ونشاطٍ، وأيضًا مرحلة انهيارٍ وحين تكون في مرحلة انهيارٍ فإنها تكون ضارةً، أما في مرحلة الطفولة فهي غير كافيةٍ. قدَّم سان سيمون الأديان بوصفها ظواهر اجتماعية وإنسانية من الممكن تحليلها تحليلًا علميًّا كبقية الظواهر الأخرى. بل إن سان سيمون قاربها كما فعل ابن خلدون في نظريته حول تداول الحضارات التي تنشأ ثم تقوى ثم تنهار، وهكذا بدا له الدين.

---

(1) Ibid., p.4-5-6

(2) Ibid., p.6

(3) Roger Bastide. Elements de Sociologie Religieuse. A. Colin. Paris 1947., p. 192-194

أما عند أوغست كونت فالدين ليس فقط حالةً ماضيةً (من الدور اللاهوتي للعقل) إنما هو أيضًا (أو كان) استراتيجية اجتماعية يتوصل بواسطتها البشر في كل المجتمعات إلى خلق إجماعٍ وتضامنٍ ونقطة توازنٍ تحتاجها المجتمعات وتدور حول قيمٍ مشتركةٍ ورؤًى موحدةٍ للكون والعالم. بهذا المعنى (الذي قام دوركهايم لاحقًا بتعميقه) فإن الدين بحسب أوغست كونت يُشْبِعُ لدى الإنسان حاجاتٍ أساسيةً عميقةً من طبيعة معرفية إدراكية وسلوكية، فيُسهم بذلك -وعلى مستويات معينة من المجتمع أقل تطورًا- في تدعيم تماسك المجتمع وحسن اشتغاله. ومن وجهة نظر أوغست كونت فإنه عند قمة التطور البشري القصوى يبرز تطلُّب وحدة المعرفة، والتي يمثلها العلم، ليس سوى التعبير الأكثر دقةً والأكثر كمالًا عن ذلك التيار الأصلي لوجود معرفة واحدة موحِّدة للبشر يمثلها الدين. كان كونت يؤمن فعلًا بأن التقدم العلمي سيقود حتمًا إلى نهاية الدين، ولكنه لم يعرف أن الدين سيظهر من جديد «متجسدًا» في لحظة اختفائه، في إطارٍ أعلى وأسمى للروح والنفس هو العلم.

في دروس كونت في الفلسفة الوضعية حاول أن يقِيم أخلاقًا وضعية تستند إلى العلم وتؤمن بالنسبية، وتقوم على الملاحظة ودراسة الواقع. هذه الأخلاق تدعو إلى المحبة والعيش للآخرين (Vivre pour autrui). يقول كونت: «إن العيش للآخرين ليس قانونًا للواجب فحسب، بل هو أيضًا قانون للسعادة والرفاهية»[1]. فالعيش للآخرين قاعدة عامة للأخلاق الوضعية هي من مندرجات الديانة الوضعية التي تتجه نحو عبادة الإنسانية، والتي سَمَّاها كونت «ديانة الإنسانية» (Religion de l'Humanité)[2]. هذا الدين الإنساني الكوني هو العلم بوصفه دينًا علمانيًّا جديدًا قادرًا على أن يعطي للبشر قيمًا جديدة فاعلة اجتماعيًّا، ويدعوها إلى تمجيد الإنسانية، ذلك «الكائن الأسمى» (Être Suprême)، وتقديس ذلك «الموجود الأعظم» (Grand Être) الذي تتحقق فيه معاني الخلود والبقاء والتضحية...إلخ. فيكون الكاهن الأكبر للإنسانية هو العالِم، ومن ثمَّ فهو أيضًا عالم الاجتماع (أوغست كونت نفسه)، وتكون مرتكزات هذه الديانة المحبة كمبدأ والنظام كقاعدة والتقدم كغاية.

---

(1) Auguste Comte: *Pensées et Préceptres*, recueillis par Georges Deherme. Paris 1924. P.223

(2) Ibid, p. 263

2- فوستل دو كولانج[1]

أكد فوستل دو كولانج هذه الصورة التاريخية لتطور الفكر الديني، وذلك في كتابه المشهور «المدينة العتيقة»[2] حيث أعلن أن الدين قد صدر في أحضان الأسرة، وأنه يتحكم في كل ما يتعلق بالأسرة من نظم الزواج والتبني والمِلْكية والميراث والقرابة. وبذلك كشف دو كولانج عن مضمون الوظيفة البنائية للدين الروماني القديم وألقى ضوءًا على الرابطة الوظيفية التي تربط الدين بشتى النظم والأنساق في البناءات الرومانية واليونانية القديمة. فالدين في المجتمع الروماني القديم ارتبط أساسًا بالأسرة واستند إلى نُظُمها تلك التي تتعلق بالبدنة العاصبة (agnatic Lineage) «عمود النسب الأبوي» وبقوانين الإرث والمِلْكية وبالسلطة البطريركية «الأبوية» (Patriarchal)[3].

وكان الأب هو الرئيس الأعلى للديانة المنزلية، بمعنى أن الدين القديم قد ربط بين النُّظُم الاجتماعية الأسرية ربطًا وظيفيًا، كما كان «الدين الروماني» بمثابة حجر الزاوية في البناء الاجتماعي إلى الدرجة التي معها تنطبق صورة الدين القديم انطباقًا تامًّا على صورة البناء الاجتماعي الروماني العتيق.

كما كانت عبادة الأسلاف (Worship of Ancestors) هي جوهر الدين العائلي، تلك العبادة التي تطورت فيما بعد واتخذت شكل عبادة الأبطال، تلك العادة الاجتماعية القديمة التي ظهرت بظهور المدن، والتي تطورت إلى التوحيد مع ظهور الإمبراطوريات والممالك الموحدة.

الظاهرة الدينية تطورت إذن خلال التاريخ، وكانت الأسرة هي مهد الدين وهي التي صنعت آلهتها بنفسها ولنفسها- على حد تعبير دوكولانج. كما كان الدين هو الأساس الذي

---

(1) نوما دنيس فوستل دو كولانج Numa Denis Fustel de Coulanges (باريس 1830-1889) مؤرخ فرنسي اشتهر بكتابه الأبرز «المدينة العتيقة» الصادر عام 1864. ولكنه كان أيضًا مؤلف «تاريخ المؤسسات السياسية في فرنسا القديمة»، الذي كان له أثر كبير على أجيال لاحقة من المؤرخين منهم مارك بلوخ. احتل دو كولانج منصب مدير مدرسة المعلمين العليا وأستاذ أول كرسي للتاريخ الوسيط في السوربون، وكان له دور كبير في توجيه التأريخ الفرنسي وجهته العلمية ناهيك عن كونه رائدًا من رواد السوسيولوجيا.

(2) Fustel de Coulanges, *La Cité Antique*. Silberman. Strasbourg,1864

(3) فوستيل دو كولانج: المدينة العتيقة: دراسة لعبادة الإغريق والرومان وشرعهم وأنظمتهم، ترجمة عباس بيومي.مكتبة النهضة المصرية. القاهرة 1950. ص226.

تستند إليه النُّظُم الاجتماعية؛ كالزواج ونُظُم القرابة- وفي هذا المعنى يقول أفلاطون: «إن القرابة هي المشاركة في نفس الآلهة الْمَنْزِليين»[1].

3- الماركسية: الدين أفيون الشعوب!

عند كارل ماركس (1818-1883) الدين «أفيون الشعوب»، هو أيديولوجية تسهم في إضفاء الشرعية على السلطات من جهة، وفي التعتيم على بصيرة الناس في رؤيتهم للواقع الاجتماعي من جهة أخرى، لا سيما لعلاقات السيطرة والغلبة التي يتسم بها ذلك الواقع. والدين يعكس أيضًا اغتراب/ استلاب (alienation) الإنسان في المجتمع الرأسمالي.

لقد أسهمت المقاربة الماركسية في علم الاجتماع الديني فعليًا في الإشارة إلى إشكاليتين بحثيتين أساسيتين:

1- إشكالية الاستخدام السياسي للدين، وفيها: مسألة استخدام الأنساق الترميزية في علاقات السيطرة والغلبة الاجتماعية (وهذه سيستعيدها بورديو) ومسألة شرعنة السلطة القائمة (كما عند ماكس فيبر أيضًا).

2- إشكالية موقع ودور الطبقات الاجتماعية بالعلاقة مع الدين أي كون الاختلاف في الممارسات وفي الرموز والرسائل الدينية تابعًا لاختلاف المواقع الطبقية أو البيئات الاجتماعية المختلفة للفاعلين الاجتماعيين (وهذه سيستعيرها بورديو ولكن من خلال/ وعبر ماكس فيبر).

ولكن ماركس لم يُشر إلى أن الدين (أيُّ دينٍ! بما فيه المسيحية التي انتقدها) حمَّال أوجه ومعانٍ، فهو قد يكون سلاحًا بيد البورجوازية أو الطبقة الوسطى، كما بيد المستضعفين والمحرومين.

واختلاف المواقع الطبقية والبيئات الاجتماعية يعطي لكل تراث ديني أوجهًا ومظاهرَ مختلفةً. وقد استعاد ماكس فيبر هذه المسألة مبينًا العلاقات الضمنية الموجودة بين أنماط معينة من التدين وبيئات اجتماعية معينة.

---

(1) المرجع السابق نفسه، ص 41.

أهمية ماركس والماركسيين أنهم بيّنوا أن الأديان مثلها مثل كل الحقائق الاجتماعية تخترقها الصراعات الطبقية وهي تكون قاعدة لتبرير شرعية أنظمة حكم وسلطات. ولكنه بتركيزه على هذه الوظيفة الداعمة للسلطة قلل ماركس من قيمة وأهمية الوظيفة الاحتجاجية والاعتراضية للدين وقدرته على أن يكون حاملًا لحركة اجتماعية احتجاجية في وجه السلطات القائمة. وحين نظر ماركس إلى الدين بوصفه تعويضًا نفسيًّا للجماهير عن بؤسها، وأن هذا البؤس الديني هو تعبير عن بؤسٍ واقعي حقيقي واحتجاج عليه في آن معًا، فإنه اعترف بالطابع الاحتجاجي للدين ولكن من زاوية أنه (أي الدين) «سعادة موهومة»، فلذا لم يرَ أن هذا الاحتجاج قد يسهم في بعض الظروف في تحقيق «سعادة حقيقية» للشعب، وفي هذه الدنيا. وقد جاءت أحداث البلدان الشيوعية في أوروبا الشرقية (خصوصًا بولونيا) والتي لعب فيها الدين الدور الأهم في مواجهة الجهاز الشيوعي الحاكم ودولته المستبدة، لتعيد النظر بمقولة ماركس بأن الدين أفيون الشعوب (ناهيك عن تطورات الربيع العربي في بلادنا أو دور الحركات الدينية مثل حزب الله وحماس والجهاد...إلخ). ولعل العيب في نظرة ماركس أنه رأى الدين «بنية فوقية» ليس لها استقلالية عن القاعدة المادية للحياة الاجتماعية، ومن ثمَّ فهو لم يعترف للدين بوضعية النسق الترميزي المستقل تمامًا، كما أنه لم يعتبر السياسة نفسها بهذا المنظار. وهذا ما أدى به إلى اختزال الديني في تأثيرات اجتماعية وسياسية نلاحظها متفرقة هنا وهناك. فإذا كان الدين مجرد وهم مرتبط باغتراب الإنسان في المجتمع الرأسمالي، فمن الصعب إعطاؤه أي وجود كظاهرة اجتماعية.

ولكن رفيق ماركس، فريدريك إنغلز (1820-1895)[1]، صدمته حقيقة أن المسيحية قد أصبحت ظاهرةً جماهيريةً، فحاول أن يُقِيم توازيًا بين المسيحية البدائية والاشتراكية. وقد بدا له أن «المسيحية البدائية» كانت اشتراكية مناسبة للعصور القديمة. فهي «اشتراكية» تمثل

(1) المصدر الأساسي هو كتاب فريديريك إنغلز: الاشتراكية العلمية والاشتراكية الطوباوية، دار التقدم موسكو، لات. ونجد الكتاب في المختارات من كتابات ماركس وإنغلز، دار التقدم بموسكو. ولكننا نجده في الكتاب الصادر باسم ماركس وإنغلز بعنوان «حول الدين».

Karl Marx et Friedrich Engels: *sur la religion*. Textes choisis, traduits et annotés par G. Badia, p. Bange et Émile Bottigelli. Paris: Les Éditions Sociales,1968.

وللكتاب ترجمة عربية صدرت عن دار الطليعة ببيروت، 1974، من ترجمة زهير حكيم. والمقاطع الخاصة بالدين في كتاب إنغلز «الاشتراكية العلمية والاشتراكية الطوباوية»، نجدها في الصفحات 212 إلى 235.

حركة للمحرومين تحمل رسالة خلاصٍ، وهي في الوقت عينه ضحية للاضطهاد، مثل الاشتراكية في العصر الصناعي. فالمسيحية باعتبارها اشتراكية أكدت لإنغلز القوة الاجتماعية للأيديولوجيات عندما تتغلغل في العقول وتتحول إلى قوى جمعية [1].

بعض النصوص الماركسية:

«إنَّ المسألة الكبرى الأساسيَّة لكلِّ فلسفةٍ -خصوصًا الفلسفة الحديثة- هي العلاقة بين الفكر والكينونة(...) بين الروح والطبيعة (...)؛ ومسألة موقف الفكر من الكينونة (...) تصل في مواجهة الكنيسة نقطة حرجة في شكل سؤال: هل خُلق العالم من قِبَلِ الله، أم هو كائن منذ الأزل؟ وقد انقسم الفلاسفة بحسب تبنِّيهم لهذه الإجابة أو تلك إلى معسكرين كبيرين. أولئك الذين يؤكِّدون أولويَّة الفكر على الطَّبيعة، ويعترفون بالتَّالي في نهاية المطاف، بحدوث العالم -وهؤلاء يشكِّلون معسكر المثاليَّة-، والآخرون الذين يعتبرون الطَّبيعة القوَّة الأصليَّة، وهم ينتمون إلى مختلف مدارس الماديَّة»[2].

فالماركسيَّة، كما يقول إنغلز، لا تقتصر على الوقوف بثبات في معسكر الماديَّة، بل هي تمثِّل أيضًا «المرَّة الأولى التي يُحمل فيها التصوُّر المادِّي للعالم محمل الجدِّ، ويتمُّ تطبيقه بشكل مترابط على جميع المجالات المعرفيَّة ذات الصِّلة»[3].

فالماديَّة الماركسيَّة -مختزلة في عناصرها الأساسيَّة- تعني قبول القضايا التالية:

1- العالم المادي موجود بشكل مستقل عن الوعي (الإنساني أو غيره).

2- معرفة العالم الواقعي -حتى لو لم تكن كاملة أو مطلقة- ممكنة، وقد تمَّ بالفعل التوصُّل إليها.

---

(1) *Marx/Engels. Selected Works,* Volume 3; Progress Publishers, Moscow. 1970., p. 95-151.

النصوص عن المسيحية مأخوذة من مقال إنغلز «مساهمة في تاريخ المسيحيَّة المبكِّرة». وهو في الترجمة العربية بعنوان «إسهام في تاريخ المسيحية الأولى الأولية»، حول الدين، مرجع سابق، الصفحات 236 إلى 257.

(2) Frederick Engels: Ludwig Feuerbach and the End of Classical German Philosophy, in *Marx & Engels, Selected Works*, volume 3, idem, pp. 366-367.

والنص موجود في كتاب حول الدين، انظر الترجمة العربية، مرجع سابق، الصفحات من 161 إلى 198، والمقطع يرد في الصفحة 170-171.

(3) - نفسه، ص 382 في الترجمة الفرنسية، في الترجمة العربية ص 185.

3- البشر جزء من الطَّبيعة، لكنَّهم يشكِّلون جزءًا متميِّزًا.

4- العالم المادِّي لا ينشأ، في المقام الأوَّل، من الفكر البشري؛ بل إنَّ الفكر البشري هو الذي ينشأ من العالم المادِّي.

ويقول كارل ماركس (قبل تشارلز داروين بسنوات): «إنَّ الشَّرط الأول لكلِّ تاريخ بشري هو بطبيعة الحال وجود كائنات بشريَّة حيَّة. ومن هنا، فإنَّ أوَّل واقعة ملاحظة هي التَّكوين الجسماني لهؤلاء الأفراد والعلاقات التي يُنشئها مع بقيَّة جوانب الطَّبيعة (...) وعلى كلِّ تاريخ أن ينطلق من هذه القواعد الطبيعيَّة وما تتعرَّض له من تعديلات من قبل الفعل الإنساني عبر التَّاريخ. ويمكننا التَّمييز بين البشر والحيوانات من خلال الوعي، ومن خلال الدِّين، أو من خلال أيِّ شيء يروق لنا. أمَّا البشر ذاتهم، فيبدؤون في تمييز أنفسهم عن الحيوانات حالما يبدؤون في إنتاج وسائل عيشهم، وهي خطوة يستتبعها تنظيمهم الجسماني ذاته»[1].

وحول العلاقة بين الأفكار والأوضاع المادِّية ودور الأفكار في المجتمع والتَّاريخ والسِّياسة يقول ماركس: «إنَّ النَّاس هم منتجو تصوُّراتهم، وأفكارهم... إلخ، وهم أناس حقيقيُّون فاعلون، ومشروطون بحدٍّ تطوُّر قواهم الإنتاجيَّة... ولا يمكن للوعي أن يكون أيَّ شيء أبدًا، سوى الوجود الواعي(...) وخلافًا للفلسفة الألمانيَّة التي تنزل من السَّماء إلى الأرض، فإنَّنا نصعد هنا من الأرض إلى السَّماء (...) ننطلق من النَّاس في عملهم الحقيقي، فانطلاقًا من مجرى حياتهم الواقعيَّة وتطوُّرها نصوِّر أيضا تطوُّر الانعكاسات والأصداء الأيديولوجية لمجرى الحياة ذاك»[2].

«هل نحتاج بصيرة نافذة كي نفهم أنَّ أفكار وتصورات ومفاهيم النَّاس، وفي كلمة واحدة وعيهم، إنَّما يتغيَّر بتغيُّر ظروف عيشهم وعلاقاتهم الاجتماعيَّة ووجودهم الاجتماعي؟»[3]

---

(1) Karl Marx & Frederick Engels: The *German Ideology*, Lawrence & Wishart, 1991 [1845], p. 42.

(2) نفسه. وهذا المقطع يرد في الترجمة العربية لكتاب حول الدين، ص 58.

(3) Karl Marx & Frederick Engels:" Manifesto of the Communist Party", 1848. In: *Marx/Engels Selected Works*, Vol. One, Progress Publishers, Moscow, 1969, pp. 98-137. See p.25.

كتاب «البيان الشيوعي» لماركس وإنغلز مترجم في عدة ترجمات إلى العربية منها ترجمات محمد عيتاني- وفاضل جتكر- والعفيف الأخضر- ونائلة الصالحي...إلخ. والمقاطع عن الدين في البيان الشيوعي نجدها في الترجمة العربية لكتاب حول الدين، ص 68-69.

«خلال الإنتاج الاجتماعي لوجودهم، يدخل النَّاس في علاقات محدَّدة ضروريَّة ومستقلَّة عن إراداتهم، في علاقات إنتاجيَّة تطابق درجة معيَّنة من تطوُّر قواهم الإنتاجيَّة الماديَّة. ويشكِّل مجموع هذه العلاقات الإنتاجيَّة، البناء الاقتصادي للمجتمع والأساس الفعلي الذي يقوم عليه البناء الفوقي القانوني والسِّياسي، والذي تطابقه أشكال اجتماعيَّة محدَّدة من الوعي. فأسلوب إنتاج الحياة الماديَّة يحدِّد الحياة الاجتماعيَّة والسِّياسيَّة والفكريَّة عامَّةً. وليس وعي النَّاس هو الذي يحدِّد وجودهم، بل على العكس من ذلك، إنَّ وجودهم الاجتماعي هو الذي يحدِّد وعيهم»[1].

«فمثلما اكتشف داروين قانون تطوُّر الطَّبيعة العضويَّة، اكتشف ماركس قانون تطوُّر التَّاريخ البشري المتمثِّل في حقيقة بسيطة، تخفيها هيمنة الأيديولوجيا، ومفادها أنَّه على النَّاس أولًا أن يحصلوا على الأكل والشُّرب والملبس والمأوى قبل أن يتمكَّنوا من تعاطي السِّياسة والعلوم والفن والدِّين... إلخ، ومن هنا، فإنَّ إنتاج الموارد الماديَّة الأساسيَّة للوجود -وكذلك كل درجة من التطوُّر الاقتصادي لشعب معيَّن أو خلال حقبة معيَّنة- هو ما يشكِّل الأساس الذي قامت عليه مؤسَّسات الدَّولة والمفاهيم القانونيَّة والفن، وحتَّى الأفكار الدِّينيَّة لأولئك النَّاس، ولذا فإنَّ تفسيرها يتطلَّب الانطلاق من ذلك الأساس، لا العكس كما درج العمل به إلى الآن»[2].

لعل أهمَّ بيانٍ مباشر لماركس حول الدِّين، هو ذلك الوارد في الصَّفحات الأولى من «مقدمة في الإسهام في نقد فلسفة الحق عند هيغل»، وهذا البحث يبدأ بالعبارة التَّالية: «وبالنِّسبة لألمانيا، فإنَّ نقد الدِّين قد اكتمل بشكل أساسي، ونقد الدِّين هو الشَّرط المسبق لكلِّ نقد». وقد قصد ماركس بكلامه هذا أنَّ العمل المشترك بين الثَّورة العلميَّة والتَّنوير (الموسوعيُّون الفرنسيُّون خصوصًا) ونقد الكتاب المقدَّس من قبل اليسار الهيغلي العلماني في ألمانيا، هو من قام بإجهاض طموحات المسيحيَّة والكتاب المقدَّس في تقديم صيغة واقعيَّة ودقيقة للطَّبيعة وللتَّاريخ، بل ولاهوت متماسك ومتَّسق. وعلاوة على ذلك، فقد كان ذلك العمل

(1) Karl Marx: *A Contribution to the Critique of Political Economy*, Progress Publishers, Moscow 1977 [1859]. Preface, p.4.

(2) Friedrich Engels: Discours sur la tombe de Karl Marx, in: *Marx & Engels: Œuvres choisies*, Éditions du Progrès, Moscou, 1955] 1883[, p. 177.

ضروريًّا وتقدُّميًّا نظرًا لاستحالة القيام بتحليل نقدي حقيقي للعالم ما لم يتحرَّر الفكر البشري من غشاوة العقائد الدِّينيَّة. ولكن هذه الجملة البسيطة مثَّلت كل ما كان عند ماركس ليقوله حول هذا الجانب من المسألة، ذلك أنَّه اعتبر دحض الدِّين أمرًا ناجزًا، وهو ما أدَّى به إلى أن ينتقل بسرعةٍ نحو هدفه الرَّئيسي، ألا وهو تحليل الأسس الاجتماعيَّة للدِّين. هذه هي نقطة البداية. وفيما يلي الفقرة ذات الكثافة الاستثنائيَّة:

«إن أساس النقد اللاديني هو هذا: الإنسان يصنع الدين، وليس الدين هو الذي يصنع الإنسان. وإن الدين هو بالفعل الوعي الذاتي والاعتبار الذاتي للإنسان، الذي إما أنه لما ينجح بعدُ في شق طريقه إلى نفسه وإما أضاع الطريق ثانية. بيد أن الإنسان ليس كائنًا مجردًا يقبع خارج العالم. الإنسان هو عالم الإنسان، الدولة، المجتمع. الدولة تلك والمجتمع هذا ينتجان الدين، الذي هو وعي مقلوب للعالم، لأنهما هما عالمان مقلوبان. الدين هو النظرية العامة لهذا العالم، ملجأه الأخلاقي، كمالاته الرصينة والقاعدة الشاملة للمواساة والتسويغ فيه. إنه التحقيق الخيالي للجوهر الإنساني لأن الجوهر هذا لما يَحُزْ أي تحقق واقعي. لذلك فالصراع ضد الدين هو بصورة غير مباشرة صراع ضد ذاك العالم الذي يمثل الدين أريجه الروحي. إن المعاناة الدينية هي في الآن ذاته تعبيرٌ عن المعاناة الواقعية واحتجاجٌ على المعاناة الواقعية. الدين تنهيدةُ الكائن المضطَهد، قلبُ عالمٍ لا قلب له، وروحُ أوضاعٍ بلا روح. إنه أفيون الشعب»[1].

الدِّين إذن هو استجابة للاغتراب الإنساني، الإنسان الذي «خسر نفسه». ولكن الاغتراب ليس شرطًا مجرَّدًا أو خارج التَّاريخ، بل هو نتاج ظروف اجتماعيَّة محدَّدة. ومع أنَّ المجتمع هو الذي ينتج الدِّين، أي رؤية مقلوبة للعالم يرضخ فيه البشر لإله وهميٍّ من صنع أيديهم، وذلك لأنَّهم يعيشون في عالم مقلوب يخضعون فيه لمنتجات عملهم ذاتها، إلَّا أنَّ الدِّين ليس مجرَّد توليف عشوائي بين خرافات أو معتقدات خاطئة، بل هو «نظريَّة عامَّة» لهذا العالم

(1) انظر النص أيضًا في:

Karl Marx. *Critique of Hegel's Philosophy of Right*. (1843): Cambridge University Press, 1970. Ed. Joseph O'Malley; Translated: Annette Jolin and Joseph O'Malley; Introduction.

See also John Raines, Marx on Religion. Philadelphia: Temple University Press. 2002. Introduction., p. 5-6.

Karl Marx & Frederick Engels: *Études philosophiques*, Éditions sociales, 1977, p.24.

المغترب، للكيفيَّة التي يحاول من خلالها بشرٌ مغتربون إعطاء معنًى لحيواتهم المغتربة في مجتمع مغترب. ولذلك، فهو يقوم بجملة من الوظائف المهمَّة والمتنوِّعة التي أشار إليها ماركس: النظرية العامة لهذا العالم، ملجأه الأخلاقي، كمالاته الرصينة والقاعدة الشاملة للمواساة والتسويغ فيه... إلخ. ولذا، فإنَّ الصِّراع ضد الدِّين هو «صراع ضد هذا العالم الذي يمثِّل الدِّين شذاه الرُّوحي»، هذا العالم المغترب الذي يحتاج النَّاس فيه إلى الدِّين.

«إنَّ إلغاء الدِّين بوصفه سعادة وهميَّة للشَّعب هو طلب للسَّعادة الحقيقيَّة»، «ونقد الدِّين هو(...) نقد وادي الدُّموع الذي يمثِّل الدِّين هالته»؛ «لقد عرَّى النَّقد القيود من الزُّهور الوهميَّة التي تغطِّيها، ليس لكي يحمل الإنسان قيودًا غير وهميَّة ومثبطة، بل لكي يُلقِي القيود ويقطف زهرة الحياة».

«لقد تحوَّل نقد السَّماء(...) إلى نقد الأرض...إلخ»[1].

ومع ذلك، فقد قام ماركس قبل أن يختم حججه بخصوص الدِّين، بإدراج فقرة في غاية الأهميَّة:

« إن المعاناة الدينية هي في الآن ذاته تعبيرٌ عن المعاناة الواقعية واحتجاجٌ على المعاناة الواقعية. الدين هو تنهيدةُ الكائن المضطَهد، قلبُ عالمٍ لا قلب له، وروحُ أوضاعٍ بلا روح. إنه أفيون الشعب» [2].

وإذا ما كان هذا المقطع أكثر شهرة من سابقه، فإنَّ ذلك يعود إلى حدٍّ كبير إلى الجملة الواردة في نهايته والتي شاعت على نطاق واسع (وهي غالبًا ما تعرض على أنَّها جوهر أو مجمل تحليل ماركس). وفي الواقع، فإنَّ الجملة الأولى ربَّما كانت أكثر أهميَّة وفائدة لفهم الدَّور السِّياسي للدِّين. وإصرار ماركس على أنَّ الدِّين هو في آن تعبير عن المعاناة وعلى الاحتجاج عليها، هو النُّقطة الرَّئيسيَّة التي تدحض كل تحليل يقصر نفسه على بيان الآثار المخدِّرة والمنوِّمة للدِّين. وهو ما يؤشِّر أيضًا في اتِّجاه الحقيقة التَّاريخيَّة الهامَّة (التي سنعود إليها) التي تفيد بقيام العديد من الحركات التقدُّمية، الرَّاديكاليَّة أو حتى الثَّوريَّة، إمَّا باتِّخاذ شكل دينيٍّ، أو الاصطباغ بصبغة دينيَّة، أو بتسليم قيادتها لأشخاص يحملون عقيدة دينيَّة.

(1) المرجع السابق نفسه (دراسات فلسفية)، ص 25-26.

(2) نفسه، ص 25.

أشار ماركس وإنغلز في أعمالهما إلى الدِّين في عدَّة مناسبات، وحلَّلاه في كثير من الأحيان. وعلى وجه الخصوص، كتاب ماركس الشاب «المسألة اليهوديَّة»، وهو كتاب مثير للجدل[1]. كما أسهم إنغلز بعدد من الدِّراسات المثيرة للاهتمام حول التطوُّر التَّاريخي للمسيحيَّة ودورها، ولا سيَّما في كتبه: «حرب الفلاحين في ألمانيا» و«ضد دوهرينغ» ومقدمة الطَّبعة الإنكليزيَّة من «الاشتراكيَّة الطُّوباويَّة والاشتراكيَّة العلميَّة» و«برونو باور والمسيحيَّة المبكِّرة»، و«مساهمة في تاريخ المسيحيَّة المبكِّرة»[2]. إلاَّ أنَّ كل هذه التَّعليقات يجمع بينها أمر واحد: أنَّها لا تنظر إلى العقائد الدِّينيَّة والطَّوائف والكنائس والحركات والصِّراعات في حدِّ ذاتها، أو بوصفها مجرَّد حماقات أو خداع مدبَّر من قبل الكهنة، بقدر ما تنظر إليها دائمًا بوصفها أفكارًا وتعبيرات مشوَّهة عن حاجات ومصالح اجتماعيَّة حقيقيَّة.

خلاصة ماركسية عن فهم الدين من كتاب جورج بوليتزر «أصول الفلسفة الماركسية»[3]

...لا شك في أن فكرة الله والعواطف الدينية والديانة موجودة، وهي تتطلب تفسيرًا: وبدلًا من القول بأن الإنسان كائن «إلهي» يجمع في ذاته العنصر الطبيعي والعنصر الإلهي، كما يجمع عنصر الموت والخلود في هذه الحياة وفي الحياة الأخرى، يجب القول بأن «الله» و«الديانة» هما ظاهرتان إنسانيتان؛ لأن العنصر الإلهي هو من إبداع الإنسان وليس الإنسان هو من إبداع الله.

ولقد قال فولتير في حديثه عن الأديان بأنه: «إذا كان الله قد خلق الإنسان فإن الإنسان قد رد له هذا الجميل». ولقد بدأ المادي الألماني فورباخ بنقد الظاهرة الدينية من زاوية جديدة، ثم جاءت النزعة الماركسية بالعناصر النهائية لتفسير الدين وهاك مبادئ هذا التفسير:

---

(1) هذا النصُّ غامض وكان موضع خلاف، وقد استشهد به دليلاً على معاداة ماركس للساميَّة. انظر:

Hal Draper: Marx and the Economic-Jew Stereotype, in: Hal Draper, *Karl Marx's Theory of Revolution, Vol.1: State and Bureaucracy*, Monthly Review Press, NYU Press,1977., pp.591-608.

Anindya Bhattacharyya: Marx and Religion, *Socialist Worker*, n° 4, March 2006.

(2) «حرب الفلاَّحين في ألمانيا» و«ضد دوهرينغ» ومقدِّمة الطَّبعة الإنكليزيَّة من «الاشتراكيَّة الطُّوباويَّة والاشتراكيَّة العلميَّة» و«برونو باور والمسيحيَّة المبكِّرة»، و«مساهمة في تاريخ المسيحيَّة المبكِّرة». نجد هذه النصوص في كتاب ماركس وإنغلز: حول الدين، ترجمة زهير الحكيم، دار الطليعة، بيروت، 1974.

(3) وهو من جزأين، تعريب شعبان بركات، المكتبة العصرية، صيدا- بيروت، الجزء الأول، الصفحات 163-166.

1) أن الصور البدائية للديانة، وكذلك المراسيم السحرية والتفسير المثالي البدائي للظواهر الطبيعية والاجتماعية، وكذلك أسمى صور الديانة التي تقوم على نظريات فلسفية وأخلاقية ومراسيم سحرية «روحانية» كالصلاة والأضحيات التصوفية تعبر جميعًا عن معطًى معيَّن حقيقي عن الفعل الإنساني ألا وهو عجزه النسبي الكبير في مطلع الإنسانية، وهو عجز أمام الطبيعة، ذلك العجز الذي يتعلق بنمو الإنتاج الضعيف. وهو أيضًا عجز أمام الظواهر الاجتماعية الذي يتعلق بالاضطهاد الطبقي وفقدان الأمل وضعف الوعي الاجتماعي.

يعرف كل واحد منا أن على المراسيم الدينية أن تضمن النجاح والفوز «في الأعمال» والانتصار على العدو، وأن تعود بالسعادة الأبدية...إلخ. وهكذا تبدو الديانة كأنها وسيلة يستخدمها الإنسان لبلوغ أهدافه، وهي مراسيم تتعلق بجهل أسباب شفائه وسعيه نحو السعادة.

ولكن إذا كانت الديانة تعكس لنا معطيات الحياة العملية فإنها تصوِّر هذه المعطيات معكوسة. وهي لا تعكسها بحسب المعطيات الموضوعية بل بحسب المعطيات الذاتية. فهي تعكس لنا رؤى الأحلام ورغبات الإنسان الذي وقع فريسة للجهل. فيصبح «الله» المنقذ الأسمى، وأكمل الكمالات. ولا تعبر التناقضات التي وجدناها في فكرة «الله» إلا عن التناقضات الداخلية في أفكار «الكمال المطلق» و«المعرفة المطلقة» و«السعادة المطلقة» التي يصنعها الإنسان لنفسه. وهي أفكار خيالية ميتافيزيقية يعكس فيها تناقضات العالم الواقعي والرغبات الخيالية التي تصورها في جهله.

وتختصر فكرة الله جميع التناقضات التي تصبح ميتافيزيقية مطلقة لا يمكن حلها.

فالديانة إذن هي نقيض العلم المادي الجدلي الذي يعكس لنا تناقضات الواقع بإخلاص وبدون أية زيادات غريبة خيالية كما قال إنغلز:

«تكمن أصول الديانة في النظريات المحدودة الجاهلة التي تنشأ في حالة الهمجية»[1].

2) يجب مع ذلك أن نقدر أهمية عامل آخر في دراستنا للدين، ذلك لأن الديانة لما كانت تتوَّلد من الجهل فإنها تُحل محل التفسيرات العلمية تفسيرات خيالية فتعمل بذلك على ستر الواقع وإسدال الستار على التفسير الموضوعي للظواهر. ولهذا كان الرجل المتدين مناوئًا

(1) من كتاب إنغلز: لودفيغ فيورباخ ونهاية الفلسفة الكلاسيكية الألمانية. انظره ضمن كتاب حول الدين، الترجمة العربية، مرجع سابق، ص 161-198.

لمبادئ العلم التي هي عمل الشيطان؛ لأنه حريص على أوهامه. وتستخدم الطبقات المستغلة هذه الخاصية لاهتمامها بإخفاء استغلالها عن أعين الطبقات الكادحة... فهي بحاجة إلى سلبية هذه الطبقات وجمودها كي يستمر اضطهادها، كما أنها بحاجة لخضوعها وإيمانها بالقضاء المحتوم. هذا من ناحية، ومن ناحية ثانية يجب توجيه أمل الجماهير بالسعادة نحو العالم الآخر. وهكذا يعرض الأمل والعزاء بدخول الجنة على أنهما تعويض عما بذلته الطبقات الشعبية من تضحيات على الأرض. فيتحول الاعتقاد بخلود النفس، الذي كان ينظر إليه في القدم على أنه مصيبة مرهقة، إلى أمل بالخلاص في الآخرة.

استُخدمت الديانة، إذن، منذ أقدم العصور كقوة فكرية «للمحافظة على النظام»، وكأفيون للشعب بحسب قول ماركس، بالرغم من أن الطبقات الحاكمة المستنيرة لم تعد تعتقد بأية كلمة من النظريات التي كانت تعمل على استمرار تأثيرها في الطبقات الشعبية.

... ولقد وَجَّهَتْ النزعةُ المادية الفرنسية في القرن الثامن عشر ضرباتٍ قاسيةً إلى الديانة. ثم عادت الديانة إلى سابق عهدها في بلادنا (فرنسا) بفضل سلسلة من القرارات السياسية الرجعية بعد الثورة وفي خلال القرن التاسع عشر، ولا سيما بعد سقوط الإمبراطورية الأولى بعد حزيران عام 1848 إثر كومونة باريس. وعلى عهد فيشي كان إخراج المعجزات المختلفة من وسائل الاستعمار.

ويمثل «كنت» (كانط) معاصر ثورة 1789 الاستخدام السياسي للديانة، على المستوى النظري، بالرغم من فشل مضمون الديانة الفلسفي. فهو يعتقد أن وجود الله لا يمكن البرهنة عليه. ومع ذلك يجب «قبول» هذا الوجود؛ لأنه بدون هذه الفكرة يصبح كل شيء مباحًا، فيزول القاضي العادل الأكبر، وتزول الشرطة السماوية، كما يزول الثواب والعقاب، فيتخاذل الشرير ويتجرأ. وهكذا يتزعزع النظام البرجوازي. الله إذن سلاح الثورة، وليس من الضروري التأكد نظريًا من وجوده، بل يكفي قبول هذا الوجود عمليًا ونفعيًا. أليست تلك عادة البرجوازية الدائمة في المسائل الدينية؟ وهل هناك دليل أروع على فشل النزعة المثالية الدينية النظرية؟

لقد وضع انتصار النزعة الاشتراكية التاريخي حدًّا لسيطرة الطبقات الرجعية. وهكذا فقدت الديانة قاعدتها الاجتماعية كقوة فكرية في خدمة هذه الطبقات. ولكنها ظلت بعض الوقت في ضمائر الناس.

ولهذا يستمر في النظام الاشتراكي نضالٌ نظري بين العلم والدين، بين الجهل والمعرفة. وهذا النضال جانب من جوانب عملية المعرفة، لأن المعرفة تتقدم بواسطة النضال. ذلك هو مضمون مبدأ حرية الوعي في الاتحاد السوفياتي.

4- كتابات ماركس وإنغلز حول الشؤون الإسلامية

لم يكن كارل ماركس وفريدريك إنغلز مستشرقَين بحسب مقاييس عصرهما إلَّا أنهما كانا مثقفَين يحملان ثقافة عالية ورفيعة المستوى، وقد اهتمّا بالمسألة الشرقية وبالأمور السياسية المتعلقة بالعالم الإسلامي أكثر من اهتمامهما بقراءة سوسيولوجية أو أنثروبولوجية للإسلام ولحضارته وبلاده وشعوبه، مع استثناءات نادرة سنعرض لها.

في 18 أيار (مايو) 1853 كتب فريدريك إنغلز إلى كارل ماركس[1] عن كتاب قرأه لمؤلف هو قسيس إنكليزي اسمه تشارلز فورستر (Charles Forster) وعنوان الكتاب «الجغرافيا التاريخية لبلاد العرب» (The Historical Geography of Arabia). تناول فيه صاحبه الكتابات العربية المحفورة، مؤكدًا أنَّ المؤرخ غيبون قد ارتكب بعض الهفوات في جغرافيا العالم القديم، وغيبون هذا مؤرخ إنكليزي من القرن الثامن عشر كتب مؤلفًا عن تاريخ سقوط الإمبراطورية الرومانية، اعتبر فيه أنَّ المسيحية لعبت دورًا حاسمًا في انهيار الإمبراطورية الرومانية. وفي المقابل يرى إنغلز أنَّ العكس هو الصحيح فانحطاط تلك الإمبراطورية هو الذي مهَّد لانتشار المسيحية.

وتتمثل الاستنتاجات التي توصَّل إليها إنغلز من خلال قراءته لهذا المؤلف؛ في أن الكتاب المقدس (bible) يقدِّم لنا مادة للبحث التاريخي؛ فالإشارات الواردة فيه تصلح

---

(1) Karl Marx et Friedrich Engels: *sur la religion*. Textes choisis, traduits et annotés par G. Badia, p. Bange et Émile Bottigelli. Paris: Les Éditions sociales,1968

انظر الترجمة العربية «حول الدين»، دار الطليعة، مرجع سابق، ص 93-94، حيث ترد الرسالة بتاريخ «حوالي 24 أيار (مايو)»، وليس 18.

وترد المقاطع عن الإسلام في كتاب «مراسلات ماركس إنغلز»، ترجمة فؤاد أيوب، دار دمشق، دمشق 1976، الصفحات 82 إلى 92.

والترجمة هي لكتاب المراسلات الصادر بالإنكليزية عن دار النشر باللغات الأجنبية، موسكو، 1953.

لذلك، لذا يجب مقارنة ما يقوله الجغرافيون القدامى بما يرد في الكتب المقدسة. فما تضمنه سفر التكوين من ذكر للأنبياء وسلالاتهم يحيل إلى قبائل عاشت فعلًا في هذه المنطقة أو تلك، بل إنه يلاحظ أن تقليد تسمية القبيلة ببني صالح أو بني يوسف لا يزال مستمرًّا، ويقول «إنَّ مؤسسي الإمبراطورية البابلية وهم الكلدان ما زالوا موجودين اليوم ويحملون الاسم نفسه، بني خالد أو بني صالح. (في الأصل Saled) وفي المكان نفسه»[1]. ويلاحظ إنغلز وجود تطابق بين ما يقوله الجغرافيون والرحالة في العصر الحديث وما يرد في سفر التكوين عن تلك القبائل والأنساب. وهو ما يعني أنَّ الكتاب المقدَّس محمَّل بوقائع تاريخية وأنثروبولوجية، فهو مشبَّع بمشكلات عصره. ومن ثمَّ يجب الكف عن التعامل معه بوصفه متعاليًا عن الواقع التاريخي الذي أنتجه، إذ يكفي اختراق القشرة القداسية الخارجية للنفاذ إلى تلك الوقائع والمشكلات. وإذا كان الكتاب المقدس يحدِّثنا بشكل خاص عن اليهود وصراعهم مع غيرهم من الأقوام، فإنه بالاستناد إلى تلك الوقائع يمكن تبيُّن أنهم ليسوا -من حيث أصولهم- سوى قبيلة بدوية من بين القبائل التي عاشت في تلك المنطقة، وقد تعارضت مصالحها بعد ذلك مع بقية القبائل جراء اشتغالها بالزراعة واستقرارها، ويرجِّح أن يكون سبب ذلك الاستقرار عائدًا إلى عوامل جغرافية، ففلسطين تغلب على تضاريسها السهول بينما تحيط بها الصحارى. ويدرج إنغلز هذه التطورات التاريخية والاجتماعية ضمن حالة عربية سامية بقوله «إن الكتابات العربية القديمة، التقاليد، القرآن، السهولة التي يمكن بها جمع الأنساب...إلخ، ذلك كله يشهد بأن المحتوى الرئيسي كان عربيًّا أو بالأحرى ساميًّا بوجه عام»[2].

ويَلفت انتباه إنغلز في الكتاب المذكور ملاحظاتٌ كثيرة يجدها مهمة «على الرغم من صدورها عن شخص ينتمي إلى سلك الكهنوت»... وليست الملاحظات العرضية التي أبداها حول اليهودية والمسيحية سوى مدخله للحديث عن الإسلام. يقول إنغلز: «بالنسبة للفتح العربي الكبير فإن البدو، شأنهم في ذلك شأن المغول، قد لجأوا إلى هجمات اختراقية كبيرة ودورية... والإمبراطوريات الآشورية والبابلية أقامتها قبائل بدوية في الموقع نفسه الذي قامت عليه خلافة بغداد لاحقًا... إن الإنشاء السريع لمدن كبيرة مثل نينوى وبابل قد

(1) كار ماركس وفريدريك أنجلس، حول الدين، الترجمة العربية، مرجع سابق، ص 94.

(2) المرجع نفسه.

حصل بالطريقة نفسها التي جرى فيها منذ ثلاثمائة عام خلقُ مدن عملاقة مماثلة: أكرا، دلهي، لاهور، ملتان، في جزائر الهند الشرقية، بواسطة الغزوات الأفغانية أو التترية المتلاحقة. وبذا فإن الغزو الإسلامي (في حقبة الفتوح العربية) يفقد الكثير من سماته المميزة»... «حيثما كانوا حضريين في الجنوب الغربي من بلاد العرب، كان العرب على ما يبدو شعبًا متمدنًا مثل المصرين والآشوريين...إلخ. وتشهد على ذلك عماراتهم. وهذا يفسر أيضًا الكثير من الأمور المتعلقة بالغزو الإسلامي. أمَّا فيما يخص «حشو الدماغ» وهو الدين، فالظاهر -مما نستخلصه من الكتابات الجنوبية القديمة حيث لا تزال تسيطر تقاليد التوحيد القومية القديمة والعربية، والتي تشكل العبرانية جزءًا صغيرًا منها- أن الثورة الدينية لمحمد، مثلها مثل كل حركة دينية، كانت بكل صراحة ردة فعل عمادها العودة أو الرجوع إلى ما هو قديم وبسيط»[1].

يمكن أن نضيف هنا أن ماركس اهتم بالاقتصاد الخاص بالبلدان الشرقية... فنراه في رسالة له (في حزيران 1853) يُشدد على أهمية كون الملْكية الخاصة للأرض غير موجودة في تركيا وإيران والهند. وفي كتابه «مساهمة في نقد الاقتصاد السياسي» (1859) يكتب في المقدمة بعض التأملات حول «نمط الإنتاج الآسيوي». وقد نُشرت في الخمسينيات من القرن العشرين مجموعة كتابات لماركس وإنغلز حول «أشكال الإنتاج ما قبل الرأسمالية» (كانت صدرت بالروسية في عام 1934)، وهي ترجمت إلى الفرنسية[2] ثم إلى العربية[3]. كما صدرت لاحقًا مؤلفات تحمل عنوان ما أصبح يُعرف باسم «نمط الإنتاج الآسيوي». كما صدرت

---

(1) النص موجود في الكتاب الصادر بالفرنسية: «نصوص مختارة لماركس وإنغلز حول الدين».

Karl Marx et Friedrich Engels: *sur la religion. Textes choisis, traduits et annotés* par G. Badia, p. Bange et Émile Bottigelli. Paris: Les Éditions sociales, 1968.

يستعمل المترجم العربي مصطلح فتح بينما ترد في النسخة الفرنسية عبارة invasion التي تحسن ترجمتها بغزو.

(2) صدر الكتاب يحمل مقالات ماركس وإنغلز ولينين عن مركز دراسات وأبحاث الماركسية التابع للحزب الشيوعي الفرنسي، المنشورات الاجتماعية، مع تقديم وتعريف لموريس غودولييه، باريس 1970.

Maurice Godelier; Centre d'études et de recherches marxistes (France): *Sur les sociétés précapitalistes: textes choisis de Marx, Engels, Lénine.* Paris: Les Éditions sociales, 1970.

(3) صدر بعنوان: «في المجتمعات قبل الرأسمالية، نصوص مختارة من ماركس وإنغلز ولينين»، ترجمة فؤاد أيوب، وزارة الثقافة في الجمهورية العربية السورية، دمشق 1994.

معها مقالات لهما مترجمة حول الجزائر والهند والمسألة الشرقية، وهي تتعلق بالاقتصاد السياسي أكثر من كونها تقدم معرفة علمية حول العالم الإسلامي وسوسيولوجيا الإسلام.

هناك مساهمة لافتة لإنغلز نشرها في آخر أيامه[1] وهو مقال أعيد نشره في الكتاب الصادر باسم ماركس - إنغلز «حول الدين» وهذا المقال غير مخصص للحديث عن الإسلام إلَّا أن إنغلز يتحدث فيه عن الإسلام في هامش طويل يتعلق بمناسبة حديثه عن الحركات الدينية المسيحية. فإنغلز المتمسك بالأصولية الماركسية ونظريتها الأرثوذكسية في المادية التاريخية يقول بأن العنصر المحرك في المجتمعات تُقدِّمه التغيرات التي تصيب أنماط الإنتاج، وأن بقية مظاهر الحياة الاجتماعية ليست سوى انعكاسٍ لهذه التغيرات، ولكنه يرى أنه في المجتمعات المسيحية القروسطية ظهرت الحركات الجماهرية بقناع ديني وكان هدفها إعادة إحياء مسيحية أولى كانت قد انحطت. ويكتب إنغلز في هامش هذه الملاحظة أسفل الصفحة «طبعًا يناقض هذا الاستنتاج وبصورة مميزة الثورات الدينية في العالم الإسلامي وخصوصًا في إفريقيا، فالإسلام ديانة خِيطَتْ على قياس الشرقيين وبالأخص العرب منهم، إذن هي ديانة مناسبة من جهة لمدنيين تجار وحرفيين/ ومن جهة أخرى لبدو رُحَّل. وفي هذا بذور صراع ما فتئ يتجدد دوريًّا. فالمدنيون يغتنون ويصيبهم الترف والعطالة وقلة الاهتمام بتعاليم الشريعة، والبدو الفقراء الذين يحملون بسبب فقرهم عادات وأخلاق متزمتة ينظرون بحسدٍ وطمعٍ إلى ما يصيب المدنيين من ثروة وترف ونعيم، فيجتمعون حينذاك حول نبي، حول مهدي، لمعاقبة المرتدين وإعادة إحياء الدين القويم وتحصيل أجرهم بما يغنمون من ثروات هؤلاء الزنادقة. وبعد قرنٍ يجدون أنفسهم تمامًا في الموقع نفسه الذي كان فيه أولئك المرتدون، فيتطلب الأمر مجددًا حركة تطهير للدين ومجيئًا لمهدي جديد. وهكذا دواليك تتكرر اللعبة. هكذا كان عليه الأمر مع الفاتحين الأفارقة المرابطين والموحدين في فتحهم لإسبانيا، وهكذا هو الأمر حتى آخر مهدي ظهر في الخرطوم يتحدى الإنكليز بنجاح باهر.

(1) في المجلة الاشتراكية ذي نيو زايت- المجلد 13/ 1894- 1895، الجزء الأول، العدد 1-2، ص 4-13 و36-43 وأعيد نشره في كتاب «حول الدين»، ومنه ترجمنا هذا المقطع من المقال المعنون «مساهمة في التأريخ للمسيحية»، في هامش الصفحة 297.

Karl Marx et Friedrich Engels: *sur la religion*. Ibidem., p.297.

في الترجمة العربية لكتاب حول الدين، المقال عنوانه «إسهام في تاريخ المسيحية الأولى الأولية»، موجود في الصفحات 236 إلى 257 والهامش في الصفحة 237.

(كتب إنغلز النص قبل تمكن الجنرال كيتشنر من تدمير المملكة المهدية في السودان في عام 1898). وهكذا هو الأمر أو ما يقرب منه بالنسبة للثورات في فارس وبقية البلدان الإسلامية. ففي تلك الحالات نجد الملابس الدينية تغطي حركات نابعة من أسباب اقتصادية. ولكن حتى حين تنتصر فإن هذه الحركات لا تغيِّر الظروف الاقتصادية القديمة؛ فيبقى كل شيء على حاله ويصير الصدام حتميًّا ودوريًّا. في حين أن انتفاضات الغرب المسيحي لم يكن اللباس الديني فيها سوى عَلَمٍ أو قناعٍ لهجمات مصوَّبة ضد تنظيم اقتصادي هَرِم يجري قلبه في النهاية ليحل محله تنظيم جديد ما يسمح للعالم بأن يتقدم».

- انتهى كلام إنغلز الذي سيعتمد مقولة ابن خلدون من دون أن يذكره-.

ولكن هناك فروق بين ماركسية إنغلز الدوغمائية ونظرية ابن خلدون الاجتماعية. فإنغلز سيستخدم المخزون الماركسي الرسمي في الحديث عن المجتمعات، من حيث إن المحرك الأساس هو الاقتصاد وبالتحديد شروط الإنتاج، وفي أن بقية جوانب الحياة الاجتماعية ما هي إلَّا بنية فوقية وانعكاس آلي للبنية التحتية وليس لها تأثير مستقل خاص بها. أما ابن خلدون فقد تحدَّث عن دورات تتكرر وتحدث عن (اختلاف في المعاش) وهذا يلتقي مع النظرة الماركسية. ولكن ابن خلدون يقترح كمفتاح نظري مفهوم العصبية وعلاقتها بالدين. فالدورة الاقتصادية عند ابن خلدون هي دورة ازدهار/ انحطاط سياسي تؤثر على الحياة الاقتصادية للمدن وليس العكس. إذن لعل إنغلز قرأ ترجمة «سلاين» لتاريخ ابن خلدون التي كانت موجودة في زمنه[1]، إلاَّ أنه استخدم معلومات ابن خلدون لصالح نظريته الماركسية الاقتصادية كما أنه وسَّع من نطاق النظرية لتشمل كل بلاد المسلمين (فارس) وهذا غير صحيح بالتأكيد.

عن الجزائر

اهتم فريدريك إنغلز باكرًا بالمسألة الجزائرية حين كان يكتب مقالات صحفية خلال إقامته في إنكلترا ثم فرنسا تنشرها صحيفة نورثرن ستار الإنكليزية «نجمة الشمال»

(1) وليام ماك غاكن دي سلاين وشهرته البارُون دي سْلاين (1801 - 1879) William Mac Guckin, baron de Slane مستشرق فرنسي، من أصل أيرلندي. تتلمذ على دي ساسي، ومن تلاميذه جان فرانسوا شامبليون. نشرت ترجمته لتاريخ ابن خلدون في مجلدين أولًا في أعوام 1847 و1851، ثم مجموعة من أربعة أجزاء في 1852-1856. كما ترجم سلاين المقدمة ونشرها في ثلاثة أجزاء بين أعوام 1863 و1868.

(The Northern Star) وهي صحيفة تنتمي إلى الحركة العمالية الميثاقية[1]. وفي رسالته الصحفية المنشورة بتاريخ 22 كانون الثاني (يناير) 1848 كتب عن موضوع استسلام الأمير عبد القادر الجزائري للسلطات الفرنسية، وذلك تعليقًا على المناقشات التي كانت تدور يومها عن الموضوع في مجلس النواب الفرنسي وعلى صفحات الصحف. وبعد عرض لبعض المناقشات يقول إنغلز بوضوح: «إن رأينا بالإجمال هو أن من حسن التوفيق الكبير أن يكون الزعيم العربي قد أُسر فقد كان صراع البدو بلا أمل. وعلى الرغم من أن الكيفية التي أدار بها الحرب جنود أفظاظ من أمثال بوجو تستأهل الإدانة الشديدة، فإن فتح الجزائر واقعة مهمة وموائمة لتقدم الحضارة... وإذا كان من الممكن أن نأسف على ما أصاب الحرية من دمار فلا يجوز أن ننسى أن أولئك البدو أنفسهم هم شعب من اللصوص، وسائلهم الرئيسة للعيش هي غزو بعضهم بعضًا، أو غزو القرويين الحضر، ناهبين ما يجدونه... إن جميع شعوب البربر الأحرار هؤلاء يبدون للناظر من بعيد في غاية العز والنبل والبهاء، ولكن ما عليك إلا أن تقترب منهم حتى تكتشف أن الشره إلى الكسب هو دافعهم ومحركهم، مثلهم مثل الأمم المتحضرة، وكل ما في الأمر أنهم يلجؤون إلى وسائل أكثر فجاجة وفظاظة. وبعد كل حساب فإن البورجوازي المعاصر -مع الحضارة والصناعة والنظام و«الأنوار» التي يحملها معه على كل حال- لأفضل من الوالي الإقطاعي أو اللص قاطع الطريق، ومن الطور الهمجي من المجتمع الذي ينتميان إليه»[2].

في رسالة مؤرخة في 6 حزيران (يونيو) 1853 يتحدث كارل ماركس (1818-1883) إلى صديقه ورفيقه فريدريك إنغلز (1820-1895) عن اهتمامه بدراسة إحدى اللغات الشرقية فيقول: «بما أنني ورغم كل شيء سأكون متورطًا لعدة أسابيع في المسألة الشرقية، فقد

---

(1) «التشارتية» (Chartism) كما يسمونها وقد ظهرت في سنوات 1838-1858 نسبة إلى ميثاق الشعب People's Charter في عام 1838. ومنشأ التشارتية كان في «جمعية عمال لندن» المتكونة عام 1836. وكان أحد تلامذة روبرت أوين (هو وليم لوفيت) قد أسسها ونشر برنامجها عام 1836 بشكل علني. وكان هذا البرنامج يحتوي على نقاط حول الحقوق الانتخابية منها: حق الاقتراع العام لكل المواطنين (لأجل الرجال ممن بلغوا 21 عامًا) من دون اشتراط أي ملكية أو منصب للترشيح، وأن يجري انتخاب البرلمان سنويًا، وأن تكون الانتخابات سرية، مع إجراء انتخابات في مناطق مقسمة بصورة متساوية، وأن يكون هناك حصانة لأعضاء البرلمان، وأن تدفع رواتب لهم...إلخ.

(2) انظر مقال إنغلز مترجمًا في كتاب «الماركسية والجزائر»، ترجمة جورج طرابيشي، دار الطليعة، بيروت، 1978، ص 11-15.

اغتنمت المناسبة لدراسة اللغة الفارسية. أما سبب ابتعادي عن العربية فيعود من جهة إلى حقدي المتأصل والدفين ضد اللغات السامية، ومن جهة أخرى فإلى حقيقة أنه من المستحيل الوصول إلى أي نتيجة ملموسة من دون إضاعة الكثير من الوقت، حين يتعلق الأمر بلغة شاسعة إلى حد أنها تضم أربعة آلاف جذر، وتعود إلى حوالي 2000-3000 سنة في التاريخ. بالمقابل فإن الفارسية كلُغة هي لُعبة أطفال، ولولا وجود تلك الأبجدية العربية اللعينة، حيث هناك ستة أحرف متشابهة وحيث لا تُكتب فيها أحرف العلة، لكنت توصلت إلى تعلُّم كل قواعد الفارسية في غضون 48 ساعة». فإذا عرفنا أن ماركس درس الروسية في عمر متقدم وتوصل في ذلك إلى مستوى جيد، وهي لغة صعبة كما نعلم، نستطيع الاستنتاج بأنه تعلَّم فعلًا الفارسية.

نُضيف إلى ذلك سياحة ماركس (بعكس إنغلز الذي لم تطأ قدماه أرضًا إسلامية) وتمضيته فترة من العام 1882 في الجزائر بداعي الاستشفاء والنقاهة (وهي فترة تغطيها مراسلاته مع إنغلز من 21 شباط (فبراير) إلى 28 نيسان (أبريل) 1882)[1].

وكان في نية ماركس عدم الاكتفاء بالبقاء في الجزائر العاصمة وإنما الوصول إلى بسكرة لولا أن مشقة السفر منعته. في شباط (فبراير) 1882 يُبحر ماركس من ميناء مرسيليا الفرنسي على متن الباخرة سعيدًا، وقد نزل الدرجة الأولى ببطاقة سفر ثمنها 80 فرنكًا. أبحرت الباخرة في الخامسة من مساء السبت 18 شباط (فبراير) لتصل ميناء الجزائر في الثالثة والنصف من بعد ظهر الإثنين 20 شباط (فبراير). وفي أول رسالة له إلى إنغلز يكتب ماركس جزلًا بلغات ثلاث: الفرنسية والإنكليزية والألمانية، مما يعكس مزاجه الرائق والمازح:

"Jeden Morgan 10, oder 9, bis 11 Thereabouts my promenade Zwischen den ravines et les collines situées au-dessus de la mienne"

فهو سكن أولًا في فندق الشرق (الذي أصبح لاحقًا ولفترة طويلة مقر بلدية الجزائر العاصمة) ثم انتقل للسكن خارج المدينة على هضبة تخترقها جادة مشجرة، وفي فندق بنسيون فيكتوريا. وفي كل مراسلاته مع إنغلز هو سائح يصف جمال الطبيعة الخلابة والمناظر البانورامية والهواء العليل والخضرة، مما يشكل مزيجًا أفرو- أوروبيا رائعًا. ولا

(1) رسائل الجزائر هذه مترجمة في كتاب جورج طرابيشي، المرجع السابق، الصفحات 80 إلى 133.

نعثر في رسائله تلك على أية إشارة أو ملاحظة فردية حول السكان المحليين، الشعب، المجتمع، الناس في الجزائر، ولا حتى عن علاقتهم بالأوروبيين... ولكن ماركس يصف في رسالته ما أخبره به فيرميه «Fermé» وهو قاضٍ مدني، عن أفعال الاستعمار من تعذيب البوليس للسكان المحليين بهدف انتزاع اعترافات، وتجاهل وصمت القضاء بإزاء ذلك. وينقل ماركس أيضًا أنه حين يرتكب عربيٌّ أيَّ جريمة دم، لا يكتفي المستعمرون بعقاب الجاني بل تطال الملاحقات والعقوبات ما لا يقل عن ستة أو سبعة أفراد آخرين من العرب الأبرياء الذين يُعدَمون أيضًا على الرغم من اعتراض المحاكم. لا بل إن القضاة المعترضين أو المحتجين يتعرضون هم أيضًا للضغوط القوية لإرهابهم وإسكاتهم. ويخلص ماركس إلى أنه ورغم ذلك، يتفوق الهولنديون والبريطانيون على الفرنسيين في الغرور والجبروت كما في الوحشية الدموية. وللعلم فإن صحة ماركس لم تتحسن، وازدادت سوءًا مع وفاة زوجته وإحدى بناته مما ترك أثره عليه. فمات في لندن (في 14 آذار (مارس) 1883) بعد أقل من عشرة أشهر من عودته من الجزائر.

وكان إنغلز كتب منذ عام 1857 مقالًا عنيفًا ضد الغزاة المحتلين الفرنسيين، وذلك في «الموسوعة الأميركية الجديدة»[1] تحت عنوان «الجزائر»[2] (كما كتب فيها مقالًا عن أفغانستان أيضًا). وفي مقاله هذا يبدو إنغلز شديد العداء للفرنسيين الذين يتهمهم بشن حرب بربرية لاحتلال الجزائر، وبأن استعمارهم فشل تمامًا على الرغم من البيانات المتفائلة التي تنقلها الصحف الفرنسية. فبعد وصف جغرافي وديموغرافي وتاريخي مبتسر عن الجزائر ينتقل إنغلز للحديث عن الاحتلال الفرنسي فيضعه ضمن إطار الرد على غارات القراصنة التي كانت تتعرض لها «الدول المسيحية الأوروبية» والتي وصلت إلى سواحل إسبانيا وإيطاليا ويروي الرواية الفرنسية عن حادثة إهانة القنصل الفرنسي كسبب لغزو الجزائر واحتلالها. إلا أنه يعود فيصف «تعاسة البلاد منذ الاحتلال» وكيف تحولت إلى «مسرح لعمليات

---

(1) New American Cyclopedia, A Popular Dictionary of General Knowledge.

وكان ينشرها صحافيان أميركيان ديموقراطيان هما داعية إلغاء العبودية تشارلز دانا Charles Dana، والاشتراكي (من أتباع فورييه) جورج ريبلاي Georges Ripley وهي طلبت من إنغلز كتابة مقاله عن الجزائر فاقتبس معظم معلوماته (خصوصًا في القسم الأول من المقال) من المعاجم الموجودة في زمنه وبخاصة مادة «جزائر» من معجم ويغاند الصادر في لايبزغ بألمانيا في عام 1846.

(2) انظر مقال إنغلز مترجمًا في كتاب الماركسية والجزائر، مرجع سابق، ص 16-35.

متواصلة من سفك دماء ونهب وعنف... فكل مدينة كبيرة كانت أم صغيرة جرى احتلالها بيتًا بيتًا مقابل تضحيات هائلة، فالقبائل العربية والقبائلية التي تقدر الاستقلال بأغلى الأثمان والتي تقدم كراهية السيطرة الأجنبية على حياتها بالذات قد أُخضعت أو فُتَّ في عضدها عن طريق غزوات رهيبة أُحرقت فيها مساكنها وأملاكها ونهبت وأُتلفت مزروعاتها، بينما أولئك البائسون من سكانها الذين لزموا أماكنهم لاقوا مصرعهم أو تعرضوا لشتى أهوال الوحشية أو الفجور.لقد ثابر الفرنسيون على هذا الأسلوب الحربي الهمجي الذي يضرب عُرض الحائط بما توصي به الإنسانية والحضارة والديانة المسيحية... ومن حقنا أن نعترض على سياسة حكومة متمدينة تلجأ إلى شريعة الثأر».

في الموسوعة الأميركية نفسها كتب ماركس مقالًا عن الجنرال «بيجو» فاتح الجزائر الفرنسي بتاريخ 27 تشرين الثاني (نوفمبر) 1857، وكانت تلك أول مرة يكتب فيها عن الجزائر واعتمد في مقاله على ما أرسله له إنغلز من مواد بناء على رسالة إلى إنغلز بتاريخ 17 أيلول (سبتمبر) 1857 طلب منه فيها تزويده بمعلومات توثيقية عن عدد من الجنرالات الفرنسيين منهم «بيجو». أجابه إنغلز برسالة مؤرخة في 22 أيلول (سبتمبر) يتحدث فيها بالتفصيل عن الجنرال «بيجو». واعتمد ماركس على مراجع أخرى للكتابة عن الجنرال.

5- كتابات ماركسية سوسيولوجية وأنثروبولوجية عن المجتمعات الإسلامية

درجت الكتابات الماركسية التي عالجت مسألة العائلية والعشائرية والقبلية في مجتمعاتنا، على اعتبار هذه الوحدات من مخلفات أنظمة قديمة لم تستطع الدولة القضاء عليها لعجزها الناجم عن طبيعة النظام السياسي والاقتصادي التابع للغرب. فالمنظور التطوري (الماركسي منه كما الوضعي السوسيولوجي) اعتبر أن هذا الشكل من التنظيمات الاجتماعية هو من البقايا التي لا تزال تتعايش مع نظامٍ رأسماليٍّ متخلفٍ. ولذا فإن حتمية التطور لا بد أن تقضي على هذه البقايا عندما تتشكل شروط قيام نظام «رأسمالي حقيقي».

وقد ساد لفترة في الدراسات الغربية نموذج نظري يصوِّر المجتمع العربي على أنه تجسيد للجمود الآسيوي، مقابل نموذج نظري آخر يراه موزعًا بحسب التنظيم المفصلي

للسلطة. والنموذجان لم يُصَمَّمَا في الأصل لتحليل مجتمعاتنا بقدر ما وُضِعَا لتفسير جمود المجتمع العربي، والشرقي عمومًا، مقابل دينامية المجتمع الغربي وفاعليته[1]. النموذجان صُمِّمَا لدراسة الماضي، والماضي عندهما هو منذ بداية التاريخ وحتى الحملة الفرنسية على مصر (1798). فهو حمل استمرارية حضارية خانقة رهيبة. وكثير من الظواهر الاجتماعية الراهنة تعالج على أنها بقايا مترسبة (residual survivals) من هذا الماضي، كالقبيلة والدين.

اعتمد النموذج الأول على كتابات ماركس[2] وإنغلز لجهة بناء مقولة (نمط الإنتاج الآسيوي)[3] التي طورها خصوصًا جان شينو وأحمد صادق سعد[4]. وبحسب ماركس فإن العناصر الأساسية التي تميِّز نمط الإنتاج الآسيوي هي[5]:

---

(1) «وقد تَبيَّنَ لنا أنَّ نظرياتِ التطوُّرِ هذه كلَّها مأخوذةٌ من دراسةِ نشوء الرأسماليةِ أو المجتمعِ الحديثِ ممَّا سبقَه، وأنَّها أُسقِطَتْ على التاريخِ بأكملِه. ما دُرِسَ فعلًا هو الانتقالُ إلى مرحلةِ الإنتاجِ الرأسماليةِ، أو من المجتمعِ التقليدي إلى المجتمعِ الحديث، أو مِن المجتمعِ الـ «فيودالي» إلى المجتمعِ البرجوازي، ومن الاقتصادِ الزراعي إلى الاقتصادِ الصناعي. وهذا ما تَخَصَّصتْ به غالبيةُ الدراساتِ التاريخيةِ حولَ مراحلِ الانتقال».

عزمي بشارة: من محاضرة افتتاح المؤتمر السنوي للعلوم الاجتماعية، تونس، 20 إلى 22 آذار (مارس) 2014.
http://www.dohainstitute.org/release/ba5fdbfb-9066-40a6-85ef-2f40dc4065d5.

(2) Hudis, Peter. 'Marx Among the Muslims.' *Capitalism, Nature, Socialism*. December 2004, 15:4, 51-67.

(3) كارل ماركس وهيلموت رايش: نمط الإنتاج الآسيوي في فكر ماركس وإنغلز، ترجمة بوعلي ياسين، دار الحوار للنشر والتوزيع، اللاذقية سوريا، 1988.

C.E.R.M(Centre d'études et de recherches marxistes): *Le mode de production asiatique*, Ed. Sociales, Paris. 1969.

(4) نمط إنتاج خاص بالمجتمعات الآسيوية هو مزيج من المشاعية البدائية والرق والإقطاع مع إعطاء الإقطاع سمة شرقية أهم ما فيها ملكية الدولة للأرض، حيث تكون هي السيد الإقطاعي. انظر:

«حول نمط الإنتاج الآسيوي» (مجموعة من المؤلفين: جان شينو، وآخرون). ترجمة جورج طرابيشي - دار الطليعة- بيروت.

أحمد صادق سعد (وآخرون): «نمط الإنتاج الآسيوي وواقع المجتمعات العربية»، دار الكلمة للنشر، بيروت 1984.

أحمد صادق سعد: «في ضوء نمط الإنتاج الآسيوي، تاريخ مصر الاجتماعي الاقتصادي». بيروت: دار ابن خلدون، 1979.

(5) Maurice Godelier: *La notion de «mode de production asiatique» et les schémas marxistes d'évolution des sociétés,* Paris, Centre d'études et de recherches marxistes, 1964.

1- عدم وجود الملْكية الخاصة للأرض حتى في شكلها الإقطاعي؛ فالملك (المستبد الشرقي) هو المالك الأوحد للأرض.

2- مشاريع الري الكبرى هي بإدارة الحكومة المركزية وهنا نجد الشرط الضروري لإعادة الإنتاج.

3- الكومونات المتناثرة، الذرات المنكفئة على نفسها، المكونة لحياتها ذاتيًّا وفي انغلاق.

4- الثبات أو الجمود التاريخي اللاحراكي الذي تعيشه هذه المجتمعات.

وقد أدى هذا المنظور إلى اعتبار المجتمعات الآسيوية مجتمعات بلا تاريخ، ولا صراع طبقي حتى: «المجتمع الهندي هو مجتمع لا تاريخ معروف له على الإطلاق...إن الذي نسميه تاريخه ما هو إلا تاريخ الغزاة المتعاقبين الذين شيدوا إمبراطورياتهم على الأساس السلبي لهذا المجتمع العديم المقاومة المستعصي على كل تغيير...وفي هذه المجتمعات العديدة المنكفئة على ذاتها المنغلقة على براءة نفسها في ركود مميت يكمن الأساس المتين في كل زمان للاستبداد الشرقي وللطابع السكوني في ذلك الجزء من آسيا»[1].

وهذا أدى إلى اعتبار الاستعمار البريطاني للهند (والفرنسي للجزائر) نعمة تقدمية تسمح بدخولهما (ودخول تركيا أي الشرق) عصر الرأسمالية «إن لبريطانيا مهمة مزدوجة في الهند: واحدة تدميرية والأخرى تجديدية: إبادة المجتمع الآسيوي القديم ووضع الأسس المادية للمجتمع الغربي في آسيا»[2].

أما النموذج الثاني فقد اعتمد على كتابات «هربرت سبنسر» و«إميل دوركهايم» و«ماكس فيبر» و«مالينوفسكي» و«إيفانز بريتشارد»، لجهة الحديث عن مجتمع مفصلي رعوي[3]،

---

(1) كارل ماركس، حول الهند والجزائر، تعريب شريف الدشوني، دار ابن خلدون، بيروت 1980، ص 15.
وحول المسألة الشرقية: كتاب بريان تيرنر: ماركس ونهاية الاستشراق، مؤسسة الأبحاث العربية، بيروت 1981.

(2) *Sur les sociétés précapitalistes: textes choisis de Marx, Engels, Lénine*. CERM.Paris 1970. P178.

(3) انظر عرض ومناقشة للمفهوم عند خلدون حسن النقيب «في البدء كان الصراع، جدل الدين والإثنية، الأمة والطبقة عند العرب». دار الساقي، بيروت 1997.

ومدوه بمفهوم الاستبداد الأبوي. وقد وجدوا بعض الدعم في أفكار ابن خلدون عن العمران والعصبية[1].

وكانت «روزا لوكسمبورغ»[2] و«مكسيم كوفالفسكي»[3] تحدَّثا عن «إقطاع محمدي» في حين تحدث «لوتسكي»[4] عن إقطاع الدولة الممتزج بالعبودية. وقد ظهرت كتابات «سوفيتية»[5] حول الإسلام تقول بأن الإسلام هو نتاج تطور علاقات الإنتاج الرأسمالية التجارية السلعية (المركنتيلية) وَكَحَلٍّ أمين لتطورها في وجه اعتداءات البدو وقُطَّاع الطُّرق والصعاليك. فالإسلام بحسب «رايزنر»[6] جاء على يد محمد (وهو من صغار التجار المتضررين من النهب وقطع الطرق) ليخدم البورجوازية الكبيرة والصغيرة على السواء في مكة. وتبع «بيلياييف»[7] هذا الرأي الأول مع بعض التنويعات. فقال بنظرية البورجوازية التجارية الْمَكِّيَّة باعتبارها

---

(1) انظر عبد القادر جغلول، الإشكاليات التاريخية في علم الاجتماع السياسي عند ابن خلدون، دار الحداثة، الجزائر، الطبعة الثانية، 1981 (فصل البنى القبلية، ص 126-127).

(2) Michael Löwy. 'Le communisme primitif dans les écrits économiques de Rosa Luxemburg'. *Rosa Luxemburg aujourd'hui*, Claudie Weill and Gilbert Badi, eds. Vincennes: Presses Universitaires de Vincennes. 1968.

Rosa Luxemburg. The Accumulation of Capital. *The Rosa Luxemburg Reader*, Peter Hudis and Kevin B. Anderson, eds. New York: Monthly Review, 2004. 32-70.

(3) مكسيم مكسيموفيتش كوفالفسكي (1851-1916) هو أهم عالم اجتماع روسي على طريقة أوغست كونت. انظر:

Andrzej Walicki .*A History of Russian Thought: From the Enlightenment to Marxism.* Stanford University Press, 1979., pp. 367-368.

(4) فلاديمير بوريسوفيتش لوتسكي (1906-1962) مؤرخ مستعرب روسي الأصل متخصص في تاريخ البلاد العربية، أشرف على تحرير أهم الكتب السوفيتية حول هذا التاريخ. انظر: تاريخ الأقطار العربية الحديث (دار التقدم، موسكو، عشرات الطبعات، وقد أعادت طبعه دار الفارابي بيروت 2007).

كما أن كتاب «العلماء السوفيت في قسم التاريخ في موسكو» والصادر عن دار التقدم بموسكو تحت عنوان «تاريخ الأقطار العربية المعاصر» (في جزأين) هو أساسًا من وضع لوتسكي، وهو عبارة عن إعادة صياغة للمحاضرات التي كان ألقاها في الجامعة ولم يتمكن من إنجازها كلها ونشرها بسبب الوفاة، فقام تلامذته بهذا العمل.

(5) انظر دراستنا: الاستشراق الروسي في طبعاته المنقحة: حول كتاب بونداريفسكي «الغرب ضد العالم الإسلامي»، مجلة منبر الحوار، السنة الأولى، العدد 4، فيينا- باريس، شتاء 1986.

(6) Mikhail A. Reisner (1868–1928).

(7) Evgenii Beliaev (1895–1964).

هي حاضنة الإسلام الذي ظهر على يد صغار التجار وفي مواجهة الأرستقراطية التجارية المرابية. ورأى «أسفندرياروف»[1] أن الإسلام هو نتاج البداوة وليس المجتمع البورجوازي التجاري كما قال «رايزنر»، معتبرًا أن الإسلام هو آخر موجات الهجرة البدوية السامية الكبرى خارج الجزيرة العربية.

ولم نعدم كتابات ماركسية عربية تستعيد هذه التقسيمات كما عند حسين مروة[2] (أسلوب الإنتاج الإقطاعي المتداخل مع بقايا العبودية المنحلة) والطيب تيزيني[3] (ثلاثة أنماط من العلاقات الاجتماعية الطبقية هي العبودية والإقطاع والرأسمالية التجارية المبكرة) (مزيج من بقايا المشاعية الريفية والعبودية والإقطاعية الشرقية). أما حسن حمدان (مهدي عامل) فقد حاول التميُّز عن النزعة الاقتصادوية الماركسية الكلاسيكية من خلال تبنيه المنظور «الألتوسيري» الذي أطلق «مشروع قراءة جديدة للماركسية بالعودة إلى ماركس»، وذلك «للرد على المنزلقات الاقتصادوية (الماركسية) والإنسانوية (البورجوازية) على السواء»، وأخذ على عاتقه، عبر ما سماه «الممارسة النظرية»، استخراج الأسس النظرية للفلسفة الماركسية (المادية الجدلية) المختلفة عن العلم الماركسي (المادية التاريخية)، تلك الأسس التي اعتبر «ألتوسير» أنها موجودة بشكل غير منظم في «ممارسة الماركسيين الثوريين» (لينين) وفي كتاب رأس المال... وقد ابتدعت الألتوسيرية نظامًا معرفيًّا متكاملًا شَكَّلَ نقطة التقاء وحوارًا مع التيارات التي تراكمت أبحاثها العلمية في مجالات العلوم الإنسانية (علم النفس التحليلي، الأنثروبولوجيا، الإثنولوجيا، الألسنية، تاريخ الفكر، الفلسفة، علم الجمال، النقد الأدبي) التي نشأت في تعارض نقدي مع الدوغمائية الماركسية التي كانت سائدة في الستينيات والسبعينيات من القرن العشرين. وجهدت الألتوسيرية لإزالة التعارض بين هذه العلوم وبين الماركسية (أو ماركس الحقيقي) عبر إيجاد مخرج نظري (المادية التاريخية) يستوعب هذه الأبحاث الجديدة ويحيلها في صلب الإشكالية الماركسية «الجديدة»[4]. وقد

---

(1) Sandzhar D. Asfendiarov (1889–1938).

(2) حسين مروة: النزعات المادية في الفلسفة العربية الإسلامية، دار الفارابي بيروت، 2008.

(3) الطيب تيزيني: مشروع رؤية جديدة للفكر العربي في العصر الوسيط، دار دمشق، دمشق. الطبعة الخامسة (1981) الطبعة الأولى 1971.

(4) يشكل كتاب جاك رانسيير (وهو كان أحد تلامذة ألتوسير) «درس ألتوسير»، أفضل مقاربة نقدية للألتوسيرية: Jacques Rancière: *La Leçon d'Althusser*. Gallimard, Paris 1974.

تأثر مهدي عامل بهذه المحاولة الألتوسيرية (من داخل الحزب الشيوعي الفرنسي) فكانت كتاباته هي الصدى العربي لها[1]. يرفض مهدي عامل «إشكالية التخلف والتقدم» على قاعدة فكر تطوري ومنطق وضعي تجريبي، ويستند في رفضه إلى الأدبيات الألتوسيرية حول «تمفصل أنماط الإنتاج ضمن التشكيلة الاجتماعية الواحدة» ويقرر «هيمنة النمط الكولونيالي على بقية الأنماط»... وهو يرفض من ثمَّ مفهومَ (النهضة)، معتبرًا أنها لم تكن نهضة فعلية في «قطيعة معرفية» كما في الغرب... فالنهضة (العربية) برأيه هي «شكل كولونيالي مميز لسيطرة الأيديولوجية البورجوازية»... ففي النهضة الأوروبية «وَجَدَ فكر البورجوازية في القطع المعرفي مع الفكر السابق -أي مع فكر الطبقة الإقطاعية المسيطرة السابقة- شرطًا أساسيًّا لولادته، لأن البورجوازية وَجَدَتْ في تحويل علاقات الإنتاج الإقطاعية وفي القضاء عليها شرطًا أساسيًّا لولادة نمط الإنتاج الرأسمالي... أما إذا نظرنا إلى النهضة العربية فإننا نرى في اللفظة العربية نفسها ما يدل على طبيعة تلك النهضة الطبقية، بين الولادة الجديدة (Renaissance) وبين النهضة اختلاف لفظي له دلالته. فكلمة نهضة لا توحي بما توحي به كلمة الولادة الجديدة التي هي جديدة لأنها ولادة شيء جديد...النهضة ليست ولادة شيء جديد، بل هي نهضة الشيء نفسه الذي عليه أن ينهض من ركود أو جمود هو فيه...»[2].

إذا أخرجنا نص مهدي عامل من لُعبته اللُّغوية الشكلية للتمييز بين النهضة والولادة الجديدة وهي الحيلة اللغوية التي تسمح للمؤلف أن يلبس البورجوازية الأوروبية ثوب «القطع المعرفي» الألتوسيري ويحرم البورجوازية الكولونيالية منه، وانتقلنا إلى حيز التاريخ الذي يجرنا إليه إنغلز فإن الأمور تتبدل كليًّا:

«إن الدراسة الحديثة للطبيعة -وهي الوحيدة التي توصلت إلى تطور علمي ممنهج وكامل، على العكس من الحَدْس العبقري الذي تميز به القدماء في فلسفة الطبيعة ومن الاكتشافات العربية الفائقة الأهمية والتي كانت متقطعة واختفى معظمها من دون نتائج - إن هذه الدراسة الحديثة للطبيعة ترجع، ككل التاريخ الحديث، إلى العصر القوي الذي نطلق

(1) انظر أبرز نقد لمهدي عامل في: سهيل القش، في البدء كانت الممانعة، محاضرات ألقيت في معهد العلوم الاجتماعية بالجامعة اللبنانية، بيروت، 1978-1979، وهي مجموعة في كتاب صدر عن دار الحداثة، بيروت 1980، الصفحات 57-68.

(2) نقلاً عن كتاب مهدي عامل: أزمة الحضارة العربية أم أزمة البورجوازيات العربية. دار الفارابي، بيروت، 1974.

عليه نحن الألمان اسم عصر الإصلاح (Reform) بحسب النكبة الوطنية التي مُنِينَا بها خلال هذه الفترة، والذي يدعوه الفرنسيون بالنهضة (Renaissance) والإيطاليون بالـ (Cinque cento) برغم أن كلًّا من هذه العبارات لا تعطي المعنى الكامل لهذه المسألة، إنه العصر الذي يبدأ مع النصف الثاني من القرن الخامس عشر، فقد استطاعت الملكية باستنادها إلى بورجوازيي المدن، أن تحطم قوة النبلاء الإقطاعية وأن تخلق الملكيات الكبرى القائمة أساسًا على القومية التي تطورت ضمن إطارها الأمم الأوروبية الحديثة والمجتمع البورجوازي الحديث... ففي المخطوطات التي أُنقذت من سقوط بيزنطية، وفي التماثيل القديمة التي أُخرجت من أطلال روما تَكَشَّفَ عالم جديد أمام الغرب المنبهر: الحضارة اليونانية القديمة، كانت إيطاليا تولد عبر تفتح فني راسخ بدا كانعكاس للكلاسيكية القديمة المفقودة. وتحطمت ديكتاتورية الكنيسة الروحية، إذ تخلت عنها مباشرة معظم الشعوب الجرمانية التي تبنت البروتستانتية، في حين ترسخت شيئًا فشيئًا لدى الشعوب الرومانية نزعة الفكر الحر المقتبسة عن العرب والمُدَعَّمَة من الفلسفة الإغريقية المكتشفة حديثًا. هذا ما كان يمهد الطريق أمام نشوء مادية القرن الثامن عشر»[1].

حقًّا إن «القطع المعرفي» الألتوسيري الذي يحكم بأمره في عالم الشكل حيث يسود العلم ويمارس الطلاق مع ماضيه الأيديولوجي يجد مأزقه على أرضية التاريخ التي ترد الماضي الأيديولوجي إلى بيت الطاعة فتظهر الأشياء بشكل يعارض النمذجة الألتوسيرية الشكلية. فما بدا لدى البورجوازية الأوروبية على أنه ولادة ثانية جديدة -بحسب مهدي عامل- تحول في وصف إنغلز التاريخي لنهضة القرن الخامس عشر الأوروبية إلى استعادة لنموذج الماضي الإغريقي والعربي. وبدا التمايز اللفظي بين النهضة والولادة الجديدة مجرد لَعِبٍ على الألفاظ لا يشرح التمايز الفعلي بين النهضة الأوروبية والنهضة العربية[2].

ولم يشذ سمير أمين عن التصور «الماركسي» «للمادية التاريخية» التي ترى (بحسب سمير أمين) «أن المستوى الاقتصادي هو المحدد في التحليل الأخير»[3]، والمستوى الاقتصادي يدور حول قانون تطور قوى الإنتاج بالتحليل الأخير أيضًا، لذا ضرورة تصنيف المجتمعات

(1) F. Engels. La dialectique de la nature نقلاً عن سهيل القش، مرجع سابق.

(2) سهيل القش، مرجع سابق.

(3) Samir Amin: Sociétés Précapitalistes et Capitalisme. Anthropos, Paris 1978. P.305.

برأيه على قاعدة تطور قوى الإنتاج، وإلا فإننا نتخلى عن المادية التاريخية في اللحظة التي نرفض فيها ما يلي:

1- اعتبار قانون تطور قوى الإنتاج هو الذي يحكم في التحليل الأخير علاقات الإنتاج.

2- المجتمعات البشرية تمر بمراحل متشابهة أساسًا رغم التمايزات والاختلافات[1].

وبحسب سمير أمين أيضًا فقد «مرَّت المجتمعات البشرية جميعها بثلاثة أطوار متعاقبة: الشيوعية البدائية، ونمط الإنتاج الخراجي، والرأسمالية. وسوف تدخل طورًا رابعًا هو الاشتراكية (كمرحلة انتقالية نحو الشيوعية)»[2].

ونحن نجد جذور كل المقولات حول الجمود والركود الآسيوي (والعربي) في كتابات «ماكيافيللي» و«بودان» و«بيكون» و«هيغل» و«مونتسكيو» وغيرهم[3] حول الدولة العثمانية باعتبارها مثالًا على دولة الجمود والركود. وعلى هذه القاعدة بنى «لشتايم»[4] و«فيتفوغل»[5] مقولتهما حول الاستبداد الشرقي والاستبداد الآسيوي؛ كما سَمَّى البعض هذه المجتمعات «بالدولة المائية» أو «بالدولة المشتركة» أو «الدولة الاستبدادية» أو»الدولة الشرقية»[6]...

---

(1) نفسه، ص 389.

(2) سمير أمين: الطبقة والأمة، ترجمة هنرييت عبودي، دار الطليعة، بيروت 1980، ص 11 و15.

(3) انظر: إدوارد سعيد: الاستشراق، المفاهيم الغربية للشرق، ترجمة محمد عناني، دار رؤية القاهرة 2006.

(4) .(Goerge Lichtheim (1912–1973): *From Marx to Hegel* (1971

(5) Karl Wittfogel (1896-1988):

وهذه لائحة بأهم كتاباته التي تناولت المجتمعات الشرقية (المائية، الاستبدادية):

The Hydraulic Civilizations Chicago, 1956.

Oriental Despotism; a Comparative Study of Total Power Yale University Press, 1957 Class Structure and Total Power in Oriental Despotism, 1960.

Results and Problems of the Study of Oriental Despotism 1969.

Class Structure and Total Power in Oriental Despotism, 1960.

A Stronger Oriental Despotism 1960.

Results and Problems of the Study of Oriental Despotism 1969.

(6) Peter Hudis: Accumulation, Imperialism, and Pre-Capitalist Formations. Luxemburg and Marx on the non-Western World. In: *Socialist Studies/Études socialistes,* 6 (2) Fall 2010: 75-91.

Jacques Bethemont: Sur les origines de l'agriculture hydraulique. In: *L'Homme et l'eau en Méditerranée et au Proche Orient. II. Aménagements hydrauliques, État et législation*. Séminaire

إلخ... وهي أنماط من الدول يقول القائلون بها بأن عواملها الأساسية هي:

1- طبيعية: «فالإرواء الاصطناعي هنا هو الشرط الأول للزراعة، وهو من شأن إما الجماعات أو المحافظات أو الحكومة المركزية. وفي الشرق، ليس للحكومة سوى ثلاثة أقسام وزارية: المالية (نهب البلاد) والحرب (نهب البلاد والخارج) والأعمال العامة للسهر على إعادة الإنتاج»[1].

2- سياسية: «فالاقتصاد المائي هو اقتصاد موجه سياسي بالأصل»[2]... أو على الأغلب الاثنان معًا: «فالدولة أقوى من المجتمع»[3]، كما يقول فيتفوكل بل «إن الدولة المشتركة تلعب دورًا هامًّا جدًّا في تكوين قومية ما، لا سيما حين تكون هذه القومية محددة بأشخاص ينتسبون إلى قوم واحد (الدولتان المصرية والعبرية في العهد القديم)، أو حين تمنح تلك الدولة دورًا مسيطرًا لقوم معين (الإمبراطورية الرومانية، والإمبراطورية العثمانية). ويمكن أن تكون عوامل وحدة الدولة قوية جدًّا في أوضاع جغرافية معينة (مصر القديمة)»[4].

تدور هذه الإشارة كلها حول تأكيد قوة نزعة التنظيم والانتظام وثمرتها التي رآها الدارسون في مفهوم الدولة فقط. لكنهم بدل أن يروا في هذا الأمر حقيقة تعدد وقوة

---

de recherche 1980-1981. Lyon: Maison de l'Orient et de la Méditerranée Jean Pouilloux, 1982. pp. 7-30. (Travaux de la Maison de l'Orient)

Pierre Vidal-Naquet. Histoire et idéologie: Karl Wittfogel et le concept de «mode de production asiatique». In: *Annales. Économies, Sociétés, Civilisations*. 19e année, N. 3, 1964. pp. 531-549.

Daniel Thorner. Marx et l'Inde: le mode de production asiatique. In: *Annales. Économies, Sociétés, Civilisations*. 24e année, N. 2, 1969. pp. 337-369.

(1) Karl Marx &, Friedrich Engels: *Correspondance, tome 3* - Janvier 1852- Juin 1853. Editions Sociales. Paris 1972. Lettre Engels à Marx, 6 Juin 1853.

Karl Marx &, Friedrich Engels *Trois lettres à propos du mode de production asiatique* (juin 1853). La Phocide. Paris 2010.

(2) K. Wittfogel: *Le despotisme oriental, étude comparative du pouvoir total*. Editions de Minuit, Paris. 1977. P 74.

(3) Ibid, p.106.

(4) Maxime Rodinson, *Marxisme et monde musulman*. Paris, Seuil. 1972, p.40.

ونجد خلاصة لفكرة مكسيم رودنسون في كتابه «التاريخ الاقتصادي وتاريخ الطبقات الاجتماعية في العالم الإسلامي»، تعريب شبيب بيضون، دار الفكر الجديد، بيروت 1979.

الأسس التي جعلت هذه الشعوب تصل إلى هذه التنظيمات الفعالة المتقدمة، فإنهم رأوا فيها موضوعة مقلوبة أو ناقصة تتمثل برؤية كل شيء من خلال الدولة، ومن خلال مفهوم ضيق لها، عاجزين عن رؤية التنظيمات والمستويات التي تقف بجانب «الدولة» والتي قد تتقدم عليها، كمؤسسات الوقف، وتنظيمات النقابات والحرف، والقبائل والعشائر، وأملاكها وحقوقها، وكتنظيمات أهل الكتاب، والطوائف، والأملاك الخاصة وتنظيماتها وحقوقها[1].

6- في القراءة الماركسية للتاريخ

تقوم الرؤية التاريخية الاستشراقية الماركسية التقليدية على موقف محدد من الإسلام ومن الشعوب المنتمية إليه. فهذه الشعوب همجية، بربرية، إقطاعية، وأوروبا هي الشمس والحضارة والتقدم. وهذا مفهوم «تطوري» للتاريخ مثاله نظرية داروين في النشوء والارتقاء، حيث الأبيض الأوروبي هو الإنسان المتحضر، وغير الأوروبي هو أدنى درجات التطور (القرد)، أو كما يقول ماركس بنفسه «التطور الهمجي في المجتمع».

وكما أن البورجوازية هي الأداة الثورية للتقدم في أوروبا، فهي أيضًا أداة التقدم والتحضير والتمدن خارج أوروبا.. أو كما يقول البيان الشيوعي بوضوح «العنصر الثوري» و«الدور الثوري» و«تحقيق العجائب»، و«القيادة العسكرية البارعة لحملات تفوقت على الحروب الصليبية»، و«جر الأمم الهمجية إلى تيار الحضارة».

الماركسية تشدد على «التراكم البدائي» أو التراكم الأولي لرأس المال ودوره في تطوير المجتمع الرأسمالي المعاصر... والماركسية بكافة مدارسها ترى أن المجتمع الرأسمالي قد نشأ في رحم المجتمع الإقطاعي ونتيجة للتطور الداخلي لقوى الإنتاج واصطدامها بعلاقات الإنتاج المتخلفة مما استدعى الثورة. وهذه النظرة تلغي أو تهمش دور النهب الخارجي في تحويل المجتمع الإقطاعي وتحطيم حدوده وتفجيره، وترى أن العوامل الداخلية هي

---

(1) انظر: عادل عبد المهدي، «الثوابت والمتغيرات في التاريخ الاقتصادي للبلاد الإسلامية»، الدار العربية للعلوم، بيروت 2009.

وانظر الدراسة الكاملة حول نظرية فيتفوغل عند ميشال فاني: «فيتفوغل، دراسة مقارنة عن الاستبداد الشرقي والسلطة الديكتاتورية». مجلة الفكر العربي، بيروت. السنة الخامسة، العدد 33-34، أيار-آب 1983 ص 125-141.

الأساس بينما العوامل الخارجية هي عنصر ثانوي مساعد. وعلى الرغم من أن مؤلف (رأس المال) يتضمن إشارات بالغة الأهمية حول دور النهب الخارجي، والاكتشافات الجغرافية، والبعثات والرحلات العديدة، وصولًا إلى الالتفاف حول رأس الرجاء الصالح، وفرض الرقابة المباشرة الأوروبية على طرق تجارة الشرق ونهب خيراته وثرواته، وضرب نظام العلاقات التجارية الإسلامية من ملقة وجنوب القارة الهندية وحوض الخليج الفارسي وإفريقيا الشمالية الشرقية، وعملية التوسع الاستعماري وصراع السيطرة البحرية والنهب والاستعباد الذي رافق كل ذلك، وعلى الرغم من أن «البيان الشيوعي» يشير إلى بعض هذه الأمور، إلَّا أنَّ المفصل الحاسم في النظرية الماركسية هو موضوعة «التطور على مراحل» والانتقال من المشاعية البدائية إلى العبودية فالإقطاعية فالرأسمالية، وصولًا إلى الاشتراكية، عبر صراع الطبقات الداخلي وتناقض قوى الإنتاج مع علاقات الإنتاج في مرحلة محددة.

النقطة الثانية: لو فرضنا جدلًا أن الماركسية أشارت إلى مسألة النهب الخارجي الغربي لشعوب العالم غير الأوروبي منذ أواسط القرن الخامس عشر، إلا أن الماركسية رأت في كل مرحلة تاريخية «من المراحل الخمس الشهيرة»، خطوة ثورية إلى الأمام بالنسبة إلى المرحلة التي سبقتها. فالرأسمالية والبورجوازية ثورة تقدمية تاريخية خطيرة. وهكذا يرى»البيان الشيوعي» (إنجيل الماركسية) أن البورجوازية ولدت قبل الاكتشافات المذكورة، وأن هذه الاكتشافات (أميركا والملاحة حول إفريقيا) أعطت للبورجوازية الوليدة مجالًا جديدًا للنشاط؛ أي أنها فتحت لها أسواقًا جديدة (جزر الهند الشرقية- الصين- أميركا- المستعمرات في آسيا وإفريقيا... إلخ)، مما مَكَّن التجارة والملاحة والصناعة من نهضة لم يسبق لها مثيل، ومن ثَمَّ سَرَّعَتْ تطور العنصر الثوري في صلب المجتمع الإقطاعي المتداعي[1]. ويقول البيان أيضًا: إن «البورجوازية لعبت في التاريخ دورًا ثوريًّا تمامًا... فحيثما استولت على السلطة حطمت جميع العلاقات الإقطاعية، الأبوية، العاطفية... إلخ. لقد حققت عجائب أين منها أهرامات مصر وقنوات روما... وقادت ببراعة حملات عسكرية أين منها اجتياحات روما والحروب الصليبية»[2]. وأضاف البيان أنه «بالإتقان السريع لأدوات الإنتاج وبالتحسين الدائم لوسائل المواصلات تَجُرُّ البورجوازيةُ إلى تيار الحضارة حتى أشد الأمم همجية»[3].

(1) البيان الشيوعي، ترجمة العفيف الأخضر. الطبعة الأولى. دار ابن خلدون، بيروت، 1975، الصفحات 42-44.

(2) المرجع السابق نفسه، ص 54-56.

(3) المرجع السابق نفسه، ص 57.

«لقد أخضعت البورجوازية الريف لسيطرة المدنية.. والبلدان الهمجية وشبه الهمجية للبدان المتحضرة.. طوَّعت الشعوب الفلاحية للشعوب البورجوازية، والشرق للغرب»[1].

هذه القراءة الماركسية للتاريخ يطبقها ماركس وإنغلز في كتابات لهما حول الجزائر والهند. فإنغلز يرى «أن فتح الجزائر واقعة مهمة وموائمة لتقدم الحضارة... وما كانت قرصنات الدول البربرية (الجزائر منها) لتتوقف إلا بفتح تلك الدول... وبعد كل حساب فإن البورجوازي المعاصر -مع الحضارة والصناعة والنظام والأنوار التي يحملها معه على كل حال- لأفضل من الوالي الإقطاعي أو اللص قاطع الطريق ومن الطور الهمجي من المجتمع الذي ينتميان إليه»[2].

إن الرؤية التاريخية الماركسية واضحة وضوح الشمس، وهي أن البرجوازية حققت داخليًا ثورة هائلة لا مثيل لها، وحققت خارجيًا ثورة أخرى لا تقل أهمية. فأوروبا هي الحضارة، وبقية الشعوب همج وبربرية. ولذا فإن الاستعمار الخارجي ثورة بكل معنى الكلمة؛ لأنه يحطم أشكال الملكية وقوى الإنتاج وعلاقات الإنتاج السابقة على الرأسمالية. أليس هذا هو سر الغزو الروسي لأفغانستان؟ فلنسمع أو فلنقرأ هذا النص الماركسي أيضًا: تحت عنوان «السياسة الروسية التقليدية» كتب ماركس يناقش الدور الذي تقوم به الدولة العثمانية في إطار مشروع الحضارة الأوروبية... وانتهى إلى اعتبار أن الصراع المستمر للاستيلاء على القسطنطينية بين القوى الغربية وروسيا يؤدي إلى هذا السؤال: «هل القسطنطينية ستستسلم أمام الحضارة الغربية أم أنها ستُحيي دورها المضر في أشكال أكثر هولًا واستبدادًا مما سبق؟ إن القسطنطينية هي الجسر الذهبي المنصوب بين الشرق والغرب، والحضارة الغربية كالشمس لا تستطيع أن تستكمل دورتها حول العالم من دون أن تمر في هذه المنطقة»... ويرى ماركس أيضًا أن «مصالح الديمقراطية الثورية مرتبطة بمصالح إنكلترا بشكل وثيق»[3].

وخلال نفس السنة (1853) كتب ماركس حول ما يحصل من مجازر بريطانية في الهند: «مهما تكن رؤية هذه الكوكبات من التنظيمات الاجتماعية البطريركية النشيطة والمسالمة جارحة للشعور الإنساني وهي تتفكك وتنحل إلى عناصرها الحركية ويُلْقَى بها إلى بحر من

---

(1) المرجع السابق نفسه، ص 59.

(2) الماركسية والجزائر، مرجع سابق. والمقال كتب في عام 1847 بعد اعتقال الأمير عبد القادر.

(3) مقال ماركس عن المسألة الشرقية. المرجع السابق نفسه، ص 23.

الآلام والعذابات، بينما أفرادها يفقدون في الوقت نفسه شكل حضارتهم القديم ووسائط معيشتهم التقليدية، فإنه يجب ألا ننسى أن هذه الجماعات القروية الرعوية برغم مظهرها المسالم وغير المؤذي قد كانت على الدوام الأساس المتين الذي ينهض عليه الطغيان الشرقي... وصحيح أن دوافع إنكلترا حين فجرت الثورة الاجتماعية في هندستان كانت أحط المصالح وأسفهها، ولكن ذلك ليس بيت القصيد... إن بيت القصيد هو ما إذا في مقدور الجنس البشري أن يحقق مصيره من دون ثورة أساسية في الحالة الاجتماعية السائدة في آسيا؟ وإذا كان الأمر كذلك فقد كانت إنكلترا كائنة ما كانت جرائمها الأداة غير الواعية التي استخدمها التاريخ في إحداث تلك الثورة»[1].

(1) ماركس وإنغلز: في الاستعمار، دار دمشق.

الفصل الثالث
علم اجتماع الدين

1- إميل دوركهايم: الدين لُحمة اجتماعية

رأى إميل دوركهايم (1858-1917) [1] أن أزمة المجتمع الحديث ترتبط بعدم استبدال الأخلاق التقليدية القائمة على الأديان. وبرأيه، فإن على علم الاجتماع إعادة بناء منظومة أخلاقية تستجيب لمتطلبات الروح العلمية. من هنا اهتمامه بالأخلاق العلمانية والتزامه بالعمل التربوي والتعليمي للجمهورية الفرنسية. وانطلاقًا من قواعده التي وضعها للطريقة السوسيولوجية (1895)[2] حاول دوركهايم تقييد الدراسة العلمية للظواهر الدينية باقتراح تعريفٍ للدين. وسوف يتبلور هذا التعريف في نهاية تطور تدريجي لمفهوم المقدس عند دوركهايم وأتباعه، وذلك من خلال التمييز بين المقدس والمدنس: «كل المعتقدات الدينية المعروفة، سواء كانت بسيطة أو معقدة، لها طابع مشترك واحد: فهي تعني ضمنًا تصنيفًا للأشياء، الحقيقية أو المثالية، التي يتصورها الناس، في فئتين، في جنسين متعارضين، يُشار إليهما عمومًا بعبارتين منفصلتين تترجمهما كلمتا المدنس والمقدس»... «الدين هو نسق متضامن من المعتقدات والممارسات المتعلقة بالأشياء المقدسة، أي المنفصلة، المحرمة، معتقدات وممارسات توحِّد في مجتمع أخلاقي واحد يسمى الكنيسة، جميع أولئك الذين يلتزمون بها»... «المقدسات (الأشياء المقدسة) هي ما تحميه المحرمات وتعزله. أما المدنسات (الدنيويات الفانية) فهو ما تُطبَّق عليه المحرمات وما يجب أن يظل بعيدًا عن

---

(1) David Émile Durkheim, *Les formes élémentaires de la vie religieuse*, 1912.

(2) David Émile Durkheim, *Les Règles de la méthode sociologique,* Paris, Félix Alcan, coll. Bibliothèque de philosophie contemporaine. 1895,

المقدسات. إن المعتقدات الدينية هي تصورات (تمثلات) تعبِّر عن طبيعة المقدسات وعلاقاتها فيما بينها أو مع الدنيويات. أما الشعائر فهي قواعد السلوك التي تحدد كيفية التعامل مع المقدسات»[1].

تندرج المقاربة الدوركهايمية إذن في إطار نظرية للمقدس ترى فيه «تصعيدًا» للشعور الجماعي. الدين هو الشعور الجماعي وقد تقدَّس، ارتفع إلى مصاف الألوهة. المجتمع يُلهم أعضاءه شعورًا بالتبعية والاحترام؛ فهو ديني بالأساس. بجعله الدين أحد الأبعاد الجوهرية للمجتمع «فكرة المجتمع هي روح الدين»، وبإبرازه قوة الدين التعبيرية واللحمية للنسيج الاجتماعي، فإن دوركهايم كان يؤكد من دون شكٍّ وظيفة هامة من وظائف الدين: وظيفة الدمج الاجتماعي، والتصديق على النظام الاجتماعي.

إنها مفارقة المقاربة الدوركهايمية للدين. ففي حين أنها تبدو من جهة وكأنها تختزل الديني بالاجتماعي، فإنها تبدو من جهة أخرى وكأنها تُرجع الاجتماعي إلى الديني من حيث إنها تعتبر أن المجتمع لا يمكن له الاستمرار إلا من خلال تحويل الشعور الجمعي إلى مقدَّسٍ مطلقٍ.

كان دوركهايم تلميذًا أمينًا لـ«فوستل دو كولانج» في محاولة تطبيق منهجه التاريخي الوظيفي وربطه بأسس التحليل السوسيولوجي في دراسته الظاهرة الدينية وتطور الفكر الديني. يرتبط المنهج التاريخي الوظيفي عند دوركهايم بناحيتين: فإذا ما أردنا مثلًا دراسة آلهة الإغريق، فعلينا طبقًا لمنهج دوركهايم، أن نتتبع تطور «فكرة الألوهية» خلال التاريخ اليوناني، وعلاقة هذا التطور بالتغيرات التي طرأت على البناء الاجتماعي، بدراسة نُظُم الأسرة اليونانية القديمة ووظيفتها، والكشف عن طبيعة بناء الأسرة الأبوية (patriarchal family) ونظم المدينة اليونانية ودستورها[2]. وفي ضوء تلك الدراسة الاجتماعية والتاريخية، نستطيع أن نتوصل - برأي دوركهايم- إلى فَهْمٍ واضحٍ لآلهة الإغريق، وأن تكون لدينا فكرة أكثر عُمقًا عمَّا كُنَّا عليه قبل التحليل الاجتماعي والتاريخي. حيث إن الظروف الاقتصادية والسياسية تلعب دورها في إحداث التغيرات الدينية، والتأثير المباشر في تطوير الأفكار التي تتعلق بالآلهة القديمة. كما أن النسق الفكري الذي يرتبط بآلهة اليونان، إنما يُلقِي الضوء على طبيعة النظم الاجتماعية السائدة في بنية المجتمع ووظائفها.

---

(1) Émile Durkheim, *Les formes élémentaires de la vie religieuse*. Paris. Alcan.1912. p.50-51-56

(2) Emile Durkheim: *Sociology and Philosophy*. Cohen.London 1953. p.xxiii, p.31

ولذلك كانت كل النظم الاجتماعية عند دوركهايم، هي ذات أصل ديني، حيث عثر دوركهايم في جوف الدين على نشأة أو ميلاد كل «نظام اجتماعي»، وانتهى إلى أن روح المجتمع كامنة في روح الدين، وأن كل ما هو اجتماعي -كما هو الحال عند أستاذه فوستل دو كولانج- هو ديني الأصل.

كما تمتاز الحقيقة الدينية بأنها حقيقة اجتماعية وجمعية[1]. إذ إن الديني لا يصدر إلا عن الجمعي، ولا يتحقق إلَّا في المجتمع الذي يستمد منه كُلِّيته وضرورته. ولذلك كان الشعور الديني هو في ذاته شعورٌ جمعيٌّ، على اعتبار أن الدين نابعٌ عن المجتمع، وليس صادرًا عن مشاعر الفرد.

ولذلك انتقد دوركهايم بشدة تلك المواقف الفلسفية التقليدية، التي طالما فسرت قدرات الإنسان ومُثُله العُليا ومشاعره الدينية، بربطها ببعض الصور الفطرية التي تضطرب في نفس الإنسان وتجربته، والتي تعتمل في ذاته الفردية. ولذلك رد دوركهايم تلك «الصور الدينية» والقدرات السامية والْمُثُل العُليا، إلى عالم آخر، يتمايز تمامًا عن عالم الإنسان الفرد – ذلك هو عالم المجتمع الزاخر بالقدرات والصور والْمُثُل الدينية.

يرى دوركهايم في هذا الصدد، أن الفلاسفة قد قسوا على أنفسهم كل القسوة، حين انغلقوا أمام حقيقة بعينها، وهي حقيقة محفوفة بالعقبات والمصاعب حين التفتوا فقط إلى الذات الإنسانية، على أنها «غاية الطبيعة Finis Natura» وأن الكائن الإنساني هو مخلوق الطبيعة الوحيد والنهائي، حيث إنه الكائن الذي لا تعلوه حقيقة، لأنه «الحقيقة النهائية المطلقة»[2].

ولكن «دوركهايم» اعترض على تلك المواقف الفلسفية التقليدية، بأن هناك حقيقة أخرى «أسمى من الفرد»، تلك التي تتحقق في «المجتمع» باعتباره الحقيقة العُليا، فهو مصدر الْمُثُل والمشاعر والتصورات الدينية.

وفي داخل المجتمع صدرت حقائق الدين، باعتبارها أشياء اجتماعية (Choses Sociales)، ولذلك اكتسبت الحقيقة الدينية كل ميزات الحقيقة الجمعية. فالدين كالمجتمع حقيقة قائمة بذاتها (Sui-generis) كما أنه يتسم بالحبرية، لما يتميز به من ضرورة وعموم.

---

(1) Émile Durkheim, *Les formes élémentaires de la vie religieuse*. Ibid. p.598

(2) Ibid. p.637.

وذهب دوركهايم إلى أن فكرة الألوهية ليست عنصرًا مميزًا للحياة الدينية، فلم يبدأ الدين، بظهور فكرة الآلهة فيما يرى فريزر Frazer، حيث إن هناك ديانات قد صدرت واستقامت «بلا آلهة»، فالبوذية – فيما يقول بورنوف Burnouf[1]- أخلاق بلا دين؛ لأنها مذهب إلحادي لا يعترف بفكرة الألوهية وسَمَّاها أولدنبرغ Oldenberg[2]، «دينٌ بغير إله»[3]. والجانية (Jainism) أيضًا هي ديانة لا تعترف بوجود إله، والعالم عندهم قديم، ولذلك أنكرت «الديانة الجانية» وجود الموجود «الخالد» «الكامل»، ولذلك حذف دوركهايم فكرة «وجود الإله» كعنصر مميز للحياة الدينية وكشرطٍ أساسي لظهور الدين.

وهو يرى أن كل الظواهر الدينية إنما تنقسم إلى قسمين أساسيين، هما: «العقائد» (Les croyances) و«الطقوس» (Les rites). وتفترض العقائد -في رأي دوركهايم- تقسيم الأشياء والعالم إلى ما هو «مقدس» (Sacré) وما هو «غير مقدس» (Profane). وهذا التقسيم إلى المقدس وغير المقدس، هو الصفة المميزة للفكر الديني مهما بلغت درجة سذاجته أو تعقده.

ولذلك كانت العقائد الدينية، هي أفكار أو تصورات تعبر عن طبيعة الأشياء المقدسة وغير المقدسة وما بينهما من علاقات. أما «الطقوس» (Les rites) فهي نماذج الأفعال، و«أشكال السلوك» التي ينبغي أن يمارسها الإنسان حيال تلك الأشياء المقدسة[4].

الدين والسحر:

ولكن دوركهايم يرى أن هذا التقسيم ليس حاسمًا بالنسبة إلى الظواهر الدينية، حيث نجد أن السحر كالدين يحتوي على معتقدات وطقوس، وله كل مظاهر الدين المختلفة، من قرابين

---

(1) Eugène Burnouf (1801-1852) مستشرق فرنسي شهير بأنه أول من أدخل دراسة البوذية إلى الأكاديمية الغربية، كما ساهم بكشف أسرار اللغة الفارسية القديمة بعد دراسته لغة البالي الهندية القديمة التي كتبت بها كتب البوذية المقدسة.

(2) هرمان أولدنبرغ Hermann Oldenberg (1854-1920) عالم أديان ألماني تخصص بدراسة الأديان الهندية، وكان أستاذًا في جامعات كييل وغوتنغن. نشر في العام 1881 دراسته المهمة عن البوذية Buddha: Sein Leben, seine Lehre, seine Gemeinde، كما نشر دراسات كثيرة عن الهندوسية وكتبها وآلهتها ضمن السلسلة التي أصدرها ماكس موللر Max Müller عن الكتب الدينية المقدسة في بلاد الشرق Sacred Books of the East.

(3) Émile Durkheim, Les formes élémentaires ...ibid. p.42.

(4) Ibid. p.58.

وصلوات وطقوس، ولذلك امتزج السحر بالدين امتزاجًا شديدًا. فاليهودية والمسيحية أمشاج سحر ودين ولكن «هوبر Hubert» و«مارسيل موس Mauss» فَصَلَا بين الدين والسحر فَصْلًا تامًّا. وفي كتاباتهما المشتركة رأى هوبر وموس أن الدراسات الأنثروبولوجية الاجتماعية، قد ألقت ضوءًا واضحًا في الكشف عن مضمون الظاهرة الدينية. ولذلك انتقد علم تاريخ الأديان انتقادًا شديدًا؛ لأنه بالرغم من وفرة الوقائع وخصوبة مادة هذا العلم، فإنه يتردد بين الكثير من الأفكار المضطربة التي يغلب عليها طابع الهوى والتحيز. ومما يعيب هذا التاريخ الديني، أن أحداثه قد وصفت بأسلوب لا يمتاز بالدقة والأمانة والموضوعية. كما أن مصطلحاته لا تتسم بالعلمية، حيث نجد كلمات متعددة، مثل «الدين والسحر»، و«الصلوات والقربان»، و«الأساطير» (Mythes)، و«الخرافات» (Légendes)، وأفكارنا عن «الله» (Dieu) وعن «الروح» (Esprit)، نجد أن كل تلك الكلمات المتزايدة قد استُخدمت جميعها بمعانٍ واحدة أو متقاربة، من دون تحديد أية فروق لغوية أو علمية[1].

وبصدد التمييز القائم بين الدين والسحر، قدم «هوبير وموس» تحليلًا إضافيًّا لفكرة «القربان» (Sacrifice)، نظرًا لقيمتها الدينية وأهميتها الاجتماعية، لما تتميز به من «عمومية» (Universalité») و«ثبات» (Constance) في كل المجتمعات الإنسانية. وأكد «هوبير وموس» أن ظاهرة القربان، هي بمثابة تطبيق منطقي واجتماعي لفكرة «المقدس» (sacré)، حيث إن الأشياء التي نقدمها قربانًا ليست مجرد «أشياء وهمية لا قيمة لها، وإنما هي «أشياء اجتماعية» (Choses sociales) ومن ثم فهي أشياء «حقيقية واقعية» (Réelle)[2].

ولقد عقد «مارسيل موس» مقارنة فاصلة بين طقوس الدين وتجارب السحر[3]. فالسحر - في حقيقة أمره- بقايا معتقدات قديمة، فيما يرى بعض علماء «الفولكلور» (Folklore) من أمثال «W.W. Skeat»، الذي وجد أن السحر ما هو إلَّا مجموعة من الطقوس التي تتعلق

---

(1) Henri Hubert and Marcel Mauss; *Sacrifice: Its Nature and Function* (1899); translated by W.D. Halls ; foreword by E.E. Evans-Pritchard. [London]: University of Chicago Press, 1964.
Henri Hubert and Marcel Mauss; *Outline of a general theory of magic* (1902). Translated by Robert Brain. Routledge. London & New York. 2001.

(2) Marcel Mauss: *Sociologie et Anthropologie.* Paris: Les Presses universitaires de France, 1ere edition. Paris 1950., p.138.

(3) Ibid., p.10.

بالنشاط الزراعي، والأراضي الزراعية في «الملايو»[1]. والمميز الأساسي الذي يميز السحر عن الدين – في رأي موس- هو «التحريم» (L'interdiction). فالتحريم هو الذي يضع فاصلًا واضحًا يُبيِّن التضاد بين طقوس الدين وتجارب السحر. فإذا كان الدين يتعلق بظاهرة الخير و«القربان» (Sacrifice)، فإن السحر يرتبط بظاهرة الشر والضرر (Maléfice).

ففي كل الديانات، نجد دائمًا نوعًا من المثالية الروحية التي تتجلى في القربة من الله، بالتسامح والعبادات والقربان، والأماني والنذور، وتلك مظاهر دينية خالصة، بعيدة كل البُعد عن السحر وظواهره، وتجاربه، التي تتجه لا إلى الله، وإنما إلى استدعاء أرواح الأسلاف والأجداد، لإيقاع الأذى والضرر عن طريق ممارسة بعض الإجراءات السحرية[2]. وإذا كان السحر يقتضي «العزلة» (L'isolement) والخفاء، وترديد الكلمات غير المميزة، واللغة الغامضة حتى تتحقق السرية التامة، فإن الدين على العكس تمامًا يقتضي العلانية، والوضوح وتميز كلماته ولغته. وإذا كان الساحر يقوم بأساليبه السحرية كي «يفرض» على الأرواح والقوى الشريرة القيام بأعمال معينة بالذات، وفقًا لرغبات الساحر، فإن رجل الدين «يسترحم» الإله من دون فرض أو إكراه. فهو يطلب الرحمة والمغفرة وتقديم القربان على مذبح المعبد حتى تصفح عنه الآلهة[3].

وما يعنينا من كل ذلك، هو أن ظاهرة الدين تتمايز تمامًا عن ظاهرة السحر، فقد حارب السحر الدين محاربة لا هوادة فيها، كما أننا نجد في أفعال السحرة كثيرًا من الأعمال والنزعات «اللادينية».

التابو: Taboo

كما أن الظاهرة الدينية تفرض قيام «المحرمات» (L'interdictions) أو «التابو» (Taboo). في هذا الصدد يرى رادكليف براون أن كلمة «تابو» مشتقة من كلمة (Fabu) في اللغات «البولينيزية» (Polynesians)، ومعناها «يمنع أو يحرم»[4] حيث تشير الكلمة إلى نوع من التحريم الذي يتعلق بلمس جسم الطفل الوليد، كما أن جسم الملك ينطبق عليه أيضًا قانون التابو.

---

(1) Walter William Skeat, and Charles Otto Blagden: *Pagan races of the Malay Peninsula.* London: Macmillan and Co., limited; 1906. 2 volumes.

(2) Marcel Mauss: *Sociologie et Anthropologie*., op.cit., p.14.

(3) Ibid. p.15.

(4) Radcliffe Brown: *Structure and Function in Primitive Society.* Cohen.London 1956., p.133.

ويفضِّل دوركهايم استخدام كلمة «محرمات» (Interdictions) فهي تفي بالغرض أكثر من كلمة «التابو» التي استخدمها «فريزر». كما أن المحرمات تتصل بالدين أكثر من اتصالها بالسحر، فليس هناك دين لا ينص على محرمات بعينها.

ولا يقتصر مبدأ التحريم على مجرد اللمس فحسب، بل يتعداه إلى الرؤية والكلام وتناول الطعام. فإن رؤية الأشياء المقدسة تحرم تمامًا على غير المقدس. وهناك بعض الطقوس بين «الأرونتا» (Arunta) تفرض على أفرادها صمتًا تامًّا، فيحرم الكلام بطريقة جبرية في الاحتفالات الدينية الكبرى[1]. كما أن هناك بعض الكلمات المعينة التي لا ينبغي أن يتفوَّه بها الأفراد، كأن لا يذكر مثلًا اسم الميت في فترة الحداد إلَّا همسًا وإذا اقتضت الضرورة.

كما تتضمن فكرة التحريم فكرة القداسة، إذ إن كل ما هو مقدس، يعتبر موضوعًا للتبجيل والاحترام، فيحرم لذلك ذبح الحيوانات أو تناول النباتات المقدسة[2].

وما يعنينا من كل ذلك، هو أن التحريم هو جوهر الدين، حين يميز بين المقدس وغير المقدس، وأن الدين من ظواهر المجتمع التي تمتاز بالثبات والعمومية. فليس الجميع جسمًا عضويًّا خالصًا، وإنما تكمن في أعماقه تلك الجوانب الهامة التي ترتبط بتصوراته الدينية، ومشاعره الخلقية ومُثُله العُليا. ومن هنا كان الدين عند دوركهايم، هو بمثابة «نفس المجتمع» أو «روحه»[3].

ولذلك حاول دوركهايم -في ضوء فلسفته الدينية الاجتماعية- أن يميط اللثام عن أصول اجتماعية لأفكارنا عن «الله والنفس والعالم». وتلك الأفكار الميتافيزيقية البحتة، التي هي من مقاصد فلسفات الدين والوجود. فاصطنع دوركهايم نظرية في الطَّوْطَمِيَّة لها جوانبها الدينية والاجتماعية، واعتبرها «مذهبًا كوزمولوجيًّا» (Systéme Cosmologique) يفسر وجود الله والنفس والعالم، من وجهة النظر الاجتماعية[4]. مما يدعونا إلى السؤال عن طبيعة تلك الطَّوْطَمِيَّة ما هي؟ وكيف تشيد مذهبًا اجتماعيًّا في الوجود؟

---

(1) Durkheim. Les formes élémentaires … ibid. p. 590.

(2) Ibid. p.589.

(3) Ibid. p.599.

(4) Ibid. p.200.

الدين الطَّوْطَمِي:

ذهب دوركهايم، إلى أن الطَّوْطَمِيَّة هي الصورة الأولية للحياة الدينية، وإلى أن جميع الطقوس والمعتقدات الطَّوْطَمِيَّة، كلها مظاهر دينية، تتضمن تقسيم الأشياء إلى مقدسٍ وغير مقدسٍ، وبذلك تكون الديانة الطَّوْطَمِيَّة، في زعم دوركهايم، هي أقدم أشكال الديانات، وأكثرها بساطة وأشدها بدائية.

ولم تظهر كلمة «طوطم» (Totém) كمصطلح علمي، إلَّا في أواخر القرن الثامن عشر، في الكتابات الإثنوغرافية، بخاصة عند الكاتب الهندي لونغ Long[1] الذي نشر كتاب رحلاته وظهرت فيه كلمة طوطم لأول مرة في تاريخ الأنثروبولوجيا الاجتماعية[2]، ثم كتب «فريزر» عن الطَّوْطَمِيَّة كدين وكنظام اجتماعي، إلَّا أنه لم يضعها في صورتها النهائية، ولم يَصُغْها في صيغتها الكاملة[3].

ولقد اكتشف بالدوين سبنسر Baldwin Spencer وغيلين Gillen -خلال أبحاثهما التي قاما بها في وسط أستراليا- عددًا من القبائل التي تدين بالطَّوْطَمِيَّة عقيدةً وعملًا[4].

ثم قام مُبَشِّر ألماني هو كارل ستروولو Strehlow بنشر بعض الملاحظات والمشاهدات عن تلك القبائل الأسترالية نفسها، وبخاصة قبيلتان منهما، هما: «أرونتا» (Arunta) و«لوريتجا» (Loritja) ويسميهما بالدوين سبنسر وغيلين «أرنتا» و«لوريتشا» (Luritcha). وبفضل جهود «كارل ستروولو» الذي كان عالمًا ومُلِمًّا باللغة الأسترالية البدائية فقد أفادت الدراسة الطَّوْطَمِيَّة أعظم فائدة[5].

ولقد أكمل «إميل دوركهايم»، تلك الجهود، فاقتصر في أبحاثه على دراسة الدين البدائي للمجتمعات الأسترالية، لاكتشاف تلك الصور الأولية للفكر الديني في «الأرونتا» لأنها في رأيه أبسط الأشكال الاجتماعية، حيث إنها تقوم في تنظيمها الاجتماعي على أساس العشائر (Les Clans). هذا الشكل الاجتماعي العشائري يعتبر في رأي دوركهايم أبسط النظم

---

(1) J. Long. *Voyages and Travels,* London, 1791.

(2) Durkheim. Les formes élémentaires …ibid. p.124.

(3) Ibid. p.126.

(4) Ibid. p.128.

(5) Ibid. p.129.

الاجتماعية في الحياة البدائية[1]. وذهب دوركهايم إلى أن العشيرة في صورتها الأولية، وهي الصورة الأسترالية، لا يمكن أن توجد من دون «الطوطم» (Totém)[2].

ولكننا نتساءل: ما الطوطم؟ وما هي وظيفته الدينية والاجتماعية؟

في الرد على تلك الأسئلة نقول: إن الطوطم هو اسم أو «رمز» (Emblème) أو «شعار العشيرة» فهو العلم الذي يعبِّر عن شخصية العشيرة، ويميزها عن غيرها من العشائر. ويعتبر أفراد العشيرة أنفسهم مرتبطين برباط القرابة فيما بينهم، ولم تنشأ هذه الرابطة القرابية عن صلات الدم أو المصاهرة، وإنما نشأت أصلًا عن اشتراكهم في اسم واحد. وهذا الاسم الذي تحمله العشيرة، هو اسم نوع معين من النبات أو الحيوان أو الجمادات، وتعتقد العشيرة أن لها به أوثق الصلات، وهذا النوع النباتي أو الحيواني هو الطوطم.

وطوطم العشيرة هو طوطم كل فرد من أفرادها، كما أن لكل عشيرة من العشائر طوطمها الخاص. وبجانب طوطم العشيرة، يوجد طوطم الاتحاد (Phratrie) وهو رمز تندرج تحته مختلف العشائر التي تشترك في تواتم الاتحادات التي تنقسم إليها القبيلة[3]. وهو العلم الذي يحملونه معهم في القتال، ويدافعون عنه، ويضعون على رؤوسهم بعضًا من أجزائه أو أعضائه[4].

وإلى جانب ذلك، يؤكد دوركهايم، أن لكل فرد طوطمه الفردي الخاص، الذي يختلف عن طوطم العشيرة وطوطم الاتحاد. ويرتبط الفرد البدائي بطوطمه الخاص، بعلائق وثيقة إلى الدرجة التي معها يشاركه خصائصه الكيفية والذاتية، [5] فإذا كان طوطمه الخاص مثلاً هو النسر، فإنه يعتقد أنه يتميز بقوة الإبصار التي يمتاز بها النسر، ويعتقد أنه حاميه فلا يقتله أو يذبحه ويتناول لحمه[6].

وهناك بعض الفوارق بين التواتم الفردية، والطوطم الجمعي، وهي أن الطوطم الجمعي «وراثي» يكتسبه الفرد منذ ميلاده، ويرثه عن أمه أو أبيه. أما الطوطم الفردي فيحصل عليه

---

(1) Ibid. p.136.

(2) Ibid. p. 239.

(3) Ibid. p.150.

(4) Ibid. p.158.

(5) Ibid. p.223.

(6) Ibid. p.225.

الفرد «باختياره الحر» فلا يُفرَض عليه أو يرثه، وإنما يعاني أقصى أشكال المعاناة، حين يخضع لسلسلة من التدريبات العنيفة والعمليات القاسية، حتى يحصل على طوطمه الخاص بعد بلوغه، وانتهاء عمليات «التكريس» (Initiation) الصارمة(1).

وهناك أيضًا «الطوطم الجنسي» وهو صورة متوسطة بين الطوطم الجمعي والطوطم الفردي، لا يشاهد إلَّا في عدد قليل من القبائل الأسترالية. حيث يكون رجال القبيلة ونساؤها مجتمَعَين منفصلَين، «مجتمع الرجال» و«مجتمع النساء». ولكل جنس طوطمه الذي يرتبط به بروابط دينية، فهو حاميه الذي يقدسه ويحرم قتله، ويحتل الطوطم الجنسي بالنسبة للجنس نفس المكانة التي يحتلها طوطم العشيرة بالنسبة للعشيرة(2).

ويؤكد دوركهايم أن الطوطم كرمز أو شعار ليس فردًا، وإنما هو «نوع» (Espèce) بمعنى أنه ليس حيوانًا بالذات، كسلحفاة أو كانغارو، وإنما هو «معنى كلي»؛ يمثل السلحفاة، أو الكانغارو على وجه العموم(3).

كما يرمز الطوطم إلى قوة غَيبية دينية، وهو صورة لموجود مقدس، إذ إن الطوطم كرمز هو الصورة المرئية، لما يسميه دوركهايم بـ«المبدأ الطوطمي» (Principe totémique) الذي يتعلق بموجود أسمى هو «الموجود الطوطمي» (L'être totémique). كما أن صورة الموجود الطوطمي، التي ينقشها البدائي على الأخشاب أو الأحجار قد تكون أقدس من الموجود الطوطمي نفسه(4).

الألوهية والطَّوْطَمِيَّة

ذهب دوركهايم إلى أن للطوطم «دوره» الديني والاجتماعي، فهو موضوع قداسة وعبادة. وهو رمز مشخص للمبدأ الطوطمي. وصورة مرئية لفكرة غيبية، وأن العبادة التي يمارسها البدائي، إنما تتجه نحو مبدأ منبث في الطبيعة، وصورة مقدسة لقوى عامة مطلقة تتحقق في الموجود الطوطمي(5).

(1) Ibid. p.229-230.

(2) Ibid. p.234.

(3) Ibid. p.146.

(4) Ibid. p.198.

(5) Ibid. p.269.

وذهب دوركهايم إلى أن الطوطمية ليست هي الدين الذي يقدس بعض الحيوانات أو الصور، وإنما تتحقق في تلك التواتم أنواع من القوى الدينية الفعالة التي تصدر عنها، وتشيع منها القداسة والرهبة والتصورات الدينية الطوطمية. وفي فقرة هامة يقول دوركهايم عن «القوة الطوطمية»:

«إنها مستقلة عن كل الأشياء الجزئية التي تحل فيها. ثم إنها سابقة عليها في الوجود وتخلد بعدها. يموت الأفراد وتتعاقب الأجيال، وهذه القوة باقية حاضرة على الدوام في حيويتها وثباتها، تَهَبُ الحياة للأجيال الحاضرة، كما وَهَبَتْ أجيال الماضي وستهب أجيال المستقبل. «إن الإله الذي تتجه إليه كل عبادة طوطمية بالتقديس والتبجيل، إله غير مشخص، لا اسم له ولا تاريخ، يفيض على العالم ويَنْبَثُّ فيما لا يحصى ولا يعد من الأشياء»[1].

يتضح من تلك الفقرة، أن المبدأ الطوطمي، هو «قوة عامة» منبثة في الأشياء، وتتشخص في الطوطم. بمعنى أن الإله الطوطمي هو تلك القوة الغيبية أو هذا المبدأ الذي يشيع في سائر كائنات العالم. والطوطم ليس إلا الصورة المادية أو الجوهر المرئي لتلك القوة أو الطاقة المنبثة في عالم البدائي، وهذه الطاقة وحدها التي يتجه إليها بالعبادة... إنها جوهر الحياة ومبدأها...

وذهب دوركهايم إلى أن للمبدأ الطوطمي وظيفةً أخلاقيةً؛ لأنه إلى جانب كونه مبدأً دينيًا فهو مبدأ أخلاقي أيضًا، حيث إن البدائي يقوم بالعبادة وفقًا لما قام به أسلافه، وليست هناك قوة ترغمه على تلك العبادات، إلَّا قوة الأخلاق الجمعية، التي تفرض عليه هذا الواجب الديني.

ولذلك كان الطوطم هو منبع الحياة الأخلاقية للعشيرة، فهو «قوة أخلاقية جمعية»، إلى جانب «قوته الدينية المقدسة»[2]. وللمبدأ الطوطمي -فيما يرى دوركهايم- أشكاله أو صوره المتعددة، غير أن أهم تلك الصور وأقواها هي «المانا» (Mana).

ولقد اكتشف كودرنغتون Codrington هذه المانا، وعبَّر عنها بقوله: «يعتقد الميلانيزيون في وجود قوى متميزة تميزًا تامًّا عن كل قوة مادية. وهذه القوة إنما تتشكل بكل الأشكال إما للخير وإما للشر، ويكون للإنسان أكبر الميزات إذا ما كانت في متناول يده، وتحت سيطرته، وهذه القوة هي (المانا)»[3].

---

(1) Ibid. p.269.

(2) Ibid. p.271.

(3) Ibid. p.277.

هذا ما يقوله كودرنغتون عن اكتشافه المانا، ويرى دوركهايم أن لتلك المانا دورها الديني، باعتبارها قوة «فوق طبيعية» (Surnaturel) تتميز بالأثر المادي والروحي، ولذلك كانت غاية «الدين الميلانيزي» هي الحصول على تلك «المانا».

وإذا كان الطوطم هو الصورة الخارجية المحسوسة، لما يسميه دوركهايم بالمبدأ الطوطمي. فإن الطوطمية هي الصورة العقلية الداخلية للمعتقد الديني للمبدأ، وهي أساس الدين الطوطمي، لأنه «رمز» للإله وشعار الجماعة، وعلم العشيرة.

وهنا يصل دوركهايم إلى تلك النتيجة القاطعة، التي اهتدى إليها بفضل مذهبه الاجتماعي، وهي أن الله والمجتمع ليسا إلّا شيئًا واحدًا. (Le dieu et la sociéte ne font qu'un)[1]

واستنادًا إلى ذلك الفهم الدوركهايمي، فإن إله العشيرة أو الإله الطوطمي لا يمكن أن يكون سوى العشيرة ويرونه في رؤية عينية، أو صورة حسية تنطبق على أنواع محسوسة من النبات والحيوان، يقدسونها كطوطم.

فالجماعة إذن أو العشيرة، لم تعبد إلهًا خارجًا عنها، وإنما عبدت نفسها. بمعنى أن الديانة الطوطمية، التي يعتبرها دوركهايم «أول ديانة في الوجود»، هي عبادة المجتمع لنفسه. حيث إن العشيرة الطوطمية، هي التي أيقظت في الفكر البدائي الإحساس بالألوهية، بما للعشيرة من تأثير بالغ على أفرادها. هذا الأثر العميق الذي يشبه إلى حد كبير التأثير الديني الذي تفرضه فكرة الألوهية بما لها من سلطان وقهر على إرادة المؤمن وطاعته وخشيته.

والجماعة بما لها من أثر وإجبار، إنما توقظ فينا فكرة «المقدَّس» تلك الفكرة السامية التي نقف إزاءها موقف الرهبة والغربة، ونتجه إليها في «طمأنينة» و«محبة».

هكذا فسر دوركهايم فكرة الألوهية، تلك الفكرة السامية المطلقة، فيردها إلى أصل طوطمي غريب عنها، ويضفي عليها طابعًا يتمشى مع أصول مذهبه الاجتماعي. الأمر الذي يدعونا إلى القول بأنه إذا كان إله «أفلاطون» هو «مثال الخير»، وإله أرسطو هو «العلة الأولى»، والموجود بالضرورة، وإذا تصور «ابن سينا» الوجود الإلهي على أنه «واجب الوجود»، فإن التصور الدوركهايمي لطبيعة الألوهية هو تصور «اجتماعي طوطمي» وإن الإله الدوركهايمي إنما هو الإله الطوطم.

---

(1) Ibid. p.294-295.

وإذا كان التصور الديكارتي للألوهية يتحقق في «الكامل واللامتناهي»، وإذا كان التصور الكانطي للألوهية يتمثل في مبدأ كلي في الذهن الإنساني فإن إله دوركهايم يتحقق في المبدأ الطوطمي، الذي يتشخص في الطوطم، ويتجلى في العشيرة، فيعبد المجتمعُ نَفْسَهُ. وأصبحت ذات المجتمع، كذات الله، موضوع عبادة وموضع قداسة. وأضحى المجتمع هو محور الإيمان وجوهر الدين والعقيدة، حيث إن خلود المجتمع هو الذي يفسر خلود الله وخلود النفس.

ودوركهايم في هذا التفسير الاجتماعي للألوهية، يريد أن يؤكد في إلحاح ظاهر، أن فكرة الله لا تصدر عن الإنسان الفرد، وإنما هي فكرة اجتماعية تمخضت عن مشاعر الجماعة وعقلها. وانساق دوركهايم في هذا الفهم الاجتماعي، فاعتبر فكرة الله متطورة أصلًا عن فكرة «عبادة الأسلاف»، وأن فكرة الألوهية قد تطورت عن أساطير الأبطال الذين عاشوا في المجتمع.

فالله عند البدائيين هو «الجد الأول» الذي يمجده البدائي ويتحدث عنه كما يتحدث عن إنسان فذ له قدرة خارقة، كان يعيش «كصائد عظيم» و«كساحر عليم» وكمؤسس للقبيلة، فالله في اعتقادهم هم الجد الأول للقبيلة ومن هنا ترتبط فكرة الألوهية بالعقيدة الطوطمية[1].

ولذلك يرى دوركهايم أننا إذا ما أردنا أن نجد لأول مرة إلهًا مكونًا كله من عناصر إنسانية فإنما نجده في المسيحية. ففي المسيحية الله إنسان لا بشكله المادي الذي تجسد فيه ولكن بالأفكار والعواطف التي عبر عنها: فالمسيحية هي أول دين صوَّر الله على أنه إنسان يلتقي فيه الجانبان اللاهوتي والناسوتي[2]. وهذا تبرير دوركهايمي يبرر به تشخص الله في صورة إنسان في العقيدة الطوطمية.

النفس مصيرها وخلودها وعلاقتها بالبدن

كما عالج دوركهايم فكرة الألوهية فقد تطرق أيضًا إلى بحث مسألة النفس نظرًا لأهميتها في كل فلسفات الدين، حين تكشف عن وجودها وروحانيتها، خلودها ومصيرها. فإن فكرة

---

(1) Ibid. p.415-416.

(2) Ibid. p.96.

النفس هي على حد تعبير الفلسفة والفلاسفة منذ أفلاطون وأرسطو، هي المسألة الحائرة في كل ذهن حين يفكر، كيف جاء؟ وَلِمَ جاء؟ وإلى أين المصير؟ حاول دوركهايم، أن يعالج تلك المسألة الميتافيزيقية ويقدم لها حلولًا من وجهة النظر الاجتماعية، فدرس مصادرها في المجتمعات البدائية، وكشف عن أصولها الأولية وماهيتها البدائية كما يتصورها بدائيو أستراليا.

ففي المجتمعات الأسترالية، يعتقد البدائي أن «النفس» تتميز تمامًا عن البدن باستقلالها عنه، وقد تنفصل عن بدنها وتتخلى عنه في حالات النوم أو الإغماء أو الموت، كما قد تغيب عنه في كثير من الأحيان. كما أن النفس حين تتحرر تمامًا من البدن تستطيع أن تعيش طليقة في الغابات، وتتحرك حرة بين الأشجار والأغصان، كما أنها في حياتها تلك، يكون لها وجودها المستقل في العالم الآخر، فهي تأكل وتشرب وتقوم بعمليات الصيد والقنص.

والنفس عند البدائي الأسترالي قوة «غَيبية» لا مرئية، لا يراها إلَّا الساحر، أو كبار السن من رجال القبيلة، فإن لديهم القدرة والمران على مشاهدتها، إذ إنها قوة لا مادية، لا عظام لها، كما يقول أفراد قبيلة «Tully River» فهي عندهم مادة أثيرية مثل الظل، أو نسمة الهواء[1].

وتنتقل النفس بعد خروجها من بدنها إلى عالم الأرواح، حيث يرتبط مصيرها بأرواح الأجداد والأسلاف، وتقام الطقوس أحيانًا عند «الأرونتا» (Arunta) عند خروج الروح من الجسد حتى تغادره تمامًا، ومن ثم غالبًا ما تقام طقوس جنائزية، حيث يأكلون لحم الميت اعتقادًا منهم أنه يحتوي على مبدأ القداسة، الذي هو روح الميت أو نفَسه، وقد يستخدمون عظامه كأدوات سحرية أو كموضوعات مقدسة، وتسمى النفس في حياتها عند «الأرونتا» باسم (Gumna) أما بعد موتها فيطلقون عليها اسم (Itana)[2].

والنفس عندهم خالدة إذ إنها تحيا حياتها الأخرى في سعادة، إما على شاطئ البحيرة، أو في السماء خلف السحب، أو بعيدًا فيما وراء البحر[3]. ويكوِّن عالمُ الأرواح والنفوس ويؤلِّف مجتمعًا له أهميته وخطورته إلى جانب مجتمع الأحياء، فقد يكون مصدرًا للخير والنعمة أو مبعثًا للشر والنقمة.

---

(1) Ibid. p.242.

(2) Ibid. p.244.

(3) Ibid. p.245.

وتعود النفس ثانية بعد أن تعيش في العالم الآخر لكي تتجسد كما يقول سبنسر وغيلين Gillen، في الأطفال حديثي بالولادة[1]، كما قد تظهر ثانية في صورة جد من الأسلاف القدامى، وهذا مما يؤكد خلود النفس في حياتها الأخرى، وفي تجسدها ثانية لاستعادة أمجاد الأسلاف وبطولاتهم، فإن الأسلاف هم «كائنات مقدسة» بل هم «آلهة» القبيلة نفسها كما أشار دوركهايم[2].

وهناك تمايز بين «عالم النفوس» و«عالم الأرواح»، حيث إن عالم الأرواح أسمى وأرفع، وهو يشتمل في الديانة الأسترالية البدائية، على شخوص خيالية، وأرواح أسطورية متسامية، وهي كائنات روحية تعتبر محورًا أساسيًّا للمعتقدات الدينية، لأنها تتحقق في أرواح «الأبطال» و«الأسلاف» و«الآلهة»[3].

وليست النفس روحًا؛ لأن النفس تنغلق في جسم وترتبط في بدن، يمكن أن تغادره في حالات الحلم أو الغفلة. ولكن الروح، على العكس من النفس، فهي حرة في انتقالها وحركتها المكانية، وفي وجودها المستقل إلا أنها ترتبط في حركتها وانتقالها ببعض الأشياء والموضوعات الخاصة، وتكون لها بها أوثق اتصال.

ولذلك غالبًا ما تعيش تلك الأرواح إلى جانب البحيرات أو الصخور أو الينابيع، أو قد تسكن بعض الأشجار أو النجوم[4]. كما أنها قد تتجسد في الأطفال وتُخَصِّب النساء عن طريق الحلول في البدن[5] والنفس لا تصبح روحًا إلا إذا انتقلت من البدن، وتحررت من الجسم، والموت هو وسيلتها للانتقال والتحرر.

وقد اعترض «دوركهايم» على «تايلور» بصدد تفسيره لنشأة النفس الإنسانية حين يقتصر على ظاهرة الأحلام، فيرى تايلور أن فكرة النفس قد نشأت عن اعتقاد الإنسان البدائي في «الحياة المزدوجة» التي يحياها في يقظته من ناحية، وفي نومه من ناحية أخرى[6]. وأن

(1) Ibid. p.247.

(2) Ibid. p.248.

(3) Ibid. p.273.

(4) Ibid. p.273.

(5) Ibid. p.275.

(6) Ibid. p.70.

ظاهرة الأحلام هي التي تُفَسِّر للبدائي وجود النفس وحركتها وفعاليتها وانتقالها إلى مختلف الأماكن. ولكن دوركهايم يعترض على تلك الفكرة، على اعتبار أن الأساس الذي أقام عليه تايلور مذهبه غير صحيح. فإن فكرة تمايز النفس عن الجسد، هي من العمق والتعقيد بحيث لا يتوصل إليها العقل البدائي الساذج. فليس للبدائي تلك المخيلة القوية التي تستطيع أن ترى في النفس قوة أثيرية تنطلق من داخله[1].

ولذلك يرى دوركهايم أن ظاهرة الأحلام ليست سببًا كافيًا في صدور فكرة النفس وخلودها[2]. حيث إن فكرة النفس -في رأي دوركهايم- إذا نظرنا إليها في ذاتها، نجدها لا تتضمن فكرة خلودها، بل ويبدو أنها قد تناقضها وتتعارض معها، فبالرغم من أن النفس تتمايز عن البدن -كما يقول تايلور- فإنها تتحد معه اتحادًا كليًّا. فترتبط النفس بالبدن مدى الحياة، كما أنها تتأثر بما يصيب البدن من أمراض أو بما يثخنه من جراح، ويكون لذلك كله ردود أفعال مشابهة على البدن الذي تتحد به، ولذلك كان من الطبيعي أو البديهي أن تموت النفس بموت البدن. ولكن النفس خالدة، فما هو مصدر خلودها؟ وكيف نفسر بقاءها بعد الموت؟

يجيب دوركهايم على تلك المسألة الفلسفية الصميمية، فيقدم لها حلًّا اجتماعيًّا عَثَرَ عليه من دراسته لظاهرة عبادة الأسلاف، فهو يرى أن الأرواح حين تستقل عن أبدانها، إنما تحل ثانية وتتجسد في نفوس المواليد الجُدد من الأطفال، فَتَبْعَثُ فيها حيوية الأجداد وبطولة الأسلاف. واستنادًا إلى خلود نفوس الأجداد، فإن أرواح الأسلاف هي المبدأ الطوطمي في انتشاره وتجزئته وانتقاله من جيل إلى جيل، تمامًا كما تفعل البلازما الجرثومية في انتقالها وتوريثها وانتشارها.

ولذلك ذهب دوركهايم إلى الاعتقاد في أن خلود النفس، قد صدر أصلًا عن خلود الحياة الاجتماعية وأزلية البقاء الاجتماعي، حيث «يموت أفراد العشيرة، ولكن تبقى العشيرة أبدًا "Les individus meurent, mais le clan survit" ويفنى الأشخاص، ولكن المجتمع يدوم ويحيا ويخلد. ولذلك كان «خلود المجتمع، هو التفسير الاجتماعي الدوركهايمي لفكرة (خلود النفس)»[3].

---

(1) Ibid. p.68.

(2) Ibid. p.383.

(3) Ibid. p.384.

الطوطمية كنظرية كوزمولوجية في الوجود

استنادًا إلى تلك المصادر الطوطمية لفكرة الألوهية، ونشأة النفس وخلودها، حاول دوركهايم أن يجعل من الطوطمية مذهبًا في الوجود، باعتبارها صورة أولية لفجر الدين الإنساني وطفولته، ذلك الدين البدائي الذي استطاع كأي دين من الأديان، أن يكشف عن معنى الكون، وأن يضع للعالم تصورًا عامًّا يتقبله العقل البدائي.

ولذلك أكد دوركهايم أن نظام الكون في المجتمعات البدائية، ليس إلا صورة متطابقة مع النظام الاجتماعي. فالقبيلة وهي الوحدة الاجتماعية البدائية الكبرى، تنشطر إلى بطون أو «اتحادات» (Phratries). وتنقسم البطون إلى «عشائر» (Clans). وإلى جانب تلك الأقسام الاجتماعية البنائية، فإن كل شيء من أشياء العالم، وكل بقعة من بقاع الكون، وكل نوع من أنواع الحيوان والنبات، وكل نهر وكل جبل، إنما تكون جميعها امتدادًا طبيعيًّا للقبيلة، باعتبارها أجزاءً أو عناصر تنتسب كلية إلى عالم القبيلة في رحابته وسَعته.

فالقبيلة لا تضم في بنائها جملة البطون والعشائر والأفراد فحسب، بل إنها تشتمل على الكون بأجمعه، وفي جوف ذلك الكون الذي هو كون القبيلة تلتئم الأحياء والأشياء. ولذلك يعتقد البدائي كما يقول فيزون Fison أن القبيلة هي «العالم» (Le monde)، وأنه كفرد ينتسب إلى أحد أقسامها. وأن كل الأشياء الحية أو غير الحية، إنما هي أجزاء القبيلة، وكأنها أجزاء أو عناصر تتألف منها القبيلة[1].

ولقد استخلص دوركهايم من ذلك أن الطوطمية هي مذهب في الوجود، كما أنها نظرية كوزمولوجية تفسر مقولات «الله» و«النفس» و«العالم». وإذا كانت حقائق الدين الرئيسة، تلك الحقائق الأنطولوجية، التي تدور حول وجود الله والنفس والعالم، هي حقائق اجتماعية، فإن الدين عند دوركهايم، هو الحقيقة الأولية التي صدرت عن المجتمع، وفي أحضان الدين انبثقت سائر الفلسفات والعلوم.

فالدين، عند دوركهايم حقيقة اجتماعية، وليس حقيقة تجريبية، كما يدعي ماكس موللر Max Muller، حين أخذ بالمبدأ التجريبي القديم «لا شيء في العقل ما لم يكن من قبل في الحس». "Nihil est in intellectu quod non ante fuerit in Sensus"[2].

(1) Ibid. p.201.

(2) Ibid. p.103.

أخذ مولر هذا المبدأ التجريبي وطبقه على الدين، باعتباره ظاهرةً حسيةً تجريبيةً، حيث إن ظواهر الطبيعة هي التي تثير التفكير الديني حين يتأملها الإنسان، فيصيبه الدهش ويلحقه العجب والبهر. لذلك كانت الطبيعة عند ماكس موللر، هي مصدر الإحساس الديني بما يحويه من رهبة وخوف، وما يتسم به من دهشة وإعجاب، وعن هذا الإحساس التجريبي أو الطبيعي فاض الدين، وعن تلك الانفعالات الحسية من دهشة وخوف وإعجاب صدرت التصورات الدينية[1].

اعترض «دوركهايم» على «ماكس موللر» الذي التفت إلى الطبيعة وإلى الدين كحقيقة تجريبية. وذهب دوركهايم، إلى أن الأساسات التجريبية أو الطبيعية، ليست إلَّا إحساسات عابرة مؤقتة، ولا يمكن اعتبارها مصدرًا دينيًّا لمظاهر ثابتة وطقوس دائمة[2]. كما أن سياق الطبيعة، هو سياق منتظم متناسق، والتناسق لا يوحي بالمشاعر الدينية القوية. وكذلك ليس للبدائي القدرة على التفكير والتأمل في تلك المظاهر المتناسقة الراتبة، واستكشاف الدين في هذا النظام الطبيعي الرتيب. ثم إنه لا يكفي على الإطلاق أن نعجب بشيء لكي نعتبره مقدسًا، إنما ينبغي أن نميز تمام التمييز بين الانفعالات الدهشة والإعجاب، وبين الشعور الديني والتصورات الدينية[3].

فليس الدين حقيقة تجريبية، كما يدعى «ماكس موللر» وإنما هو حقيقة اجتماعية، تمتاز بثباتها وعمومها في كل المجتمعات الإنسانية، ولها وظيفتها ودورها في البناء الاجتماعي، كحقيقة عينية يمكن مشاهدتها ودراستها من وجهة النظر البنائية التكاملية، وفي ضوء مناهج الأنثروبولوجيا الوظيفية. وفي هذا الصدد درس بريستياني Peristiany، الدين عند «الكبسيغيس» (Kipsigis) وتتبع الظاهرة الدينية في هذا المجتمع البدائي، عن طريق الدراسة الإثنوغرافية لطقوس الكبسيغيس وصلواتهم التي يقيمونها للإله «آسيس» (Asis)[4].

(1) Ibid. p.104.

(2) Ibid. p.119.

(3) Ibid.p.120.

(4) Jean G. Peristiany. *The Social Institutions of the Kipsigis.* G. Routledge & Sons, ltd. London 1939.

2- رادكليف براون والمنهج الوظيفي التكاملي

طَبَّقَ «رادكليف براون» المنهج الوظيفي التكاملي -في دراسة الدين الاندماجي- من خلال مشاهدة الجوانب الخارجية للشعائر والطقوس الاندماجية، وملاحظة الجوانب العلمية والسلوكية للآثار التي تظهر في عواطف الأفراد وأفكارهم وسلوكهم. حدد «رادكليف براون» معالم منهجه في دراسة الدين -من وجهة النظر البنائية- في محاضرته المشهورة عن «الدين والمجتمع» (Religion And Society)، وفي تلك المحاضرة يحدد تلك القواعد المنهجية التي تتبع دراسة الظاهرة الدينية، تلك التي تبدأ بدراسة المظاهر السلوكية والعلمية التي تدور حول الشعائر والطقوس الدينية، والنظر إلى السلوك الإنساني الديني على أنه سلوك ناجم عن عواطف جمعية، تظهر في طقوس، وتتحقق في عبادات، ويعبر عنها في شعائر[1].

ولا يقتصر رادكليف براون على مجرد الوصف الإثنوغرافي، بل إنه يؤكد أهمية اختبار السلوك الديني، ويضعه تحت التجربة، فيتابع المشاهدات والملاحظات أثناء الاحتفالات الدينية، ويدرس ذلك التواتر القائم في أوقات الشعائر والطقوس، ويلاحظ كل شعيرة دينية على حدة، ويدرس وظيفتها أو معناها، وما تشير إليه ودورها في النسق الديني. ثم يربط رادكليف براون ذلك كله بدراسة الشعائر الدينية في ضوء البناء الاجتماعي، ووظيفة الدين والطقوس في الميكانيزم الاجتماعي، وبذلك تصبح الظاهرة الدينية ظاهرة اجتماعية، يمكن دراستها باستخدام مناهج العلوم الطبيعية، وتلك هي غاية النزعة الوضعية الاجتماعية، التي تمثلها مدرسة «إميل دوركهايم».

3- إيفانز-بريتشارد والشعوب «البدائية» [2]

لم يفعل إيفانز-بريتشارد كما غيره من العلماء في اقتراح نظرية عامة كبرى وكونية، بل قام بأبحاث عميقة وواسعة بين الشعوب المعتبرة «بدائية» لدى العلماء الأوائل وبين المجتمعات،

(1) Radcliffe Brown: *Structure and Function*...ibid., p.153.

(2) إدوارد إيفان إيفانز-بريتشارد Edward Evan Evans-Pritchard (1902–1973) أنثروبولوجي بريطاني، ارتبط اسمه بالقبائل الإفريقية، خاصة قبائل جنوب السودان، وهو يعدُّ عالمًا متميِّزًا في مجال الأنثروبولوجيا الاجتماعيَّة وقد انطلق بتدريسها في جامعة أكسفورد من سنة 1946 إلى 1970. وألقى العديد المحاضرات التي دار معظمها حول السحر والدين والعلم. له دراسات وأبحاث مهمة عن قبائل الأزاندي والنوير في إفريقيا، كانت بدايتها عبر بحوث ميدانيَّة انطلقت سنة 1926 بدراسة قبيلة الأزاندي وتُوِّجت بنيله الدكتوراه عنها سنة 1927. وقد ألَّف أيضا كتابه المشهور والمهم عن السحر عند الأزاندي (نشر سنة 1937).

خصوصًا الأزاندي والنوير، ودرس ثقافتها ودينها، وليس فقط مجرد اتصال بها ومرور عابر، كما فعل إلياده مثلًا، فرأى إيفانز-بريتشارد أن هذه الشعوب مختلفة ولكن ليست بدائية. رأى أيضًا أنه لا يمكن فهم السحر والعرافة لدى الأزاندي من خارج سياقها الاجتماعي ووظيفتها الاجتماعية إذ هي تلعب دورًا كبيرًا في حل المنازعات والخلافات بينهم. وقد اتفق هنا مع دوركهايم مع اقتناعه أيضًا بأن فريزر وتايلور كانا على حق في قولهما إن الدين عند الأزاندي له أيضًا طابع تفسيري عقلي فكري. فإيمان الأزاندي بالسحر والعرافة أمر منطقي ومترابط ما إن ننظر إليه من خلال بعض العقائد والمبادئ وأن نتقبلها. ذلك أن عدم الإيمان بهذه العقائد والمبادئ أمر عسير على الأزاندي، بسبب أهميتها الاجتماعية، ولذا فهم طوروا نسقًا متكاملًا من التفسيرات (أو التبريرات) في مقابل المعترضين أو المشككين[1]. انتقد إيفانز-بريتشارد بعنفٍ المُنَظِّرين الأوائل لما سمي الديانة البدائية باستثناء أعمال لوسيان ليفي-برول[2] مؤكدًا على أن هؤلاء العلماء أصدروا تصريحات عن الشعوب البدائية من دون أن يكلفوا أنفسهم بالتزود بمعلومات كافية من الداخل، بدلًا من الدخول في تخمينات وافتراضات. ولكنه مع تقديره لليفي برول إلا أنه اختلف معه في تصريحه أن الفرد البدائي حين يقول «أنا القمر»، هو فرد قبل منطقي، في حين أن هذا القول منطقي ومتسق داخليًا في معناه مع ثقافتهم إن فهمناه بمعناه المجازي[3].

إلى جانب دراسته شعب الأزاندي درس إيفانز-بريتشارد شعب النوير المجاور، لكنه المختلف عن الأزاندي. فالنوير كان عندهم إيمان توحيدي تجريدي يشبه المسيحية واليهودية، مع تضمنه القليل من الأرواح. وكان لدى النوير إيمان بالطوطمية، لكن ذلك كان سمة ضعيفة قليلة الأهمية في دينهم، ومن هنا اقترح إيفانز-بريتشارد تصحيح تعميمات دوركهايم عن الطوطمية. ولم يدَّعِ إيفانز-بريتشارد أنه يقدم نظرية عن الدين، وإنما نظرية عن دين النوير.

---

(1) Daniel L. Pals, *Seven Theories of Religion*. Oxford; New York: Oxford University Press. 1996., p. 208.

(2) لوسيان ليفي-برول (Bruhl (1857 – 1939-Lucien Lévy)، فيلسوف وعالم اجتماع، وأثنولوجي فرنسي. له بحوث في العقلية البدائية. كان أستاذًا بجامعة السوربون منذ 1899، أهم كتبه «الوظائف العقلية في المجتمعات البدائية» 1910، و«العقلية البدائية» 1922، وللأخير ترجمة عربية.

(3) Seth D. Kunin, *Religion: The Modern Theories*. Edinburgh: University of Edinburgh. 2003., p.122.

4- تالكوت بارسونز وتطور الوظيفية

لم يحتل الدين مكانة مركزية في أبحاث بارسونز السوسيولوجية. ويمكن القول إن نظريته تتأرجح باستمرار بين محاولة فَهْم الواقع من وجهة نظر الفرد الفاعل، وضرورة فَهْم الإمكانية التي تتوفر عليها المنظومة الاجتماعية للاشتغال المنظم برغم تعقدها. ففي كتابه (La structure de l'action sociale: 1937)، وهو أول عمل ممنهج لبارسونز، يبين أن العلاقات بين الفعل الفردي والمنظومة، هي علاقات ممكنة، نظرًا لوجود مرجعية مشتركة، بين توجهات الفرد الأخلاقية والقيمية، والأطر الموجودة قبله، والتي من داخلها يتصرف الفرد. إن التوجهات الذاتية، والأنماط الموضوعية للفعل، كلاهما ينتميان إلى ما يسميه بارسونز «المنظومة» (Le système). الفعل إذن ممكن كمنظومة. هذا الطرح سوف يجد شكله الواضح في كتابين أساسيين لبارسونز: الأول هو: (Le système social) سنة 1951، والثاني هو: (Théorie de l'action et condition humaine) سنة 1978. ويمكن تلخيص أطروحة بارسونز كالآتي: إن المنظومة الاجتماعية تنظيم معقد تتم فيه تبادلات مكثفة ومستمرة بين الغريزة والإخبار، بين الطاقة والضبط، بين التشتت والنظام. وينظم التبادل على مختلف المستويات، من البسيط حتى الأكثر تعقيدًا: من المستوى الذي يسود فيه الضبط المباشر، إلى المستوى ذي الآليات المعقدة للضبط، حيث مفروض على الفرد أن يتمثل أنماطًا وقيمًا أخلاقية، وأن يتصرف وفق أفعال محددة ومحدودة. إن التنوع اللامتناهي للاختيارات الفردية تنوع قائم على أولوية المصالح، أمام القيم المشتركة فهي تنوع محدود فقط بوجود المؤسسات الاجتماعية التي تنسخ -بتعبير بورديو- في وعي الأفراد منظومات رمزية معممة للفعل.

وهكذا، فإن الدين يأخذ دورًا حاسمًا بمجرد ما يمنح للمنظومة موردًا للشرعنة الفعالة التي لا يمكن لأي منظومة أخلاقية أخرى أن تمنحها. إنه يلعب وظيفة مهمة وعالية في ضبط المنظومة الاجتماعية.

ولعل هذا ما يجعلنا نفهم دفاع بارسونز في أواخر الستينيات، عن الدور الذي لعبته المسيحية في تطور السيرورة الديمقراطية، خاصة في المنظومة السياسية الأميركية. ثم قوله بأن الدين لن يعرف الزوال، وأن التحولات مهما وقعت سوف لن تؤدي سوى إلى تغيير مضامينه الاجتماعية. إن الدين -في نظر بارسونز- إذا كان لا يعرف النهاية، فلأنه بنيويًّا يقوم بإشباع حاجيات توازن المنظومة في جميع مظاهرها.

5- ماكس فيبر: الدين والعقلنة[1]

اشتهر ماكس فيبر (1864-1920) خصوصًا بدراسته الشهيرة «الأخلاق البروتستانتية وروح الرأسمالية» (1905)[2]. والمقولة المركزية لفيبر هي «نزع القداسة (أو نزع السحر وإزالة الوهم)» عن هذا العالم وهي حركة سببتها عملية العقلنة المتصاعدة للحياة الاجتماعية. ولكن في هذا العالم المنزوع القداسة (اللاديني) يبقى دور الأشخاص الكاريزميين مهمًّا، إذ إن عالم العقلانية الأداتية والوظيفية البارد، لم يقضِ على التأثير الاجتماعي لحاملي الكاريزما. وبحسب فيبر، فإن الدين هو عبارة عن طريقة مخصوصة للفعل الجماعي في مجتمع ينبغي دراسة شروطها وآثارها. ولذا فإن فيبر يطرح بداهةً مقولتين مهمتين؛ أولًا: أن الدين متعلق بالحياة الدنيا وليس فقط الآخرة، أي أنه يتعلق بطريقة سلوكنا في هذه الحياة الدنيا. ثانيًا: أن الأفعال التي يحركها الدين أو السحر هي أفعال عقلانية نسبيًّا على الأقل. ولعل أحد أهم إسهامات فيبر يتمثل في تبيانه أن هناك أنواعًا مختلفة من العقلانية (عقلانية أداتية وعقلانية قيمية) وأن عقلنة الدين نفسه لعبت دورًا في بروز الحداثة.

اهتمامه بتحليل ظاهرة الحداثة

اشتهر ماكس فيبر بأنه أحد المفكرين الذين انهمكوا في تحليل ظاهرة الحداثة وكيفية نشوئها وتشكلها وسيطرتها على المجتمعات الصناعية المتقدمة. ولذلك فإن أي مثقف معاصر يريد أن يتحدث عن الحداثة مضطر للعودة إلى ما كتبه ماكس فيبر عنها من تنظيرات وأطروحات. والسؤال الذي كان يطرحه ماكس فيبر هو الآتي: لماذا ظهرت الحداثة العلمية والتكنولوجية والبيروقراطية في أوروبا الغربية وأميركا الشمالية فقط؟ بمعنى آخر: **لماذا تطورت العقلانية في هذه المنطقة من العالم أكثر مما حصل في سواها؟ نقول ذلك ونحن نعلم أن الحداثة تعني عقلنة العالم: أي دراسة العالم بشكل علمي، موضوعي، عقلاني لا بشكل غَيبي، ميتافيزيقي، خرافي. هنا يكمن الفرق بين مجتمعات الحداثة والمجتمعات التقليدية.**

---

(1) هذا القسم عن ماكس فيبر هو تلخيص لمقرر الدكتور حسن الضيقة والدكتورة هيام المولى: مبادئ علم الاجتماع. دروس للسنة الأولى - معهد العلوم الاجتماعية، الجامعة اللبنانية. بيروت 1990.

(2) M. WEBER, *L'éthique protestante et l'esprit du capitalisme suivi d'autres essais*, édité, traduit et présenté par Jean-Pierre Grossein avec la collaboration de Fernand Cambon, Gallimard, Paris, 2003.

فهذه الأخيرة تسيطر عليها الرؤية القديمة المليئة بالخرافات والمعجزات والأساطير. ثم جاءت الحداثة فتبخرت كل هذه الأساطير والخرافات، وبدا العالم على حقيقته المادية والفيزيائية والبيولوجية. وهكذا انقلب السحر على الساحر، وانكشفت أسرار وجه العالم الحقيقي، ولم يعد يبدو شعريًّا كما كان عليه الحال السابق (هذا ما يسميه «نزع السحر» (disenchantment). لقد فقد براءته بسبب تشريح العلم، وتم تحليله تحليلًا موضوعيًّا بغية اكتشاف القوانين التي تتحكم به، فعُرِفت الأسباب وبطلت الأعاجيب، حيث عمَّت قيم التفاخر بالفرادة الأخلاقية الغربية الحديثة وأصولها. وبقي مؤمنًا بأن القيم التطبيقية العملانية ستبقى تفوق ما كانت تفوق من كلام لا يمتلك جزءًا من المصداقية، وظل يعتقد (بأن أخلاق التقشف وحب العمل، والادخار، وأداء الواجب بصورة سليمة ساعدت على ظهور الرأسمالية كنمط للحياة والإنتاج)، وبهذه المثل سيسود التقدم، ويتحقق للمجتمع استقراره، بتوفير فرص العمل المتكافئة عمومًا، ليس في المجتمعات التي تؤمن بالعقيدة البروتستانتية وحدها، (المنتشرة في شمال أوروبا وألمانيا وإنجلترا)، فالرأسمالية ظهرت أولًا في (بريطانيا) قبل أن تظهر في البلدان الكاثوليكية كـ(فرنسا) مثلًا، لأن مفهومه للاقتصاد وعلاقة الاقتصاد بالمجتمع قد وضع براويز، وخطوطًا حمراء فوق مواطن الخلل والزلل، فـ(الاقتصاد السائد في المجتمعات البدائية، ونوعية الاقتصاد السائد في المجتمعات الصناعية الأول، هو -اقتصاد الكفاف- الذي يؤمِّن بقاء الإنسان على قيد الحياة فقط، ولكن بدون متعة أو استهلاك زائد عن الحد، أما الاقتصاد الثاني فهو قوي جدًّا وقائم على الإنتاج الصناعي وليس فقط الزراعي، كما أنه قائم على إدخال الآلة إلى كل مراحل الإنتاج الزراعي)، فالمجتمع دائمًا متفاوت بحسب تفاوت إمكانية كل إنسان، (ينقسم المجتمع إلى طبقات متفاوتة في الدخل والثروة: أي طبقة العمال البروليتاريين، وطبقة أرباب العمل الرأسماليين، والطبقة الوسطى)، نتيجة تراكم (رأسمال تتحكم به فئة قليلة من الأشخاص أو العائلات، وتضخم (مشكلة الهيبة الفوقية أو السلطة في المجتمعات الحديثة) وانتقال (الأمة الدينية المسيحية إلى مرحلة الأمة القومية الحديثة القائمة على فلسفة التنوير وحقوق الإنسان والمواطن وليس على الدين)، وكان أهم لبنة (حداثية)، أو طفرة حداثية، (هي الطفرة التي انتقلت بأوروبا من مرحلة العصر الإقطاعي الأصولي القديم، إلى مرحلة العصر البورجوازي الرأسمالي التنويري الحديث).

الفعل الاجتماعي عند ماكس فيبر

الفعل الاجتماعي هو الموضوع الأساسي لعلم الاجتماع عند ماكس فيبر ولقد عرفه بأنه: «**صورة للسلوك الإنساني الذي يشتمل على الاتجاه الداخلي أو الخارجي الذي يكون معبرًا عنه بواسطة الفعل أو الإحجام عن الفعل، إنه يكون الفعل عندما يخصص الفرد معنى ذاتيًا معينًا لسلوكه، والفعل يصبح اجتماعيًا عندما يرتبط المعنى الذاتي المعطي لهذا الفعل بواسطة الفرد بسلوك الأفراد الآخرين ويكون موجهًا نحو سلوكهم**». ووفقًا لمنظور فيبر وتعريفه للفعل الاجتماعي لا بد من فهم السلوك الاجتماعي أو الظواهر الاجتماعية على مستويين؛ المستوى الأول أن نفهم الفعل الاجتماعي على مستوى المعنى للأفراد أنفسهم، أما المستوى الثاني فهو أن نفهم هذا الفعل الاجتماعي على المستوى الجمعي بين جماعات الأفراد. ولكي نفهم عمل الفرد وأفعاله أو سلوكه الاجتماعي على مستوى المعنى لا بد من النظر إلى دوافع الفرد ونواياه واهتماماته والمعاني الذاتية التي يعطيها لأفعاله والتي تكمن خلف سلوكه، أي أنه لا بد من فهم معنى الفعل أو السلوك على المستوى الفردي، ومن وجهة نظر الفرد نفسه صاحب هذا السلوك وبنفس الطريقة لا بد من النظر إلى النوايا والدوافع والأسباب والاهتمامات التي تكمن وراء سلوك الجماعة التي يعتبر الفرد عضوًا فيها. أي أنه لا بد من فهم الفعل الاجتماعي على المستوى الجمعي ومن وجهة نظر الفرد كعضو في جماعة. إذن لا بد لنا من أخذ هذين المستويين في الاعتبار عند دراستنا وتحليلنا لفهم وتفسير الفعل الاجتماعي الإنساني للفرد، سواء من خلال مواجهته للظواهر الاجتماعية بنفسه أو من خلال مشاركته للجماعات الاجتماعية التي ينتمي إليها. من هذا يتضح أن فيبر أعطى لمفهوم الفعل الاجتماعي معنًى واسعًا كل السعة بوصفه الموضوع الأساسي للبحث السوسيولوجي من وجهة نظره، فلقد ضمنه كافة أنواع السلوك ما دام الفاعل يخلع عليه معنى. وهناك خاصيتان في مفهوم فيبر حول الفعل الاجتماعي ففيبر يسلم أولًا وصراحة بمدخل ذاتي لنظرية علم الاجتماع، وذلك بتركيزه على أن المفهومات النظرية في علم الاجتماع يتعين صوغها في ضوء نموذج محدد للدافعية التي تحرك (الفاعل الفرضي) والذي يمثل بدوره تصورًا مفترضًا، أما الخاصية الثانية فتتعلق بمدلول مصطلح «فيبر» عن «المعنى» وهو مصطلح اعتُبر من المصطلحات التي لعبت دورًا في الجدل الذي ثار في ألمانيا حول مسألة التاريخ ومناهج العلوم الاجتماعية عشية ظهور أعمال «ماكس فيبر»، المهم أنه عندما استخدم

هذا المصطلح كان يعني به الإشارة إلى السلوك في ضوء الفرض والمرمى الذي يسعى إلى تحقيقه الفاعل. ونظرًا لتحديده لعلم الاجتماع بوصفه علمًا عامًّا وشاملًا للفعل الاجتماعي فإن هذا اقتضاه أن يبذل جهدًا في تصنيف الأفعال وتنميطها، ويقصد بالعام والشامل -من وجهة نظره وكما أوضح «ريمون آرون» من تحليله لأعمال فيبر- فهم المعنى الذي يخلعه الإنسان على سلوكه، وهذا المعنى الذاتي بالطبع هو المعيار الذي على أساسه يمكن تصنيف الأفعال الإنسانية توطئة لفَهْم بِنَاء السلوك، إن محاولته لتصنيف الأفعال هذه حكمت تفكيره لدرجة كبيرة عندما هَمَّ بتفسير خصائص وأغراض المجتمع المعاصر، ووفقًا لما أتى به يُعَدُّ الرشد والعقلانية خاصية أساسية للعالم الذي نعيش فيه، وتفصح هذه العقلانية عن نفسها من خلال علاقاتها بالأهداف المحددة. المشروع الاقتصادي مثلًا يكون رشيدًا عندما تضبط الدولة بواسطة البيروقراطية، بل إن المجتمع بكامله يتجه نحو التنظيم البيروقراطي، وحتى العلم نفسه يعد من وجهة نظر فيبر مظهر العملية العقلية التي تميز المجتمع الحديث. ولقد وضع فيبر تصنيفًا لأنماط الفعل الاجتماعي والتي يمكن الاستعانة بها في بناء النماذج المثالية للسلوك، حيث حدد أربعة أنماط للفعل الاجتماعي وفقًا لمساره واتجاهه على النحو الآتي:

1- الفعل العقلي الذي يحمل غايات محددة ووسائل واضحة، إذ إن الفاعل يضع في اعتباره الغاية والوسيلة التي يقوم بتقويمها تقويمًا عقليًّا، فالمهندس الذي يصمم مشروعًا معماريًّا، والمضارب الذي يحسب ما يعود عليه بسبب مضارباته، والقائد الذي يختار أفضل الخطط التي تحقق له النصر كلها أمثلة للفعل الاجتماعي الفعلي.

2- الفعل العقلي الذي توجهه قيمة مطلقة: وفي هذا النموذج يكون الفرد واعيًا بالقيم المطلقة التي تحكم الفعل، وهي قيم يمكن أن تكون أخلاقية أو جمالية أو دينية، ويوصف الفعل بأنه موجه نحو قيمة مطلقة في الحالات التي يكون فيها مدفوعًا لتحقيق مطالب غير مشروطة، ومعنى ذلك أن الاعتقاد في القيمة المطلقة واعٍ ومتجهٌ نحوها من أجل ذاتها، خالٍ من أية مطامح خاصة، ولهذا فهو يختار الوسائل التي تدعم إيمانه بالقيمة.

3- الفعل العاطفي: وهو سلوك صادر عن حالات شعورية خاصة يعيشها الفاعل، والأمثلة على هذا النمط من السلوك عديدة، حينما يختار المرء الوسائل، ليس على أساس صلتها بالغايات أو القيم وإنما باعتبارها تنبع من تيار العاطفة.

4- الفعل التقليدي: وهو سلوك تمليه العادات والتقاليد والمعتقدات السائدة، ومن ثَمَّ يعبِّر عن استجابات آلية اعتاد عليها الفاعل، ولا شك أن ضربًا من السلوك هذا شأنه سوف يظل دائمًا على هامش الفعل الذي توجهه المعاني.

وتحتل أنماط الفعل الاجتماعي هذه أهمية خاصة في النسق السوسيولوجي الذي صاغه ماكس فيبر ويرجع ذلك إلى عوامل منها:

أ- أن فيبر تصور علم الاجتماع باعتباره دراسة شاملة للفعل الاجتماعي، ومن ثَمَّ أصبح تصنيف أنماط الفعل يمثل أعلى مستويات التصور التي تستخدم في دراسة المجال الاجتماعي، والمثال على ذلك أن تصنيفه لنماذج السلطة مشتق مباشرة من تحديده لأنماط الفعل الاجتماعي.

ب- أن علم الاجتماع عند فيبر يستهدف فَهْم معاني السلوك البشري، ومن هنا يجيء أهمية هذا التصنيف كمدخل ضروري لتحليل بناء السلوك.

ت- وأخيرًا، فإن تصنيفه لنماذج الفعل يعد إلى حدٍّ ما أساس تفسيره للحقبة التاريخية المعاصرة، إذ يعتقد فيبر أن الخاصية الأساسية المميزة للعالم الذي يعيش فيه هي العقلانية.

ث- العلاقات الاجتماعية في مفهوم ماكس فيبر، كانت الخطة الثانية ذات الأهمية عند فيبر هي دراسته لمفهوم العلاقات الاجتماعية إذ ساعده دراسة هذا المفهوم على التحول من دراسة الأفعال الفردية إلى أنماط السلوك. ففيبر في تصوره للعلاقات الاجتماعية يقصد بها سلوك جمع من العاملين تتحدد بمضمونات معنى هذا السلوك وبالقدر الذي يضع كل الآخر في حسبانه ويوجه سلوكه في ضوء هذا. فالعلاقة الاجتماعية عند فيبر تعني تبادل الأفعال بين الأفراد على أساس فهم كل منهم للمعاني التي يضيفها كل فرد على سلوكه، إذ إن هناك مجرى للفعل، لكن ذلك لا يعني بالطبع أن يكون المعنى الذاتي هو نفسه بالنسبة لكل الجماعات التي تتجه اتجاهًا متبادلًا في علاقة اجتماعية معينة.

وقدم فيبر تلخيصًا لفئات العلاقات الاجتماعية التي يمكن ملاحظتها واقعيًّا في خمس فئات هي:

1- العُرف أو الاصطلاح أي التماثل الفعلي للعلاقات الاجتماعية.

2- العادة وهي العرف الذي يستمد وجوده من الألفة والتعود.

3- الأسلوب أو العُرف الذي يتسم بالتجديد والحداثة.

4- العادة التقليدية وهي العرف الذي ينبثق عن الرغبة في الهيبة الاجتماعية أو العرف الذي يتحدد على أساس أنماط معيارية.

5- القانون وهو مجموعة القواعد التي تنطوي على إلزام أو عقاب لمن يخرج عليها، ومع أن القانون يستند إلى العادة والعُرف، لكن الفارق بينه وبينهما هو عنصر الإلزام المتضمن في القاعدة القانونية. ففيبر لا يجعل الفعل معتمِدًا فقط على العلاقة بين الوسائل والغايات، وإنما يربطه باستمرار بنسق اجتماعي معين وبالظروف التي يتم في ضوئها تحقيق الغايات، ومن ثَمَّ يذكرنا فيبر باستمرار أن كل المفاهيم التي يقدمها لا تكفي في ذاتها، وإنما لا بد وأن يستخدمها علماء الاجتماع في تشييد النماذج المثالية لتفسير مشكلات ملموسة، بل والأكثر من ذلك أن هذه النماذج بدورها ليست غاية مطلقة ولكنها وسيلة التفسير والتعليل الصحيح.

النموذج المثال Ideal or Pure Type

تستند دعائم التصور النظري لفيبر على مسألتي النموذج المثال ونظرية التنظيم. فقد أشار إلى أن أفضل طريقة في دراسة المعاني الذاتية للظواهر الاجتماعية تتمثل في استخدام النموذج المثال وهو ليس فرضًا بل إنه يوجه الباحثين لوضع الفروض، وليس وصفًا للواقع بل يستهدف توفير الوسائل للتعبير عن الواقع. والنموذج المثال من وجهة نظر فيبر عبارة عن بناء عقلي من المفاهيم المجردة والذي لا يوجد له نظير في الواقع التجريبي. هذا النمط/ النموذج المثال لأي ظاهرة اجتماعية يكون مصممًا ليساعد في فهم الواقع التجريبي لتلك الظاهرة أو عدة ظواهر وهكذا يمكن استخدام النمط/ النموذج المثال كأداة من أجل المقارنة بين ظاهرتين أو أكثر، أو لقياس مدى تقارب الظاهرة المعطاة من النموذج المثال، فالنموذج المثال عبارة عن «المجموع الكلي للمفاهيم التي يُنشِئها أو يبينها المتخصص في العلوم الإنسانية بصورة نقية وبعيدة عن أي تحيز لتحقيق أهداف البحث». وعلى نحو ما

يقول (تيماشيف، 1972) فإن النموذج المثال ليس فرضًا، إنه أداة أو وسيلة لتحليل الأحداث التاريخية الملموسة والمواقف، وهذا التحليل يتطلب بدوره أن تكون المفاهيم محددة بدقة وواضحة إلى أبعد الحدود لكي تستطيع مواجهة النماذج المثالية، فالنموذج المثال إذن مفهوم محدود نقارن به المواقف الواقعية في الحياة والأفعال التي ندرسها، ويذهب فيبر إلى أن دراسة الواقع الملموس على هذا النحو تمكننا من الحصول على علاقات سببية بين عناصر النموذج المثال. وتواجه النماذج المثالية لفيبر بعض الصعوبات، فمثلًا بالنسبة لتصنيف فيبر للفعل الاجتماعي، وحيث تستند كل فئة من فئات الأفعال إلى شكل معين من التوجيه السلوكي، فهناك فئتان من الأفعال تتميزان بالعقلية؛ إحداهما تستخدم الوسائل الملائمة لتحقيق الأهداف العقلية المختارة، والثانية تستعين بوسائل مشابهة لإشباع قيم مطلقة وأهداف أخلاقية، أما الفئتان الأخريان من الأفعال فهما فئة الفعل التقليدي وفئة الفعل الوجداني وهو هنا يطرح سؤالًا هو إذا كان النموذج المثال يرتكز على أساس الفعل العقلي فكيف يمكن بعد ذلك إقامة نماذج مثالية للأفعال غير العقلية.

علم اجتماع السياسة والحكومة

كثير من الناس يحملون كلمة بيروقراطية عكس معناها، حيث إن الناس تربط مفهوم البيروقراطية بمفهوم الروتين وإن كان الأمر في الأساس عكس ذلك تمامًا، حيث إن البيروقراطية إنما تستهدف إلغاء الطابع الشخصي من حيث توزيع الأعمال أو طرق أدائها أو تقييم الأداء. وبمعنى آخر فإن البيروقراطية هي مجموعة النظم واللوائح التي تحدد السلوك التنظيمي كما يجب أن يكون؛ اعتقادًا بأن هذا السلوك يمثل أفضل سلوك يمكِّن التنظيم من تحقيق أهدافه، واعتقادًا بأن هذه اللوائح هي ضمان لحماية التنظيم من الفساد والتسيب والانحراف. وبمعنى آخر فإن كلمة بيروقراطية تعني وببساطة البناء الاجتماعي المتسلسل لإدارة التنظيمات الضخمة بطريقة سليمة وبكفاءة وفعالية وبطريقة غير شخصية. وهو يشير إلى التغيرات التي تحدث في المنظمات الرسمية أو الأهلية بطريقة صحيحة لصنع القرارات لتحقيق الكفاءة والفعالية وتحقيق الأهداف. ونظرًا للزيادة الكبيرة والتعقيدات في حجم المنظمات، فإنها تكون في حاجة إلى تنسيق لتحقيق مزيدٍ من الفاعلية والتي تصل إلى أقصى درجاتها عندما يكون هناك سيطرة تامة للإدارة والأدوار محددة وواضحة وكذا الحقوق والواجبات. ويرى أن العالم القديم قد عرف البيروقراطية ويظهر ذلك بصورة جلية

في مصر القديمة وبابل والصين والهند، ومع تقدم المجتمعات وازدياد حاجات البشر ظهرت الحاجة إلى وجود منظمات متخصصة ومع ازدياد التقدم ظهرت المنظمات كبيرة الحجم ومنها ظهر مفهوم البيروقراطية بمعناه العلمي، والذي وضعه عالم الاجتماع المشهور ماكس فيبر. فالبيروقراطية ترتبط بالمنظمات كبيرة الحجم، وهذا المنظمات تتميز بتعقد المشاكل التنظيمية والإدارية التي تواجهها، فمن ناحية نجد أن العمل مقسم إلى أجزاء صغيرة وأن العمل الواحد يقوم به مجموعة من الأفراد، ومن ناحية أخرى يضم التنظيم مستويات إدارية متعددة تجعل عملية الاتصال رأسيًا وأفقيًا في منتهى الصعوبة. ومن ناحية ثالثة فإن العلاقة بين الرئيس والمرؤوسين لا تصبح علاقة شخصية ومباشرة، بحيث تصعب عملية تقييم كفاءة المرؤوسين. وفي ظل هذا المناخ التنظيمي المعقد يصبح من الضروري وجود لوائح ونُظُم وقواعد تحكم عملية تحديد الخطوط الفاصلة بين مختلف التخصصات ضمانًا لعدم حدوث التضارب والاحتكاك بين الوحدات التنظيمية، ويصبح من الضروري أيضًا وجود مسالك محددة للاتصال الرسمي تحددها الإدارة العليا، وبهذه الوسيلة تتجرد الوظائف من شتى المؤشرات الشخصية التي قد تؤثر في أداء شاغلها لها. والبيروقراطية طبقًا للمعنى السابق ضرورة حيوية لجميع المنظمات كبيرة الحجم، وإذا أمكن تحويل المثالية إلى واقع فإنها تصبح أفضل شكل تنظيمي ممكن. ولكن الذي يحدث عادة هو التمادي في تطبيق اللوائح والتمسك الحرفي بها. ومع طول تعدد العاملين في هذا المناخ ومع صعوبة تعديل اللوائح بما يتمشى مع التغيرات والمؤشرات التي سيتعرض لها التنظيم يزحف مرض الجمود إلى السلوك التنظيمي، وتصبح المبادرات الشخصية شيئًا نادرًا أو مخالفًا للتعليمات واللوائح. ومن ثم تبدأ الآثار السلبية للبيروقراطية في الظهور. ولو حاولنا تتبع النظريات الكبرى للبيروقراطية لوجدنا أن مفهوم البيروقراطية لم يكن يشغل مكانًا بارزًا في فكر ماركس. وإن كان هذا لا ينكر أن ماركس قد درس مفهوم البيروقراطية واستخدمه في نطاق محدد تمثل في دراسته لجهاز الدولة وإدارتها، كما طور أفكاره عنها حينما كان بصدد نقد فلسفة هيغل في الدولة. فالجهاز الإداري في رأي هيغل يحقق الصلة الدائمة بين الدولة والمجتمع، حيث يعتبر التنظيم البيروقراطي هو القنطرة التي تربط بين المصلحة العامة والمصلحة الخاصة. ويعتبر موقف ماركس من البيروقراطية وثيق الصلة بمعالجته لفكرة الاغتراب (الاستلاب)، ذلك المفهوم الذي يشير إلى كافة الظروف والأوضاع التي تجعل البشر يبتعدون عن حياة البساطة الأولية، بحيث ينفصل الإنسان عن بيئته الطبيعية التي تعد جزءًا منها، وتنطبق

فكرة الاغتراب تمامًا على البيروقراطية من وجهة نظر ماركس، حيث حققت البيروقراطية كيانًا مستقلًّا بعيدًا عن سيطرة الإنسان مُحاوِلةً فرض سيادتها عليه. حيث يؤكد ماركس أن البيروقراطية كتنظيمٍ تُحطم كفاءة الفرد وتعوق قدرته على المبادرة والإبداع والتخيل وتحمل المسؤولية. فماركس اعتبر البيروقراطية أداة الطبقة الرأسمالية لتدعيم مصالحها، ولذلك فإن قيام ثورة البروليتاريا وظهور المجتمع اللاطبقي سوف يحطم جهاز الدولة البيروقراطية. ويعتبر موقف لينين من البيروقراطية مشابهًا لموقف ماركس، حيث اعتقد أن البيروقراطية ستشهد انهيارًا تدريجيًّا عندما تتأسس ديكتاتورية البروليتاريا؛ لأن الصراع ضد البيروقراطية سيكون من المهام الرئيسية للثورة. وتعتبر إسهامات ماكس فيبر في هذا المجال كبيرة، حيث إنه استطاع أن يصوغ نظرية محددة للبيروقراطية تعتبر من النظريات الكبرى، حيث كان فيبر مهتمًّا في دراسته للبيروقراطية بتحليل التغير الذي طرأ على التنظيم الاجتماعي في المجتمع الحديث، فضلًا عن توضيح الخصائص أو المقومات النموذجية للتنظيمات الرسمية التي أصبحت تمثل أكثر أشكال التنظيم شيوعًا في هذا المجتمع. ولذا فإن كتاباته تعتبر قاعدة لنوعين من الدراسات هي الدراسات التاريخية التي تتبع التحول الواضح نحو البيروقراطية، والبحوث الإمبيريقية التي تناولت أبعاد التنظيمات وخصائصها البنائية. وترتكز تحليلات فيبر للبيروقراطية على تصوره لطبيعة علاقات القوة في المجتمع، كما اهتم بنموذج لعلاقة القوة وهو ما أطلق عليه مصطلح السلطة، وهو علاقة القوة بين الحاكم والأفراد، حيث إن ممارسة السلطة على أعداد من الأفراد تقتضي وجود هيئة إدارية قادرة على تنفيذ الأوامر وتحقيق الصلة الدائمة بين الرؤساء والمرؤوسين. وهكذا حاول فيبر أن يضع نماذج السلطة وفقًا لمعيارين هما: الاعتقاد في شرعية السلطة، ووجود الجهاز الإداري الملائم. ولقد ميز فيبر بين ثلاثة أنماط/ نماذج مثالية للسلطة تعتمد على تصورات مختلفة للشرعية هي:

1- السلطة الملهمة (الكاريزمية): أي المزية الخارقة للعادة وذات الأصل المحدد بشكل سحري عند الأنبياء والحكماء والشامانيين والزعماء وأبطال الحروب... إلخ؛ وهذا نمط سلطة لشخصية تتمتع بخصائص وقوى فوق طبيعية أو فوق بشرية.

2- السلطة التقليدية: الخضوع للشخص الممسك بالسلطة المؤيَّد بالتقليد الذي يصدر الأوامر بمقتضى هذا التقليد الذي يحظى بالاحترام والتقديس في نظر أتباعه... (السلطة القبلية-الأبوية-الملكية-الوراثية...)

3- السلطة القانونية: ذات طابع عقلاني يستمد شرعيته من الاعتراف بقانونية التنظيمات، ومن ثَمَّ امتلاك أصحاب السلطة القانونية الحق بإعطاء الأوامر والتوجيهات (الدولة الحديثة البيروقراطية).

كما اهتم فيبر باستخدام مصطلح «التحول نحو البيروقراطية» (البقرطة) استخدامًا واسعًا، حيث إن هذا التحول مرتبط بظهور أنماط للسلوك والتفكير تشيع في كافة مجالات الحياة الاجتماعية نتيجة انتشار النزعة العقلية، تلك التي تشير إلى الإحاطة النظرية بأبعاد الواقع من خلال مفاهيم محددة ومجردة والتوجيه المنظم نحو تحقيق هدف أو غاية معينة بعد دراسة كافة الوسائل الممكنة والمفاضلة بينها. ومن نتائج هذا التصور للعقلانية ازدهار العلم وازدياد الاعتماد عليه كنسقٍ فكري يوجه السلوك والعمل بدلًا من الاعتماد على التفسيرات والقيم والأفكار الغَيبية والميتافيزيقية.

فالفكرة المحورية وراء تحليله التاريخي تتمثل في الصراع بين الإلهام الذي يشير إلى ابتكار أو تجديد نتيجة قوى تلقائية تظهر في المجتمع وتتحكم في مساره، وبين الروتين أو النظام الدقيق القائم على أسس معروفة وخطة محددة من قبل. فليس من شك أن القيادة الملهمة قوة ثورية في العملية التاريخية.

6- علم الاجتماع الديني عند ماكس فيبر

قَدَّمَ ماكس فيبر مجموعة من الدراسات يمكن أن تدخل تحت علم الاجتماع الديني، لعل من أهمها تلك الدراسة التي حاول فيها أن يناهض الفكر الماركسي في أساسه وجوهره، والتي تقع تحت عنوان «الأخلاق البروتستانتية وروح الرأسمالية»، ثم قام فيبر بعد ذلك بدراسات مقارنة تناولت الأديان الكبرى والعلاقة بين الظروف الاجتماعية والاقتصادية من جهة، والاتجاهات الدينية من جهة أخرى. وعن الدور الذي يلعبه الدين من خلال دراسات فيبر فإن ريمون آرون يقول: «إن نقطة الانطلاق في دراسات فيبر عن علم الاجتماع الديني تكمن في اعتقاده بأن فهم أي اتجاه يحتاج من الباحث إلى إدراك تصور الفاعل للوجود بأكمله». إذ في ضوء هذا الاعتقاد حدد فيبر التساؤل الآتي لكي يجيب عليه في دراساته: إلى أي مدى تؤثر التصورات الدينية عن العالم والوجود في السلوك الاقتصادي لكافة

المجتمعات؟ ويقول ريمون آرون: إن ماكس فيبر في دراسته لتأثير الأخلاق البروتستانتية على الرأسمالية كان يريد أن يؤكد قضيتين هما:

1- أن سلوك الأفراد في مختلف المجتمعات يفهم في إطار تصورهم العام للوجود. وتعتبر المعتقدات الدينية وتفسيرها إحدى هذه التصورات للعالم، والتي تؤثر في سلوك الأفراد والجماعات بما في ذلك السلوك الاقتصادي.

2- أن التصورات الدينية هي بالفعل إحدى محددات السلوك الاقتصادي، ومن ثَمَّ فهي تعد من أسباب تغير هذا السلوك.

على أن فيبر لم يعالج الجوانب المختلفة للدين بوصفه ظاهرة اجتماعية، بل اكتفى بدراسة الأخلاقيات الاقتصادية للدين، ويقصد منها ما يؤكد عليه الدين من قيم اقتصادية. ويرى فيبر أن الرأسمالية الحديثة تمثل في حقيقة الأمر ظاهرةً فريدةً تنحصر خصائصها الأساسية فيما يلي: المشروع الاقتصادي القائم على التنظيم العقلي والذي تتم إدارته وفقًا لمبادئ علمية والثروات الخاصة والإنتاج من أجل السوق، والإنتاج للجماهير وعن طريقهم والإنتاج من أجل المال والحماس المتزايد والروح المعنوية العالية والكفاءة في العمل تلك التي تتطلب تفرغًا كاملًا من الفرد ليزاول مهنته أو عمله، وهذا التفرغ يجعل من العمل المهني هدفًا ومطلبًا رئيسيًا في حياة الفرد، وهذه الأخلاق المهنية تعتبر من السمات الواضحة لروح الرأسمالية الحديثة. بَيْدَ أنَّ الرأسمالية تتطلب كذلك وجود أفراد يتميزون بخصائص سيكولوجية معينة وظروف اجتماعية معينة، فالتنظيم الرأسمالي لا يتحقق في مجتمع يتسم أفراده بالكسل ويتمسكون بمعتقدات خرافية ويتميزن بعدم الكفاءة، كذلك فلا بد من توافر مجموعة من الظروف إلى جانب الخصائص السيكولوجية التي ذكرها، وهذه الظروف هي رأس مال عقلي، وإدارة للعمل، وامتلاك كل وسائل الإنتاج، وتوفر وسيلة للإنتاج، وشيوع قانون عقلي، وازدياد العمل الحر، وتسويق لمنتجات العمل. ويذهب فيبر إلى أن «بنيامين فرانكلين» قد عبَّر بصدقٍ عن السمات السيكولوجية اللازمة لوجود النظام الرأسمالي، مثل أن الأمانة هي أفضل سياسة، والحساب الدقيق ضرورة لأي عمل، والسلوك المنظم، والمثابرة، الكفاية، والصدق والإخلاص.

ومع أن فيبر لم يكرس دراسة مستقلة عن الإسلام على غرار دراساته عن البروتستانتية واليهودية وعن الأديان الآسيوية[1]، إلا أنه اهتم بقراءة وضعية النبي محمد باعتباره «نبي أخلاق» (ethical prophet) قام بتحدي القيم التقليدية لمجتمعه. ويندرج هذا التعليق عن الإسلام الأولي ضمن مساهمة فيبر في دراسة السلطة، وخصوصًا الكاريزمية منها. ونظرة فيبر للنبي محمد مقارنة بنظرته لأنبياء بني إسرائيل في التوراة، تأثرت أكثر بواقعة كون النبي قائدًا عسكريًّا أسس دولة. ومن هنا بنى فيبر مجموعة من التعارضات بين الإسلام والمسيحية نلحظها في تفريقه بين «الكنيسة» (Church) و«الفرقة» (Sect).

بحسب «بريان تيرنر»[2] لم تصدر أي دراسة تتناول سوسيولوجيا ماكس فيبر عن الإسلام باستثناء كتابه هو[3] وكتاب «مكسيم رودنسون»[4] وكتاب صدر بالألمانية عام 1987 (وبالإنكليزية عام 1999) وفيه 8 دراسات عن الموضوع [5]. جميع هذه المقاربات تعاطت مع الموقف الفيبري في جداله حول سبب ظهور الرأسمالية والعقلانية والحداثة فقط في المسيحية (وليس في الإسلام تحديدًا).

وبحسب «تيرنر» فقد اعتبر فيبر الفراسة/ الحدسية (Hunches) القانونية عند القضاة المسلمين بمثابة أفضل مثال للقانون غير العقلاني. فقرارات القضاة هي أحكام غير رسمية مصاغة ضمن قوالب أخلاقية أو قيمية عملية أخرى. وعدل القاضي لا يعرف القواعد العقلانية في اتخاذه لقراراته أيًّا كانت. أما النوع الثاني للقانون اللاعقلاني فيمثله القانون

---

(1) Max Weber, *Ancient Judaism*. Glencoe: Free Press. 1952.
The Religion of China. Confucianism and Taoism. New York: Macmillan. 1951.
The Religion of India. New York: Free Press. 1958.

(2) Bryan S. Turner, *Religion and Modern Society. Citizenship, Secularisation and the State*. Cambridge University Press 2011 p62.

(3) Bryan S. Turner, *Weber and Islam. A Critical Study*, 2nd edn.1998. London: Routledge & Kegan Paul.
وقد ترجمه أبو بكر أحمد باقادر وصدر بعنوان: «علم الاجتماع والإسلام - دراسة نقدية لفكر ماكس فيبر»، دار القلم، بيروت، 1987.

(4) Maxime Rodinson, *Islam and Capitalism*. Austin: University of Texas Press.1966.
وكانت صدرت ترجمته العربية عن دار الطليعة، بيروت 1968 (ترجمة نزيه الحكيم).

(5) Toby Huff, and Wolfgang Schluchter (eds.), *Max Weber & Islam.* New Brunswick: Transaction. 1999.

الذي لا يسترشد بأي «فكر» ولكن له مصادره في الوحي والكهانة. وكذلك فإن القانون العقلاني يمكن أن يكون إما ماديًا أو رسميًا، ويعتمد القانون العقلاني الذاتي على أحكام مشتقة من كتاب مقدس أو من بعض الأيديولوجيات السائدة اجتماعيًا. وختامًا فإن القانون الرسمي العقلاني يعتمد على مفاهيم مجردة فقهية دونما الرجوع إلى مصادر قانونية خارجية خلال التحليل المنطقي للمعنى، وحيث تتكون وتستخدم مفاهيم قانونية ثابتة ومحددة في صيغة قواعد مجردة. إن هذا التنميط للقانون يمكن تبسيطه إذا أخذنا في اعتبارنا معالجة فيبر للفروق بين صنع القانون (Lawmaking) وإيجاد القوانين (Lawfinding)، ذلك أنه إذا ما اعتبر القانون شيئًا مقدسًا بمعنى أن القانون مشتق من وحي رسول، عندئذ فقط فإن كل النشاط القانوني المقدس أساسًا يصبح عملية اكتشاف أو إيجاد معيار مقدس موجود؛ ويغطي التقليد القانوني المقدس مبدئيًا كل القضايا، ويكون القاضي مجرد معلن لما هو مناسب للقضية. وعلى العكس التقاليد القانونية الدنيوية (القانون الوضعي)، حيث تزداد صفات الرسمية والعقلانية القانونية إلى أعلى درجاتها، فإن القوانين والتشريعات الجديدة يمكن وضعها أو سنها عن طريق رجال القانون.

يلاحظ فيبر أنه في الإسلام كانت السيطرة الوراثية توجد جنبًا إلى جنب مع تراثٍ من القانون المقدس وعدالة القاضي، وهذا ما تسبَّب في وجود ظروف لم تكن مناسبة لظهور العلاقات الرأسمالية العقلانية.

كما اهتم فيبر[1] بتعريف أصناف الجماعة الدينية (religiöse Vergemeinschaftung) من خلال التفريق بين الكنيسة والفرقة Church / Sect باعتبارهما نمطي الوجود الاجتماعي للدين. الكنيسة هي مؤسسة بيروقراطية خلاصية مفتوحة للجميع حيث تمارس فيها سلطة الكاهن، وهي على تماس وتفاعل مباشر مع المجتمع الذي يحيط بها. أما الفرقة فهي نوع من الجمعية الطوعية لمؤمنين منشقين إلى هذا الحد أو ذاك عن محيطهم الاجتماعي، وحيث السلطة فيها هي لزعيم كاريزمي. الانتماء للكنيسة يكون بالوراثة (نحن نولد أعضاء في

(1) M. Weber, *Sociologie des Religions.* Textes réunis et traduits par Jean-Pierre Grossein. Introduction de Jean-Claude Passeron, Gallimard, Paris, 1996.

M. Weber, *Économie et Société*, Tome Premier (1921), Plon, Paris, 1971, p. 429.

كنيسة)، في حين أن الانتماء للفرقة يكون طوعًا بالاختيار[1]. والفرقة تفقد أهميتها الاستثنائية بمجرد اكتسابها استقرارًا عضويًّا وبنية مؤسسية أي بمجرد أن تتحول إلى حركة دينية ذات مكانة معترف بها ومشروعة اجتماعيًّا.

وقد رأى فيبر أن الإسلام لا يملك كنيسةً ولا كهنوتًا، والعلماء في الإسلام لا يمارسون سلطة على ما يسميه النعمة الإلهية الممأسسة (المقدس الممأسس)، وسلطتهم لا تأتي مباشرة من الله أو النبي، وإنما من دربتهم ودراستهم العلمية المهنية، والاعتراف التوافقي من جماعتهم بهم وبعلمهم وسلطتهم بالتالي[2]. وقد لاحظ فيبر الفرق بين الشيعة والسنة في هذا المجال.

انتقد فيبر القراءة الوظيفية والتطورية للأديان التوحيدية، والتي تحيلها إلى معطًى تاريخيٍّ جرى تجاوزه والقطع معه. كما انتقد فيبر مقولة القطيعة التي أحدثتها الحداثة مع التجربة الدينية، إذ أكد على اعتبار أن تجارب الإحياء الديني (البروتستانتية) أسهمت في إرساء إحدى مرتكزات الحداثة الغربية. وقد أكد فيبر على وجود دينامية خاصة بأبنية الثقافة بعامة والدين بخاصة، الأمر الذي يتعارض مع المقاربات التي تقتصر على التفسيرات السياسية والاقتصادية والاجتماعية في تفسيرها للسلوك الديني المعيش. لكن تأكيد فيبر على أصالة وفرادة الإسهام الديني في تشكيل شتى مباني دورة الاجتماع العامة يفضي إلى إشكاليات فرعية[3]:

1- فللتجربة الدينية حضورها القوي في تشكيل مباني شخصية الفاعل الاجتماعي وما يرتبط بهذه المسألة من أسئلة نفسية وأنثروبولوجية تتعلق بصيرورات تحول العلاقة بين التجربة الدينية (التي تخاطب العالم الداخلي للفاعل)، ومدار الجماعات أو المستوى الاجتماعي، من توليد حالات توتر وصراع بين عالم الإنسان والمرونة اللانهائية لطبيعته من جهة، وبين أنظمة الحياة المسيطرة من جهة ثانية.

---

(1) Jean Seguy, *Christianisme et société. Introduction à la sociologie de Ernst Troeltsch,* Le Cerf, Paris, 1980.

(2) بريان تيرنر: الدين والمجتمع الحديث، مرجع سابق، ص 63.

(3) أنا مدين هنا للقراءة التفصيلية والمنهجية التي أجراها الدكتور حسن الضيقة لسوسيولوجيا ماكس فيبر. انظر: حسن الضيقة: التجربة الدينية من منظور السوسيولوجيا الألمانية، مقاربة ماكس فيبر. مجلة قضايا إسلامية معاصرة، بغداد-بيروت، صيف 2011، العدد 47-48، الصفحات 44-53.

2- وثمة إشكاليات تتعلق بسياقات تكَوُّن الجماعات بما هي أنماط انتظام مخصوصة يشترك في تكوينها وحملها جماعات شتى بدءًا بجماعات الجوار والقرابة، وصولًا إلى مؤسسات العائلة والحرفة والطائفة.

3- وثمة إشكاليات تتعلق بما يسميه الديانات الخَلاصية التي باندفاعتها لتشكيل جماعاتها الدينية تصطدم بادئ ذي بدء بقوة القرابة الطبيعية... وبحسب فيبر فإنه كلما كان تصور الخلاص عميقًا وشاملًا في توجهاته كانت حدة التوتر أعمق وأشمل. فالدين هنا يقوم إذن بخفض قيمة علاقات القرابة ويكسر من ثَمَّ الروابط السحرية التي تربط بين الفرد وجماعته الأصلية. وحين تتحول النبوة إلى دين جماعي للخلاص فإنها تنشئ جماعة اجتماعية جديدة، ومن ثم تتطور داخل هذه الجماعة أخلاق دينية عنوانها الأخوة.

ولكنْ هناك احتمال آخر غير احتمال التوتر والصراع بين الجماعة الناشئة والجماعات القائمة، هو ما يسميه فيبر احتمال الانتقال من وضعية التوتر والصدام إلى وضعية التكيُّف والتصالح. وفي هذه الحالة تتعرض التجربة الدينية عن طريق تخلخلها في الحياة الاجتماعية لجملة اعوجاجات أو تحولات مفضية إلى نشوء وضعية التكيُّف والتصالح.

7- خلاصات موجزة عن موقع علم الاجتماع الديني في العلوم الاجتماعية[4]

- علم الاجتماع الديني هو الدراسة العلمية لمختلف الأوجه التي تؤثر عبرها الثقافة والمجتمع والشخصية على الدين وأصوله ومذاهبه وممارساته. وبالمقابل هو أيضًا دراسة مختلف أوجه تأثير الدين على الثقافة والمجتمع والشخصية وآليات صيانة المجتمع، وتحولاته، وبنية النظم المعيارية (ميلتون ينغر Yinger)[5].

---

(4) هذا القسم هو تلخيص لدروس في علم الاجتماع الديني لطلاب الدبلوم في الدراسات المعمقة: سعود المولى، معهد العلوم الاجتماعية. الجامعة اللبنانية. بيروت 1997، وقد قمت بتحديث بعض المراجع.

(5) جون ميلتون ينغر John Milton Yinger (1916-2011) عالم اجتماع أميركي ترأس الجمعية الأميركية لعلم الاجتماع (1976-1977)، وهو من أبرز علماء سوسيولوجيا الدين وناحِت مفهوم «الثقافة المضادة»، ويعني بذلك وجود مجموعة من الناس تحمل قيمًا، العنصر الأساسي فيها أنها مضادة للقيم التي يؤمن به المجتمع ككل.
Countercultures: The Promise and Peril of a World Turned Upside Down. New York: Free Press, 1982.

• يمكن أن نميِّز بين اتجاهين في علم الاجتماع الديني (هنري ديروش Desroche)[1]:

1- علم اجتماع التطور الديني ← أي علم اجتماع لا ديني للدين، أو علم اجتماع العوامل غير الدينية للظاهرة الدينية.

2- علم اجتماع ديني للتطور ← أي علم اجتماع ديني لما هو غير ديني، أو علم اجتماع العوامل الدينية للظواهر غير الدينية.

• هناك عدة نظريات حول أصول الدين، ومن المستحيل بناء نظرية علمية حول ذلك. فالتجربة الدينية قديمة قدم العالم، ومتباينة ومعقدة... وما جاء به العلماء حتى الآن مفيد لإثارة نقاش أكثر من كونه علمًا نظريًا لا يدحض من قبل نظريات أخرى. (هذا رأي ميلتون ينغر Yinger).

هناك 3 أنماط من التفسيرات المختلفة لأصول الدين:

1- النمط الأول: يركِّز على الجانب المعرفي للدين أي حاجة الإنسان لتفسير أحداث غامضة ومرعبة. هذه النظرية هي ذات سمة نخبوية ثقافية، فردية، وتطورية... (يندرج ضمنها تايلور[2] وسبنسر[3] وفريزر[4]). بالنسبة لهذا النمط من التفكير: الدين يُولَد

---

(1) هنري ديروش Henri Desroche (1914-1994) عالم اجتماع فرنسي متخصص في سوسيولوجيا الدين. كان راهبًا في جماعة الدومينيكان. أبرز مؤلفاته السوسيولوجيات الدينية

Sociologies religieuses, Puf (coll. Sup), Paris. 1968,

(2) إدوارد بيرنت تايلور (Edward Burnett Tylor) (1832-1917) أنثروبولوجي إنكليزي، ساعدت دراساته على تحديد مجال الأنثروبولوجيا وتطور الاهتمام بذلك العلم. كان أستاذًا للأنثروبولوجيا بجامعة أكسفورد (1896 – 1909). ويعتبر مؤسس الأنثروبولوجيا الثقافية. أهم كتبه «الثقافة البدائية» (1871) و«الأنثروبولوجيا» (1881 م). وهو الذي أدخل مصطلح الإحيائية باعتبارها المحطة الأولى في تطور الأديان.

(3) هربرت سبنسر (Herbert Spencer) فيلسوف بريطاني (1820-1903) مؤلف كتاب «الرجل ضد الدولة» الذي قدم فيه رؤية فلسفية متطرفة في ليبراليتها. كان سبنسر، وليس داروين، هو الذي أوجد مصطلح «البقاء للأصلح». وقد ساهم سبنسر في ترسيخ مفهوم الارتقاء، وأعطى له أبعادًا اجتماعية، فيما عرف لاحقًا بالداروينية الاجتماعية. ويعتبر سبنسر الأب الثاني لعلم الاجتماع بعد أوغست كونت وقد اشتهر بنظريته عن التطور، التي استند إليها في وضع الأسس لنسق ومنظومة اجتماعية (سوسيولوجية) تؤكد التطور صوب تعقيد اجتماعي متزايد وارتفاع درجة الفردية. فالمجتمع في نظره مثل الكائن الحي المعقد، يتصف بحالة من التوازن الدقيق.

(4) چيمس چورج فريزر (James George Frazer). عالم أنثروبولوجيا أسكوتلندي كبير (1854-1941). كتابه المشهور والضخم «الغصن الذهبي» (The Golden Bough) هو عبارة عن دراسة في السحر والدين (1890).

من جهود الرجال الأوائل في تفسيرهم للأحلام والصدى والتخيُّل والموت... ومفتاح هذا التفسير هو مفهوم الروح. فكل الظواهر الغريبة هي نتاج هجرة الروح. هذه النظرية الإحيائية (Animisme) للكون هي في أساس نظرية «تايلور» لأصول الدين. وهذا التصور للدين من السهل إلحاقه بنظرية «سبنسر» في التطور... فإذا كانت الإحيائية هي جهد بدائي لتفسير الأحداث المتعبة لعالم معقَّد، فإنها تتطور تدريجيًّا مع تزايد المعارف الإنسانية عن العالم، والنتيجة النهائية لهذا التطور هي الاتجاه نحو عالم يضمحل فيه الدين ويختفي مبرر وجوده ويحل العلم محله.

النقد الرئيسي للفرضية القائلة بالتطور الخطِّي أن علماء آخرين اكتشفوا أن الإيمان بالكائنات العليا موجود عند شعوب قديمة، وأن الاعتقاد بقوى غيبية يسبق الاعتقاد بالأرواح.

يقول «تايلور» إن الدين هو إيمان بكائنات علوية روحية، وهذا الإيمان يتولد من التفسيرات التي تعطى للظواهر الطبيعية. فالإيمان بالأرواح نشأ من محاولات تفسير الحياة والموت. واستخدم البدائيون الأحلام البشرية التي تظهر فيها الأرواح على أنها إشارات ودلائل بأن العقل البشري أو الفكر مستقل عن الجسد. ولذا فسروا الموت والحياة والإيمان بالحياة الأخرى بعد الموت. ونشأت الأساطير والآلهة من جهد تفسير الظواهر الطبيعية على سبيل القياس التماثلي، وامتدادًا لهذه التفسيرات وبحسب نظريته هذه، فإن نفسية ومزاج البشر في كل الأزمان هي نفسها تقريبًا، وأن تفسيرات البشر للحياة والموت تتطور في الثقافات والديانات من خلال الأديان التوحيدية وخصوصًا المسيحية، ثم العلم. ورأى أن الممارسات والمعتقدات في المجتمعات الحديثة التي هي شبيهة بتلك التي كانت في المجتمعات البدائية ليست سوى بقايا، غير أنه لم يفسر كيف ولماذا بقيت(1).

أوضح فيه أن الكثير من الأساطير الدينية والشعائر الدينية أصلها منذ أيام ظهور الزراعة في عصر ما قبل التاريخ. وأن التطور العقلي البشري مر بثلاث مراحل: السحر البدائي، والدين، والعلم.
من كتبه المهمة الأخرى: «الطوطمية والزواج بغير ذوي القربى» (Totemism and Exogamy) و«الطوطمية» (Totemism) عن نظام الطوطم في المجتمعات البدائية. كُتِبَ بطريقه أدبية شائقة. مؤلفاته كان لها أثر كبير في تطور علم الأنثروبولوجيا وعلى سيغموند فرويد في كتابه «الطوطم والتابو».

(1) Robert A. Segal. "Theories of Religion". In John R. Hinnells, *The Routledge Companion to the Study of Religion.* London; New York: Routledge. 2005., pp. 49–60.

أما «فريزر» فقد سار في كتابه «الغصن الذهبي» على خطى نظريات «تايلور» إلا أنه ميَّز بين السحر والدين. فالسحر يستخدم للتأثير في العالم الطبيعي في صراع الإنسان البدائي من أجل البقاء. كما أن السحر يعتمد على إيمان غير نقدي لدى الإنسان البدائي بالاتصال والمحاكاة. فعلى سبيل المثال يستحضر البدائي التعجيل والتسرع من تدفق المياه على الأرض. وقد أكد «فريزر» أن السحر عند البدائيين يعمل بواسطة قواعد وقوانين. في حين أن الدين إيمان بأن العالم الطبيعي يسيره إله أو آلهة لها سمات شخصية يمكن التوسط لديها، وليس من خلال قوانين[1].

وركز اللاهوتي «رودولف أوتو»[2] على التجربة الدينية وبالأخص على اللحظات التي يسميها «النومينوس» ومعناها «الآخر المقدس»، فوصفها بأنها «سر رهيب» (mysterium tremendum) و«سر مذهل عجيب» (mysterium fascinans). ورأى الدين نابعًا من هذه التجارب التي هي برأيه تأتي من ملكة خاصة غير عقلانية للعقل البشري لا صلة لها ببقية الملكات. ولذا لا يمكن اختزال الدين إلى الثقافة أو المجتمع[3]. وقد أثرت أفكاره بقوة في أعمال ميرتشيا إلياده[4].

2- النمط الثاني: من الأفكار والنظريات حول الدين يركز على الحاجات العاطفية للإنسان... وهنا يقف فرويد كأبرز ممثل لهذا الاتجاه.

Daniel L. Pals, *Seven Theories of Religion*. Oxford; New York: Oxford University Press. 1996., p.3-5.
Kevin J. Christiano; William H. Swatos; Peter Kivisto. *Sociology of Religion: Contemporary Developments* (2nd ed.). Lanham, Maryland: Rowman & Littlefield Publishers Inc. 2008., p. 6-7.
Donald A. Nielsen. "Theory". In William H. Jr Swatos. *Encyclopedia of Religion and Society*. AltaMira Press. 1998.
Seth D. Kunin. *Religion: The Modern Theories*. Edinburgh: University of Edinburgh. 2003., p.40.

(1) ibidem.

(2) رودولف أوتو Rudolf Otto (1869 –1937) لاهوتي، وفيلسوف، ومقارن أديان ألماني لوثري لامع. يعتبر أحد أكثر علماء الدين تأثيرًا في أوائل القرن العشرين. اشتهر بنشره مفهوم نومينوس (numinous) (الظواهر الإلهية الخارقة) وهي تجربة عاطفية عميقة يقول إنها موجودة في صميم ديانات العالم.

(3) Kunin, p. 66.

(4) Kunin, p. 62.

- عند فرويد[1] الحضارة هي إلى حد ما ضد الطبيعة. الدور الأساسي للثقافة ومبرر وجود الدين، هو في الدفاع عن الإنسان ضد الطبيعة.

- الآلهة تتحمل 3 أعباء: هي تطرد عناصر الخوف من الطبيعة، وهي تصالح الإنسان مع قساوة القدر وخصوصًا الموت، وهي أخيرًا تعوِّض الإنسان عما تفرضه عليه الجماعة من آلام.

- أهمية أي دين نسبةً إلى غيره تعود إلى مستوى قوة الرغبات التي يعكسها... فمشاعر العجز ومتطلبات العدالة والرغبة في إطالة الحياة هي القوى التي يرتكز عليها الدين... إن الدين بحسب فرويد هو إحدى الوسائل التي يستطيع بواسطتها الإنسان تجنب آلام الحياة.

وبحسب «بول رادان» (Radin)[2] فإن الدين هو جواب انفعالي على التحديات التي يواجهها الإنسان.

- ويقارن فرويد بين التوجه الديني والعُصابي (Nevrose) فيتجه إلى اعتبار الأول مماثلًا للثاني في مواجهة آلام الحياة، إلا أنه لا يؤدي إلى فصل الإنسان عن محيطه كما في حالة العُصاب.

- غير أن «كارل يونغ»[3] يركِّز على الدور الإيجابي للدين ومساهمته في تحقيق نمو الفرد ووعيه... وكذلك يفعل «إريك فروم»[4] الذي يلحظ التمايز بين مختلف الأديان

---

(1) Sigmund Freud. “Moses and monotheism”. *The Standard Edition of the Complete Psychological Works of Sigmund Freud. Volume XXIII* (1937–1939). London: Hogarth Press. 1964.

(2) بول رادان Paul Radin(1883-1959) عالم أميركي في الأنثروبولوجيا الثقافية والفلكلور متخصص بثقافات ولغات شعوب أميركا من السكان الأصليين كما بسوسيولوجيا وأنثروبولوجيا الأديان. من أهم كتبه في هذا المجال:

Primitive Religion: Its Nature and Origin (New York: Viking Press.1937).

(3) كارل غوستاف يونغ (بالألمانية: 1875) (Carl Jung-1961)، هو عالم نفس سويسري ومؤسس علم النفس التحليلي. اعترف يونغ أثناء دراسته للعته المبكر وتجارب تداعي الكلمات (1906) بأنه مدين للاكتشافات التي أحدثها فرويد. ولكنه كان غير متحمس لطريقة فرويد في العلاج النفسي. وظهر الخلاف بينهما علنًا في محاضرات يونغ في فوردهام (نيويورك)عام 1912.

(4) إريك فروم Erich Fromm (1900 - 1980) عالم نفس وفيلسوف إنساني ألماني أميركي. ولد في مدينة

على قاعدة العلاقة مع التفتح الذاتي الشمولي. ويعرِّف «إريك فروم» الدين قائلًا: بأنه «كل نظام فكري وعملي تعتقد به مجموعة ويعطي للفرد خطَّ توجهٍ ومرجعًا عباديًّا»... ويميِّز هنا «فروم» بين الدين الذي يسهم في نمو وازدهار ملكات الإنسان (دين إيجابي غير سلطوي إنساني) وبين الدين السلطوي ونتائجه السلبية على حياة الإنسان... في الأول الله على صورة الإنسان ومثاله، وفي الثاني الله يصادر الإنسان ويفقره.

- من جهة أخرى اعتبر «برغسون» (Bergson)[1] أن مواجهة الموت هي السبب الثاني للدين بعد سبب أول يتعلق بالمنحى الأناني للفرد. وكذلك فإن «مالينوفسكي»[2]

فرانكفورت وهاجر إلى الولايات المتحدة الأميركية في 1934، والتحق بجامعة فرانكفورت وهايدلبيرغ، حيث درس فيها العلوم الاجتماعية والنفسية والفلسفية. من أعماله: الهروب من الحرية (1941)، التحليل النفسي والدين (1950)، اللغة المنسية: مدخل إلى فهم الأحلام والقصص الخيالية والأساطير (1951)، المجتمع العاقل (1955)، رسالة سيغموند فرويد: تحليل لشخصيته وتأثيره (1959)، أزمة التحليل النفسي: مقالات عن فرويد وماركس وعلم النفس الاجتماعي (1970)، تشريح نزوع الإنسان إلى التدمير (1973).

(1) هنري برغسون (1859 - 1941) Henri Bergson، فيلسوف فرنسي. حصل على جائزة نوبل للآداب عام 1927. يعتبر من أهم الفلاسفة في العصر الحديث، أذاع لونًا من التفكير وأسلوبًا من التعبير تركا بصماتهما على مجمل النتاج الفكري في مرحلة الخمسينيات من القرن العشرين. حاول أن ينفذ القيم التي أطاح بها المذهب المادي، ويؤكد إيمانًا لا يتزعزع بالروح. حظي إبان حياته بشهرة واسعة الانتشار في فرنسا تؤثر في دوائر مختلفة: فلسفية ودينية وأدبية. وبعد وفاته حدث انصراف تام أو شبه تام عن فلسفته حتى صارت تقبع في ظلال النسيان، ابتداء من نهاية الحرب العالمية الثانية حتى اليوم، خصوصًا وقد اكتسحتها الوجودية تمامًا.

(2) برونيسلاف كاسبر مالينوفسكي (1884- 1942) Bronisław Kasper Malinowski عالم بولندي حصل على درجة الدكتوراه في الفلسفة من جامعة ياغيلونيا عام 1908، وكان تركيزه على الرياضيات والعلوم الفيزيائية. تدهورت حالته الصحية أثناء فترة دراسته، وأثناء فترة نقاهته قرر أن يتخصص في الأنثروبولوجيا، وكان ذلك بعد أن قرأ كتاب جيمس فريزر «الغصن الذهبي». درس الأثنولوجيا في جامعة لايبزيغ كما درس عند الاقتصادي المعروف كارل بوخر وعالم النفس فيلهلم فونت. وانتقل في العام 1910 إلى إنكلترا، حيث درس في كلية لندن للاقتصاد التابعة لجامعة لندن عند كارل ويستيرمارك. سافر مالينوفكسي في العام 1914 إلى بابوا غينيا الجديدة، حيث قام بإجراء بعض الأبحاث الميدانية في منطقة مايلو، ثم في منطقة جزر توربرياند. وفي رحلته إلى تلك المنطقة تاه فيها وضاع أثره واندلعت أثناء ذلك الحرب العالمية الأولى، فألقت القوات الأسترالية القبض عليه وعرضت عليه خيارين ليختار أحدهما: إما أن ينفوه إلى جزر توربرياند أو أن يحتجزوه حتى تنتهي الحرب، فاختار مالينوفسكي الخيار الأول وذهب إلى الجزر وحيدًا وأجرى أبحاثه الميدانية فيها، وما زالت النتائج التي توصل إليها في تلك الرحلة والعمليات التي اتبعها ذات أثر كبير على

رأى أن الإنسان البدائي محبط بواقعة الموت، فهو لا يستطيع أن يقنع بوجود نهاية له. عند ذاك يحضر البُعد الروحي لتأمين استمرارية للإنسان، ومن ثَمَّ توفير الطمأنينة والراحة النفسية للفرد. لقد تأثر «مالينوفسكي» بقوة بالمدرسة الوظيفية، ورأى أن الدين يولد من ضرورة مواجهة الموت والتعايش معه[1]. أما العلم فهو معرفة عملية يحتاجها كل مجتمع بقوة لكي يبقى ويستمر، والسحر يرتبط بهذه المعرفة العملية إلا أنه يتعامل عمومًا مع ظواهر لا يستطيع البشر السيطرة عليها.

- إن مسألة الموت هذه جد مهمة، فحسب فرويد فإنه في أساس الدين وفي أساس المجتمع والثقافة بشكل عام هناك حالة موت أولية[2]: «إن فرويد يدَّعي بأن الله ليس أقل أو أكثر من مجرد إعلاء للأب الفيزيولوجي للكائنات البشرية، ولذا فإنه في التضحية الطوطمية فإن الله نفسه هو المقتول والمضحى به. هذا موت الأب- الله هو الخطيئة الأصلية للإنسانية. هذه الخطيئة استعيدت بالموت. (التضحية –الفداء) الدامي للمسيح...»[3].

- وينتقد «شميدت» الموضوعات الفرويدية (الطوطم والتابو) فيقول: إن الطوطمية لم

الدراسات الإنسانية التطبيقية حتى هذا اليوم. وفي العام 1922 حصل مالينوفسكي على درجة الدكتوراه في علم الأنثروبولوجيا، وأصبح أستاذًا في كلية لندن للاقتصاد. وفي العام نفسه أصدر كتابه الذي ألفه تحت عنوان (Argonauts of the Western Pacific)، والذي احتل مكانة عالمية مرموقة وأصبح مالينوفسكي على أثره من أهم وأشهر علماء الأنثروبولوجيا في العالم، وبفضله أصبحت كلية لندن للاقتصاد خلال سنتين من أهم مراكز تدريس الأنثروبولوجيا.

وقد حاضر مالينوفسكي لفترات متقطعة في الولايات المتحدة، وعندما بدأت الحرب العالمية الثانية كان هنالك فاضطر للمكوث فيها وأصبح يدرس في جامعة يايل والتي بقي فيها حتى وافته المنية.

(1) Kunin, pp. 24–25.
Ivan Strenski. *Thinking about Religion: An Historical Introduction to Theories of Religion*. Malden, MA; Oxford, UK; Carlton, Victoria: Blackwell Publishing, Ltd. 2006., p. 269.

(2) Pals, p. 81.

(3) ويلهلم شميدت Wilhelm Schmidt راهب وعلامة كاثوليكي نمساوي/ألماني 1868-1954 عالم في اللسانيات والأثنولوجيا والأنثروبولوجيا. بين عامي 1912 و1954 نشر 12 مجلدًا من مؤلفه الكبير: «أصل فكرة الله» Der Ursprung der Gottesidee (The Origin of the Idea of God). التي شرح فيها نظريته في التوحيد البدائي التي تقول إن التوحيد -لا الوثنية أو الطوطمية- هو الدين الأول للبشر الذين عبدوا إلهًا أعلى هو في السماء، وهو سيد الكون والأرضين والسماوات وهو العلي القدير وخالق كل الأكوان والأشياء.

توجد في بدايات الدين، وهي لم تكن عالمية. فغالبية المجتمعات لم تمر بالمرحلة الطوطمية... كما أن أعمال فريزر بيَّنت بأنه من أصل مئات القبائل الطوطمية فقط أربعة منها عرفت شعيرة تقترب من احتفال الموت وأكل الطوطم – الإله.... والشعوب السابقة للطوطم تجهل حالة أكل اللحوم البشرية، كما أن جريمة قتل الأب هي مستحيلة نفسيًا واجتماعيًا وأخلاقيًا بالنسبة لها... وشكل العائلة السابقة للطوطمية لا علاقة له بالمشاعية الجنسية ولا بالزواج من مجموعة رجال... وقال «شميدت» بأن الاعتقاد بالله (حتى في حالة أستراليا التي درسها فريزر ودوركهايم وتايلور وبنى عليها فرويد) له أسبقية تاريخية... وأنه في البداية كان هناك نوع من الديانة التوحيدية ولكن التطورات اللاحقة للمجتمعات البشرية شوَّهت المعتقدات الأصلية. (لاحظ الشبه مع المفهوم الإسلامي لدين الفطرة وللحنفية والنبي إبراهيم).

- أهمية فرويد تكمن في نظرية اللاوعي التي ساهمت في التشجيع على دراسة الرموز والأساطير والصور الدينية باعتبارها توصل رسائل معينة، على الاجتماع الديني دراستها[1].

وكان يونغ على النقيض من فرويد متأثرًا بوجود قوى غير شخصية -كونية- في أعماق النفس، سماها اللاوعي الجمعي كمحصلة للتشابه في ما بين الأساطير والرموز والصور الأسطورية للشعوب والحضارات. ولاحظ أن مضمون هذا اللاوعي يتمظهر في «نماذج» تشكل «بنية السلوك» وأهم النماذج هو الأنا (Soi)، والمسيح هو رمز هذا الأنا في الحضارة الغربية. على النقيض من فرويد الذي احتقر الدين، نرى يونغ مقتنعًا بأن التجربة الدينية لها دلالة وهدف ولا يمكننا التخلص منها بواسطة تفسير اختزالي...

3- النظرية الثالثة حول الدين تحاول تجاوز التركيز على الفرد في تفسير الدين لتلحظ أن الدين جواب اجتماعي.

- «زيمل»[2] يركِّز على العلاقات الإنسانية كمصدر للدين... وأحد مصادر الدين يكمن

(1) Daniel L. Pals, *Seven Theories of Religion*. 1, p. 82, pp. 280–281, Conclusion.

(2) جورج زيمل Georg Simmel (1918 – 1858) فيلسوف وعالم اجتماع، وأستاذ جامعي من ألمانيا من رعيل علماء الاجتماع الأوائل. أدار جامعة هومبولت في برلين. من أهم أعماله كتابه «علم الاجتماع» Sociology. مقاربته النيوكانطية أرست أسس المنهجية المضادة للوضعية في علم الاجتماع. فهو صاحب سؤال «ما المجتمع؟» في صدى مباشر لسؤال كانط الشهير «ما الطبيعة؟». تميز بعدم انتظامه في مدرسة سوسيولوجية،

في العاطفة التي يحملها الإنسان لإنسان آخر. وبدون ذلك يتفكك المجتمع.

- دوركهايم يقول: إن الدين شيء اجتماعي، والآلهة هي التعبير الرمزي عن المجتمع نفسه، والطقوس هي أولًا وسائل يستخدمها المجتمع لتأكيد ذاته دوريًّا. الدين هو إفراز للتجربة الاجتماعية. وفي دراسة عن الأستراليين اكتشف دوركهايم أن الطوطم يرمز إلى المقدس وإلى القبيلة في آن معًا. واستنتج بناء على ذلك أن المقدس (أو الله) والجماعة ليسا إلَّا شيئًا واحدًا والدور الأساسي للدين بحسب دوركهايم إنقاذ الوحدة الاجتماعية.

- هذه النظرية الوظائفية للواقعة الدينية ركَّزت على دور الدين في حياة المجتمع والأفراد وتجاوزت أصل الدين أو مدى حقيقة وواقعية الأفكار والتصورات الدينية. السؤال الوظائفي يهدف إلى معرفة الوظيفة الاجتماعية للدين. الدين هنا يعطي للجموع قيمة غيبية يجعلها حاضرة في ذهن أجزاء المجتمع واهتماماتها المختلفة، أي أنه يحفظ وحدة المجتمع لما يتجاوز حدود الصراعات الجزئية، ولذا فالأديان على اختلافها تلبي عدة متطلبات متشابهة في الحياة الاجتماعية.

- «روبرت ميرتون»[1] بَيَّن أن هناك 3 مسَلَّمات متداخلة تستخدمها النظرية الوظائفية تحيلها إلى أيديولوجيا:

1- مسَلَّمة الوحدة الوظائفية للمجتمع، والتي تؤدي إلى اعتبار كل معتقد ذا وظيفة، أي ضروريًّا ومفيدًا بالنسبة للنظام الاجتماعي.

وإنما في عمله وكتابته في ميادين مختلفة مثل المال، والموضة، والمرأة، والزينة، والفن، والمدينة، والغرباء، والفقراء، والفرق الدينية، والفرد والمجتمع، ونزعة الاجتماعية، والتفاعل، والرابطة الاجتماعية. ولكن كتابه عن فلسفة المال يبقى تحفته الخالدة. Philosophie de l'argent (1900). كان له أثر كبير على ماكس فيبر وكارل مانهايم ورايموند آرون ورايموند بودون وجورج لوكاتش وزيغموت باومان وإرنست بلوخ... ولكن مؤلفاته لم تنشر بالفرنسية قبل العام 1980 وبفضل جوليان فروند ورايموند بودون. أبرز من انتقدوه إميل دوركهايم وجورج لوكاتش، وأبرز من تأثر به مدرسة شيكاغو السوسيولوجية.

(1) روبرت كينغ ميرتون Robert King Merton (1910-2003) عالم اجتماع أميركي من مؤسسي سوسيولوجيا العلوم. في كتابه الشهير «عناصر في النظرية والطريقة السوسيولوجية» Éléments de théorie et de méthode sociologique وضع ميرتون تصنيفًا نموذجيًّا لأشكال التكيف الفردي مع المجتمع هي: الامتثالية، الإبداع، الطقوسية، الهروب، التمرد... وهي أصناف تصلح لتعبر عن أنماط عيش بعض الجماعات في المجتمع.

2- المسَلَّمة التي تعتبر أن كل شكل اجتماعي له وظيفة إيجابية.

3- مسَلَّمة الضرورة، التي تقتضي ضرورة بعض الوظائف ودورها في استمرارية المجتمع.

في الدراسات التاريخية حول الدين كان السؤال المطروح هو أثر المجتمع والأفراد في تشكُّل الأديان، بكلمة أخرى كان الدين يعتبر معطًى تابعًا، أما في المدرسة الوظائفية فهو معطًى مستقل ندرس أثره على المجتمع والأفراد، أي أن الدين متغيِّر مستقل.

الدراسات التي تبحث في أصول الدين تحولت إلى أيديولوجيا تعتبر الدين مجرد بقايا مجتمع غابر تتجه للاضمحلال التدريجي (سبنسر وتايلور). أما الدراسات التي تركز على وظائف الدين فقد تحولت إلى أيديولوجيا محافظة.

8- ملخص مقاربة «ميرتشيا إلياده» (Mircea Eliade)[1]

- يستخدم ميرتشيا إلياده تعبيرَ دينٍ للدلالة على تجربة المقدَّس. وهو يرى استحالة عمل العقل البشري من دون توفُّر قناعة عن الحقيقة الفعلية (Réalité) لوجود ما، وعدم إمكانية تغييره. كما أنه من الصعب أن نتصور أن الوعي يمكن أن يعطي دلالة ما لدوافع وتجارب الإنسان.

- إن وعي وجود عالم فعلي وذي دلالة هو على ارتباط وثيق باكتشاف المقدَّس (Le Sacré)

- المقدَّس هو عنصر (Élement) في بنية الوعي وليس مرحلة (Étape) في تاريخ الوعي.

- إن الرسالات لا تكلِّمنا عن ماضٍ ميت، وإنما هي تكشف عن أوضاع وجودية أساسية ذات فائدة كبيرة للإنسان المعاصر.

---

(1) ميرتشيا إلياده (1907 - 1986) (Mircea Eliade) كاتب ومؤرخ أديان وفيلسوف وروائي روماني، شغل كرسي أستاذ تاريخ الأديان في جامعة شيكاغو، وله مؤلفات في أدب الخيال وأدب الرحلات والسير الذاتية، وتاريخ الأديان وفلسفة الأديان. انظر كتابه: البحث عن التاريخ والمعنى في الدين. ترجمة سعود المولى. المنظمة العربية للترجمة، بيروت 2007. مقدمة المترجم الصفحات 7-38.

- إن الإنسان الكلي، لا يمكن أن يتعلمن. قد تطال نزعة العلمنة الجانب الواعي ولكن الإنسان الطبيعي لا يختزل إلى حياته الواعية العقلية... حتى الإنسان الحديث ما زال يحلم، ويحب، ويسمع الموسيقى، والمسرح...إلخ، فهو لا يعيش في عالم تاريخي وطبيعي فقط، بل أيضًا في عالم وجودي -خاص- في كون خيالي.
- الدين معطًى إنساني، وهو لهذا السبب معطًى اجتماعي، لغوي، واقتصادي. ولكن من الخطأ أن تفسر الدين انطلاقًا من إحدى وظائفه الأساسية التي تحدد الإنسان.
- المطلوب أن نعرف الدين بذاته، بما يمتلكه من خصائص لا يمكن إرجاعها إلى معطيات مغايرة.
- المطلوب أن نفهم النص الديني على قاعدة مرجعيته نفسها.
- الظاهرة الدينية تتسم بالتعقيد، وكي نلتقط كافة قيمها ودلالاتها يجب أن نعالجها من عدة أوجه.
- إن معطًى دينيًا ما يكشف لنا دلالته العميقة عندما يعالج انطلاقًا من مرجعيته الخاصة، ولذا يجب ألا نحاول رده إلى أحد أوجهه الثانوية.
- لا يجوز إرجاع النص الديني إلى الإطار الاجتماعي السياسي من دون الاعتراف بأن هذا النص هو فعل إبداع وخلق روحي خاص.
- انتقد ميرتشيا إلياده المقاربات الاجتماعية للدين... فناقش دوركهايم استنادًا إلى انتقادات غولدن وايزر (Alexander Aleksandrovich Goldenweiser)[1] الذي برهن أن القبائل الأكثر بساطة لم تعرف الطوطم أو الزواج المتعدد الرجال. واعتمد إلياده أيضًا على انتقادات شميدت الذي رأى أن دوركهايم لم يكن يعرف شعوب جنوب أستراليا، وقصر معلوماته على شعوب وسط أستراليا.

---

(1) ألكسندر ألكسندروفيتش غولدن وايزر (1880-1940) عالم اجتماع وأنثروبولوجيا روسي/أميركي، هاجر في 1900، درس في جامعة كولومبيا وتخصص في دراسة الطوطمية وفي تعميم دراسة الأنثروبولوجيا. أبرز مؤلفاته:

Totemism; An analytical study, 1910

Early civilization, An Introduction to Anthropology, 1922

Anthropology, An Introduction to Primitive Culture, 1937

History, psychology and culture, 1937

ويقول إلياده: إن دوركهايم يماثل بين المجتمع والدين ولذا فإن مساهمته لم تأتِ بجديد لعلم الاجتماع الديني.

- إلياده يعتبر أن «الإنسان الديني» يمثل «الإنسان الكلي» والمقاربة التاريخية والمقاربة الفينومنولوجية تكمِّلان بعضهما البعض. فالفينومنولوجيا تؤمن الفهم الديني للتاريخ والمقاربة التاريخية تعيِّن كيفية تصريف الدلالات في المعاش التاريخي وتحولاتها المختلفة... إذ لا يمكن فهم الظاهرة الدينية بمعزل عن «تاريخها» أي عن سياقها الثقافي والمجتمعي والاقتصادي. فلا وجود لظاهرة دينية «خالصة» أي خارج التاريخ.

- ولكن القول بتاريخية التجارب الدينية لا يتضمن إمكانية إرجاعها إلى أشكال من السلوك غير دينية. فكون المعطى الديني هو دائمًا معطى تاريخي لا يعني أنه قابل للاختزال إلى تاريخ اقتصادي أو اجتماعي أو سياسي.

- كل التحديدات التي أُعطيت للظاهرة الدينية تضع «المقدس» والحياة الدينية في مقابل «الدنيوي» (المدنَّس) (Profane) والحياة المدنية. إن شيئًا يصبح مقدسًا عندما ينطوي على، أو يكشف عن شيء آخر مختلف عنه. إن الحجارة تُعبد عندما تتجاوز كونها مجرد أشياء أي عندما تحمل بُعدًا يتجاوز واقعها المادي، أو بمعنى آخر عندما تنفصل عن الموجود وتكتسب بُعدًا جديدًا: القداسة.

- ما نسميه محرَّم (Tabou) هو عدم الاقتراب من أشياء أو أفعال أو أفراد يشكلون خطرًا على من يقربهم. بشكل عام يتحول شيء، أو فعل، أو إنسانٌ إلى محرَّم إذا ما اكتسب قوة طبيعية تثير الشكوك.

- يدرس إلياده معتقد «المانا» الذي سيطر فترة من الوقت على الدراسات التاريخية -الاجتماعية للأديان... فيقول إن «المانا» هي القوة الخفية والفاعلة التي يمتلكها بعض الأفراد، وعمومًا هي أرواح الأموات... وحتى فعل الخلق الكوني لم يكن ممكنًا إلَّا بواسطة «المانا» بسبب تواصلهم مع كائنات أعلى. ويرى إلياده أن معتقد «المانا» ليس عالميًا، كما أنه ليس الأقدم، ولذا لا يمكن أن نؤسس عليه نظرية في تاريخ الأديان. والقول بأن «المانا» هي قوة سحرية غير شخصية، وأن السحر هو في

أساس الدين قول غير مبرر؛ لأن السحر ليس سابقًا للدين بل مرافق له... فالسحر لا يهيمن تمامًا على الحياة الدينية للمجتمعات «البدائية». بل على العكس نجده في المجتمعات الأكثر تطورًا ينمو باتجاه الهيمنة. إن المقدس يتجسَّد في شيء مدنَّس... والمفارقة تكمن ليس في تجسُّد المقدَّس في أحجار أو أشجار وإنما في كونه يتجسَّد، (se manifeste) أي يتحدد (se limite)، ويصبح نسبيًّا (relatif).

9- ملخص النظريات السوسيولوجية والأنثروبولوجية عن الدين

تحاول هذه النظريات عمومًا تفسير أصل الدين ووظيفته. وهي تعمل على تعريف وتحديد ما تقول إنه سمات عامة كونية للإيمان الديني وللممارسات الدينية[1]. ومنذ التاريخ القديم لما قبل سقراطي جرت محاولات عدة لتقديم نظريات «ما قبل علمية» عن الدين[2]. فهذا «هيرودوتوس» (484-425 ق.م) يرى أن آلهة اليونان هي نفس آلهة مصر[3]. ورأى «يوهيميروس القورينائي» في الآلهة شخصيات تاريخية رائعة جاء المعجبون بها لتبجيلها وعبادتها[4]. أما النظريات العلمية التي اختبرتها المنهجية المقارنة، فقد ظهرت على قادة بيانات ومعلومات من شعوب وقبائل حول العالم خصوصًا في القرنين الثامن عشر والتاسع عشر[5]. فالمعلوم أن ماكس مولر (1823-1900) الذي أسس الدراسة العلمية للدين، كان يدعو إلى مقاربة منهجية مقارنة تحولت إلى ما عرف باسم «الأديان المقارنة»[6]. وعلى مقلب آخر تساءل كليفورد غيرتز (1926-2006) وغيره عن صحة تجريد نظرية عامة عن الأديان كلها[7]. واليوم صار يمكن تصنيف النظريات عن الدين إلى صنفين كبيرين رئيسين (تنضوي تحت كل منهما أكثر من مقاربة):

---

(1) Robert A. Segal, "Theories of Religion". In John R. Hinnells, *The Routledge Companion to the Study of Religion*. London; New York: Routledge. 2005., pp. 49–60.

(2) Ibidem.

(3) Daniel L. Pals, *Seven Theories of Religion*. Oxford; New York: Oxford University Press. 1996., p.4.

(4) Ibidem., p.3.

(5) Robert A. Segal. Idem., p.49.

(6) Daniel L. Pals. Idem., p.3.

(7) Ibidem., p. 5.

1- النظريات المضمونية أو الجَوْهَرَانِيَّة (Substantive or essentialist) التي تركز على مضمون الأديان وعلى معنى هذا المضمون عند الناس. هذه المقاربة تقوم على أن الناس تؤمن؛ لأن الإيمان ذو معنى من حيث حمله لقيم معينة وكونه مفهومًا. أبرز أعلام هذه النظريات تايلور وفريزر اللذان ركزا على القيمة التفسيرية للدين عند أتباعه، ورودولف أوتو الذي ركز على أهمية التجربة الدينية، وبشكل أخص على التجارب التي تكون في آن مدهشة ومرعبة، وميرتشيا إلياده الذي ركز على كدح الناس في سبيل الكمال الأخروي، والبحث عن المعنى، والبحث عن أنماط أسطورية.

2- النظريات الوظيفية Functional (وفي تعبيرها الأقوى: الاختزالية reductionist) التي تركز على وظائف الدين الاجتماعية أو النفسانية عند جماعة من الناس أو فردٍ «شخص». بعبارات أبسط نقول إن المقاربة الوظيفية ترى أن الدين «يقوم ببعض الوظائف للمجتمع»[1]. أبرز ممثلي هذه النظريات هم كارل ماركس (دور الدين في المجتمعات الرأسمالية وما قبل الرأسمالية)، وسيغموند فرويد (الأصل النفساني للإيمان الديني)، إميل دوركهايم (الوظيفة الاجتماعية للدين)، وأخيرًا «نظرية» رودني ستارك ووليام باينبريدج[2] عن الدين التي تعظم النظريات الوظيفية[3]. تميل هذه المقاربة إلى أن تكون ستاتيكية، باستثناء نظرية ماركس، وعلى خلاف نظرية ماكس فيبر التي تتناول العلاقة المتبادلة بين الأديان وباقي المجتمعات، وسيروراتها الدينامية[4]. ثم هناك ثنائيات حكمت تصنيف النظريات التي تصف الأديان، نذكر منها:

- المقاربات الداخلية في مقابل الخارجية (يمكن القول على العموم إنها توافق التوصيفات التي تميز بين منظور الداخل (emic) وهو الموضوع أو الهدف أي الجماعة الاجتماعية، ومنظور الخارج (etic) أي منظور المراقب من خارج)[5].

---

(1) Kevin J. Christiano; William H. Swatos; Peter Kivisto, *Sociology of Religion: Contemporary Developments* (2nd ed.). Lanham, Maryland: Rowman & Littlefield Publishers Inc. 2008., p. 6-7.

(2) Rodney William Stark; William Sims Bainbridge, *A Theory of Religion.* 1987.

(3) Donald A. Nielsen, “Theory”. In William H. Jr Swatos. *Encyclopedia of Religion and Society.* AltaMira Press. 1998.

(4) Seth D. Kunin. Religion: *The Modern Theories*. Edinburgh: University of Edinburgh. 2003., p.40.

(5) Ibidem., p. 66.

- المقاربات الفردية في مقابل الاجتماعية.
- المقاربات التطورية في مقابل النسبية.

10- ملخص الطرائق المنهجية في الدراسة

1- بحث الجوهرانيون الأوائل أمثال تايلور وفريزر عن تشابهات في المعتقدات الإيمانية والممارسات التعبدية بين المجتمعات، خصوصًا الأكثر بدائية منها، وذلك بغض النظر عن الزمان والمكان[1]. وقد اعتمدوا في سبيل ذلك على تقارير المبشرين والمستكشفين والموظفين الكولونياليين، فهؤلاء جميعهم كانوا في الحقيقة محققين يملكون خلفية دينية، ولذا فقد قاربوا الدين من الداخل. والجوهرانيون الأوائل لم يقوموا بالمناسبة بدراسات ميدانية تحقيقية، وإنما استخدموا التقارير الظرفية التي كتبها غيرهم. وهذا الأمر جعلهم عُرضة للانتقادات بسبب عدم إمكانية التعميم في نظرياتهم. ولكن كان يمكن تحيين هذه النظريات بالاستناد إلى تقارير جديدة. وهذا ما فعله على سبيل المثال «روبرت رانوف ماريت» (Robert Ranulph Marett) (1866-1943) مع نظرية تايلور عن تطور الدين. وقد تطورت عملية جمع البيانات والمعلومات بفضل الطلاب والباحثين المبعوثين من جامعاتهم أو مراكز البحوث للقيام بدراسات ميدانية وجمع معطيات وبيانات ثقافية محددة عَوَّضَ الاعتماد على تقارير ظرفية وعشوائية. فعلى سبيل المثال اعتمد الأنثروبولوجي إدوارد إيفانز-بريتشارد (1902- 1973) بقوة على الدراسات الإثنوغرافية التفصيلية للأديان القبلية، وانتقد أعمال من سبقوه أمثال مولر وتايلور وحتى دوركهايم، بوصفها تأملات غير قابلة للاختبار، وسَمَّى هؤلاء بالأنثروبولوجيين «القاعدين في البيوت»[2].

2- الطريقة المنهجية الثانية تتعلق بالوظيفية وتبحث عن تفسيرات للدين من خارج الدين، أي أن أصحاب هذه المقاربات يكونون عامة (وليس دائمًا) من الملحدين أو

(1) Daniel L. Pals. Idem.

(2) Edward Evan Evans-Pritchard. *Theories of Primitive Religion*. Sir D. Owen Evans lectures, 1962. Oxford: Clarendon Press. 1965., p. 101- 108.

المشككين. وقد اعتمد هؤلاء على بيانات ومعطيات ناتجة من تقارير ومن دراسات تحقيقية. لكن افتراضاتهم الأساسية تختلف تمامًا، خصوصًا عندما يطبقون ما يسمونه «النزعة الطبيعية في المنهج». فحين يفسرون الدين نراهم ينبذون التفسيرات الإلهية أو الماورائية عن طبيعة الدين أو أصله بادعاء أنها ليست علمية ولا يمكن اختبارها[1]. والحال أن مُنَظِّرين آخرين من أمثال ماريت (وهو أنغليكاني) رفضوا النتائج العلمية بالمطلق، وحددوا الدين على أنه حقل اللامتوقع واللامفسر. ولذا فإن الأديان المقارنة عندهم هي الدراسة العقلانية(والعلمية) لما هو لاعقلاني. هذا التقابل الثنائي بين التصنيفين لا يمكن تجسيره على الرغم من امتلاكهم نفس الطرائق المنهجية، طالما أن كل فئة ترفض بيانات الفئة الأخرى.

(1) Seth D. Kunin., op.cit., p. 47.

الفصل الرابع
الدين كنظام ثقافي[1]

1- أنثروبولوجيا الدين

هي دراسة الدين بالعلاقة مع المؤسسات الاجتماعية الأخرى، والمقارنة بين المعتقدات والممارسات الدينية عبر الثقافات العالمية المختلفة[2].

لعل «أبو الريحان» البيروني (973-1048) كان أول من عرض دراسات مقارنة في أنثروبولوجيا الأديان والثقافات عبر الشرق الأوسط وبلاد حوض المتوسط وشبه القارة الهندية، خصوصًا لجهة عرض ومناقشة شعوب وعادات وأديان الهند[3].

في أربعينيات القرن العشرين ادعت الأنثروبولوجيا أن الدين امتدادٌ للتفكير السحري[4]. وأنه نتاج ثقافي[5]. وقد جعلت الأنثروبولوجيا الحديثة من التواصل الكامل بين السحر والدين مُسَلَّمَة، وذلك منذ بداية ثلاثينيات القرن العشرين على الأقل[6].

---

(1) Clifford Geertz, Religion as a cultural system, in Robert Bocock and Kenneth Thompson (eds), *Religion and Ideology*. Manchester University Press.UK.1985.

(2) Eller, J. D. (2007). Introducing Anthropology of Religion. New York: Routledge., p. 2.

(3) Walbridge, John (1998). «Explaining Away the Greek Gods in Islam». Journal of the History of Ideas. 59 (3): 389–403.

(4) Cassirer, Ernst (2006) [1944]. Lukay, Maureen (ed.). An Essay On Man: An Introduction to a Philosophy of Human Culture. Hamburg: Meiner., p.122-123.

(5) Manickam, T. M. (1977). Dharma According to Manu and Moses. Bangalore: Dharmaram Publications.., p.6.

(6) Cassirer 2006, pp. 122–123.
Marett, Robert Ranulph (1932). Faith, Hope and, Charity in Primitive Religion. New York: Macmillan Company. Retrieved 21 November 2017.

المنظور الذي تحمله الأنثروبولوجيا الحديثة عن الدين هو فكرة الإسقاط، وهي مقاربة منهجية ترى أن كل دين هو من صنع الجماعة البشرية التي تعبده وأن «النشاط الخالق المنسوب إلى الله هو إسقاط من البشر»(1).

في العام 1841 كان لودفيغ فيورباخ أول من استخدم هذا المفهوم كقاعدة لنقد منهجي للدين(2).

ولكن يمكن إيجاد محاولة أولى في هذا المعنى عند جامباتستا فيكو Giambattista Vico (1668 –1744: فيلسوف إيطالي ومؤرخ وقانوني) الذي حاول في كتابه «مبادئ علم جديد في الطبيعة المشتركة للأمم» (1725)، أن يجد في فوضى التاريخ انتظامات من التعاقب قد تنير الماضي والحاضر والمستقبل. ورأى فيكو أن في استطاعة المرء أن يتبين ثلاث فترات رئيسية في تاريخ كل شعب:(3)

1. عصر الأرباب الذي اعتقدت فيه الأمم (غير اليهود) أنها تعيش في ظل حكومات إلهية، وأن كل شيء كان بأمر الأرباب عن طريق التكهن والوحي.

---

(1) Harvey, Van A. (1995). Feuerbach and the Interpretation of Religion. Cambridge, England: Cambridge University Press (published 1997).
___ (1996). "Projection: A Metaphor in Search of a Theory?". In Philips, D. Z. (ed.). Can Religion Be Explained Away?. Claremont Studies in the Philosophy of Religion. London: Palgrave Macmillan. pp. 66–82. (p. 67)
Guthrie, Stewart Elliott (2000). "Projection". In Braun, Willi; McCutcheon, Russell T. (eds.). Guide to the Study of Religion. London: Cassell. pp. 225–226;
Pandian, Jacob (1997). "The Sacred Integration of the Cultural Self: An Anthropological Approach to the Study of Religion". In Glazier, Stephen D. (ed.). Anthropology of Religion: A Handbook. Westport, Connecticut: Praeger.

(2) Feuerbach, Ludwig (1841). The Essence of Christianity.
Harvey 1995, p. 4;
Mackey, James Patrick (2000). The Critique of Theological Reason. Cambridge University Press.
Nelson, John K. (1990). A Field Statement on the Anthropology of Religion. Berkeley, California: University of California, Berkeley. Archived from the original on 2 March 2007. Retrieved 21 November 2017.

(3) Cotrupi, Caterina Nella (2000). Northrop Frye and the Poetics of Process. Toronto: University of Toronto Press. p. 21.
Harvey 1995, p. 4.

2. عصر الأبطال حين كانوا يسيطرون على الجمهوريات الأرستقراطية، بحكم تفوق في طبيعتهم اعتقدوا أنهم يمتازون به على العامة.
3. عصر البشر، وفيه أقر الجميع بأنهم متساوون في الطبيعة البشرية، فأقاموا أولى الجمهوريات الشعبية ثم الملكيات.

لا بل إنْ ذهبنا أبعد إلى العصر اليوناني القديم نجده عند زينوفانيس (570 قبل الميلاد إلى 480 قبل الميلاد) الذي قال: «إن الناس هم من استحدثوا الآلهة وأضافوا إليهم عواطفهم وأصواتهم وهيئتهم، فالأحباش يصورون آلهتهم سودًا فطسَ الأنوف، وأهل تراقية يصورون آلهتهم حمر الشعور زرق العيون، ولو استطاعت الثيرة والخيل لصورت آلهة على هيئتهم، وقد وصف هوميروس وهزيود الآلهة بما هو موضع تحقير وملامة، إلا أنه لا يوجد إلا إله واحد أرفع الموجودات السماوية والأرضية ليس مركبًا على هيئتنا ولا مفكرًا مثل تفكيرنا ولا متغيرًا بل هو ثابت، كله بصر وكله فكر وسمع يحكم ويحرك الكل بقوة فكره ومن دون عناء»[1].

في العام 1912 بنى دوركهايم على كلام فيورباخ ليعتبر أن الدين ليس إلا «إسقاط للقيم الاجتماعية للمجتمع» «وسيلة لصوغ بيانات رمزية عن المجتمع» «لغة رمزية تطلق بيانات عن الوضع الاجتماعي». باختصار الدين هو المجتمع بعبد نفسه[2].

في القرن التاسع عشر سيطر على الأنثروبولوجيا الثقافية الاهتمام بموضوع التطور الثقافي وافترض معظم الأنثروبولوجيين أن ثمة تمييزًا بسيطًا بين ديانة «بدائية» وديانة «حديثة» وحاولوا تقديم تقارير وعروضٍ تشرح كيف تطورت الأولى إلى الثانية. وفي القرن العشرين نبذ معظم الأنثروبولوجيين هذه المقاربة التطورية وصارت أنثروبولوجيا الدين تعكس في هذه الأيام تأثير كتاب منظرين كبار؛ أمثال كارل ماركس وسيغموند فرويد وإميل دوركهايم وماكس فيبر. وصارت الأنثروبولوجيا الدينية تهتم بالأخص في كيف تعبِّر المعتقدات والممارسات الدينية عن القوى الاجتماعية والاقتصادية، أو بالوظائف الاجتماعية للمعتقدات والطقوس الدينية[3].

---

(1) Harvey 1995, p. 4.

(2) Bowie, Fiona (1999). The Anthropology of Religion: An Introduction. Oxford: Blackwell pp. 15, 143.

Durkheim, Émile (1912). The Elementary Forms of the Religious Life., p.266 in the 1963 edition.

(3) Eller 2007, p. 4, 22.

المشكلة الرئيسة في الأنثروبولوجيا الدينية تكمن في تعريف الدين نفسه[1]. فقد اعتبر الأنثروبولوجيون أن بعض المعتقدات والممارسات الدينية كانت أكثر أو أقل عمومية لجميع الثقافات من غيرها، في مرحلةٍ ما من تطورها، مثل الاعتقاد بالأرواح والملائكة واستخدام السحر كوسيلة للسيطرة على ما هو خارق للطبيعة، استخدام العرافة والكهانة كوسيلة لاكتشاف المعرفة الباطنية الخفية، وممارسة طقوس كالصلاة والتضحية كوسيلة للتأثير في مخرجات الأحداث المختلفة من خلال فاعلية خارقة للطبيعة تأخذ أحيانًا شكل الشامانية أو عبادة الأسلاف. وبحسب كليفورد غيرتز، فإن الدين هو عبارة عن: «منظومة من الرموز تستهدف خلق حالات ذهنية ودوافع كلية، قوية ومستدامة، وذلك بصياغة رؤى ذات أبعاد أنطولوجية عامة، وبمنحها هالة من السهولة على النحو الذي تظهر فيه الحالات الذهنية والدوافع متطابقة مع الواقع»[2].

اليوم يناقش الأنثروبولوجيون ويرفضون الصلاحية العابرة للثقافات لهذه المقولات ويرون فيها أحيانًا مثالًا على «بدائية أوروبية». لقد اعتمد الأنثروبولوجيون الكثير من المعايير لتعريف الدين- من قبيل الإيمان بقوى خارقة أو الاعتماد على الطقوس، لكن القليل منهم يعتقدون أن هذه المعايير صالحة لكل الثقافات ولكل الأزمنة[3].

يقترح أنتوني والاس Anthony F. C. Wallace أربعة أصناف من الدين كل لاحق منها يستضمن السابق. هذه الأصناف هي تقسيم اصطناعي وقد لا تشمل بالضرورة كل الأديان المعروفة.[4]

Weber, Max (2002). Baehr, Peter R.; Wells, Gordon C. (eds.). The Protestant Ethic and the «Spirit» of Capitalism and Other Writings. Translated by Baehr, Peter R.; Wells, Gordon C. New York: Penguin Books.

(1) Eller 2007, p. 7.

(2) Geertz, Clifford (1966). «Religion as a Cultural System». In Banton, Michael (ed.). Anthropological Approaches to the Study of Religion. London: Tavistock (published 2006). pp. 1–46. p. 4.

(3) Eller 2007, p. 7.

(4) Anthony Francis Clarke Wallace. Religion: An Anthropological View (1966).
Jessica Rathman. Anthony F.C. Wallace. Encyclopædia Britannica. <http://www.britannica.com/eb/article?eu=77953>.

1. دين فرداني: وهو الأبسط والأعتق. مثال طقوس التنسيب أو الإسرار أو تسليم الدين لدى الهنود الحمر (السكان الأصليون في أميركا).

2. الشامانية: والشامانيون ممارسون للطقوس وفق مزاجهم ووقت فراغهم، حيث يقومون بالشفاء والسحر والكهانة نيابة عن زبون.

3. دين جماعي مجتمعي: هو منظومة من المعتقدات والممارسات تمارسها مجموعة من الناس منتظمين ضمن عشائر وفق عامل النسب أو العمر أو بعض الجماعات الدينية. يقوم الناس بأدوارهم بناء على المعرفة وعبادة الأسلاف.

4. دين كهنوتي: وهو يسيطر في المجتمعات الزراعية والدول. يكون منظمًا مركزيًّا مع بنية تراتبيَّة توازي تنظيم الدولة.

2- كليفورد غيرتز

أولى **كليفورد غيرتز** عناية خاصة بدراسة الرموز في الثقافة؛ لإيمانه بأنَّ هذه الرموز هي التي تضفي معنًى ونظامًا على حياة الإنسان. وكان له بذلك إسهام كبير في تطوير دراسة الأنساق الرمزيَّة والثقافيَّة داخل الممارسات الأنثروبولوجية منهجًا وتنظيرًا.

إن المقاربة الأنثروبولوجية للدين، وخصوصًا للإسلام، التي قام ببسطها غيرتز في جانبيها المنهجي والنظري، كانت قطيعة مع النزعة الوظيفية وبديلًا لها في آن معًا. وما يدافع عنه غيرتز في مقاربته للدين هو المقاربة نفسها التي تبناها في تحليله للثقافة. ويتعلق الأمر بمقاربة تُوْلِي اهتمامها في المقام الأول لإنتاج المعنى الذي يقوم الأفراد بإضفائه على أفعالهم، والذي يقوم على توجيه مصيرهم الاجتماعي: ماذا يقول هؤلاء الأفراد عن أفعالهم؟ وكيف ينتجون المعنى؟

قام غيرتز بمراجعة نقدية للنظريات التفسيرية الكبرى التي أجابت -بشكل من الأشكال- عن تساؤلات المجتمعات الأصلية للأنثروبولوجيين أكثر مما أجابت عن حال المجتمعات المحلية ومن وجهة نظر أفراد هذه المجتمعات. ورأى غيرتز أنها كلها مقاربات تتسم -فضلًا عن ذلك- بنزعة حتمية وسببية، وقد سعى إلى نقدها وتجاوزها.

وفي تطويره لبُعد الثقافة في التحليل الديني يقوم غيرتز بتعريف الثقافة على أنها: أنماط تاريخية رمزية تتكون من المعاني، كما أنها في الآن نفسه نظام وراثي من المفهومات يعبِّر عنها من خلال الرموز، وهي تمتد وتتواصل عبر الأجيال بحيث يُعبِّر الناس بواسطتها ويطورون معرفتهم عن الحياة وموقفهم تجاهها[1].

(الموقف من الحياة lebensanschauungi)

وبالنسبة لغيرتز فإن الرموز والإشارات والتواصل تنتج الأخلاقيات الإنسانية مما يؤدي إلى نظرة محددة لهؤلاء الناس للعالم ويطوِّر لديهم من ثَمَّ صورة عن الواقع. (النظرة إلى الكون weltanschauung)

وفي السلوكيات والممارسات الدينية -كما في المعتقدات- فإن الأخلاقيات تظهر وكأنها منطقية علميًّا بذاتها، وهي تتطابق مع الشؤون الحياتية من خلال الرؤية الكونية. من ناحية أخرى تظهر الرؤية الكونية كأنها مقبولة عاطفيًّا عن طريق عرضها بأنها مصنوعة لهذا النوع من التفكير. هذا يؤدي إلى تصديق أن هذه المعتقدات هي شيء واقعي وثابت في هذه الحياة ويدعمها إنتاج أخلاقيات عميقة وصناعة رموز لديها معانٍ عاطفية كدليلٍ على هذه «الحقيقة».

وتعريف غيرتز للدين هو أنه: «نسق من الرموز يعمل على إقامة خواطر وحوافز قوية شاملة ودائمة لدى الناس عبر تشكيل تصورات حول النظام العام للوجود، وبإضفاء هالة من الواقعية على هذه التصورات، إذ تبدو هذه الخواطر والحوافز واقعية بشكل فريد»[2].

يشكل الدين -مثله مثل الثقافة- إطارًا للإدراك والتفسير. فهو يفترض وجود رموز ومؤسسات: «سواء أكان أم لم يكن مصدرًا عميقًا للإيمان عند الإنسان أو جماعة بشرية، فهو مدعوم دون شك، في هذا العامل بواسطة أشكال من الرموز والترتيبات الاجتماعية.

(1) Clifford Geertz, *Bali. Interprétation d'une culture*, Paris, Ed. Gallimard, 1983. Ou Le souk de Sefrou. Sur l'économie de bazar, Traduction et présentation: Daniel Cefaï, Paris, Ed. Bouchène, 2003.

(2) Clifford Geertz. *"Religion as a cultural system". The interpretation of cultures: selected essays*. New York, Basic Books, 1973., p. 90.

للترجمة العربية انظر: كليفورد غيرتز، تأويل الثقافات، ترجمة محمد بدوي، بيروت، المنظمة العربية للترجمة، 2006.

إن ما يشكل دينًا معينًا -ومضمونه الخصوصي المتميز- يعبر عنه بالصور والاستعارات التي يستعملها الأتباع لتصوير وتمثيل الواقع»[1]، مضيفًا: «أن وظيفة هذا الدين، وصيرورته التاريخية، ترتكز بدورها على المؤسسات التي تجعل هذه الصور وهذه الاستعارات في متناول أولئك الذين يلجؤون إليها».

يتعلق الأمر إذن بمقاربة دلالية للدين. يلخص «بوهمان» (G. Bohmann) تعريف غيرتز انطلاقًا من عناصر مستخلصة من كتابه «الإسلام ملاحظًا» على النحو الآتي:

«الدين هو منظومة من الرموز تستهدف خلق حالات ذهنية ودوافع كلية، قوية ومستدامة، وذلك بصياغة رؤى ذات أبعاد أنطولوجية عامة، وبمنحها هالة من السهولة على النحو الذي تظهر فيه الحالات الذهنية والدوافع متطابقة مع الواقع»[2].

فالدين -إذن- إطارٌ يسمح للأفراد بفهم الحقائق الاجتماعية، وأيضًا بالتصرف لكن انطلاقًا من المدركات التي يتيحها هذا الإطار. وهنا يُطرَح البُعد التاريخي للدين بصورة جلية، ويقدِّم غيرتز هذه المسألة في شكل متخيل بداية من الصفحات الأولى من كتابه، حيث يقول: «الدين يمكن أن يكون حجرًا مقذوفًا في العالم، لا ينبغي أن يكون ملموسًا ولا أحد يقذفه»[3].

فضمن هذا المنطق يقوم غيرتز بتحليل عمليات التغير الديني في كل من المغرب وإندونيسيا. وفي هذا السياق يصبح الدين شبكةً لتفسير الثقافات، غير أنه يكيِّف نفسه إزاءها. فالأشكال الدينية التي نجدها عند كل من اليوسي (Al Yousi)[4] وكاليجاغا (Kalijaga)[5] تعود

(1) Geertz, Bali. Interprétation d'une culture. Op. cit., p.17.

(2) Gerda Bohmann, L'islamisme radical au Maghreb, in L. Addi. *L'anthropologie du Maghreb: les apports de Berque, Bourdieu, Geertz et Gellner*, Paris, Awal/Ibis Press, 2003, pp.125-142.

(3) Geertz, Bali…Op. cit., p. 17.

(4) المقصود الشيخ الصوفي (الولي) أبو علي الحسن بن مسعود بن محمد (1631-1691)، ويسمى كذلك نور الدين اليوسي، فقيه مالكي أديب، يُنعت بغزالي عصره. وهو من قبيلة آيت يوسي البربرية في المغرب الأقصى إلى الشمال من مدينة فاس.

(5) المقصود الولي الجافاني (من جاوة في إندونيسيا) سونان كاليجاغا (1460-؟) وهو رادن ماس سعيد (أو جوكو سعيد) ابن آخر حاكم هندي في منطقة طوبان في جاوة. وقد ذكر البعض أن اسم كاليجاغا مشتق من كلمة كالي (نهر باللهجة المحلية)، حيث كان الولي يغطس للبركة. وذكر آخرون أن الاسم مشتق من كلمة عربية (قاضي) صارت قاضلي ودمجت مع أحرف من اسمه جوكو سعيد فصارت كاليجاغا. وشهرة الولي كاليجاغا تأتي من محاولته نقل الإسلام إلى التقاليد الجاوية المحلية وإدخاله الملحمة الهندوسية (المهاباهاراتا) الشائعة يومها لتتلاءم مع تعاليم الإسلام.

في أصلها إلى العمق الثقافي البربري من جهة، وإلى الجمع بين إسلام جاوة والهندوسية من جهة ثانية، مقروءة بشكل جديد ضمن أطر إسلامية. إن العمليات التاريخية لكل من هذين المجتمعين تتجلى أيضًا ضمن سيرة هذين الوجهين من القداسة والمضمون الديني. فالوجه الرمزي الذي يمثله كاليجاغا يعبر عن دين يتميز بطابع باطني، وبالصبر والحساسية، وبنوع من الجمالية والنخبوية والتحلل في الفردانية. إنها حالة من الراحة النفسية، غير أنه سيكون في مساره التاريخي أشد توفيقًا. أما الوجه الثاني الذي يمثله اليوسي، فقد ارتبط بالغليان والحركية والتقوى ونوع من التشدد الأخلاقي والنزعة الشعبوية وبحماسة كاريزمية فردية.

يرى منتقدو غيرتز أن هذا التعريف -الطامح إلى الكونية باستناده إلى الأسس الثقافية العامة للنوع البشري- يشكل نقطة ضعف الخطاب الغيرتزي، إذ أسقطه في حبال خطاب المركزية الغربية بتعميمه تعريفًا مرتبطًا بالخصوصية الثقافية الدينية الغربية. إنه تعريف مَدِين بالكثير للثقافة المسيحية في لباسها الحديث، وهو تعريف اتخذ مقياسًا لتحليل ديانات أخرى تخضع لعلاقات مختلفة بالمقدس والشفاعة والمجتمع المحلي. خصوصًا إذا علمنا التحول الجذري الذي عرفه تاريخ المسيحية من كونها حقيقة تاريخية لطالما ساهمت في تدبير الشأن العام بقواعدها وضوابطها ومؤسساتها إلى أن غدت حديثًا منزوية في دائرة المجال الخاص، وارتدت مجرد معانٍ رمزية مرتبطة برؤية عامة للوجود يعبَّر عنها بطقسٍ أو مُعْتَقَدٍ لا غير.

لذلك فتعريف غيرتز ذاته وبحسب بيتر فان در فير «نتاج لرؤية ما بعد أنوارية تنظر إلى الدين كظاهرة خفية قادرة على الوجود، مفصولة عن المجال العام، إننا أمام استراتيجية نقدية لإبراز الخصوصية التاريخية للمفاهيم الكونية بدليل أن التعريف الذي ينهل من المسيحية الحديثة لا يمكن أن يطبق على مسيحية العصور الوسطى أو ما قبل الحديثة»[1]. مما يستدعي بحسب طلال أسد أن نبحث في الخطابات والممارسات الدينية انطلاقًا من «إمكاناتها ووضعيتها المشروعة والتي ينبغي أن تفسر بوصفها نتاج قوى تاريخية»[2].

---

(1) Peter Van Der Veer, *The modernity of religion in Research center for Study Religion and Society*, University of Amsterdam, October 1995, p. 367.

(2) Talal Asad, *Genealogies of Religion: Discipline and Reasons of power in Christianity and Islam*, Baltimore/London, The John Hopkins University Press, 1993, p. 53.

3- طلال أسد

بحسب **طلال أسد** فإن الرمز ليس شيئًا أو حادثة تحمل معنى، بل الرموز هي مجموعة من العلاقات بين الأشياء والحوادث يحصل تداخل فريد فيما بينها في إطار مفاهيم، ويعطي مثالًا على الأمر في تعليم اللغة والرموز لدى الأطفال بوصفه نتاجًا لعملية التنشئة الاجتماعية التي من مقتضياتها علاقات اجتماعية. وعليه ليست الرموز ذواتًا مستقلة عما تحيل إليه[1]. وقد يرجع بنا هذا إلى أساس التصور الأنثروبولوجي الغيرتزي للثقافة وللأنماط الثقافية التي يعتبرها تصورات ونماذج تكون تارة من الواقع أو عنه، هدفها موازاته كنظامٍ لا رمزي سابق عنها، وتارة تكون نموذجًا لأجل الواقع. فيبدو كما لو أن هذه الأنماط الثقافية المتمثلة في الرموز شيء والحياة شيء آخر، مما حدا بطلال أسد إلى اعتبار أن هذا التصور لا يسعفنا في قراءة تصرفات المسيحي المؤمن وتفهم سلوكياته داخل المجتمع الحديث، مستندًا في ذلك إلى نقد الفيلسوف الأخلاقي «ماكنتاير»[2] (MacIntyre) للكُتَّاب المسيحيين المعاصرين بتصرفاتهم كباقي الناس الآخرين، إلا أنهم «يستعملون مصطلحات مختلفة في توصيف سلوكياتهم هذه مع إخفاء تمايزهم»[3]، كنوع من المفاصلة الشعورية للمسيحي المعتقد داخل المجتمعات الحديثة، إذ لا تمكننا الأنماط الثقافية من الإمساك بها، وكأنها معانٍ خارجة عن الظروف الاجتماعية، ولأن الأمر ليس كذلك، يرى أسد ضرورة الرجوع إلى المؤسسات الاجتماعية والاقتصادية، فالدليل على عناصر الدين والعبادة ينبغي أن تتفهم على مستوى السلوك الاجتماعي وليس على المستوى الباطني للذوات.

---

(1) Idem, p. 49.

(2) ألسدير ماكنتاير (Alasdair Chalmers MacIntyre) فيلسوف وعالم أخلاق أسكتلندي تُعرَف عنه إسهاماته في فلسفة الأخلاق والفلسفة السياسية، كما له العديد من الأعمال في تاريخ الفلسفة واللاهوت. يعمل حاليًا في مركز للدراسات تابع لجامعة لندن المتربوليتانية، كما يشغل منصب أستاذ فخري في قسم الفلسفة في جامعة نوتردام. يعدُّ كتابه «بعد الفضيلة» الصادر عام 1981، والذي صدرت ترجمته العربية عن مركز دراسات الوحدة العربية عام 2013 أحد أهمِّ الكتب التي تتناول الثقافة الغربية وقضية الفضائل والأخلاق. ويطرح الكتاب السؤال الآتي: إذا كانت الفردية هي الأساس، فأين تكون الأخلاق والفضائل؟ فالفردية والأنانية توأمان وهما لا يصلحان لبناء المجتمعات. يجيب المؤلف بالقول إنها تتأسس على مذهب الفيلسوف اليوناني أرسطوطاليس الذي رأى أنَّ خير الأمور الوسط. ترجم الكتاب إلى العربية الدكتور حيدر حاج إسماعيل.

(3) Talal Asad. Ibidem, p.33.

يرى طلال أسد أن الدين ليس مجرد استعدادات نفسية تتكفل الرموز بغرسها، وإنما هو خطاب قوة ابتداء من القوانين (إمبراطورية – كنسية) أو العقوبات (نار جهنم – إخلاص– السمعة الحسنة – السلام) إلى النشاطات المنضبطة للمؤسسات الاجتماعية (الأسرة – المدرسة – المدينة – الكنيسة) والأجساد البشرية (الصوم – الصلاة – الطاعات – الكفارات)؛ ليتساءل بعد ذلك عن خصوصية خطاب القوة المحدد لهذه الاستعدادات النفسية المتمثلة في الأمزجة والحوافز، مستندًا إلى القديس أوغسطين الذي قدم آراء حول الوظيفة الدينية الإبداعية للقوة بعد تجربته مع الهرطقة والمذهب الدوناتي[1]، مُصِرًّا على أن «الإكراه شرط للوصول إلى الحقيقة، وأن الانضباط شرط للحفاظ عليها»[2]، فعبر منطق القوة والمعاملة الصارمة والمران والتربية، استنادًا إلى عنصر الزمن تتحول كل تلك الإكراهات إلى استعدادات نفسية من أمزجة وحوافز، وإلى إرادة، وإلا كيف «سيراهن المجلس الكنسي القديم لعام 1215 على ضرورة الاعتراف السنوي الخاص لكل مسيحي مرة كل عام بطريقة منفصلة بذنوبه، وأن يتعهد بعملية التكفير الكاملة بحسب استطاعته، وإذا لم يتم ذلك سيطرد من دخول الكنيسة، ويحرم من الدفن بالطريقة المسيحية بعد موته»[3]، ذلك ليس سوى مثال تقريبي لأشكال عمليات الانضباط التي كانت تقوم بها الكنيسة لتربية النفوس قَصْدَ إيصالها إلى استعدادات نفسية معينة من جهة، وغرس حقائق دينية لاهوتية تجاه الذات والوجود والآخرين من جهة أخرى.

يُعطِي طلال أسد الأدلة على دحضه المقولة الغيرتزية من تاريخ الفكر الديني الغربي نفسه، حيث يتحدث عن مدى انغراس الأنظمة الرمزية للمسيحية في تربتها التاريخية، وذلك بتعدد الخطابات الدينية المحددة بحسب الميادين، إما رافضة للممارسات الوثنية أو قابلة لها، ويقدِّم مثالًا على ذلك «سلسلة الكتيبات المعروفة بدليل الكفارة أو التوبة التي عن

---

(1) حركة الدوناتيَّة (باللاتينية: Donatismus) هي حركة دينية مسيحية ظهرت في مقاطعة أفريكا الرومانيَّة وازدهرت في القرنين الرابع والخامس للميلاد. ودعي المذهب الدوناتية - نسبةً إلى صاحبه الأسقف دونات الكبير. انتشرت الحركة بين المسيحيين الأمازيغ في الجزائر والمغرب وتونس الحاليَّة. حظيت الحركة بقوة في عهد القديس أوغسطين في نهاية القرن الرابع، واختفت بعد الفتح الإسلامي للمغرب في القرن السابع والثامن. اعتبرت الدوناتية هرطقة منشقة عن الكنيسة الكاثوليكية الرسمية.

(2) طلال أسد، المرجع السابق نفسه، ص 34.

(3) نفسه، ص 38.

طريقها فرض الانضباط المسيحي منذ حوالي القرن الخامس إلى القرن العاشر للميلاد، وهو تحديد للممارسات الوثنية على أنها غير مسيحية، كالقسم والحنث أمام الينابيع أو الأشجار، أو أي مكان خارج الكنيسة، أو تناول الطعام لدى الآلهة المحلية؛ وهي ذنوب تستحق العقاب»[1]. فقد ظل هم الكنيسة في القرون الوسطى مرتبطًا بالسعي الحثيث لإيجاد خطاب كوني مشروع تتحدد من خلاله الفروقات بين الدين الحق والباطل، بين المقدس والدنيوي، وبأن الكلمة الأخيرة تعود لتعاليمها وممارساتها، وليس لاعتقاد الفرد المسيحي. لذلك ظلت الكنيسة تمارس سلطة قراءة الممارسات المسيحية الفردية والجماعية لأجل «التفتيش» عن التزامها بالحقيقة الدينية الوحيدة الشرعية للكنيسة الأم الجامعة الشاملة أي الكاثوليكية (من هنا نشوء محاكم التفتيش).

يرى طلال أسد أنه في الوقت الذي يشخص فيه غيرتز المآلات الوظيفية للمسيحية الحديثة من خلال إثبات الدور الرمزي الذي يمكن أن يلعبه الدين أمام هذه الفوضى والقلق الأنطولوجي بجعل العالم مستساغًا وقابلًا للتفسير والتبرير والتحمل، نجده يعلن عن هامشية الدين في المجتمعات الصناعية الحديثة على غرار تصور كارل ماركس باعتباره وعيًا مفصولًا عن الواقع وخارجًا عن علاقات الإنتاج؛ لأنه لا ينتج معرفة بقدر ما يعبر عن حرية المستلب وتعويضه بشكل ضبابي المعالم[2].

يرى غيرتز أن الانفلات من «قلق الفوضى» رهين باعتقاد المتدين في وجود نظام أساسي يتجاوزه. وتعمل الأنشطة الرمزية الدينية على تكريس المنظور الديني بإنتاجه وتكييفه، بل وتحقيق قدسيته أو تحريمه، وهو أمر موكول للطقوس الدينية، ليخلص إلى حقيقة أهمية الطقوس الدينية في تأكيد وجود عالم حق، إذ بفضلها يتم انتشال المتفرج من العالم اليومي الاعتيادي إلى العالم الحقيقي. يستدل غيرتز على هذه العلاقة من خلال تأويله لطقس مسرحي يدعى «رانغدا وبارونغ»، خاص ببلاد بالي يتحدث عن الساحرة الشريرة رانغدا وصراعها مع الوحش الطيب اللطيف بارونغ، وقد رأى بنفسه «كيف أن ممثلات يقمن بلعب دور رانغدا العجوز الشريرة يرمين بأنفسهن أو يركضن هائجات مسعورات»، ليخلص إلى حقيقة أهمية الطقوس الدينية في تأكيد وجود عالم حق، إذ بفضلها يتم انتشال

(1) نفسه، ص 39.

(2) Talal Asad, Genealogies of Religion, op. cit., p. 45.

المتفرج من العالم اليومي الاعتيادي إلى العالم الحقيقي، وما حالة الغشيان التي يصاب بها بعض الحضور إلا دليل على أنهم أصبحوا جزءًا من حقيقة الرموز المتضمنة في الطقوس المسرحية[1]. لذلك لا تشكل الطقوس -بحسب غيرتز- نماذجًا لما يعتقده الناس فحسب، بل هي نماذج لتحصيل الإيمان أثناء تمثيله؛ إنها تُولِّد قناعة تطابق المفاهيم الدينية للواقع، حيث تقوم الأنشطة الرمزية «بصهر العالم المعيش بالعالم المتخيل». في هذا السياق يتساءل طلال أسد حول مدى الإمكانية الوظيفية للطقوس في تكريس الاعتقاد الديني داخل وضع درامي حيث يبلغ الناس مستوى إيمانيًّا كما يتصورونه[2]، فانطلاقًا من تصور غيرتز لتراجع الديني في المجتمعات الحديثة الغربية، ما الذي يجعل المشارك يأخذ الأشكال الرمزية بتلك الطريقة المؤدية إلى الاعتقاد الديني، خصوصًا إذا كان المنظور الديني باهتًا؟ فالطقوس ليست إنجازات مقدسة في ذاتها، بل ينبغي التركيز على النشاطات الانضباطية في أشكالها المؤسساتية للمعرفة والممارسة التي في سياقها تشكلت واستقرت الاستعدادات التي من خلالها يتم الوصول إلى الحقيقة، في هذه الحالة لن يكون الطقس مجالًا لبلوغ الإيمان بل مجالًا يتم فيه ممارسة الإيمان وتأكيده.

4- بيتيريم سوروكين[3]

علم الاجتماع عند بيتيريم سوروكين هو دراسة الخصائص العامة المشتركة لأنواع الظواهر الاجتماعية وللعلاقة فيما بينها من جهة، وبينها وبين الظواهر غير الاجتماعية من جهة أخرى... وقد عدَّ سوروكين **التفاعل** «**interaction**» الوحدة التي ينبغي أن تُحلَّل الظواهر الاجتماعية على أساسها. والمقصود بالتفاعل عنده: أي واقعة يؤثِّر عن طريقها أيُّ فاعلٍ في غيره... وبالنسبة إليه فإن سيرورة التفاعل البشري تقوم على 3 عناصر رئيسة: 1- الفاعلون البشر كموضوع للتفاعل؛ 2- القيَم والمعاني والمعايير التي تقود السلوك البشري؛ 3-الظواهر المادية التي هي وسائط ناقلة وحاملة للمعاني والقيَم لكي تكون هذه مُشيَّئَة

---

(1) Clifford Geertz, The Interpretation of Cultures. op.cit., pp. 114-122, 180-183.

(2) Talal Asad, Genealogies of Religion, op. cit., p. 49.

(3) عن سيرة حياة وأعمال بيتيريم سوروكين، انظر:

Pitirim A. Sorokin in Review, edited by Philip J. Allen (Durham: Duke University Press, 1963).

كموضوع (شيء موضوعي) ومدمجة في سلسلة من الأفعال. وهو بذلك يتفق مع ماكس فيبر في رفضه لدراسة الأمور البشرية بمعزل عن مرجعية المعايير والقيَم والمعاني... ذلك أن كل ظواهر التفاعل البشري تصبح مجرد ظواهر بيو-فيزيائية في حال جردناها من سماتها الحاملة للقيمة والمعنى، وتكون من ثَمَّ موضوعًا مخصوصًا بالعلوم البيو-فيزيائية. ومن هنا تركيز سوروكين في فكره السوسيولوجي على أهمية العناصر الثقافية، أو ما يسميه العوامل المافوق-عضوية، كمحددات للسلوك الاجتماعي. فلكي نفهم الشخصيات كموضوع للتفاعل، والمجتمع كمجموع للشخصيات المتفاعلة، لا بد من أن نفهم أنها تستند إلى -وتقوم على- أساسٍ من ثقافةٍ ما. والثقافة هي مجموعة من القيَم والمعاني والمعايير التي تتكون لدى الشخصيات المتفاعلة إضافة إلى الوسائل والوسائط المادية، مثل الأشياء الطقسية أو المنتوجات الحِرفية والفنية، التي تحمل هذه المعاني والقيَم وتموضعها وتجعلها مقبولة اجتماعيًا. المجتمع إذن هو نسق كلي يتكون من أنساق فرعية. والمكونات الأساسية لهذه الأنساق هم الفاعلون الذين يتحدد سلوكهم في ضوء القيم الثقافية السائدة.

حاول سوروكين أن يُقدِّم في عمله الكبير (الديناميات الاجتماعية والثقافية) شرحًا وافيًا لتصوره لمسألة التغير الثقافي والاجتماعي. وقد عرض في كتابه هذا صورة شاملة (بانورامية) لمسيرة المجتمعات البشرية والثقافات داحضًا كل تفسير أحادي للتطور البشري بنفس قوة دحضه لمقولات «أوزوالد شبنغلر» التي ترى دورة حياة الثقافات من خلال تشابهات وتناظرات شبه بيولوجية. وبالمقابل فقد رأى سوروكين الظواهر الاجتماعية-الثقافية باعتبارها تقوم على «مجموعات كلية، متماسكة ومتكاملة إلى حد ما، من النظرات الثقافية» التي يسميها «الذهنيات-العقليات»، تطبع مراحل محددة في تاريخ البشرية، بطابع المعاني والقيَم التي تحملها. أي أن ثمة مبدأ أساسًا (منطقًا حاكمًا= عقلية= ذهنية) يتخلل كل مكونات ثقافة ما، ويعطيها معنى ومغزى، جاعلًا في الآن نفسه من القِطَع المتشظية غير المتوازنة أو المتكاملة للعماء نسقًا كاملًا متجانسًا مفهومًا. ولم يدَّعِ سوروكين أن أي ثقافة يمكن أن تكون كاملة متكاملة وإنما كان يعي بأن الثقافات تظل دائمًا تحمل في داخلها عناصر غير متوائمة أو غير متناغمة... إلا أنه استمر يركز على أن الظواهر الثقافية-المجتمعية لا تأتي أو تتوزع عشوائيًا، بل هي تتكشف عن عملية معقدة مبنية على بضع مقدمات منطقية كبرى تطبع الميزات العمومية للظاهرة بطابعها.

وقد اهتم سوروكين بتدرج الأنساق الثقافية الاجتماعية ودرجة تكاملها. فالحقائق الأساسية في علم الاجتماع هي ذات طبيعة عقلية ولا يمكن فهمها إلا في ضوء النظر إلى عالم الأنساق الثقافية-الاجتماعية ككل. ويطلق سوروكين على عالم الأنساق الثقافية هذا تسمية النسق الفوقي الذي يتكون من خمسة أنساق فرعية هي: اللغة والفنون والدين والأخلاق والعلم، وهذه تنقسم بدورها إلى أنساق فرعية أخرى... وكل نسق من الأنساق الفوقية الرئيسية يقوم على فكرة أساسية تمثل **النظرة السائدة إلى الحقيقة في ثقافة معينة**.

وبحسب سوروكين فإن هناك فقط 3 مقدمات منطقية أساسية (نظرات عقلية) لفهم وإدراك **الحقيقة**، هي في الآن نفسه النظرة السائدة إلى الحقيقة في ثقافة معينة: فإما أن يكون النظر إلى طريقة فهم الحقيقة أنها ممكنة مباشرة عبر الحواس (الثقافة المادية الحسية)، وإما أن يكون ذلك على أن الحقيقة تنكشف لنا بواسطة نظر متجاوز لعالم الحواس المادي ومتسامٍ نحو عالم الغيب والمطلق، كما في مثالية أفلاطون (الثقافة المعنوية الروحانية)، وإما أن يكون أخيرًا وسطًا بين الاثنين يحاول أن يجمع ويولِّف بينهما، في توازن جدلي بين مبادئ متعارضة (الثقافة المثالية الغائية). ولذا فإن هناك ثلاثة أشكال ممكنة للحقيقة: الحسية والروحية والعقلية. وخلال مراحل التاريخ المختلفة سادت واحدة من هذه الأشكال (الأنماط الثقافية) على غيرها وطبعت طرق التفكير والشعور والتجربة التي تميِّز حقبة ما، بطابعها هي[1].

إن الحضارات تمتلك إذن «أنماطًا ثقافيةً» تتكرر وتعمل على امتداد فترات زمنية طويلة؛ فتشكِّل العامل الحاسم في تطور الحضارات الكبرى الرئيسة في التاريخ. فمعظم الحضارات القديمة تُظهر بوضوح وجود نمط سائد- مهيمن من «المعنى» يقوم بوظيفة جمع ولحم مختلف العناصر الْمُشَتَّتَة في كلٍّ واحدٍ. ولا يمكن فهم هذه العناصر جيدًا إلا من خلال التقاط العقلية أو الذهنية العامة التي تُشَكِّل نسق القيم الأساسي أو نمط عيش تلك الحضارة (أي المعنى الخاص بها). ومع أنه ليس كل الحضارات كانت موحدة متكاملة وأنه حتى تلك الحضارات الموحدة المتكاملة قد أظهرت وجود عناصر ناشزة لم تندمج وتتكامل مع النمط الثقافي المهيمن، إلا أن معظم حضارات الماضي الكبيرة أظهرت درجة عالية من التماسك الداخلي والوحدة امتدت بها لقرون. وكانت الفنون والهندسة والأدب

---

(1) Lewis A. Coser. *Masters of sociological thought: Ideas in historical and social contex*. Harcourt Brace Jovanovich, New York, 1977, 2nd edition, p.476-477.

والدين والفلسفة والاقتصاد والعلم والتربية والنظرية السياسية لأي حضارة ومرحلة تشكل كلًّا واحدًا متجانسًا متماسكًا، ومع استمرار كل عنصر من عناصرها مستقلًّا فاعلًا إنما ضمن الوحدة المتكاملة للكل الحاضن (النسق الثقافي الفوقي والأنساق الفرعية). ولا يستطيع المرء أن يلتقط روح كل عنصر من هذه العناصر المستقلة في ثقافة جيدة التماسك والتكامل إلا بالتقاطه الذهنية العامة الغالبة التي تغذي مختلف منتجات هذه الثقافة وتخلقها في الآن نفسه. ويعطي سوروكين مثالًا من كون مجتمع القرون الوسطى الغربي -أقله في مرحلته الأولى- كان يتكشف عن نسق قيم واحدي، أو نظرة كونية تقف على النقيض تمامًا من تلك التي عرفها الغرب في أواخر مرحلة الحضارة الرومانية، والتي منها انبثقت مرحلة النهضة الإيطالية والثقافة العصرية التي تلتها. فكل واحدة من هذه الذهنيات والرؤى الكونية كان لها في زمنها نمط تماسكها الثقافي الداخلي الخاص بها[1].

وكان سوروكين مقتنعًا من خلال المسح الذي أجراه لتاريخ العالم بأن كل أنواع التجمعات الثقافية التي عرفتها البشرية هي تنويعات فرعية للذهنيات- العقليات الثلاث الرئيسة التي تتبع الواحدة منها الأخرى في تعاقب متسلسل أكيد: المادية الحسية تليها المعنوية الروحانية، فالمثالية الغائية. وبعد إتمام هذه الدورة فإن عودة الحالة الأولى (الحسية المادية) ستفتتح دورة جديدة. وبحسب سوروكين فإن الغرب قد أتم منذ مرحلة اليونانيين وثقافتهم الحسية دورتين من هذه السلسلة التعاقبية، وأنه يعيش في نهاية مرحلة الثقافة الحسية التي دامت لمئات من السنين وآذنت إلى أُفول في وقت كتابته لهذا البحث. فهذه الثقافة قد بلغت حدودها القصوى وصارت عاجزة عن إعطاء معنى ومغزى لحياتنا وأصبح لزامًا لذلك ولادة شيء جديد.

بحثًا عن توازنٍ تكاملي مقابل الأحادية الثقافية

في تحليله للديناميات الثقافية يرى سوروكين أن الحضارات -وخلال مسيرتها عبر الزمن- تميل إلى أن تطوُّر المعادل الثقافي لما يسميه «العقل الأحادي خط السير». ولكن

(1) *Social and Cultural Dynamics* by Pitirim A. Sorokin (revised and abridged in one volume by the author, Transaction Books: New Brunswick, 1957, 1985; originally published in four volumes, I-III, 1937; IV, 1941).

الواقع الحقيقي كما يقول سوروكين يحمل دائمًا عدة أبعاد ومستويات، أي أنه تنوع تعددي يسميه «المِشعَب اللامحدود» (Infinite Manifold)... وذلك على الرغم من أن الميل العام لدى الثقافات كما لدى الأفراد هو إلى النظرة الأحادية الجزئية المنحازة. وعلى غرار جون ستيوارت ميل، أو الفيلسوف فيتغنشتاين، يؤكد سوروكين أن الأحادية الجزئية في النظر هي الاتجاه العام لدى العقل البشري، وهي التي تسيطر على مدى الأزمان في الحضارة إلى أن تصعد قوى مضادة لها تكون من القوة بحيث تغلبها.

وبحسب سوروكين، فإن هناك نمطين أو نوعين من الأنساق الثقافية الفوقية عرفتها البشرية وكانت قليلة عدديًّا في مقابل غيرها من الأنساق المختلطة أي التي تحتوي عناصر من النسقين معًا. أما النمطان النقيَّان فهما الثقافة المادية الحسية والثقافة المعنوية الروحانية. ولا يمكن فهم مقولات سوروكين في الديناميات الثقافية والتغيُّر الثقافي إذا لم نفهم مقصده حول خصائص هذين النمطين. والثقافة المعنوية الروحانية مثلتها خير تمثيل الهند البراهمانية، والصين الطاوية، والتيبت اللامي، واليونان القديمة ما بين القرنين الثامن والخامس قبل الميلاد، وثقافة الغرب في أول القرون الوسطى أي ما بين القرنين الخامس والثاني عشر ميلادية... أما الثقافة المادية الحسية فتمثلها خير تمثيل الحضارة اليونانية المتأخرة أيام الهلنستية، ثم الإمبراطورية الرومانية، وأخيرًا حضارة الغرب المعاصرة في الفترة من القرن السادس عشر والقرن العشرين.

والحقائق الجزئية التي تحتويها الحضارات المختلفة (أكانت حسية مادية أم تصورية روحية) ليست فقط ناقصة وإنما خطورتها تكمن في سعيها إلى أن تكون هي النموذج والمثال لكل حقيقة واقعية... ما يؤدي إلى تشويه الحقيقة الفعلية التي تقع خارج الحقول المحدودة للحقيقة الجزئية. فالثقافات المعنوية الروحانية تميل إلى رؤية كل واقع -حتى الواقع المادي- من خلال عدسات روحانية تمامًا، مثلما تفعل الثقافات المادية الحسية التي ترى الواقع -حتى الواقع الروحاني- بعدسات مادية حسية. فالعدسات المادية لا تنفع في فهم الأمور الغيبية الروحانية، كما أن العدسات الروحانية لا تنفع لفهم طبيعة الأمور المادية. ويقول سوروكين في ذلك: «إن الذهنية الملتزمة بحقيقة الإيمان ترى كل شيء بعين الروح، حتى إنها ترى المادة باعتبارها مجرد مظهر لحقيقة مافوق حسية. أما الذهنية التي تهيمن عليها حقيقة الحواس فإنها ترى كل شيء بعين المادة، حتى إن الظواهر الروحانية نفسها

تصبح عندها مجرد مظاهر أو كنتاجات ثانوية لظواهر مادية»[1].

ولكن الواقع الحقيقي بحسب سوروكين لا يمكن التقاطه ومعرفته إلا من خلال النظرة التكاملية التعددية المتنوعة الأبعاد والمستويات (multidimensional manifoldness and wholeness). التي تقوم على تكامل 3 أشكال رئيسة من المعرفة: 1- المعرفة الإدراكية-الحسية، 2-المعرفة المنطقية-الرياضية وغيرها من أشكال التجريد، 3- والإلهام مافوق العقلي.

هذه المعرفة التكاملية يلخصها سوروكين كما يلي:

«على خلاف النظريات الأحادية للمعرفة والتي تدعي أننا نعرف الواقع من خلال واحد من ثلاثة: إما الإدراك الحسي والملاحظة، وإما التحليل المنطقي الرياضي العقلي، وإما الإلهام مافوق العقلي... فإن النظرية التكاملية للمعرفة تقول إننا لا نملك طريقًا واحدة فقط، وإنما عدة طرق للمعرفة في آن واحد. فالطابع الأمبيريقي للواقع الكلي ندركه من خلال أعضاء الحواس فينا وامتداداتها: الميكروسكوبات والتلسكوبات والرادارات وآلات القياس والوزن...إلخ. والطابع العقلي أو التمييزي للواقع ندركه بواسطة عقلنا وتفكيرنا المنطقي بكل أشكاله ووسائطه. أما تلك الخطرات من طرق الوجود غير المرئية وغير المحسوسة أو المافوق عقلية ومافوق حسية، فإننا نتوصل إليها من خلال إلهام مافوق حسي مافوق عقلي حقيقي، وهو كشف ونور داخلي فجائي، يقذفه في صدورنا عباقرة خلاقون؛ مثل مؤسسي الديانات الكبرى، والحكماء وكبار رجال الفلسفة والأخلاق، وكبار العلماء والفنانين، وغيرهم من المبدعين في كل حقول الثقافة»[2].

لم يكن سوروكين بالطبع ليؤمن بالحتمية التاريخية، وإنما كان مثل «توينبي» يؤمن بأنه في حين أن التحديات التاريخية تقدم فُرصًا لإجابات تغييرية من خلال أعمال أقليات مبدعة، إلا أنَّ مثل هذه الإجابات المبدعة قد تكون أو لا تكون بمتناول اليد. فهي حين لا تحصل، أو حين تكون ثقافة ما قد وصلت إلى أقصى حدود تطورها الإبداعي من

(1) *Society, Culture, and Personality: Their Structure and Dynamics,* by Pitirim A. Sorokin (New York: Harper and Brothers, 1947), p.613.

(2) *Pitirim A. Sorokin in Review* edited by Philip J. Allen (Durham: Duke University Press, 1963), p.380-381.

خلال طريق معرفي أحادي، فإن التحجر والركود سيكون هو مآلها. وبحسب سوروكين فإن الكثير من الديناميات الثقافية التي حللها تنبع من ذلك الميل الدائم المتجدد لدى الثقافات البشرية إلى اتخاذ نظريات عن الحقيقة والواقع لا تلتقط سوى طابع أو سمة واحدة من سمات ذلك «التنوع التعددي اللامحدود»، خالقةً بذلك مع مرور الزمن ردة فعل تبحث عن إعطاء الحقيقة التي جرى تجاهل مكانها اللائق أو المناسب. هذه الحقيقة المرذولة تصبح لاحقًا هي نقطة التركيز الجديدة للتطور الثقافي. إن النظريات المعرفية الصوفية الروحانية وتلك المستندة إلى الإيمان الديني، تصل إلى نقطة النهاية في تطورها وتولد من داخلها النظريات المعرفية الأمبيريقية والمنطقية- الرياضية التي تتحرك في اتجاه مختلف، وهذه النظريات تتطور هي أيضًا بطريقة تتجاوز الحقائق القديمة وتبدأ بممارسة الضغط على التطورات الجديدة من حيث إنها تظن نفسها هي الحقيقة الوحيدة الموجودة. ويقول سوروكين: «إن الحقيقة الكاملة والنهائية هي «بيضاء» بمعنى أنها مزيج من كل الألوان. ولا يمكن بلوغ هذه الحقيقة إلا عند «العقل الإلهي» (العقل الكلي بحسب الفلاسفة القدماء). ونحن لا نملك سوى التقاط بعض تقديراتها التقريبية... وجهودنا في هذا السبيل تبدو في معظم الحالات وكأنها تتجاوز الحدود المناسبة، وذلك حين نقبل هذه النظرية أو تلك على أنها هي الحقيقة المطلقة ونرفض النظريات الأخرى باعتبارها الضلال المبين... ذلك أننا حين نذهب في سعينا المحموم أبعد من الحدود الشرعية لنظرية ما، فإننا نخلق بذلك ردة فعل تُودِي بها إلى الأُفول. ولكن النظرية الجديدة تذهب هي أيضًا أبعد مما يجب راذلةً سلفها ورافضةً لها ليس فقط قيمتها وإنما أيضًا وغالبًا بذرة الحقيقة التي تكون فيها. وهكذا فإن النظرية الجديدة هي أيضًا تصير بدورها -وبعد فترة هيمنة وسيطرة- مدعوة للأُفول أمام نظرية جديدة غالبًا ما تكون تعديلًا للنظرية السابقة المرذولة... وهكذا دواليك»[1].

ونحن لا نستطيع إلا أن نرى هنا تأثيرًا هيغليًّا- ماركسيًّا واضحًا (الجدلية المثالية كما الجدلية المادية)، كما نلحظ أيضًا وبنفس القوة تأثير أوغست كونت (قانون الحالات الثلاث: لاهوتية- فلسفية- وضعية علمية). فالنظرة الهيغلية إلى الحقيقة بوصفها نظامًا مركبًا من العلاقات تتضمن أيضًا فكرة التقدم: من الفوضى إلى النظام... وتحقيق درجة أكبر من

---

(1) الديناميات الاجتماعية والثقافية، مرجع سابق، ص 410.

الترابط. وهذا يراه هيغل وكأنه العقل ذاته، إذ يعمل من أجل إيجاد كل كبير ومركب ومنظم بالانتقال من مرحلة إلى أخرى.

وهذه الحركة تنتج عن التناقض بين المؤثرات والقوى التي يعمل بعضها للمحافظة على الشيء كما هو، بينما يميل البعض الآخر إلى تغييره. وينتج عن صراع المتضادات هذا تحول الشيء إلى شيء جديد، وهذا الشيء الجديد بدوره تنمو فيه نواحٍ متناقضةٌ وتسير العملية إلى الأمام. ومن ثَمَّ فإن كل ظاهرة بحسب هيغل هي عملية (Process)، شيء يتغير وينمو على الدوام. فالظاهرة ليست فقط نتيجة للتغيرات السابقة، بل إنها تحتوي في قلبها أيضًا على بذرة التغيرات المستقبلية. إنها لا تقف عند حد معين. ذلك أن حالة التوازن التي تحققت لا تلبث أن يدب فيها صراع جديد يؤدي إلى صلح في مستوى أعلى، وإلى تركيب في مستوى أعلى، وإلى صراع جديد بين المتضادات في مستوى جديد أعلى... وهذا الصراع هو منبع كل تغير وكل نمو[1].

5- سوروكين الفوضوي المسيحي المحافظ: الدولة والنظام الدولي

فوضوي مسيحي محافظ: هكذا وصف هو نفسه. ومع أنه لم يكن يؤمن تمامًا بضرورة أو بوجوب إلغاء الدولة (كما يقول الفوضويون أمثال برودون وباكونين وكروبوتكين)، إلا أنه تأثر كثيرًا في شبابه بتولستوي حين رأى في قوة الدولة أو السلطة المنظمة مصدر الشر البارز عبر التاريخ البشري. «أن تأمر الآلاف لا بل الملايين، بأن يَقتلوا أو يُقتلَوا، أن تسجن أو أن تنفذ كل أنواع التعديات والانتهاكات ضد الشهداء القديسين والمعارضين الشرفاء للقوانين الظالمة، هذه هي الدولة الممدوحة والمفتخر بها وبسيادتها وقوتها وسلطتها، وهي كانت أكثر قوة عسكرية مشربة بالسلطة من بين كل المؤسسات الاجتماعية، مولدة على الدوام النزاعات الداخلية والخارجية بأشكالها الأكثر دموية ولا إنسانية»[2].

على قاعدة هذه الملاحظة التأسيسية خلص سوروكين إلى عدد من الاستنتاجات بعضها حساس (مثل دعوته إلى منع تراكم القوة في مصدر واحد لا مناص من فساده لاحقًا)،

---

(1) انظر: جون لويس، مدخل إلى الفلسفة، ترجمة أنور عبد الملك، دار الحقيقة، بيروت، الطبعة الثانية 1973، صدرت الطبعة الأولى في القاهرة 1957. (الفصول 11 إلى15، ص.ص.17-133).

(2) *The Reconstruction of Humanity* by Pitirim A. Sorokin (Boston: Beacon Press, 1948), p.160.

وبعضها الآخر أكثر مثالية «طوباوية» (مثل دعوته إلى نزع كوني شامل للسلاح وإلى حكومة خير عالمية).

والحاجة الأكثر إلحاحًا وضرورة بالنسبة إلى سوروكين هي إلى الإنسان الذي يستطيع ضبط شهواته وغرائزه، المحب لجيرانه ولكل بني البشر، والذي يستطيع أن يرى وأن يسعى إلى القيم الخالدة في الثقافة والمجتمع، والذي يستشعر بعمق ذاته مسؤوليته الفريدة في هذا الكون[1]. وبحسب سوروكين فإن البشرية عرفت عدة أشكال من أنظمة الحكم: ملكيات وجمهوريات جيدة وملكيات وجمهوريات سيئة، أرستقراطيات وديموقراطيات وحكم الفرد الواحد وحكم النخبة وحكم المجموعة. كل هذه الأشكال لم تكن لتضمن بذاتها أن تقوم الحكومة بالعمل لصالح الخير العام ولمصلحة المواطنين وليس لمصلحة القلة التي تستغل الكثرة. ولذا فإن إكساء الدولة بالنبل والكرامة يكون ممكنًا فقط حين يصبح المواطنون والمسؤولون أكثر حكمة ومعرفة ووعيًا وكفاءة وأكثر غيرية[2].

فالمطلوب هو تركيز جهود البشر في فتح مغاليق أسرار «الوعي الكلي المطلق» باعتباره هو عالم القوى الأكثر قوة والأكثر إبداعًا والأكثر نبلًا وشرفًا في كل الكون... وكلما صار الإنسان أداة لهذا الوعي الكلي المطلق، صار أكثر إبداعًا وأكثر حكمة وأكثر نبلًا. وكلما صار أسهل عليه ضبط لاوعيه وهواه الأناني ورغباته الغرائزية، صار أقرب إلى صورة ومثال الله[3].

هذه الدعوة إلى الإنسان الكامل الذي يكون الله مثاله، ستكون شغل سوروكين الشاغل خلال الفترة من أواخر الأربعينيات وحتى وفاته عام 1968، حيث إنه عمل على الكشف عن الطرق التي استطاع بواسطتها رجال نموذجيون كبار عبر التاريخ من النجاح في تحقيق مثال الكمال الأخلاقي والروحي الذي ألهم الشعوب وصار دليلًا لها في مسيرتها. وقد أسس سوروكين مركز هارفرد لدراسة «الغيرية المبدعة» بتمويل من فاعل الخير الْمُحْسِن الكبير الأميركي إيلي ليللي Lilly [4]. ومن ضمن نشاطات المركز درس سوروكين شخصيات

(1) الديناميات الاجتماعية والثقافية، مرجع سابق، ص 628.

(2) إعادة بناء البشرية، مصدر سابق، ص160.

(3) المرجع نفسه، ص205.

(4) مؤسسة ليللي هذه مولّت إنشاء مركز لتدريس الحوار والتفاهم والسلام، قام بين جامعات تابعة لكنائس السلام التاريخية الأميركية في ولاية إنديانا وهي نفس الكنائس التي دَرَسَهَا سوروكين واعتبرها مثالًا لأفكاره: البرذرن والمينونايتس والفرندز Brethren, Mennonites, Friends.

عدد من أبرز القديسين والمحسنين فاعلي الخير والأبطال التاريخيين في حب الغير، مركزًا على كتابات الرهبان المسيحيين الكبار، وكذلك على أنظمة اليوغا الهندية Patanjali، Vivekananda، Aurobindo، وعلى تراث الزن البوذي، وتراث التجمعات المسيحية الزراعية التي أقامتها الجماعات المسيحية المسالمة، وكذلك على حياة القديسين في الكنيستين الأرثوذكسية الشرقية والكاثوليكية الرومانية ناهيك عن البروتستانت أمثال كنائس السلام التاريخية: الكوايكرز والمينونايتس والبرذرن، وصولًا إلى الغزالي والحلاج وغاندي. وقد أوجز سوروكين أعمال هذا المركز في كتبه التالية: إعادة بناء الإنسانية، أزمة عصرنا، سُبل الحب وقوته[1].

وبحسب سوروكين فإن دراسة التاريخ تظهر لنا أن واحدًا من أكبر العوامل المهمة والمؤثرة في النمو الأخلاقي لأي شعب يكمن في قوة المثال البطولي. هذا ما نراه في يسوع المسيح وفرنسيس الأسيزي، بوذا وماهافيرا وبإنتاجالي، أشعيا وموسى وهليل، لاو تزي وكونفوشيوس، الحلاج والغزالي وغاندي[2]... هؤلاء وغيرهم من الأبطال الإلهيين قد أثروا

---

(1) *The Reconstruction of Humanity*, *The Crisis of Our Age*, *The Ways and Power of Love*.

(2) ماهافيرا تعني البطل الكبير وهو الحكيم الهندي فارداهامانا (599-527ق.م.) الذي أسس الديانة الجاينية. بانتاجالي هو الحكيم الذي جمع ونظم حكمة اليوغا في القرن الثاني قبل الميلاد.

لاوتزي أو لاو تزو تعني المعلم القديم، كان فيلسوفًا صينيًا متصوفًا عاش في القرن السادس قبل الميلاد. وهو مؤسس الطاوية التي تعتبره شِبه إله أو واحد من الثلاثة الأنقياء.بوذا هو سيدهارتا غوتاما أسس البوذية ما بين القرنين السادس والخامس قبل الميلاد، وكان معلمًا روحانيًا. وكلمة بوذا تعني في التراث البوذي «المكشوف عنه الحجاب» أو المقدس النوراني.أشعياء: من أنبياء بني إسرائيل من القرن الثامن قبل الميلاد أيام مملكة يهوذا. وكتابه يشكل أحد أهم كتب العهد القديم. وبحسب المسيحيين فإنه تنبأ بميلاد المسيح من مريم العذراء.. والكثير من تعاليم المسيح في الإنجيل تستند إلى نبوءات أشعياء في الكتاب المقدس.أبو حامد الغزالي (1058-1111) العالم الحكيم والفقيه والمتكلم والفيلسوف والمتصوف المسلم الشهير، المولود والمتوفي في طوس من ولاية خراسان الفارسية. وكان له تأثير فكري كبير في العالم الإسلامي السني.

القديس فرنسيس الأسيزي (1181-1226) راهب كاثوليكي إيطالي وواعظ مبشر أسس رهبنة الفرنسيسكان، وهو واحد من أهم وأشهر الشخصيات المسيحية في التاريخ.

مهندس كارامشاند غاندي (1869-1948) قائد أيديولوجي وسياسي للهند إبان حركة الاستقلال ومؤسس طريقة ساتياغراها أي «قوة الروح في الاستقامة على الحق»، وذلك على أساس الأحيمسا أي اللاعنف، وعلى قاعدة العصيان المدني التي أوصلت الهند لنيل استقلالها. قتله متعصب هندوسي. ولقب مهاتما غاندي الذي اشتهر به يعني «الروح الكبيرة» وأول من أطلقه عليه هو الشاعر والفيلسوف طاغور. كما يسميه الهنود بابو وتعني الأب أو أب الأمة.كونفوشيوس (ما بين القرنين السادس والخامس قبل الميلاد) مفكر

أيما تأثير، ومن غير حساب، في البشرية، كما يؤثر أي بطل كبير في جماهير الشعب بشكل حاسم من خلال تأثيره في مخيلتهم وتحوله إلى أسطورة مذهلة من الإنجازات البطولية، فيتطور مثالهم المتوهج إلى صورة زاهية ساحرة لا تقاوم... وهذه النماذج البطولية لا تفنى قبل أن تولِّد جيوشًا من الأتباع[1].

وأكثر ما يلفت الانتباه في أبطال الحب الإلهي الكبار هؤلاء هو أنهم لا يمارسون نفوذهم على البشر بالقهر أو الإكراه أو بواسطة الجيوش والعنف والحقد والحسد والجشع أو أيٍّ من الأهواء العنيفة الأنانية. إن تأثيرهم ينبع فقط من تجردهم الكامل والتزامهم الشامل بأعلى أشكال الحب الإلهي، ومن نقاوة وطهارة مثالهم البطولي، فيتبعهم الملايين، ويؤثرون في حياة البشر أكثر من تلك الأعداد الهائلة من الكتابات والمواعظ الفلسفية الأخلاقية أو التبشيرية العقلانية. إن مجرد ظهور بطل واحد من أبطال الحب الإلهي هؤلاء، مثل القديس فرنسيس الأسيزي أو غاندي، أكثر أهمية من آلاف المطبوعات والكتب حول الأخلاق. ولا يمكن مقارنة أي واحد من كبار الفاتحين العسكريين أو القادة الثوريين برسل المحبة أولئك من حيث تأثيرهم واستمرارية ودوام التغيرات التي أحدثوها على هذا الكوكب[2].

6- الصحوات الدينية، صِدام الحضارات، وحرب أميركا الثقافية على الآخر: بعض الخلاصات السوروكينية حول الوضع الدولي الراهن

كانت كتابات سوروكين في إطار السوسيولوجيا الأكاديمية الأميركية لسنوات 1940-1960 ينطبق عليها ما سماه نيتشه بالكتابات «غير المتوافقة مع زمانها»، (أي النافرة أو

وفيلسوف صيني شدد على الأخلاق الفردية وفي الحكم والإدارة وعلى الاستقامة في العلاقات المجتمعية، والعدالة والصراحة.حسين منصور الحلاج (858-922) فيلسوف وشاعر وكاتب ثوري ومعلم تقي متصوف زاهد، اتهمته السلطات العباسية بالزندقة وأعدمته.

هليل: واحد من أشهر فلاسفة وحكماء اليهود وقادتهم الدينيين التاريخيين، عاش في القدس ما بين 110 قبل الميلاد و10 بعد الميلاد. كان له أبرز الأثر في تطوير التلمود. معروف عنه أنه صاحب مقولة «إن التوراة تتلخص بجملة واحدة هي: لا تفعل لجارك ما تبغضه لنفسك...وباقي التوراة تفسير وشرح لها».

(1) *The Ways and Power of Love: Types, Factors, and Techniques of Moral Transformation* by Pitirim A. Sorokin (Boston: Beacon Press, 1954), p.308-309.

(2) المرجع السابق نفسه. ص:71-72، و484.

المشاكسة). ذلك أن نظرته عن الحقيقة التكاملية كتوازن بين المعرفة الأمبيريقية-الحسية والمنطقية-الرياضية والإلهامية-الصوفية؛ ونظرته إلى الحقيقة باعتبارها تنوعية تعددية لا محدودة لا يقدر العقل البشري على اكتناه غير جزء منها، ورفضه للنظرات الأحادية التقدمية عن التاريخ، وإيمانه بأن الغرب المعاصر قد دخل في انحطاط حِسَّوي متقدم، وأُفول ثقافي يؤذن بصحوة دينية أو معنوية مثالية من مثل تلك التي أمنت التجدد الروحي للإمبراطورية الرومانية المنهارة...هذه وغيرها من النظرات التي ميَّزت فكر سوروكين المتأخر كانت على تعارض وتنافر مع الاتجاهات المذهبية الوضعية الليبرالية التقدمية العصرية النيوفرويدية النيوماركسية السائدة في سوسيولوجيا تلك الأيام، وهذا سبب رئيس لتجاهل كتابات سوروكين من قبل زملائه الأكاديميين، وقد وصف بعضهم سوروكين وكتاباته بدوستويفسكي علم الاجتماع. وكان ذلك شَبَهًا صحيحًا، حيث إن علماء الاجتماع الأميركيين اهتموا بنظرياته بقدر اهتمامهم بالأب زوسيما (في رواية الإخوة كارامازوف لدوستويفسكي أحد الأبطال هو الأب زوسيما الذي يحمل رؤية كونية شاملة يسميها الوجودية الإلهية أي تلك التي تؤمن بوجود الله عن طريق التجربة الذاتية الوجودية وليس عن طريق العقل أو الدين). وقد اجتذب سوروكين جمهورًا ضئيلًا متفرقًا مُشَتَّتًا بين عدد من الحقول المعرفية الأكاديمية والمهن غير الأكاديمية. وكنتيجة لذلك لم تتوصل نظراته إلى أن تكون ذات تأثير بين أقرانه يشابه أو يقرب من التأثير الذي أحرزه أمثال تالكوت بارسونز أو روبرت ميرتون أو إريك إريكسون أو إريك فروم.

من المؤكد أن كتابيه «الحراك الاجتماعي (1927) والنظريات الاجتماعية المعاصرة (1928)» ما زالا موضع استشهاد واستخدام في التدريس والبحث السوسيولوجي الأميركي والغربي عمومًا. لكن كتاب الديناميات الاجتماعية والثقافية، وكل ذريته اللاحقة، قد ضاع في دهاليز علم الاجتماع، فلا أحد يذكره أو ينتقده. لقد تم تجاهله بالكامل.

وعلى الرغم من ذلك فقد صمدت كتاباته مع الزمن واستمرت في حين أن كتابات النيوفرويدية أو النيوماركسية أو الوظيفية-البنائية، لمرحلة منتصف القرن العشرين، صارت هي المجهولة اليوم.

في العقود الأخيرة حصلت أحداث وتطورات هائلة دفعت مجددًا بآراء ونظريات سوروكين إلى واجهة الاهتمام. فمن سقوط الاتحاد السوفيتي وانهيار المنظومة الاشتراكية

وتفكك يوغوسلافيا السابقة، إلى الصحوة الدينية العالمية (الإسلامية والمسيحية والهندوسية والبوذية، كما غيرها)، إلى الحروب الأميركية الثقافية في الداخل (حول قضايا مثل الإجهاض، والصلاة العمومية في المدارس، والدعاية للوصايا العشر في الطرقات، والمثلية الجنسية، والولادات خارج الزواج، والاستنساخ، والتلقيح الصناعي، والمساكنة خارج الزواج، وألعاب القِمار الشرعية، وعصابات الراب، والطلاق السريع، وألعاب الفيديو العنيفة... وصولًا إلى استخدام الإنترنت في نشر الإباحية الجنسية وتجارة الجنس وغيرها)، وحروبها الثقافية في الخارج (من حروب الحضارات إلى الحملات «الصليبية» على «الإرهاب»، فإلى الإسلاموفوبيا الفاقعة في وسائل الإعلام والسينما)، إلى صعود العولمة الاقتصادية-التجارية-الاتصالية ومعها صعود الهويات الإثنية والدينية، وحتى القبلية والعشائرية المتصارعة المحاربة... كل هذه الأمور لم تكن ملحوظة أو متوقعة أو حتى مُفَكَّرًا فيها ومُنَظَّرًا لها في سوسيولوجيا القرن العشرين الكلاسيكية بجناحيها اليميني الليبرالي واليساري الماركسي.

وهنا تكمن عبقرية بيتيريم سوروكين.

فقد اختلف سوروكين مع النظرة الليبرالية العلمانية-الأصولية، كما اختلف مع النظرة الفرويدية والماركسية؛ وقدَّم مقاربة مختلفة حول طبيعة البشر والمجتمعات، لعلها أقرب إلى أن تكون مسيحية- أفلاطونية- مثالية، إلا أنها حملت بذور فهم سوسيولوجي وفلسفي عميق لعالم الثقافات ولتاريخ الحضارات ولمسيرة الإنسانية في القرن العشرين. وبتركيزه على أن روح الإنسان هي مطرح حوار ولقاء بين مستويات مختلفة من الواقع-الحقيقة، وعلى أن جزءًا من هذا الواقع- الحقيقة هو مافوق-عضوي ومافوق-حسي ومافوق-واعي، فإن سوروكين آمن بأن الروح هي نافذة نرى منها أُفقًا متساميًا من الوجود يختبره البشر على أنه مقدس ومطلق، وهذا الاختبار يحصل من خلال الصلاة والتأمل. ورأى سوروكين أن الله ليس مجرد موضوع اعتقادي أو إيماني، وإنما هو موضوع سعي وجودي على طريق التواصل بين الكائن البشري والمطلق (أو جدلية: أنا الإنسان/ أنت الله I/Thou = عنوان كتاب الفيلسوف مارتن بوبر الشهير). فيكون حضور الله/ المطلق ظاهرًا في لحظات أوج الصحوة الدينية والنعمة النورانية (الكشف حين يقذف الله نوره في الصدور كما عند الروحانية الصوفية من كل الأديان).

وقد آمن سوروكين أيضًا أن البشر كائنات دينية، بمعنى أن السعي إلى الاتحاد مع الله

هو فطرتها الصميمة، أي هو رغبتها الدفينة الحميمية حتى وهي لا تعي ذلك السعي أو تلك الرغبة، أو حين تكون منشغلة عن ذلك بأمور الدنيا الحسية المادية فتنسى أو تتجاهل تلك الرغبة الفطرية التي هي أعمق ما في عمق روح الإنسان. وهذا بالنسبة لسوروكين ليس مجرد اعتقاد إيماني وإنما هو ببساطة واقعة-حقيقة أمبيريقية؛ وإن نفي روحانية-غيبية الكائن البشري كما يفعل الدهريون العصريون يعني أن ننفي واحدة من أكثر الحقائق محسوسية ووضوحًا في الطبيعة البشرية.

وعلى قاعدة إيمانه بالطبيعة الروحية- الغيبية للبشر وبالطبيعة الفطرية- الإلهية للروح البشرية فإن سوروكين عارض القول العلماني/ الدهري بدوام الطابع الحسي- المادي للغرب المعاصر وبكون هذه الثقافة الحسية-المادية هي مستقبل العالم، وذلك في فترة لم يكن ليجرؤ فيها أي عالم اجتماع أو اقتصاد أو سياسة على قول ما قاله. وقال سوروكين أيضًا إن الحقيقة تبقى كالمِشعَب (Manifold)، أي ذلك الكل الجامع لعناصر ولمستويات مختلفة متنوعة متعددة، وإن طرائق العلوم الطبيعية والعلوم الوضعية الأخرى لا تضيء سوى جانب واحد أو بضعة جوانب من ذلك المِشعَب. والله عند سوروكين دائم الحضور، فهو حقيقة أبدية أزلية تمامًا، كما أن المادة والعقل هما على الدوام مؤقتا الحضور زمنيًا، أي أنهما حقيقة زمنية مؤقتة. وكلما نسي البشر هذا الأمر سيحصل ردة فعل تسعى إلى تصحيح أي نظرة أحادية عن الحقيقة كانت قد سيطرت على ثقافة ما. وسوروكين يلتقي هنا مع ألكسيس دوتوكفيل الذي كان يعتقد بأن ردة الفعل تجاه الاهتمام الزائد بالأمور الحسية المادية ستؤدي مع الوقت إلى حركة تعويضية موازية عند أي شعب غارق في المادية والسعي خلف السعادة المادية المؤقتة، مثلما كان عليه الشعب الأميركي أيام زيارته لأميركا. وقد وصف دوتوكفيل في كتابه الشهير عن أميركا الاجتماعات الجماهيرية التي كان يعقدها معسكر الإحياء الديني غرب مدينة نيويورك، وكانت غريبة على الفرنسي يومذاك وهو القادم من الثورة العلمانية، على العكس من البريطاني ربما الذي عرفت بلاده انطلاقة تلك التقاليد البروتستانتية الأصولية الإحيائية. يقول دوتوكفيل إنه على الرغم من أن الرغبة في الحصول على السلع والكماليات المادية هي العشق الحقيقي للشعب الأميركي، إلا أن انفجارات روحانية تحصل مرارًا وتكرارًا، حيث تنطلق روحهم فجأةً ضاربةً القشرة المادية التي تأسرهم وباحثةً بشغف وعنف عن الجنة الغيبية. وفي كل ولايات أميركا -ولكن في الغرب الأقصى على الخصوص- تجد

المبشرين الجوالين في كل مكان وهم يقيمون معسكرات التبشير بكلمة الله، حيث تتقاطر إليهم الحشود من عائلات بكاملها: الشيوخ والنساء والأطفال، وعبر الحقول والأودية والصحاري والغابات تراهم يأتون من كل فج وعميق ليستمعوا إلى تلك الخطابات الوعظية التبشيرية، وينسوا لأيام بلياليها كل أعمالهم وحتى أبسط الاحتياجات الجسدية. وفي كل مكان من أميركا ترى نفسك أمام رجال تملؤهم روحانية متوحشة متعصبة بالكاد نجد مثلها في أوروبا. ثم يشرح دوتوكفيل لماذا تحصل مثل تلك الانفجارات الروحانية وسط شعب مثل الشعب الأميركي مشغول كثيرًا بالأمور الدنيوية، فيقول إنه ليس الإنسان هو من زرع داخل ذاته ذوق ما هو غيب مطلق وحب ما هو خالد أبدي... فهذه الغرائز النبيلة السامية ليست من نتاج إرادته النزوية، إنما أساسها الثابت متأصل متجذر في الطبيعة البشرية وهي موجودة فيه برغم أنفه... قد يستطيع أن يتجاوزها أو أن يشوهها ولكنه لا يستطيع تدميرها وإلغاءها... وللروح حاجات يتوجب تلبيتها... ومهما كانت الآلام والمشاق اللازمة لشغل الروح عن نفسها فإنها لا بد وأن تقلق وتضطرب وتهتاج برغم تسليات الحواس. فلو أن ملكات وقدرات الغالبية العظمى من البشر كانت مركزة صوب تحصيل الأشياء والسلع وإشباع الحاجات المادية فقط لأمكن التوقع بأن ردة فعل هائلة ستحصل في روح بعض الناس... وسيلقون بأنفسهم بالمقابل في السعي الروحاني الغيبي والصوفي خوف البقاء في أسر وقيود الجسد. لذا فإنه ليس مستغربًا أن نجد وسط جماعة مأخوذة بالدنيا وأشيائها قلة من الأفراد ينظرون صوب الغيب. ويختم دوتوكفيل قائلًا إن ما دمر روما ليس المجازر والاضطهادات كما شاع، وإنما الحضارة المادية الغارقة في الشهوانية والكماليات الحسية ومعها الفلسفة الأبيقورية اليونانية[1].

وقد آمن سوروكين بأن المجتمع الحسي المادي المعاصر قد آن أوان تغييره منذ زمن طويل. ومع أنه لم يعش ليرى هذا التغير إلا أنه لم يكن ليندهش لو أنه رأى ما رأيناه منذ ثلاثة أو أربعة عقود، وما زلنا نراه اليوم، من صحوة دينية وإحياء أصولي في أوساط الشباب

(1) *De La Démocratie en Amérique,* Alexis de Tocqueville, en 2 volumes, GF Flammarion, Paris, 1981, vol II, Deuxième Partie, Chapitre XII: « Pourquoi certains Américains font voir un spiritualisme si exalté». pp.169-170.

Democracy in America, Alexis de Tocqueville, trans. Henry Reeve, vol. II, Second Book, Chapter XII, (Vintage Books, 1945).

المسيحي واليهودي والمسلم والهندوسي والبوذي وغيرهم، وفي كل الأماكن والمجالات التي وقعت تحت سيطرة الغرب الدهري أو كانت خاضعة لهيمنة الدول الماركسية. ولعله لم يكن ليندهش أيضًا لرؤية تلك الحرب الثقافية الأميركية الداخلية والخارجية. فبحسب النظرية السوروكينية فإن كل هذه المساجلات الثقافية الأميركية إنما تنم عن وجود صراعٍ بين أيديولوجية فردانية حسية حديثة وبين قيم مجتمعية دينية روحانية غير مادية تنتمي إلى ثقافة مسيحية متكاملة سابقة على زمن العلمانية، تعود اليوم لتؤكد نفسها بعد عقود على أُفولها. إن عودة القيم العائلية المحافظة الدينية في أميركا اليوم هي أمر تنبأ به سوروكين منذ أكثر من خمسين عامًا في زمن كان فيه معظم علماء الاجتماع يرى أن لا بأس على العائلة وأن الحداثة والتغير الثقافي والقِيَمي المرافق لها، لم تضر بالعائلة وبقيَمها. ويكفي أن نتذكر في هذا المجال كتابه الشهير بعنوان «ثورة الجنس الأميركية» والذي صدر في منتصف القرن العشرين، وحمل رؤية سوسيولوجية تنبأت بالطريق الذي سلكه وما زال يسلكه الغرب، وهي حملت تحليلًا للواقع الاجتماعي الأميركي والأوروبي تناول تغيُّر العادات والقِيَم والنظرات حيال الجنس في الغرب... وهو تحليل ما زال صحيحًا لا بل أكثر من صحيح اليوم وبعد ستين عامًا على صدور الكتاب[1].

وإلى جانب تحليله لأُفول الثقافة الحسية-المادية الغربية (في أميركا تحديدًا) ولظاهرتي صعود الأصولية الدينية الإحيائية في العالم، وصعود تيار اليمين المسيحي المحافظ في أميركا، فإن سوروكين كان أول من عرَّف معنى «صِدام الحضارات» الذي تطور بعد تفكك الاتحاد السوفيتي وانهيار الثنائية القطبية التي كانت تحكم العالم. فبعد سقوط الشيوعية توقع الكثيرون -خصوصًا من علماء السياسة والاقتصاد والاجتماع في الغرب- أن الصراعات الرئيسية القديمة بين الأمم والدول والشعوب سوف تخف وتهمد طالما أن الجميع سيأتي صاغرًا لتبني النموذج الغربي العلماني الرأسمالي الليبرالي الديموقراطي في الحكم والإدارة. هذه كانت نظرية نهاية التاريخ التي قالت بانتهاء الحروب الأيديولوجية بين رأسمالية وشيوعية أو بين يسار ويمين. ولم يكن أحد من الماركسيين أو الليبراليين ليتصور أن العالم سيشهد مرحلة حروب الهوية الثقافية الإثنية والعرقية والدينية والمذهبية واللغوية، وأن مصادر ومنابع جديدة للصراع ستولد بعد انتهاء الحرب الباردة وستطبع الوضع الدولي الجديد برمته.

---

(1) *The American Sex Revolution* by Pitirim A. Sorokin (Boston: Porter Sargent, 1956).

ولعلهم لم يتذكروا قول المسيح «ليس بالخبز وحده يحيا الإنسان»... فحروب اليوم تتمحور حول القيَم المطلقة والهويات الثقافية والمعاني الدينية، وهي أسباب كانت موجودة أصلًا -ومنذ كان الإنسان- إلى جانب الأسباب الاقتصادية والسياسية والجغرافية وغيرها. وقد سبق سوروكين صموئيل هانتغتون حين تحدث عن صدام الحضارات. ذلك أن سوروكين الذي فهم تمامًا الديناميات الثقافية وحَلَّلَها وشرحها لم يعتبر «صِدام الحضارات» ظاهرة جديدة في عالمنا، بل هو قال بأنها كانت أصلًا سمة تاريخية وجدت منذ القديم، وحتى على مستوى مرحلة القبائل والعشائر وقبل مرحلة الإمبراطوريات والدولة/ الأمة. ودراسته النسقية للحرب في الغرب وفي العالم، ومطالعاته للمواد الأنثروبولوجية والإثنولوجية حول المجتمعات القبلية القديمة، أقنعته مبكرًا، ومنذ الثلاثينيات من القرن العشرين، أن الانقسامات و«الحدود الثقافية الدامية» بين الشعوب والأمم هي أمور من الصعب حلها، وهي مصدر خطير من مصادر انعدام الثقة وسوء الفهم وانقطاع التواصل، ما يؤدي غالبًا إلى حروب الإبادة والتطهير العرقي.

ولعل سوروكين لم يكن ليفاجئه كيف انقسم الوضع الدولي بعد سقوط الاتحاد السوفيتي. فهو تنبأ نوعًا ما بما عُرف لاحقًا باسم صِدام الحضارات.

يكتب سوروكين في أعقاب الحرب العالمية الثانية: «نجد في الدراسات الأنثروبولوجية وتلك المختصة بمجتمعات ما قبل التاريخ مَعِينًا لا ينضب من الأمثلة عن حالات حروب سببها التقاء قبيلتين كانتا سابقًا في عزلة عن بعضهما البعض. فحين تكون قيمهما الأساسية مختلفة ينتج حتمًا عن التقائهما حالة حرب. ونفس الشيء نجده في المجتمعات التاريخية. ذلك أن جزءًا مهمًّا من حروب هذه المجتمعات حصل بالضبط حين التقى مجتمع بمجتمع آخر للمرة الأولى، أكان ذلك بسبب الهجرة أو التوسع أو الاستعمار. كانت الحروب دائمًا هي النتيجة الحتمية لهذا الالتقاء؛ أكانت حروبَ دفاعٍ أم هجومًا، سوءَ فَهْمٍ أم إخضاعًا أم استعمارًا.... حتى حين لم تكن تلك المجتمعات لتملك وعيًا بأهداف عسكرية لها. هكذا كان الحال في تاريخ مصر وبابل والصين وفارس واليونان وروما وأوروبا والأميركيتين... حين التقى المصريون بالنوبيين أو بالفلسطينيين أو بالهكسوس أو بغيرهم من الجماعات التي تملك قِيَمًا مخالفة، كانت الحرب حاضرة كنتيجة لهذا الالتقاء. وإبان قيام اليونانيين باستعمارهم السلمي واجهوا حروبًا أكيدة مع الشعوب والمجتمعات الأخرى التي التقوا بها.

ونفس الأمر ينطبق على المقدونيين والرومانيين خلال تاريخهم المعروف. ذلك أن توسع هاتين الإمبراطوريتين كان يعني الالتقاء بمجتمعات أخرى تملك أنساق قيم أخرى/ مختلفة. وقد استمرت الحروب حتى تم القضاء على طرف أو إخضاعه أو حتى صارت أنساق قِيَمه متناغمة منسجمة مع النسق الغالب. ونفس الشيء حصل حين التقى الغرب بالشرق: حين التقى الإسبان الغزاة أو الحجاج بالأميركيين سكان البلاد الأصليين. وهكذا دواليك على امتداد الحروب الاستعمارية المستمرة منذ القديم»[1].

ويشرح سوروكين لاحقًا أن الاتصال (Contact) بين الشعوب المختلفة قد يسهل قيام عداوة كبيرة وحرب أكيدة، إلا أنه ليس الاتصال بحد ذاته هو العامل الحاسم. فالاتصال والتواصل والتفاعل بحد ذاتهم ليسوا مبعث حرب أو سلام. فالتواصل المجتمعي الداخلي والتفاعل بين المجتمعات، لا يقودان بذاتهما إلى الحرب لو لم تكن أنساق القيم الحاكمة في تلك المجتمعات متنافرة غير قابلة للتمازج. فسبب الحرب يكمن هنا في حين أن التواصل المجتمعي والتفاعل هما من العوامل المساعدة المسهلة ليس إلا. فالعلاقات العدائية المؤدية إلى الحرب هي نتاج اندماج عاملين: الاتصال الطويل الأمد مع وجود تنافر أساسي أصلي في أنساق القيم الخاصة بالشعبين أو المجتمعين. ويؤكد سوروكين أن تمازج هذين العاملين يفسر إلى حدٍّ ما كيف أدى الانتشار السريع للاتصال والتواصل بعد القرن الثالث عشر إلى المزيد من الحروب على هذا الكوكب. ذلك أن الوسائل التقنية الجديدة للاتصال والتواصل والمواصلات قد وضعت وجهًا لوجه أعدادًا متزايدة من القبائل والجماعات والأمم والإمبراطوريات، وأدى ذلك إلى تصعيد وتوتير التنافر أو عدم التوافق بين أنساقها القيمية الخاصة[2].

ولعل سوروكين كان سيجد الصدام الحالي بين الإسلام والغرب أكثر من حتميٍّ من الناحية النظرية، طالما أن العولمة المتسارعة والمتزايدة للعلاقات الاقتصادية بين المجالات الحضارية الإسلامية والغربية- المسيحية قد وضعت نسقين قيميين متنافرين جذريًّا في مواجهة حتمية مع بعضهما البعض. ولعل التناقض أو التضارب القِيَمي بين الثقافتين هو

(1) *Society, Culture, and Personality: Their Structure and Dynamics,* by Pitirim A. Sorokin (New York: Harper and Brothers, 1947),p.509.

(2) المرجع السابق نفسه، ص509.

في العصور الحديثة أشد وأدهى مما كان عليه أيام الفتح الإسلامي أو الحملات الصليبية. فبحسب سوروكين فإن الصدام اليوم هو بين: 1- ثقافة حسية مادية متقدمة للغاية، كانت مسيحية فيما مضى وتحولت إلى دَهرية تحمل بداخلها كل عناصر الانحطاط بما فيها من مادية مطلقة العِنان، ولامبالاة دينية، وهوس جنسي، وإدمان مخدرات، وانهيار للعائلة، ووجود آباء عازبين، وجنوح محلق للشبيبة، ناهيك عن ضعف أو انهيار الإبداع في الموسيقى والرسم والأدب والفن عمومًا.

2- ثقافة تصورية-معنوية-روحانية تحجرت وجمدت في الزمن فَفَقَدَتْ الإبداع الذي عرفته في مرحلة سابقة من تاريخها المميز بإنجازاته في الفلسفة والأدب والعلوم والهندسة المعمارية... ومن الصعب أن نتصور تنافرًا أكبر من هذا التنافر.

ولكن سوروكين كان سيختلف مع استنتاجات هانتنغتون وأتباعه في عدة نقاط، لعل أهمها وأكثرها حدة هو أن سوروكين كان يشدد على أن الثقافات والحضارات ليست كيانات جامدة محنطة، وإنما هي تتطور وتتغير. وهذا التطور والتغير يجري ببطء حينًا وبسرعة رهيبة في أحيان أخرى. وبحسب سوروكين فإن التغير هو الثابتة الوحيدة في تاريخ البشر. ونظريته حول الديناميات الثقافية والتي تصير فيها الحقيقة المتكاملة المتوازنة هي الغاية-النهاية (بالمعنى الفلسفي) المنسية خلال السيرورة التاريخية، ستقوده إلى نتائج أكثر تفاؤلًا وإنسانية من تلك التي استخلصها من يقولون بأن صدام الحضارات شيء حتمي ولامتناه.

ونظرة سوروكين إلى الصدام الحالي بين الإسلام والغرب ستنبع بلا شك من اعتباره أن الثقافتين تجدان نفسيهما اليوم في خط نهاية تطور مراحلهما الحسية والروحانية، وإنهما من ثَمَّ مقبلتان على تغير في اتجاههما (بحسب نظريته). فالنمط الوهابي-الطالباني من الأصولية الإسلامية يبقى بعيدًا جدًّا عن هدف التوازن التكاملي (بحسب سوروكين) تمامًا كما المجتمعات الأوروبية ما بعد المسيحية ذات الثقافة المادية الحسية الأحادية الاتجاه. والثقافتان تستدعيان التصحيح بحسب نظرية سوروكين في التغير الثقافي: المجتمعات الإسلامية في اتجاه تطور مادي-حسي (خصوصًا في مجالات العلوم والتكنولوجيا والإنتاجية الاقتصادية والحكم الديموقراطي)، والثقافات الغربية المادية-الحسية في اتجاه تغير روحاني-معنوي(يشمل استقرارًا أكبر للعائلة وقيمها، وضبطًا أكبر للذات الفردية، وتوجهًا أكثر لقيمها الثقافية صوب الله).

ولو أن سوروكين كان حيًا اليوم لكان حمل من دون شك أملًا أخلاقيًا طوباويًا وعملًا علميًا بحثيًا، في حصول تقارب سياسي وثقافي بين الإسلام والغرب. ولعله كان سيعطينا مثال العلاقات بين الغرب والعديد من الثقافات في الشرق الأقصى، حيث تسود العلاقات الودية وربما التجارية العملية. وقد كان سوروكين من أكبر المعجبين بالكونفوشيوسية التي قال عنها في «الديناميات الاجتماعية والثقافية»: «إنها خير من يجسد الشكل المختلط من الثقافة المادية- الروحية، فهي متحررة من عناصر الزهد والنسك ولكنها في نفس الوقت نسق يمزج بين الروحاني- الفكري، والمادي- الحسي وهدفها الأساس الإشارة إلى الوسائل الأمبيريقية المؤدية إلى حفظ التوازن والانسجام... وهي تدعو إلى إعلاء شأن الحاجات الحسية المادية المهمة ولكن بالقسط والعدل، أي بدرجة معقولة متوازنة، ومع وجود حدود ضرورية تفرضها الواجبات الاجتماعية والخير العام وأوامر السماء... وكل سمات الكونفوشيوسية الأخرى المميزة لها نجدها في نسق الوسائل التي تسهل عملية تحقيق هذا الهدف»[1]. وقد كان الإعجاب بالنموذجين الياباني والصيني في النهضة الحضارية المتوازنة أمرًا غالبًا في كتابات النهضويين المسلمين في أواخر القرن التاسع عشر، أمثال جمال الدين الأفغاني ومحمد عبده ورشيد رضا وشكيب أرسلان[2].

وبحسب سوروكين فإن الكونفوشيوسية تملك نفس نقاط قوة التوازن التكاملي التي امتلكتها مدرسة توما الأكويني والمدرسة الأرسطية. والتطبيق الفعلي لمقولة سوروكين نجده بالطبع عند تلك المجتمعات الآسيوية المعاصرة التي جسدت الكونفوشيوسية قولًا وعملًا، فجمعت بين الحداثة في الاقتصاد والتطور التكنولوجي والصناعي من جهة، والمحافظة في مجال القيم الروحية والتضامن المجتمعي وتماسك العائلة من جهة أخرى. ولم يكن سوروكين ليؤمن بالذوبان الثقافي أو بتذويب الثقافات في ثقافة واحدة عالمية، وإنما هو شدد على وجود خصوصيات مميزة لكل ثقافة، وعلى أن كل ثقافة تنمو وتتطور من خلال دينامياتها الداخلية الخاصة (على الرغم من أن الأحداث الخارجية قد تسهل أو

---

(1) الديناميات... مرجع سابق، ص50.

(2) انظر كتاب «حاضر العالم الإسلامي»، تأليف لوثروب ستودارد، ترجمة عجاج نويهض، تعليقات الأمير شكيب أرسلان، أربعة أجزاء في مجلدين كبيرين، الطبعة الثالثة، دار الفكر، دمشق وبيروت، 1971. وانظر خصوصًا كتاب الأمير شكيب أرسلان الشهير «لماذا تأخر المسلمون ولماذا تقدم غيرهم؟»، الطبعة الثانية، منشورات دار مكتبة الحياة، لا تاريخ. ولطبعة أحدث انظر: الدار التقدمية، بيروت 2010.

تؤخر عملية النمو هذه). ولذا فإنه ما كان ليدعو لأن تتخذ المجتمعات الغربية أو الإسلامية طريق الكونفوشيوسية أو أن تنتظر الخلاص من الشرق، وإنما كان ليقول بأن المجتمعات الغربية والإسلامية تمتلك كلٌّ منها نماذج قديمة من التوازن التكاملي قد تكون مناسبة لرسم طريق المستقبل خارج إطار النظرة الأحادية التي وقعت تلك المجتمعات ضحية أحد حديها القصويين.

لقد كان سوروكين تفاؤليًا في السنوات الأخيرة من عمره، إذ إنه آمن بأن الدمار والخراب الكبيرين اللذين سببتهما حربان عالميتان في القرن العشرين سيلحقهما ولادة تدريجية لمجتمع كوني يكون فيه التوازن التكاملي هو أمر اليوم. والقيادة في هذا التطور لن تكون فقط للغرب وإنما ستأتي أيضًا من آسيا وأميركا اللاتينية، ومن أجزاء أخرى من الكوكب. وعلى العكس من المنظِّرين التشاؤميين لصدام الحضارات أمثال هانتنغتون الذي حاول التقليل من إمكانيات التقارب والتعاون الثقافي، فإن سوروكين كان قد أكَّد بأن الثقافات ليست ثابتة جامدة، وأن البشر ليسوا أسرى التقاليد التي لا تتغير، وأن سيرورات التعلم تحصل في كل مكان، وأن معظم الشخصيات التي كان لها أكبر الأثر في تشكيل الحضارات الكبرى على الأرض (أمثال أشعيا ويسوع وماهافيرا وبوذا والغزالي وباتانجالي وكونفوشيوس وفرنسيس الأسيزي ولاو تزي والحكماء الهنود والقديسين والصوفيين) حملت رسالة إنسانية أممية تتجاوز انقسامات وصراعات الإثنيات واللغات والأديان والمناطق والجهات والثقافات. ومعنى الوفاء لأفضل ما في تراثاتنا الثقافية يكمن في تجاوز الانتماءات الثقافية الضيقة والحساسيات السياسية الخاصة. إن منظرِّي الصدام الحضاري قد نجحوا بنظر سوروكين في الإمساك بجزء من الحقيقة، إلا أنهم فشلوا في اكتشاف إمكانيات التغيير الثقافي الإيجابي والديناميكي من داخل الحضارات نفسها، كما أنهم فشلوا في معرفة الموارد الإيجابية التي تمتلكها كل حضارة على شكل عناصر مخصوصة في تقاليدها وتراثاتها تشير وتقود إلى إنسانية أممية. إن هؤلاء المنظرين يصفون أنفسهم بالواقعيين إلا أنهم يتجاهلون القدرات الإنسانية الكامنة لدى البشر نحو التقارب والتعاون والعدالة والسلام، والتي هي جزء من حقيقة البشر، مثلها في ذلك مثل الحرب والنزاع. إن تركيز هؤلاء على الجانب السلبي في الطبيعة البشرية يجعلهم بنظر سوروكين الورثةَ الحقيقيين لثقافة حسية مادية آفلة. وخلال التاريخ البشري كله يقول سوروكين -في آخر كتاباته-: كانت «سُبل الحب وقوته» أكثر واقعية

وحقيقة وربما أكثر نجاحًا أحيانًا من سُبل الحقد وقواه الغاشمة[1]. إن التحدي الحقيقي في زماننا اليوم يكمن (وبحسب سوروكين) في جود أقليات- نخب مبدعة، أي وجود قادة ومفكرين وعلماء مبدعين يسهمون في جسر الهوة الثقافية السحيقة التي تفصل بين شعوب الأرض... وعلى طريق الارتفاع بالإنسانية في اتجاه ما هدف له المعلمون الأخلاقيون الكبار في تاريخنا البشري. هؤلاء المعلمون الذين قال عنهم سوروكين إنهم موجودون في كل الحضارات الكبرى، وقال إننا نتجاوز انقساماتنا الثقافية في حال اتبعنا تعاليم أكبر وأعظم القيَم الأخلاقية في ثقافة كل منا...

7- بيار بورديو[2] ومقاربته للدين والمنظمات الدينية

المقالات أو الدراسات التي خصصها بورديو للدين قليلة أو نادرة، ناهيك عن عدم تخصيص أي من كتبه للموضوع الديني، مقارنة بما كتبه عن سوسيولوجيا الفن والثقافة والتربية والتعليم والسلطة والبؤس الاجتماعي...إلخ، ومن ثَمَّ فإن سوسيولوجيا الأديان كانت هامشية في جميع أعماله المنشورة أو اهتماماته. إلا أن بعض أهم مصطلحات بورديو نجدها موروثة من اجتماعيات الأديان. فمصطلح «الإيمان المعتقدي الجامد» Doxa، أو الاعتقاد، وهو الحاضر في كل «حقل»، يأتي من إميل دوركهايم ومارسيل موس[3]. وهو يعني ما هو مقبول ومتعارف عليه وفطري وعفو الخاطر، أي ما يقال من دون حاجة إلى تفكير مسبق فيه أو إلى تبرير أو تساؤل، ومن ثَمَّ فالدوكسا هي بِنى ذهنية قبلية تحدد للمرء سلوكه الاجتماعي وما هو مناسب أو غير مناسب لموقعه الاجتماعي... وهي في مقابل «الرأي» الذي يقع ضمن مجال ما يمكن مناقشته ومعارضته في العلن[4].

---

(1) *The Ways and Power of Love: Types, Factors, and Techniques of Moral Transformation* by Pitirim A. Sorokin (Boston: Beacon Press, 1954.

(2) هذا القسم تلخيص لمحاضرات سعود المولى في معهد العلوم الاجتماعية. الجامعة اللبنانية. بيروت. دبلوم الدراسات المعمقة. 1997-2000.

(3) Erwan Dianteill. *Pieree Bourdieu et la Religion*. Archives des Sciences Sociales des Religions., 2002,118 (avril-juin) 5-19.

(4) Pierre Bourdieu. 1979. *La Distinction. Critique Sociale du Jugement*. Paris: Les éditions de Minuit. Page 549.

وحتى مفهوم «الحقل»[1] نفسه يعترف بورديو بأنه جاء نتيجة التقاء بين أبحاثه التي كان بدأها مطلع الستينيات حول سوسيولوجيا الفن، وبين التعليق الذي كتبه ماكس فيبر في الفصل المخصص للسوسيولوجيا الدينية في كتابه «الاقتصاد والمجتمع» (Wirtschaft und Gesellschaft). يقول بورديو: «بنيت مقولة الحقل ضد فيبر ومع فيبر في آن معًا، وذلك بالتفكير في التحليل الذي اقترحه للعلاقات بين الكاهن والنبي والساحر»[2]. كما أن مصطلح «الهابيتوس» خطر له [3]عند قراءته كتابًا عن فن العمارة القوطي واللاهوت السكولائي[4].

ولذا فإن أعمال بورديو من هذه الزاوية هي شبه سوسيولوجيا أديان «معممة»، من حيث إن الدين يقدِّم بطريقةٍ باراديغميةٍ خصائصَ مشتركةً مع كل حقول النشاط الرمزي[5].

كما أن بورديو كان كتب نصًّا مهمًّا عنوانه «ولادة الحقل الديني وهيكليته»[6] يرى فيه أن هناك 3 نظريات سوسيولوجية كبرى حول الدين تجسدها أسماء ثلاثة: ماركس، فيبر، ودوركهايم. ولكنه يتوقف أكثر عند إسهام دوركهايم، حيث يعتبر أن كتابه «الأشكال الأولية للحياة الدينية» أوضح بأن سوسيولوجيا الدين يجب أن تكون بُعدًا من أبعاد سوسيولوجيا

---

(1) رفض بورديو تصور ماركس للمجتمع كوحدة متكاملة منسجمة تعيش حالة من الصراع الأبدي بين طبقاته، بل فضل تقسيم المجتمع إلى حقول لها استقلالها النسبي ومنطقها الخاص بها، بعيدًا عن كل النزاعات المختزلة للوقائع والحقائق الاجتماعية: الحقل السياسي، والحقل الاقتصادي، والحقل الثقافي.. فالحقل عند بيار بورديو ليس مجرد تمثل ذاتي أو بناء نظري للعالم، بل على العكس من ذلك إذ إن له وجودًا واقعيًّا ماديًّا، تعكس صورته المؤسسات التي تعبر عنه وتحدد كيانه، لكن ليس بعيدًا عن مجموعة من الفاعلين الاجتماعيين الذين يعتبرون بمثابة عملاء قبلوا استثمار ذواتهم وإمكاناتهم المادية والمعنوية داخل حقل معين، بل أكثر من ذلك سمحوا لأنفسهم بأن يتعرضوا لشتى أنواع المنافسة والصراع لكن ليس بصورة مادية بل بصورة رمزية... الحقل هو نسق اجتماعي مستقل نسبيًّا يتفاعل داخله الفاعلون ضمن قيود يحددها توافق داخلي حول المصائر والخيارات. يحكم الحقل منطقه الداخلي الخاص به (الدوكسا) وينمي داخله مختلف أنواع الرساميل. هذه الرساميل تساهم في زيادة قوة الفاعلين في الحقل ومن ثَمَّ فهي أدوات مفيدة لتراتبية الهيكل الاجتماعي داخل الحقل...

(2) Pierre Bourdieu, *Choses dites*. Les Éditions de Minuit. Collection «Le sens commun», Paris 1987. P.33, p.63.

(3) المرجع السابق نفسه، ص 23.

(4) Erwin Panofsky. *Gothic Architecture and Scholasticism* (1951).

(5) Erwan Dianteill, Pieree Bourdieu et la Religion. op. cit.

(6) Pierre Bourdieu, «Genèse et structure du champ religieux», *Revue Française de sociologie*, 1971, vol. XII, no 2, pp. 295-334. P295.

المعرفة. فالدين هو وسيلة تواصل كما هو وسيلة معرفة، فهو يسمح بحصول توافق حول معنى الرموز ومعنى العالم. ولذا فإن وظيفته هي وظيفة الدمج المنطقي والاجتماعي للتصورات الجمعية وخصوصًا لأشكال التصنيف الدينية[1]. أما الإسهام الفيبري فهو برأي بورديو إسهام حاسم؛ لأنه سمح بالتفلت من الخيارات العقيمة ما بين نزعة ذاتية دينية ونزعة اختزال ماركسية[2]. ومن فيبر جاءت فكرة أن سوسيولوجيا الدين هي بُعد من أبعاد سوسيولوجيا القوة: ينبغي ربط الخطاب الديني/ الأسطوري بالمصالح الدينية لأولئك الذين ينتجونه والذين ينشرونه والذين يتلقونه. وبحسب بورديو -قارئًا فيبر- فإن هناك سيرورة ولادة تاريخية لفئات المختصين/ المحترفين الدينيين (الكهنة/ رجال الدين)، وهذا ما يشكل أساس الاستقلالية النسبية للحقل الديني. وهؤلاء المحترفون الدينيون لديهم استراتيجيات للاستحواذ على احتكار الإكراه البيروقراطي الهرمي لسلع الخلاص. فيتبدَّى الحقل الديني من ثَمَّ كما لو أنه نظام كامل لعلاقات التنافس والانتقال بين مواقع الفاعلين الدينيين[3].

ويأخذ بورديو من ماركس مقولة الأيديولوجية بوصفها «تحويرًا للعلاقات الاجتماعية إلى علاقات مافوق طبيعية أي مندرجة في طبيعة الأمور ولذا فهي مبررة»[4]. يلعب الدين وفق هذا المنظور وظيفةً سياسيةً تتمثل في الحفاظ على النظام الاجتماعي.

في كتابه «الحس العملي» وهو المرجع الأساس لخلاصة دراسات بورديو الأنثروبولوجية يصدمنا عدم وجود أي إشارة إلى الدين، وإنما إلى الطقوس والسحر ومؤسساته بوصفه حالة مخصوصة من السلطة الرمزية[5]. لا بل إن كلمة دين لا توجد في فهرست الموضوعات والمصطلحات[6] في الكتاب.

---

(1) Erwan Dianteill, Pieree Bourdieu et la Religion. op. cit.

(2) Pierre Bourdieu, « Une interprétation de la théorie de la religion selon Max Weber», *Archives européennes de sociologie*, 1971b, vol 12,. 3-21. P1.

(3) المرجع السابق نفسه.

(4) Pierre Bourdieu, «Genèse et structure du champ religieux», *Revue Française de sociologie*, 1971, vol. XII, no 2, pp. 295-334. P300.

(5) Erwan Dianteill, Pieree Bourdieu et la Religion. op. cit.. p.7.

(6) Pierre Bourdieu, *Le Sens pratique*, Paris, Éditions de Minuit, 1980., pp. 469-475.

وبالإجمال فإن ما يهتم به بورديو في أعماله الأنثروبولوجية هو الشروط الاجتماعية لفاعلية الطقوس والشعائر، بمعزل عن وجود حقل اجتماعي، إذ يعتبر بورديو أنه لم يتشكل في مجتمع القبائل الجزائري.

ويتابع بورديو على خطى فيبر حين يستخدم تحليله للعقلنة الحديثة، فيرى أن التغيرات التكنولوجية والاقتصادية والاجتماعية التي حدثت بالارتباط مع التطور المديني -كما مع تقدم عملية تقسيم العمل وظهور التقسيم ما بين عمل ذهني وعمل مادي- هي في الأساس ولادة لمساقين متلازمين، واحد ذاتي والآخر موضوعي، ويتمثلان بتشكل حقل ديني شِبه مستقل من جهة[1]، وبسيرورة عقلنة وتطبيع للمعتقدات والممارسات والتصورات الدينية من جهة أخرى.

وكما عند فيبر يؤكد بورديو أن الامتلاك الفردي الاستقلالي للسلوكيات الدينية يتعزز عند الفلاحين، في حين أن التمدين يشجع على عقلنة وتطبيع الحاجات الدينية. كما أن التمدين يشجع على ولادة طبقة من المتخصصين المحترفين في سلع الخلاص.. وبكلمات بورديو فإن تشكيل الحقل الديني يتلازم مع نزع الرأسمال الديني من يد العلمانيين لصالح هيكل من المختصين الدينيين ينتجون ويعيدون إنتاج مدونة منظمة عن عمدٍ من المعارف السرية.

والفكرة المركزية في مقاربة بورديو للدين هنا هي تصوره ومفهومه للحقل الديني الذي يتضمن العناصر المفاهيمية التالية: أن الدين هو مجموعة من «الممتلكات» الرمزية تنتمي إلى مجال المقدَّس (تأثير دوركهايم: الفصل بين المقدَّس والمدنَّس). على هذه الممتلكات هناك سلطة تعريف، وإنتاج وإعادة إنتاج، يمارسها جماعة من المتخصصين في المقدَّس (تأثير دوركهايم وفيبر: التقسيم الاجتماعي للعمل). هذه السلطة تؤدي داخل الحقل الديني إلى نشوء هرمية قائمة على أساس السلطة/ المعرفةفي تعريف ما هو الجيد في المعتقدات للأخذ به. والنتيجة الأولى لذلك هي أنه داخل الحقل الديني سيكون هناك دومًا تمييز بين المتخصصين وغير المتخصصين في أمور المقدس (العلمانيون) (التأثير المسيحي حيث الفصل بين رجل الدين والعلماني). وبحسب بورديو فإن هؤلاء العلمانيين يخضعون لعملية فرض «هابيتوس» من الطقوس والشعائر والذهنيات تسمح من جهة بضمان الشرعنة الداخلية

(1) من سمات هذا الحقل إنتاج وإعادة إنتاج وتوزيع السلع والخدمات الدينية، والتعقيد المؤسساتي المتصاعد.

للحقل الديني، ومن جهة أخرى تعطي الأفراد نسقًا من الأمارات والعلامات غب الطلب، حالة بحالة، لتفسير «كيف نؤمن خلاص الروح» وكيف «ننجح في الحياة». إن هذا التمييز الداخلي في الحقل الديني يحمل في طياته نزاعية كامنة تتجسد على سبيل المثال حين تحاول مجموعة من غير المتخصصين في المقدس، وفي خيار مغاير لسلطة المتخصصين في المقدس، أن تُعرِّف/ تحدد الرأسمال الرمزي الذي يكون في الأثناء قد تغلغل وانتشر في الحقل الديني[1].

وقد انتقدت دانيال هيرفيو-ليجيه مقاربة بورديو لجهة أن إشكالية الحقل الديني مفيدة ومثمرة لتطوير تحليل الصراعات على امتلاك التراث الشرعي خصوصًا داخل الكنائس والطوائف المسيحية. ولكن من الصعب تطبيقها على اليهودية والإسلام على سبيل المثال، حيث إن الانقسام بين رجال الدين والعلمانيين ليس له الطابع الشكلي نفسه. كما أن هذه المقاربة لا تمتلك أي إمكانية لفهم اتجاهات وتيارات في الحداثة العلمانية يتم في داخلها إنتاج وتوزيع ممتلكات رمزية-دينية تخرج شيئًا فشيئًا عن سلطة التدبير والرقابة المؤسساتية الرسمية[2].

كما انتقد يورغن هابرماس[3] الرؤية الفيبرية-البورديوية من حيث أن أطروحة العلمنة كانت تقوم على افتراض أن «نزع القداسة» عن العالم يرتكز إلى رؤية علمية يمكن من خلالها تفسير كل الظواهر علميًا. وهذه الرؤية استبطنت حتمية قيام تقسيم اجتماعي للعمل (تصنيف مجتمعي) بين وظائف متخصصة يصير فيها الدين مسألة فردية شخصية. كما استندت على دعوى تحول المجتمع من مجتمع زراعي إلى وضع يتم فيه تحسين وتطوير مستويات المعيشة والتقليل من المخاطر، بحيث يؤدي ذلك إلى عدم ضرورة اعتماد الأفراد على قوى خارقة للطبيعة، ويقلل من احتياجهم للمعنى الديني وللدعم السيكولوجي في حياتهم اليومية.

وبحسب هابرماس فإن هذا السِّجال حول العلمنة ليس إلا نتاج رؤية أوروبية ضيقة الأفق متمحورة حول ذاتها. ودليل هابرماس على ذلك أن أميركا تظهر نابضة بالدين، ومجتمعها يجمع براحة كبيرة بين الدين والازدهار والحداثة. ويلفت هابرماس النظر إلى أن العلمنة

---

(1) Sabino Acquaviva et Enzo Pace, *La Sociologie des Religions*, Paris, Cerf,1994, p. 61.

(2) Danièle Hervieu-Leger, *La Religion pour mémoire*, Paris, Cerf, 1993, p.162.

(3) Jurgen Habermas. *Religion and Rationality. Essays on Reason, God and Modernity*. Cambridge, MA: MIT Press. 2002.

الحداثية الراديكالية قد أسهمت في بروز الأصولية (fundamentalism) وفي نمو جماعات التطرف الإسلامي وفي عودة القضايا الدينية إلى المجال العام. وجوابًا على ذلك يقترح هابرماس حوارًا يندرج فيه ما يسميه الثقافات الأقلَّويَّة الأجنبية داخل المجتمع المدني من جهة، وفتح مجال الدولة والحياة السياسية أمام أعضاء هذه الثقافات الفرعية من جهة أخرى، فيصير بإمكان الجماعات الدينية التعبير عن وجهات نظرها ورؤاها ضمن المجال العام، حيث يمكن إيجاد تواصل خلَّاق بين التراثات الدينية المختلفة[1].

ولكن الإسهام المهم والمميز (بما يعنينا هنا) لبورديو يتمثل في ما أخذه من مصطلحات وتعابير مستعارة حقيقةً من الماركسية، وهو قدمها بمحتوى جديد عبر مفهوم «الرأسمال الثقافي»[2] بوصفه رأسمالاً رمزيًّا مقابل الرأسمال الاقتصادي بوصفه مفهومًا ماديًّا. بمعنى أن التمايز الاجتماعي لا يقع بالضرورة ولا يمكن رؤيته فقط في نطاق الرأسمال الاقتصادي كمدى حيوي بل في نطاق الرأسمال الثقافي (الهابيتوس)[3] الذي يسعى إلى تكريس التمايز وإعادة إنتاج الطبقات لا شعوريًّا، لهذا فهو يتسم بالعنف الرمزي تمامًا مثلما هو الرأسمال الاقتصادي الذي يتسم هو الآخر بعنف مادي.

---

(1) انظر حوار هابرماس مع جوزيف راتزينجر (البابا بنيديكتوس السادس عشر لاحقًا) في:
Jurgen Habermas and Joseph Ratzinger. *The Dialectics of Secularization: On Reason and Religion.* San Francisco: Ignatius. 2006.

(2) في تعريفه الرأسمال الثقافي يقول بورديو: إنه مجموع المعارف والكفايات والمهارات من مختلف الأصناف النظرية والعملية في إطار ثقافة معينة، واستثماره في حقل اجتماعي معين، يجلب لمالكه قيمة مضافة مادية أو رمزية أو هما معًا. والرأسمال الاجتماعي هو مجموع الثروات والموارد الفعلية أو المفترضة التي يتوفر عليها فرد ما أو جماعة معينة بسبب امتلاكه لشبكة مستمرة من العلاقات، ومن المعارف والاعترافات المتبادلة الممأسسة تقريبًا، أي مجموع الرساميل والسلطات التي تخول لشبكةٍ ما إمكانية تداولها.
Pierre Bourdieu, *Raisons pratiques. Sur la théorie de l'action*, Paris, Le Seuil, 1994.

(3) في كتابه «الحس العملي» تطرق بيار بورديو إلى مفهوم الهابيتوس، فعرفه على أنه نسق من الاستعدادات المستمرة والقابلة للتحويل والنقل، بِنى مبنية مستعدة للاشتغال بصفتها مبادئ مولدة ومنظمة لممارسات وتمثلات. فالهابيتوس في دلالته وصيغته النهائية هو «المجتمع وقد استقل في الجسم عن طريق سيرورة التربية والتنشئة الاجتماعية والتعليم والترويض، فالمجتمع هنا بكل قيمه وأخلاقياته، بكل محددات السلوك والتفكير والاختيار... إنه ذلك التاريخ الذي يسكن الأشخاص في صورة نظامٍ قارٍّ للمؤهلات والمواقف».... ويختلف الهابيتوس باختلاف الحقولِ التي يكون الفاعل الاجتماعي طرفًا فيها وباختلاف الموقع الذي يحتله في مجاله الخاص.
Pierre Bourdieu. *Raisons pratiques. Sur la théorie de l'action,* Paris, Le Seuil, 1994.

والعنف الرمزي هو وسيلة لممارسة السلطة فهو «شكل من أشكال السلطة تمارس على فاعل اجتماعي بتواطؤ منه، وكيفما كان الحال فهذه الصياغة خطيرة، لا تفتح الباب أمام مناقشات مدرسية حول مسألة معرفة ما إذا كانت السلطة تأتي من أسفل، وإذا ما كان الْمَسُود يرغب في الحالة المفروضة عليه... فإن أشد «أشكال العنف»هو ذلك الذي يمارس في نظام الأشياء»[1].

إن العنف الرمزي بحسب بيار بورديو هو عنف غير مرئي، لطيف ولين وعذب، يقوم على إلحاق الضرر بالآخرين عبر اللغة والتربية... إلى جانب ذلك يذهب بيار بورديو في كتابه «إجابات» إلى أنه «يمكن أن يحقق العنف الرمزي نتائج أحسن مما يحققه العنف السياسي البوليسي...». وهذا هو جوهر اختلاف بيار بورديو مع التيار الماركسي، ذلك «أن أحد أكبر مظاهر النقص في الماركسية هو أنها لم تُخْلِ مكانًا لمثل هذه الأشكال اللطيفة من العنف - أي العنف الرمزي - التي هي فاعلة ومؤثرة حتى في المجال الاقتصادي».

وتتمتع السلطة الرمزية بحسب بورديو بمجموعة من المميزات والخصائص:

- لها القدرة على «تكوين المعطى عن طريق العبارات اللفظية».
- لها القدرة على الإقناع، وإعطاء تصور حول العالم أو تحويله، ومن ثم قدرة على تحويل التأثير في العالم وبالتالي - العالم نفسه.
- هي سلطة شبه سحرية تمكن من الحصول على ما يعادل ما نحصل عليه بالقوة الطبيعية أو الاقتصادية[2].

والدين بهذا المنظور هو سلطة رمزية كناية عن مجموعة من الممارسات والتصورات (وبالتالي المعتقدات والطقوس) ليست فاعليتها ذات طبيعة مادية. والرمزي يتضمن اللغة ولكنه لا يقتصر عليها، فهو يشير أيضًا إلى الوظيفة التلميحية التضمينية (connotative) للعلامات والأمارات، أكانت لغوية أم لا. فسلطة الرمز تقوم على ما لا يقوله بوضوح، أي على ما يفترضه ويتضمنه دون إعلانه.

---

(1) بيار بورديو- أسئلة علم الاجتماع ص25.

(2) Pierre Bourdieu. «Sur le pouvoir symbolique», *Annales ESC*, 1977, vol. XXXII, no 3 (mai-juin), pp. 405-411.

الفصل الخامس
في سوسيولوجيا التنظيم الديني

لم تظهر دراسات التنظيم الديني كفرع معرفي مستقل في سوسيولوجيا الدين قبل العام 1975، حين نشر جيمس بكفورد تقريره عن اتجاه البحث في المنظمات الدينية، وبيبليوغرافيا وافية عن الموضوع[1]. وكان واضحًا من هذا التقرير أن دراسات التنظيم الديني تقتصر عمومًا على اللغة الإنكليزية وبعض اللغات الأوروبية، وأنها تشتغل على موضوع التنظيم الديني ضمن المجال الثقافي اليهودي-المسيحي فقط.

والمقصود بالتنظيم الديني هو أنه إلى جانب المظاهر العقدية والتجريبية والغيبية والفلسفية والعجائبية والثقافية والعبادية للدين، فإن ممارسة الحياة الدينية اليومية تجري من خلال وبواسطة علاقات اجتماعية منظمة ومهيكلة. وشَكْلُ هذه العلاقات يختلف من جماعة إلى أخرى ومن زمن إلى آخر. كما أن أهميتها وتأثيرها على حياة المتدينين تختلف أيضًا. وهذا الميدان أي التنظيم الاجتماعي للجماعات الدينية ضروري لفهم هذه الجماعات سوسيولوجيًا أي لفهم بنيتها وسيرورتها.

---

(1) James A. Beckford, "Religious Organisation: a Trend Report and Bibliography", *Current Sociology*, 1973. 21 (2):7- 170.

وانظر أيضًا مقالاته المهمة الأخرى:

"New Wine in New Bottles: A Departure from the Church-Sect Conceptual tradition", *Social Compass*, 1976. 23 (1):71-85.

"The Explanation of Religious Movements", *International Social Sciences Journal*. 29 (2): 235-249.

1- الفرق والطوائف

حتى منتصف السبعينيات من القرن العشرين كانت الإشكالية الرئيسة التي حكمت الدراسات حول المنظمات الدينية هي الإشكالية الفيبرية حول التناقض والتوتر بين قوى التقليد وقوى العقلانية، أي بين ضرورات أن تكون هذه الهيئات عقلانية وفاعلة في مجتمع حديث وبيئة ثقافية تنافسية، وأن تكون ثابتة وشخصية ومطمئنة كجواب على الاحتياجات الروحية والدينية. والنموذج النظري الذي اخترعه فيبر هو نموذج/ مثال الكنيسة/ الطائفة أو الفرقة Church / Sect ، حيث يرى فيه المفتاح الأساسي لفهم التوترات الاجتماعية الثقافية في العالم الحديث[1].

---

(1) اهتم ماكس فيبر بتعريف أصناف الجماعة الدينية (religiöse Vergemeinschaftung) من خلال التفريق بين الكنيسة والطائفة/ الفرقة Sect / Church باعتبارهما نمطي الوجود الاجتماعي للدين. الكنيسة هي مؤسسة بيروقراطية خلاصية مفتوحة للجميع، وحيث تمارس فيها سلطة الكاهن، وهي على تماس وتفاعل مباشر مع المجتمع الذي يحيط بها. أما الفرقة/ الطائفة فهي نوع من الجمعية الطوعية لمؤمنين منشقين إلى هذا الحد أو ذاك عن محيطهم الاجتماعي، وحيث السلطة فيها هي لزعيم كاريزمي. الانتماء للكنيسة يكون بالوراثة (نحن نولد أعضاء في كنيسة)، في حين أن الانتماء للطائفة/ الفرقة يكون طوعًا بالاختيار. طبعًا يبدو واضحًا هنا التأثير المسيحي الغربي الوارد من الشيع البروتستانتية. والطائفة/ الفرقة تفقد أهميتها الاستثنائية بمجرد اكتسابها استقرارًا عضويًا وبنية مؤسسية، أي بمجرد أن تتحول إلى حركة دينية ذات مكانة معترف بها ومشروعة اجتماعيًا. وقد رأى فيبر أن الإسلام لا يملك كنيسة ولا كهنوتًا، والعلماء في الإسلام لا يمارسون سلطة على ما يسميه النعمة الإلهية الممأسسة (المقدس الممأسس)، وسلطتهم لا تأتي مباشرة من الله أو النبي وإنما من دربتهم ودراستهم العلمية المهنية والاعتراف التوافقي من جماعتهم بهم وبعلمهم وبسلطتهم بالتالي. وقد لاحظ فيبر الفرق بين الشيعة والسنة في هذا المجال. انظر:

Max Weber. *Sociologie des Religions*. Textes réunis et traduits par Jean-Pierre Grossein. Introduction de Jean-Claude Passeron, Gallimard, Paris, 1996.

Max Weber. *Économie et Société*, Tome Premier (1921), Plon, Paris, 1971, p. 429.

Jean Seguy. *Christianisme et société. Introduction à la sociologie de Ernst Troeltsch*, Le Cerf, Paris, 1980

Bryan S. Turner. *Religion and Modern Society. Citizenship, Secularisation and the State*. Cambridge University Press 2011 p.62.

Bryan S. Turner. *Weber and Islam*. A Critical Study, 2nd edn.1998. London: Routledge & Kegan Paul.

وقد ترجمه أبو بكر أحمد باقادر وصدر بعنوان: «علم الاجتماع والإسلام دراسة نقدية لفكر ماكس فيبر»، دار القلم، بيروت، 1987.

وينبغي أن نوضح هنا أن ثمة مصطلحَين جرى تداولهما في الغرب بمعنى واحد (الطائفة/ الفرقة/ الشيعة) لوصف الجماعات الدينية الجديدة (خارج الكنيسة الرسمية) والتي تملك شخصية دينية مكتملة ومستقلة:

الأول هو (sect) وقد شاع في أميركا الشمالية.

والثاني هو (cult) وقد شاع في أوروبا.

وحين نحاول نقل هذا التقسيم إلى عالمنا العربي والإسلامي نقع في إشكالٍ والتباسٍ ناجمٍ عن صعوبة ترجمة المصطلحات[1]:

كنيسة (Church) هي دين، مذهب، ملة، وهي فرقة/ شيعة في الوقت نفسه.

و(Cult-Sect) هي طائفة (بالمعنى العام) أو نِحْلَة هامشية أو فرقة/ شيعة أو طائفة منفصلة... إلخ. وهذا التقسيم لا يمكن تطبيقه على الوضع الإسلامي الذي عرف سياقات مختلفة من تشكل الأطر الدينية: العَقَدية الكلامية والفقهية التعبدية، خلال القرون الخمسة الأولى للهجرة.

فلنلاحظ منذ البداية أن ثمة تمييزًا بين الأسماء والعبارات المستخدمة لدى علماء المسلمين: جماعة - ملة - أمة – شيعة - فرقة - مذهب - مقالة - طائفة- نِحْلَة- صنف... إلخ.

و«اختلاف العبارات والأسماء يوجب اختلاف المعاني... أن كل اسمين يجريان على معنى من المعاني وعين من الأعيان في لغة واحدة، فإن كل واحد منهما يقتضي خلاف ما يقتضيه الآخر وإلا لكان الثاني فضلًا لا يُحتاج إليه»[2]. وفي الفروق اللغوية: أن الملة اسم لجملة الشريعة والدين اسم لما هو عليه كل واحد من أهلها... والدين هو ما يذهب إليه الإنسان ويعتقد أنه يقربه إلى الله وإن لم يكن فيه شرائع، مثل دين أهل الشرك... وكل ملة

---

(1) حول إشكالية استخدام المصطلح السياسي في الدراسات العربية لا بد من التنويه بالإسهام المنهجي الكبير الذي قدمه الدكتور وجيه كوثراني، خصوصًا في مقدمة كتابه: «السلطة والمجتمع والعمل السياسي، من تاريخ الولاية العثمانية في بلاد الشام». مركز دراسات الوحدة العربية، بيروت، 1988. وتجدر الإشارة هنا إلى مساهمته الأساسية في دراسة مسألة الدولة- العصبية في التاريخ الإسلامي، ومسألة التنظيم الحرفي والطرق الصوفية فيما يعنينا هنا بخصوص مصطلح طائفة. انظر ص 33-52 من الكتاب.

(2) أبو هلال الحسن بن عبد الله بن سهل العسكري، معجم الفروق اللغوية، دار الكتب العلمية، بيروت، 2010، ص 33.

دين وليس كل دين ملة[1]... والمقالة قول يعتمد عليه قائله ويناظر فيه. والمذهب ما يميل إليه من الطرق سواء كان يطلق القول فيه أو لا يطلق، والشاهد أنك تقول هذا مذهبي في السماع والأكل والشرب لشيء تختاره من ذلك وتميل إليه، تناظر فيه أو لا... ويجوز أن يكون مذهب ليس بمقالة ومقالة ليس بمذهب[2]... والطائفة في الأصل الجماعة التي من شأنها الطوف في البلاد للسفر، ويجوز أن يكون أصلها الجماعة التي تستوي بها حلقة يطاف عليها. ثم كثر ذلك حتى سمي كل جماعة طائفة. والطائفة في الشريعة قد تكون اسمًا لواحد، قال الله عز وجل: ﴿وَإِنْ طَائِفَتَانِ مِنَ الْمُؤْمِنِينَ اقْتَتَلُوا فَأَصْلِحُوا بَيْنَهُمَا﴾ [الحجرات: 9]. ولا خلاف في أن اثنين إذا اقتتلا كان حكمهما هذا الحكم. وروي في قوله عز وجل: ﴿وَلْيَشْهَدْ عَذَابَهُمَا طَائِفَةٌ مِنَ الْمُؤْمِنِينَ﴾ [النور: 2]، أنه أراد واحدًا، وقال يجوز قبول الواحد بدلالة قوله تعالى: ﴿فَلَوْلَا نَفَرَ مِنْ كُلِّ فِرْقَةٍ مِنْهُمْ طَائِفَةٌ﴾، إلى أن قال ﴿لَعَلَّهُمْ يَحْذَرُونَ﴾ [التوبة: 122]، أي ليحذروا. فأوجب العمل في خبر الطائفة، وقد تكون الطائفة واحدًا...[3].

والفرق بين الشيعة والجماعة أن شيعة الرجل هم الجماعة المائلة إليه من محبتهم له...[4].

وفي محيط المحيط: طائف طوف طوائف من طاف: عيَّنه طائفًا في الليل: حارسًا. ﴿إِذَا مَسَّهُمْ طَائِفٌ مِنَ الشَّيْطَانِ تَذَكَّرُوا﴾ [الأعراف: 201] أي شيء ألَمَّ بهم. مضت طائفة من الليل: القطعة منه. القطعة من الشيء. اجتمعت طائفة من الرجال في ساحة المدينة: جماعة من الناس، فرقة ﴿وَإِنْ طَائِفَتَانِ مِنَ الْمُؤْمِنِينَ اقْتَتَلُوا فَأَصْلِحُوا بَيْنَهُمَا﴾ ينتمي إلى طائفة كذا: جماعة من الناس يجمعهم رأي أو مذهب أو عصبة يتميزون بها عن غيرهم. طائفة ج طوائف: جماعة من الناس يجمعهم مذهب ديني أو رأي واحد. قطعة وقسم من الشيء: مضت طائفة من الليل[5].

وقد استخدم القدماء من علماء ومؤرخي الملل والنِّحَل مصطلح الشيعة عَلَمًا على جماعة عليٍّ وآل البيت، أي على من تشيَّع/ تحزَّب لهم. ولذا فلم يعد المصطلح يستخدم لغير هذه الفئة. فكان أن استخدموا مصطلحات أخرى أولها وأهمها هو الفرقة.

---

(1) نفسه، ص 247.

(2) نفسه، ص 251.

(3) المرجع السابق نفسه. ص 311.

(4) نفسه ص 312.

(5) المعلم بطرس البستاني: محيط المحيط، دار الكتب العلمية، بيروت 2009، في 9 أجزاء، الجزء الخامس، ص 416.

فهذا الشهرستاني قسَّم أهل العالم بحسب الآراء والمذاهب فقال: «وهم منقسمون بالقسمة الصحيحة الأولى إلى أهل الديانات والملل، وأهل الأهواء والنِّحَل. فأرباب الديانات مطلقًا مثل المجوس واليهود والنصارى والمسلمين. وأهل الأهواء والآراء مثل الفلاسفة والدهرية والصابئة وعبدة الكواكب والأوثان والبراهمة. ويفترق كل منهم فِرقًا. فأهل الأهواء ليست تنضبط مقالاتهم في عدد معلوم، وأهل الديانات قد انحصرت مذاهبهم بحكم الخبر الوارد فيها...». فيبدو هنا أن المقصود بالنِّحْلة مقالة أهل الأهواء أو قُل دينهم.

وقد عيَّن الشهرستاني قانونًا يبني عليه تعداد الفِرَق الإسلامية وهو يقوم على «ضبط أحكام وقواعد يكون الاختلاف فيها اختلافًا يعتبر مقالةً، ويعد صاحبه صاحب مقالة».

وحصرها الشهرستاني في أربع قواعد هي الأصول الكبار وهي: الصفات والتوحيد فيها - القدر والعدل فيه - الوعد والوعيد والأسماء والأحكام- السمع والعقل والرسالة والإمامة: «فإذا وجدنا انفرادَ واحدٍ من أئمة الأمة بمقالة من هذه القواعد، عددنا مقالته مذهبًا، وجماعته فرقة، بل نجعله مندرجًا تحت واحد ممن وافق سواها من مقالته، ورددنا باقي مقالاته إلى الفروع، التي لا تُعد مذهبًا مفردًا»... «ما وجدتُ لأحد من أرباب المقالات عناية بتقرير هذا الضابط، إلا أنهم استرسلوا في إيراد مذاهب الأمة كيف اتفق، وعلى الوجه الذي وجد، لا على قانون مستقر، وأصل مستمر».... «ومن المعلوم الذي لا مراء فيه أن ليس كل مَنْ تميز عن غيره بمقالةٍ ما، في مسألةٍ ما، عُدَّ صاحب مقالة، وإلا فتكاد تخرج المقالات عن حد الحصر والعد، ويكون مَنْ انفرد بمسألة في أحكام الجواهر مثلًا معدودًا في عداد أصحاب المقالات، فلا بد إذن من ضابط في مسائل هي أصول وقواعد يكون الاختلاف فيها اختلافًا يعتبر مقالة، ويُعدُّ صاحبه صاحب مقالة»[6].

وبناء على هذه القواعد قسَّم الشهرستاني الفِرَق الإسلامية إلى أربع: القدرية - الصفاتية - الخوارج - الشيعة.

أما البغدادي فهو يبدأ بافتراق الأمة ثلاثًا وسبعين فرقة، ويعدد افتراقات كل الفِرَق، ومنها مثلًا الخوارج، حيث قال إنهم انقسموا إلى حوالي 20 «فرقة»، وهو في الوقت نفسه

---

(6) أبو الفتح محمد بن عبد الكريم الشهرستاني، الملل والنِّحَل. تحقيق محمد عبد القادر الفاضلي. المكتبة العصرية، صيدا- بيروت، 2011. ص8-12.

تحدث عن انقسام اليهود والمسيحيين والمسلمين (على التوالي) إلى 71 و72 و73 فرقة[1].

واستخدم ابن حزم تعبير «الفِرَق» للدلالة على كل انقسام واختلاف، فاعتبر أن «رؤوس الفِرَق المخالفة لدين الإسلام ست، ثم تتفرق كل فرقة من هذه الفِرَق الست على فِرَق...»[2]. وهو اعتبر أن الفِرَق المقرِّين بملة الإسلام خمسة؛ وهم أهل السنة، والمعتزلة، والمرجئة، والشيعة، والخوارج، ثم افترقت كل فرقة من هذه على فِرَق[3].

وقد حاول الأشعري أيضًا تحديد الفِرَق الدينية، وذلك على قاعدة معرفة المقالات والمذاهب: «فإنه لا بد لمن أراد معرفة الديانات، والتمييز بينها من معرفة المذاهب والمقالات، ورأيت الناس في حكاية ما يحكون من ذكر المقالات، ويصنفون في النِّحَل والديانات، من بين مقصر فيما يحكيه، وغالط فيما يذكره من قول مخالفيه، ومن بين تارك للتقصي في روايته لما يرويه من اختلاف المختلفين». وبرأي الأشعري أن الناس «اختلفوا بعد نبيهم في أشياء كثيرة، ضلَّل فيها بعضهم بعضًا، وبرئ بعضهم من بعض، فصاروا فرقًا متباينين، وأحزابًا متشتتين، إلا أن الإسلام يجمعهم ويشتمل عليهم»[4]. ومن ثَمَّ فهو عد جميع الفِرَق من أمة أو ملة الإسلام... كما أنه عدَّدَ أمهات الفِرَق، فكانت عنده عشر فِرَق: «الشيع (لاحظ أنه جعلها بالجمع شيع وليس الشيعة)، والخوارج، والمرجئة، والمعتزلة، والجهمية، والضرارية (وهي فرقة من المتكلمين خالفت المعتزلة في أمور)، والحسينية (وهي كما يقول الأشعري «صنف» من الخوارج ولعله يقصد بها فرقة الحسينية من فرق الإباضية التي ظهرت في المغرب)، والبكرية (وهم من المتكلمين وافقوا المعتزلة في أمور وخالفوهم في أمور)، والعامة، وأصحاب الحديث، والكلابية أصحاب عبد الله بن كُلَّاب القطان»[5].

(1) الإمام عبد القاهر بن طاهر بن محمد البغدادي: الفَرْق بين الفِرَق، دار الكتب العلمية، بيروت، 2009. ص ص 6-9-15.

(2) ابن حزم الأندلسي الظاهري، الفِصَل في الملل والأهواء والنِّحَل، تحقيق عادل بن سعد، دار ابن الهيثم، القاهرة، 2005، في جزأين، الجزء الأول، ص6.

(3) نفسه، ص 323 وما بعدها.

(4) أبو الحسن الأشعري: مقالات الإسلاميين واختلاف المصَلِّين. تحقيق محمد محيي الدين عبد الحميد، المكتبة العصرية، صيدا- بيروت، 1990. وهو في جزأين، الجزء الأول، ص33-34.

(5) نفسه، ص 65، ونحن نلحظ أنه عدد 11 فرقة وليس 10 فاقتضى التنبيه في أنها من الأصل. أما عبد الله بن كُلَّاب (بضم الكاف وتشديد اللام) القطان البصري فهو من علماء الدين السنة. وأبرز المتكلمين بالبصرة في زمانه، صاحب التصانيف في الرد على المعتزلة. ولا ندري سبب إفراد الأشعري له بفرقة مستقلة. ولعل ذلك يعود لقرابة فكرية، من حيث إن الاثنين كانا من المعتزلة وخرجا عنهم.

والحال أن الأشعري يعدِّد كما قال أصحاب المقالات، ولكننا لم نفهم كيف خلط الفِرَق بالأصناف بأصحاب المقالات، وما كان المعيار لتخصيص الضرارية والبكرية والحسينية والكلابية مثلًا كفِرَقٍ؟

وشيخ معتزلة بغداد في عصره عبد الله البلخي أو الكعبي[1] يعد فِرَق الأمة الإسلامية الأساسية ست فِرَق، هي: الشيعة، الخوارج، المعتزلة، المرجئة، العامة، الحشوية (وهم جماعة من أهل الحديث)[2].

ولم أجد عند علماء الفِرَق والملل من القدماء استخدامًا لمصطلح الطائفة بمعنى

---

(1) أبو القاسم عبد الله بن أحمد بن محمود البلخي الكعبي الخراساني، (273 - 319هـ/ 886- 931م)، وهو مختلف حول وفاته ما بين 309 و319 و327 و329 و339. لُقب بالعلامة وبشيخ المعتزلة ورئيسهم في زمانه في بغداد، وكان على رأس طائفة منهم يقال لهم الكعبية، له تصانيف كثيرة أشهرها كتابه (مقالات الإسلاميين) ولا يبدو أن هذا الكتاب منشور، ولكننا عثرنا على استشهادات به في كتاب «المنية والأمل» كما سيرد لاحقًا.

(2) ونفهم من ذلك أنه يميِّز بين العامة (عموم أهل السنة) وبين الحشوية الذين يقول عنهم إنهم جماعة من أهل الحديث.

انظر: أحمد بن يحيى المرتضى، «المنية والأمل في شرح الملل والنحل»، تحقيق محمد جواد مشكور، مؤسسة الكتاب الثقافية، بيروت، 1988 (الطبعة الأولى صدرت عن دار الفكر، بيروت 1979)... الكتاب عبارة عن كتابين. في الكتاب الأول (الملل والنحل) إذ تناول المؤلف الفرق الكفرية الموجودة في عصره سواء في العرب أو العجم. ثم تناول الفرق الإسلامية وفيه أوضح سبب تسمية كل فرقة وإلى من نسبت. وبعض آراء تلك الفرق عقائديًا. ثم بعد ذلك أورد المعتزلة وطبقاتها.

أمَّا الكتاب الثاني فهو(المنية والأمل في شرح الملل والنحل) مسترشدًا في الباب الأول منه بكتاب الأخبار للجاحظ. وفي الباب الثاني الفرق الإسلامية بكتاب مقالات الإسلامية للبلخي، والباب الأخير بطبقات المعتزلة للقاضي عبد الجبار. والحقيقة أن الكتاب للقاضي المعتزلي عبد الجبار الهمذاني (ت415هـ)، وقد جمعه السيد أحمد بن يحيى المرتضى، وهو يُورد ذلك بصراحة في مقدمة الكتاب قائلًا: إنه أضاف طبقتين إلى طبقات المعتزلة العشر التي يوردها عبد الجبار. وقد طُبع الكتاب باسم القاضي عبد الجبار عدة طبعات أشهرها بتحقيق سامي النشار وعصام الدين محمد (دار المطبوعات الجامعية – الإسكندرية، 1972)، والثانية بتحقيق عصام الدين محمد (دار المعرفة الجامعية، الإسكندرية 1985). وهناك مستل منه بعنوان «باب ذكر المعتزلة من كتاب المنية والأمل في شرح كتاب الملل والنحل لأحمد بن يحيى المرتضى»، «اعتنى بتصحيحه العبد الحقير توما أرنلد»، طبع بمطبعة دائرة المعارف النظامية بحيدر آباد الدكن 1316هـ. (والمنية والأمل عند الإمام المرتضى هو الجزء السادس من كتابه: «غايات الأفكار ونهايات الأنظار المحيطة بعجائب البحر الزخار»، انظر تحقيق عصام الدين محمد، 1985، ص 4، والكعبية مذكورة في الصفحة 176.

الجماعة أو الفرقة الدينية إلا عند النوبختي (المتوفي نحو 310هـ)[1] والذي يتحدث عن «افتراق الأمة بعد وفاة الرسول ثلاث فِرَق»[2]، ثم يقسِّم ويجزئ هذه الفرق إلى عدة فِرَق، ثم كل فرقة إلى فِرَق...إلخ، وهكذا...إلى أن يقول: «فجميع أصول الفرق كلها الجامعة لها أربع فِرَق: الشيعة والمعتزلة والمرجئة والخوارج»[3]... إلا أنه يستثني واحدة حين يسميها «طائفة» قائلًا «وشذت طائفة من المعتزلة عن قول أسلافها فزعمت أن النبي نص على صفة الإمام ونعته ولم ينص على اسمه ونسبه، وهذا قول أحدثوه قريبًا»[4]. ويقصد بالطائفة هنا المعنى اللغوي البحت أي الفئة من الكل، وربما يكون يقصد أيضًا المعنى اللغوي الآخر وهو الواحد فقط. هذا علمًا بأن النوبختي يستخدم أحيانًا مصطلح «جماعة» وأحيانًا أخرى مصطلح «صنف» للدلالة على فرع من فروع فرقة ما[5].

ومصطلح صنف كما هو معلوم أطلق على الجماعات المهنية في الإسلام وارتبط بتطور الحياة المدينية في المدن العربية الإسلامية وبتطور النظرة إلى العمل والمهنة[6]... «ويذكر صاحب لسان العرب أن الصنف في اللغة يعني «الطائفة من كل شيء. وكل ضرب من الأشياء صنف على حدة». ونجد المفرد مستخدمًا بمعنى الطائفة والفرقة من الناس في كتاب «العالم والمتعلم» لأبي حنيفة. لكن المفرد حتى في هذه المرحلة المبكرة من مراحل استعماله مرتبط إلى حد ما بالحرف والمهن»[7].

---

(1) هو أبو محمد الحسن بن موسى بن حسن النوبختي «ابن أخت أبي سهل إسماعيل بن علي النوبختي»... قال ابن النديم والشيخ في فهرستيهما والنجاشي: متكلم فيلسوف... وذكروا له كتبًا في الكلام وهو صاحب الفرق والديانات... ويحتمل كون نسبته إلى آل نوبخت من طرف أمه (محسن الأمين: أعيان الشيعة، ج1، ص: 135). وقيل إن نوبخت نسبة إلى كلمة فارسية تعني الحظ (بخت) إشارة إلى أن أجداده تميزوا بمعرفتهم علم النجوم والتنجيم بها.

(2) الحسن بن موسى النوبختي: فرق الشيعة، تحقيق عبد المنعم الحفني، دار الرشاد، القاهرة، الطبعة الأولى: 1992. ص 14.

(3) المرجع السابق نفسه، ص 28.

(4) نفسه، ص 21.

(5) «وقالت جماعة من أهل الحديث» (ص 21)... «وكل هذه الصنوف والفرق التي ذكرناها» (ص28)...«فهؤلاء جميعًا من صنوف الغالية» (ص50)...«فأصناف الغلاة» (ص56)...«وصنف منهم زعموا...» (ص 60).

(6) انظر: رضوان السيد: مفاهيم الجماعات في الإسلام، الطبعة الثالثة، دار جداول، بيروت 2011، ص81 وما بعدها.

(7) نفسه، ص 86.

والحال أن الشيعة الإمامية درجت على إطلاق لقب «شيخ الطائفة» على أحد كبار علمائها ومراجعها ورؤسائها وهو الشيخ الطوسي[1]. وفي هذا الاستخدام اختلاف واضح عن مجرد المعنى اللغوي الاصطلاحي، بل هو استخدام أيديولوجي. ويبدو لي أن شيوع حديث «الطائفة المنصورة»[2] (منذ منتصف القرن الثالث للهجرة) وانتشاره في زمن تألق كبار علماء الشيعة (الشيخ المفيد والسيد المرتضى والشيخ الطوسي)، هو الذي حدا بالشيعة يومذاك إلى استخدام تعبير «الطائفة» استخدامًا دينيًّا أيديولوجيًّا للدلالة على أن جماعتهم هي المنصورة. علمًا أن الحنابلة، وأهل الحديث، والسلفية، استخدموا جميعهم تعبير «الطائفة المنصورة» و«الطائفة الظاهرة» كمرادف لتعبير «الفرقة الناجية» واعتبروا أنهم هم المقصودون بهذه الصفات[3].

---

(1) أبو جعفر محمد بن الحسن الطوسي الملقب بشيخ الطائفة (385هـ - 460هـ) شيخ الإمامية ورئيس الطائفة. يعتبر لدى الشيعة من أصحاب المنزلة العظيمة فهو ثقة صدوق عارف بالأخبار والرجال والفقه. سمي بالطوسي نسبة إلى طوس من مدن خراسان، وقد توسَّعت طوس لاحقًا وعُرفت بمدينة مشهد (مشهد الإمام الرضا)، وهي من أقدم مدن بلاد فارس وأشهرها، ومن مراكز العلم ومعاهد الثقافة الشيعية. درس الشيخ الطوسي على أيدي أكابر العلماء الشيعة في عصره، ومنهم: الشيخ المفيد، والشريف المرتضى وقد لازَمَه طوال ثمانٍ وعشرين سنة، حتَّى خلفه لزعامة الشيعة بعده. كانت داره في بغداد مدرسة علمية مفتوحة حتى بلغ عدد تلاميذه ثلاثمائة من مجتهدي الشيعة، ومن العامة ما لا يُحصى كثرةً.

(2) حديث الطائفة المنصورة ورد في مختلف كتب الصحاح والسنن وفي أشهر كتب التواريخ، وقد انتشر بعدة صيغ تدور حول التالية في سنن أبي داود: «**ولا تزال طائفة من أمتي على الحق ظاهرين لا يضرهم من خالفهم حتى يأتي أمر الله**». وفي صحيح ابن ماجه: «**ولن تزال طائفة من أمتي على الحق منصورين لا يضرهم من خالفهم حتى يأتي أمر الله عز وجل**». انظر محمد ناصر الدين الألباني: صحيح سنن ابن ماجه للإمام الحافظ أبي عبد الله محمد بن يزيد القزويني، مكتبة المعارف، الرياض، 1417هـ (1997م)، المجلد الثالث، باب ما يكون من الفتن، الحديث رقم 3207، عن ثوبان مولى رسول الله، ص293. وفي محمد ناصر الدين الألباني «سلسلة الأحاديث الصحيحة وشيء من فقهها وفوائدها»، مكتبة المعارف، الرياض، 1415هـ 1995م (في 7 مجلدات). المجلد الأول، الحديث رقم 270، ص 539-540.

(3) روى الحاكم في «معرفة علوم الحديث» والخطيب بإسنادين صحح أحدهما الحافظ ابن حجر، عن الإمام أحمد أنه سئل عن معنى هذا الحديث فقال: «إن لم تكن هذه الطائفة المنصورة أصحاب الحديث، فلا أدري من هم!». وروى الخطيب مثل هذا في تفسير الفرقة الناجية. وسماها الألباني في عرضه للأحاديث الصحيحة حولها بأنها الفرقة الظاهرة المنصورة أي أهل الحديث. (محمد ناصر الدين الألباني: سلسلة الأحاديث الصحيحة وشيء من فقهها وفوائدها، مكتبة المعارف، الرياض، 1415هـ 1995م (في 7 مجلدات). المجلد الأول، الحديث رقم 270، ص 539-547).

وهناك حديث آخر عن الرسول يرد فيه ذكر طائفة من الأمة (ولكن بالموقف السلبي): «ليستحلن طائفة من أمتي

نخلص مما سبق إلى أن تصنيفات الشهرستاني والأشعري والبغدادي وابن حزم والبلخي وعبد الجبار، وغيرهم ممن لم نذكر[1]، تقوم على استخدام مصطلحات الجماعة والفرقة والمذهب والملة والنِّحْلة والطائفة، وعلى أن هذا الاستخدام لم يخضع، في أغلب الحالات، لقاعدة محددة يلتزمون بها، وإنما كانت تتداخل هذه المصطلحات فيما بينها، بحيث تَضِيع الفوارق بينها وتختفي الحدود وتختلط التسميات.

فطريقة بيان الفِرَق وتعدادها لا تخلو من التكلف والاصطناع. فهم حاولوا حصر الفِرَق في العدد الوارد في الحديث النبوي الشهير: «قال رسول الله: افترقت اليهود على إحدى وسبعين فرقة فواحدة في الجنة وسبعون في النار، وافترقت النصارى على ثنتين وسبعين فرقة فإحدى وسبعون في النار وواحدة في الجنة، والذي نفس محمد بيده لتفترقن أمتي على ثلاث وسبعين فرقة واحدة في الجنة وثنتان وسبعون في النار، قيل يا رسول الله من هم؟ قال الجماعة». وهو حديث مع شهرته وكثرة طرقه، «إلا أن الشيخين البخاري ومسلمًا تنكبا عنه ولم يخرجاه، وحكم بعدم صحته ابنُ حزم، وغمز في قوة صحته شيخ الإسلام ابن تيمية»[2]، فصاروا يقسمون كل فرقة إلى فرق، وهكذا حتى تنتهي إلى اثنتين وسبعين، ليتم بعدها تمييز الفرقة الناجية.

الخمر باسم يسمونها إياه، وفي رواية: يسمونها بغير اسمها». كما جاء الحديث بصيغة أخرى: «لا تذهب الليالي والأيام حتى تشرب طائفة من أمتي الخمر يسمونها بغير اسمها». الألباني، «السلسلة الصحيحة» المجلد الأول، الصفحات 184-183.

(1) أحصينا حوالي الخمسين كتابًا منشورًا بعنوان الملل والنِّحَل، ما بين كتاب التحريش، لضرار بن عمرو الغطفاني المعتزلي، الجهمي لاحقًا بعد خلافه مع المعتزلة، والمتوفي عام190هـ وقيل 200هـ. والكتاب يتضمن نقدًا لاذعًا لكل الفِرَق المعاصرة حتى الجهمية وهو مكتوب في ما بين العامين 170 و180هـ. ولا أعرف له طبعة محققة باستثناء إشارة رضوان السيد أنه سينشره محققًا عن مخطوطة يمنية من العام 540 هـ. (الحياة في 23/ 8/ 2008) وكتاب «خبيئة الأكوان في افتراق الأمم على المذاهب والأديان»، لأبي الطيب محمد صدِّيق بن حسن القنوجي البخاري، المتوفي عام 1307هـ، نشرته دار الكتب العلمية، بيروت، 1984، وهناك طبعة قديمة في آخر كتاب «لقطة العجلان مما تمس إلى معرفته حاجة الإنسان» للـ«مولى الأصيل الملك الجليل صاحب السيف والقلم والحكم والحكم نادرة الزمان في العلم والفضل والعرفان محيي العلوم العربية وبدر الأقطار الهندية السيد السند الملك النواب محمد صديق حسن خان بهادر ملك مملكة بهوبار»، «طبع في مطبعة الجوائب الكائنة أمام الباب العالي»، 1269هـ. والكتاب في الصفحات 226-332.

(2) حاكم المطيري: «حديث الافتراق بين القبول والرد دراسة حديثية إسنادية»، بحث محكم في مجلة جامعة صنعاء للقانون والدراسات الإسلامية، العدد العاشر 2009.

2- الطائفة في المدينة الإسلامية

وعلى العموم لم يظهر عند مؤرخي الفرق والملل مصطلح «طائفة» **بالمعنى الذي نستخدمه اليوم**. وإنما كان معناه الراسخ هو الجماعة من الناس. ثم انطبق ذلك بالأخص على أصحاب الحرفة في المدينة الإسلامية، حتى أواخر القرن التاسع عشر[1].

ففي المدينة الإسلامية (القرون التاسع إلى التاسع عشر) استُخدم مصطلح طائفة للدلالة على جماعات الحرفيين عمومًا. فطوائف الحرف نظام عرف في العصر الإسلامي «واستمر بها في العصر العثماني حتى منتصف القرن التاسع عشر. وأصبحت تحت سيطرة الحكومة في القرن 17 وصارت أداة إدارية في يدها. فكانت كل طائفة تخضع لضابط معين، وكان هؤلاء الضباط يتولون مهمة حماية طوائفهم وجباية ضرائبها. وفي القرن 18 كانت هناك ثلاث مجموعات كبيرة من الطوائف في القاهرة.... وكان للطوائف تقاليد معينة يلتزم بها أفراد الطائفة جميعًا، وكانت تساهم في الاحتفالات العامة والخاصة. فكانت كل طائفة تشترك في المواكب بعربة تحمل نموذجًا من صناعتها. وكان أبرز هذه الاحتفالات موكب المحمل، واحتفال الرؤية بهلال رمضان، ووفاء النيل... وقد أخذ نظام طوائف الحرف يفقد معناه منذ إنشاء المصانع في أيام الوالي محمد علي، وفي عهد سعيد ألغي حق شيخ الطائفة في فرض الغرامات على أعضاء الطائفة. وأخيرًا تم إلغاء ما بقي من الطوائف في عام 1882 وفي قول آخر في عام 1883 حينما تأسست المحاكم الأهلية»[2].

«لقد سبق ظهور الصناعة الحديثة في مصر نظام طوائف الحرف التي كانت تعكس تنظيمًا اجتماعيًا كانت تسير عليه فئات الشعب، فكان الأفراد الذين تجمعهم مهنة واحدة أو عمل واحد أو حتى اتجاه ديني واحد ينظمون أنفسهم في شكل طوائف لرعاية مصالحهم الذاتية. وأصبحت الطائفة في العصر العثماني هي السمة المميزة لنظام المجتمع المصري حينئذ، فكانت على قدر كبير من الأهمية حتى شبَّهها البعض بأنها كانت اللَّبنات التي أقيم منها بناء

---

(1) وفي الهند تعني الطائفة طبقة اجتماعية مغلقة لا تعطي لأفرادها حق الانتقال الاجتماعي من طبقة إلى أخرى، ولكل طائفة واجباتها وأعمالها الوظيفية المعينة، ولها منزلة تنسب لأفرادها منذ الولادة.

(2) عبد الرحمن زكي، موسوعة مدينة القاهرة في ألف عام، القاهرة: مكتب الأنجلو المصرية، 1987، ص155. انظر أيضًا: إدوارد وليم لين، عادات المصريين المحدثين وتقاليدهم. ترجمة وتحقيق سهير دسوم، مكتبة مدبولي، القاهرة، 1999.

المجتمع الإسلامي وقتئذ... **وكانت بعض الطوائف تصنف بحسب عقيدة أفرادها، فكان أفراد الحرفة الذين يعتنقون ديانة واحدة يكَونون طوائف خاصة بهم**، كما أن التجار كوَّنوا طوائف تبعًا للبلاد التي ينتمون إليها... ففي عام 1812 دعيت طوائف الحرف بالقاهرة إلى الاشتراك في بناء دار الباشا تبعًا للقوائم التي كانت قد أعدتها الحملة الفرنسية، ويروي لنا الجبرتي أن الطوائف القبطية دُعيت أولًا، ثم تلتها الطوائف المسيحية الأخرى، وأخيرًا دُعيت طوائف المسلمين «فأول ما بدؤوا بالنصارى الأقباط، ولما انقضت طوائف الأقباط حضر النصارى الشوام والأروام، ثم طلبوا أرباب الحرف من المسلمين»[1]... وكما كان البَزَّازون من المسلمين، كانت هناك طوائف عدة تضم المسلمين وحدهم، بينما كانت طائفة تجار الخمور في مجموعها تضم غير المسلمين، وكانت طائفة الجلابة (تجار العبيد) تقتصر على أبناء الواحات وأسوان وإبريم، واقتصرت طائفة الصاغة كذلك على المسيحين واليهود، كما كان معظم تجار الحمزاوي من السوريين المسيحيين على وجه الخصوص... ولما كان جانب كبير من سكان المدينة في العصر العثماني مندرجين في الطرق الصوفية وينتمون إلى الطوائف، فإنه كان ثمة علاقة بين النظامين. ويبدو أن هذه العلاقة كانت قائمة على النطاق المحلي، فقد كان بعض شيوخ الطوائف يقيمون الزوايا أو يتولون الإشراف عليها، كما أن طقوس الالتحاق بالطائفة شبيهة بطقوس الالتحاق بالطريقة... الطائفة نظام إداري له طابع اقتصادي، بينما الطريقة الصوفية تهدف إلى الإشباع الروحي، فهي ذات طابع ديني...»[2].

---

(1) الجبرتي (عبد الرحمن بن حسن)، عجائب الآثار في التراجم والأخبار، تحقيق عبد الرحيم عبد الرحمن عبد الرحيم، دار الكتب المصرية: عن طبعة بولاق. القاهرة الطبعة: الأولى 1998م. الجزء 3، ص 225-221.

(2) رؤوف عباس: الحركة العمالية في مصر: 1899-1952. الطبعة الأولى، دار المعارف، القاهرة، 1968. ص 10-11-12 وانظر:

Hamilton A. R. Gibb and Harold Bowen, Islamic Society and the West (London: Oxford University Press, 1957), vol. 1, part 1, p. 275-280.

وانظر دراسة برنارد لويس: النقابات الإسلامية. ترجمة عبد العزيز الدوري، مجلة الرسالة السنة الثامنة (1940) الأعداد:

355 في 22/ 4/ 1940 ص ص 696-698.

356 في 29/ 4/ 1940 ص ص 735-737.

357 في 6/ 5/ 1940 ص ص 786-788.

362 في 10/ 6/ 1940 ص ص 973-975.

محمد عبد الستار عثمان: المدينة الإسلامية. مجلة عالم المعرفة- العدد 128 الكويت، آب 1988- ص17-47.

والحال أن ما سبق يفيدنا حول انزياح المعنى اللغوي للطائفة إلى أن تكون مخصوصة بالجماعة الدينية. فكلمة طائفة كما علمنا هي من مرادفات كلمة جماعة من الناس أو فرقة من الناس أو مجموعة من الناس، وقد تأتي جميعها بمعنى واحد، وفي أغلب الأحايين يحكمها سياق النص في تحديد المدلول، فلا تنحصر الطائفة بجنس محدد؛ كالدين والمذهب واللغة والعرق، لأن أي جماعة من أي لغة كانوا أو دين أو مذهب يمكن وصفها بالطائفة... إلا أن استخدامها في توصيف أصحاب الحرف أولًا ثم في تضييق المعنى من حيث إن أفراد الحرفة الذين يعتنقون ديانة واحدة يكَونون طوائف خاصة بهم ثانيًا، ثم اقتران الطائفة الحرفية بالطريقة الصوفية ثالثًا، جعل من السهل انزياح المعنى عن دلالته الأصلية اللغوية ليكون له دلالة على ما يسمى «الطوائف الدينية» في بلادنا العربية.

3- الطائفة والطوائف في منظور حديث

اعتبرت الأنتروبولوجيا المعاصرة الحدود الثقافية حدودًا إثنية، الأمر الذي سمح بالقول بوجود إثنيات متعددة في لبنان (على سبيل المثال) بناءً على اعتبار «الطوائف الدينية» وحدات ثقافية أنثروبولوجيًا، ومن هنا فقد ماهى الأب اليسوعي الدكتور سليم عبو بين الطوائف والإثنيات (نموذج لبنان) ودعا إلى الفدرالية على هذا الأساس[1]. كما أن مايكل هدسون في مقال له في العام 1978 وصف الطوائف اللبنانية بأنها جماعات إثنية- دينية[2].

وكانت المدرسة الأنتروبولوجية (مالينوفسكي- بنديكت- هيلز- غيرتز) قد أكَّدت على أولوية الروابط الدينية والإثنية والقرابية التي تتميَّز بحال من التضامن المكثف والمتكامل والتأثير الفاعل في سلوك الناس، وذلك عبر القوة الإكراهية، والمحرَّمات، وأيضًا عبر التجذُّر في التاريخ والتوارث عبر التربية العائلية، والتثبيت عبر المفاهيم العقدية والدينية. وبهذا المعنى فإن تلك الروابط تصير ثوابت واقعية قائمة بحد ذاتها في التاريخ أو متكوِّنة عبر التاريخ،

---

(1) في محاضرة له بتاريخ 8 آذار 1985 انظر:

Abou, S. “le pluralisme libanais: perspectives d’avenir”, in: Les conferences de l’ALDEC, *la guerre du Liban au regard des Sciences Humaines*, Beyrouth, 1985, pp 23-29.

(2) Hudson, M. “The Ethnoreligious Dimension of the Lebanese Civil War”, in *Journal of South Asian and Middle eastern studies*, vol.1, n:3, Spring 1978, pp34-45.

أي أنها تصير جواهر ثابتة. وهذا ما حدا بكليفورد غيرتز للحديث عن «الهوية الأساسية» للمجموعة[1]؛ وما جعل والكر كونر يقول برابط حَدْسي أكثر قوةً وعمقًا من الروابط التي تشدُّ المجموعة إلى بنية دولة قائمة وشرعية يجد الناس ذواتهم فيها[2]. أما بيار فان دن برغ فقد قال بأن هذه المجموعات «هي امتداد لعبارة القرابة وتتميَّز أكثر بأولويتها وشموليتها عن كل التجمعات القائمة على المصالح المجزأة مثل الجمعيات المهنية والاتحادات العمالية والأحزاب السياسية أو بشكل أوسع الطبقية. فالعلاقة بين الطبقة من جهة والإثنية والعرق من جهة أخرى معقَّدة؛ لأن درجة الترابط بين خطوط التباعد والانشقاق المختلفة أساسًا تتنوع من حالة إلى أخرى. ولكن وبصورة عامة يستطيع الناس أن ينتظموا بسهولة عبر الروابط الإثنية والعرقية أكثر بكثير من الاعتماد على الروابط الطبقية»[3].

وقد راج في مطلع الحرب الأهلية اللبنانية (1975-1976) مصطلح «الطبقة/ الطائفة»[4]، في محاولة تنظيرية دَمَجَتْ بين مفهوم الجماعة الدينية- الثقافية (أو الإثنية) ومفهوم الطبقة. وبرغم أن الإثنية أو الجماعة الخصوصية (الدينية-الثقافية) تُلازم وتُحتِّم جزئيًّا موقع الطبقة، إلا أن الطبقة تتكون حتمًا من عدد من العوامل غير الإثنية- الدينية- الثقافية.. وبالمقابل فإنه توجد عوامل أو جوانب عديدة للجماعات الثقافية- الدينية- الإثنية مستقلة عن علاقتها بالسلطة والإنتاج الذي يشكل نظام الطبقة.

وفي التسعينيات من القرن العشرين حاول الماركسيون تناول موضوع العلاقة بين مفهوم الإثنية، أو الجماعة الدينية-الثقافية من جهة، ومفهوم الطبقة من جهة أخرى، من

---

(1) Clifford Geertz: The integrate revolution: Primordial sentiments and civil politics in the new state, in: Old societies and new states. The quest for modernity in Asia and Africa, London 1963.

(2) Walker Conner: A Nation is a nation, is a State, is an Ethnic Group, is a..., in: Ehtnic and Racial studies, 1(1978) 4, pp 377- 400.

(3) Pierre L. Van Den Berghe: The present state of comparative Race and Ethnic Studies, in Jan Berting et al (eds), Problems in International Comparative Research in the Social Sciences, Oxford 1979, pp 23-36.

(4) أبرز من استخدمه جورج حاوي من الشيوعيين، ومنير شفيق من حركة فتح ومنح الصلح من التيار القومي العربي. انظر:
ثيودور هانف: لبنان تعايش في زمن الحرب، ترجمه عن الألمانية موريس صليبا، مركز الدراسات العربي- الأوروبي، باريس 1993، ص30-36.

خلال استعادة وتداول مفهوم وفكرة المجتمع المدني، كإطار لتحديد العلاقة بين المجتمع والدولة، باعتبار المجتمع المدني هو الهيئات الاجتماعية الوسيطة التي تحمل رموز ومعاني تنوُّع الانتماءات الدينية والثقافية والإثنية وغيرها لدى الفرد والجماعة[1]. وقد التقط الليبرالي الجديد آبنر كوهن هذا المعنى للحديث عن عامل أو عنصر التنافس بين «المجموعات» في سبيل السيطرة على الموارد، خصوصًا تلك التي تشرف عليها الهيئات الرسمية. وهو اعتبر أن هذه المجموعات الاقتصادية أو الثقافية لا تتكَون وفق معايير موضوعية، وإنما وفق إرادات ذاتية إذ يستطيع الأشخاص الاختيار بين أشكال الهوية الاقتصادية والثقافية، كما تستطيع أكثر مجموعات المصالح المختلفة العمل في مجال المنافسة السياسية. ويكفي أن يُحدد أُناسٌ ما أن الجماعات الثقافية أو الاقتصادية (أو الدينية أو غيرها) هي هنا وبحسب هذا الفهم ذات طابع طوعي محض. وهذا عكس النظرة الماركسية أو الاقتصادية حول أولوية العناصر الاقتصادية الموضوعية ودور الحتمية التاريخية في تكَون الجماعات وتطورها[2].

وكان فان دان بيرغ أكَّد على وجوب تضافر عوامل ذاتية وموضوعية لقيام جماعات إثنية (ثقافية). فالعنصر الذاتي هو مفهوم وإدراك للتمييز بين (هم) و(نحن)، وهو ضروري لتكوين الجماعة. لكن هذه المفاهيم الذاتية لا تنمو عشوائيًا بل هي تتبلور حول مجموعة من الخصائص الموضوعية التي تتحول إلى مؤشرات للانصهار أو للرفض. وبحسب فان دان بيرغ فإن الميزة الدائمة والمشتركة بين الجماعات الإثنية- الثقافية هو أصلها الطبيعي: إذ يولد المرء فيها وينمو بين أفرادها ويتزوج داخلها ويعيش ضمن عائلاتها. وهذا ما يميِّز الجماعة المحددة عن غيرها من الجماعات التي تشارك في عملية التنافس السياسي ذاتها. فالأصل المشترك الواقعي أو الصوري يساهم في توسيع دائرة العائلة وفي بث شعور الأخوة بين الجماعة بكاملها [3]. وقد خالف فان دان بيرغ هنا مقولة ماكس فيبر الذي شدَّد على معنى أن «معيارًا مميزًا يؤدي طبيعيًا إلى تحديد جماعة أو طائفة، فقط عندما تشعر ذاتيًا بأن لها معالم مشتركة». وبحسب فيبر فإن «الجماعات القائمة على الأصل هي غالبًا ذات طبيعة

---

(1) انظر مراجعة لهذه الاتجاهات عند عزمي بشارة: المجتمع المدني، دراسة نقدية. مركز دراسات الوحدة العربية، بيروت 1998، وهو أشمل وأوفى دراسة عن المجتمع المدني.

(2) Abner Cohen,Two dimensional man: an essay on anthropology of power and symbolism in complex society, Berkeley 1974.

(3) فان دن بيرغ – م. س. ص 32.

خيالية، وأن الإدراك الحسي بالانتماء إلى جماعة يتأتى عادة بصورة أولية عبر مصير سياسي مشترك وليس بصورة أولية بفعل الأصل»[1].

وهكذا فإن الدين (الثقافة) يؤدي هنا دورًا مشابهًا لذلك الذي أسنده ابن خلدون إلى الأنساب القَبَلية في قوله المأثور: «النَّسَبُ أمر وهميٌّ لا حَقِيقَةَ له، ونفعه إنما هو في هذه الوُصْلة والالتحام»؛ أو قوله أيضًا: «إذا وُجدت ثمَرَات النَّسَب فكأنه وُجد لأنه لا معنى لكونه [أي المرء] من هؤلاء [أي نسب هؤلاء] أو من هؤلاء إلا جَرَيَان أحكامهم وأحوالهم عليه وكأنه التَحَمَ بهم»[2]. فطالما أن المهم هو «الثمرة»، أو النتيجة، نفهم إذن كيف أن العامل الرئيسي في ديمومة الطائفة كما في ديمومة القبيلة إنما هو عامل «الالتحام» وليس عنصر العبادة أو النسب. فالعقيدة الدينية تلعب في المحافظة على الطائفة الدورَ الذي يلعبه النسب، أو بالأحرى التوهم به، في المحافظة على القبائل.

ولذا فإن التمييز الذي أقامه ماركس بين الطبقة بذاتها والطبقة لذاتها[3]، وذلك الذي أقامه ابن خلدون بين النسب كأمر وهمي وبين العصبية[4]؛ أو التمييز بين الأمة الموضوعية – الثقافية والأمة السياسية- الذاتية[5]، هو ما يُشير إليه ماكس فيبر بإدخاله عامل الشعور الذاتي بالمعالم المشتركة والمصير السياسي المشترك لتحديد جماعة أو طائفة ما. وهو من ثَمَّ تمييز بين جماعات ثقافية بذاتها وجماعات ثقافية لذاتها، الأولى موضوعية والثانية تنبعث من الشعور بالوعي الذاتي.

ولعل عبارة **جماعات أو مجموعات إثنية** لا تكفي للتعبير عن «الجماعات لذاتها»، أكانت دينية أم ثقافية أم إثنية، وعبارة طائفة أوضح وأفصح، وهي تعني جماعة شعبية أو

---

(1) نقلاً عن هانف، م. س، ص 42.

(2) ابن خلدون، المقدمة، دار الفكر العربي، بيروت، 1997، ص 92-93.

(3) في كتابه بؤس الفلسفة (ترجمة محمد مستجير مصطفى، دار التنوير ودار الفارابي، بيروت، 2010) كما في بيان الحزب الشيوعي (هرمان دونكر: النص الكامل مع دراسة وتحليل، ترجمة عصام أمين، دار الفارابي، بيروت 2008). وهناك الطبعات السوفيتية الصادرة عن دار التقدم بموسكو.

(4) ابن خلدون، المقدمة، دار الفكر العربي، بيروت، 1997، ص91-92.

(5) وهو التمييز القومي الشهير بين الأمة كوجود تاريخي موضوعي أزلي (الحقيقة الاجتماعية الكلية) وبين الوعي الذاتي بهذا الوجود والشعور العاطفي بقوته وهما أساس القومية. انظر: سعد الدين إبراهيم (محرر) المجتمع والدولة في الوطن العربي، مشروع استشراف مستقبل الوطن العربي، مركز دراسات الوحدة العربية، بيروت، 1988. الفصل الأول. ص 44.

دينية أو ثقافية أو لغوية تتمتع بوعي وبإدراك ذاتي بأنها جماعة لذاتها. وبحسب بيار روندو فقد حددت محكمة العدل الدولية بتاريخ 31 تموز 1930 الطائفة بما يلي: «معيار مفهوم الطائفة وجود مجموعة من الأشخاص تعيش في بلد أو في منطقة معينة تتميز بعامل العِرق أو الدين أو اللغة أو التقاليد الخاصة بها، والتي تَتَّحد بشعور من التضامن بهدف الحفاظ على تقاليدها وصيانة طقوسها وتأمين التعليم والتربية لأولادها»[1].

وقد استند فؤاد خوري[2] إلى ثنائية فيبر ليبرر دراسته القائمة على اعتبار مركزية الدين-الشريعة-السنة (Church) في مقابل هامشية/ طرفية الطوائف (شيعة-إسماعيلية-نصيرية-درزية-زيدية-إباضية) (والطائفة عنده هي ترجمة لـ Sect)؛ وعلى أنه كلما ضعفت سلطة الدولة المركزية برزت الطوائف وانتشرت واستقرت (تمامًا مثل العلاقة العكسية بين العقلنة العلمانية وبين تراجع الدين). وهو يعتبر أنه ليس من قبيل الصدفة أن تكون غالبية الطوائف الإسلامية قد ظهرت في القرنين الثامن والتاسع أي في مرحلة بروز ضعف الدولة الإسلامية المركزية.

واعتبر أحمد بيضون «الطائفة الدينية» في لبنان إطارًا بالغَ الأهمية للتضامن التقليدي. ويعرِّف أشكال التضامن التقليدي بأنها «تلك التي يجد الأفراد أنفسهم داخلين فيها بالولادة أو بالنشأة فيكون انتماؤهم إليها إلزاميًا لا يمكنهم نكرانه ووقف مفاعيله»... «ويتغذى هذا التضامن من الاشتراك في المعتقد وفي الشعائر ويقويه التجاور في الإقامة. ولكنَّ نسيجًا معقدًا من المصالح والاعتبارات يشكل مادة للتضامن الطائفي فيفيض بالطائفة كثيرًا عن دائرة الدين والمذهب ويمنح وجودها مقومات مختلفة المصادر سياسية واقتصادية وثقافية... إلخ»[3]، ولذا يُعرِّف أحمد بيضون الطائفة بأنها: «في الأصل، جماعة ينتمي أفرادها إلى دين واحد، أو إلى مذهب من مذاهب هذا الدين. ويقضي هذا التعريف بتقدير صفة «الدينية» للطائفة، لأن لفظ «طائفة» من غير وصفٍ له يُمْكِن إطلاقه على كل جماعة، حتى إنه يجوز إطلاق الطائفة على غير العاقل فيقال: «طائفة من الغزلان» و«طائفة من الشجر» ويغلب على الطائفة الواحدة، في استعمال الكلمة المعاصرة، أن يكون أفرادها من مواطني دولة واحدة،

---

(1) Pierre Rondot, Institutions Politiques au Liban *Des communautés traditionnelles à l'Etat moderne* . Institut d'Etudes de L'Orient Contemporain., Paris 1947, p22 .

(2) Fuad Khuri, *Imams and Emirs: State, Religion, and Sects in Islam*. Saqi Books, London.1990

(3) أحمد بيضون: البحث عن تاريخ لبنان، موضوعات ومسائل للدراسة. معهد العلوم الاجتماعية، الجامعة اللبنانية، بيروت. لا تاريخ، ص 73-74.

فحين نذكر -مثلًا – شيعة لبنان وشيعة العراق وشيعة إيران معًا، يغدو أقرب إلى الصواب أن ننسبهم جميعًا إلى المذهب الشيعي لا إلى الطائفة الشيعية»[1].

«على أن ما يتوج تبلور الطائفة في لبنان ويكرس الشخصية الطائفية الجماعية إنما يتمثل في أمرين يجسّدان العلاقات الجوهرية ما بين الطائفة والدولة. الأمر الأول اعتراف الدولة بسلطان الطائفة على أفرادها في كل ما يتصل بأحوالهم الشخصية، الأمر الثاني هو اعتراف الدولة لكل من الطوائف بشخصية سياسية تجعل منها طرفًا في تكوين هيكلية الدولة نفسها على صعيدي السياسة والإدارة»[2].

هذا التحليل يرى الطائفة من منظار علاقات التضامن التقليدية (ما قبل العلمنة والحداثة) التي لا يمكن نسفها إلا باعتماد قوانين أحوال شخصية حديثة تقوم على قاعدة الفرد/ المواطن وإلغاء الطائفية السياسية، أي علمنة المجالين العام والخاص.

في كتابه: نظام الطائفية، من الدولة إلى القبيلة[3]، دافع برهان غليون عن أطروحة تقول بأن الطائفية تنتمي إلى ميدان السياسة لا إلى مجال الدين والعقيدة، وأنها تشكل سوقًا موازية، أي سوداء للسياسة، أكثر مما تعكس إرادة تعميم قيم أو مبادئ أو مذاهب دينية لجماعة خاصة. وتضمنت هذه الأطروحة عدة فرضيات رئيسية، ما يهمنا منها هنا هو الفرضية التي تقول بأن «الطائفية استراتيجية مرتبطة بالنُّخب الاجتماعية المتنافسة في حقل السياسة ومن أجل السيطرة واكتساب المواقع، سواء أكان ذلك داخل الدولة أو على صعيد توزيع السلطة الاجتماعية، بالدرجة الأولى. ولا يمكن لأي ديناميكية طائفية، ومن باب أولى حرب طائفية، أن تنشأ أو تندلع من دون وجود نخب طائفية، أي من دون تبني النخب الاجتماعية، كلها أو بعضها، لاستراتيجية طائفية والتعبئة على أساسها». وهذا يحيلنا إلى فهم استراتيجيات الهوية الطائفية التي يتبناها الفاعلون الاجتماعيون في إطار الصراعات التي يخوضونها ضمن الحقلين السياسي والثقافي.

---

(1) المرجع السابق نفسه، ص 82.

(2) المرجع السابق نفسه ص 85.

(3) صدر عن المركز الثقافي العربي، بيروت الدار البيضاء، 1990. وانظر أيضًا: برهان غليون: نقد مفهوم الطائفية، مجلة الآداب البيروتية، السنة 54، العدد 10-11-12 (أكتوبر- نوفمبر- ديسمبر) 2006. ص ص 82-87.

4- عن الحداثة وأزماتها

ما هي الحداثة؟

الحداثة (مودرنيسم) هي أولًا معطى غربي يفسر ويختصر الحركة (السياسية، والفلسفية) للقرون الثلاثة الأخيرة من تاريخ الغرب. وقد تميزت الحداثة على وجه العموم بإطلاقها خمسة تيارات/ مساقات تلتقي كلها في تشكيل الغرب الحديث والمعاصر.

1- الفردنة: عبر تدمير البنى القديمة للانتماء وللهوية.

2- الجمهرة: عبر تبني وتعميم سلوكيات نمطية في الحياة.

3- الدنيوة: (أو نزع القداسة) عبر نقض النص الديني وإحلال التفسير العلماني للكون وللتاريخ محله.

4- العقلنة: عبر سيادة العقل الأدوي (من أداة instrumental) بواسطة التبادل-السوق- والفعالية التقنية.

5- العولمة: عبر تعميم كوني لنموذج يُقدَّم على أنه الوحيد العقلاني والممكن والأفضل والأمثل.

غير أن الحداثة كحركة تاريخية ليست بالمستجدة، بل هي تملك جذورًا قديمة في الثقافة الغربية وميتافيزيقها، فالفردية كانت موجودة بلا شك في التراث اليهودي والبروتستانتي من خلال موضوعة الخلاص الفردي. أما فكرة التقدم فهي مولودة من فكرة أن للتاريخ بداية مطلقة ونهاية ضرورية (وهي فكرة تتكرر في العهد القديم كما عند فوكويوما مرورًا بهيغل وماركس). فتأتي السيرورة التاريخية لتؤكد على وجود مخطط إلهي أو بشري للخلاص، أكان في الكنسية أم في الحزب القائد، في السوق أم في ديكتاتورية البروليتاريا، لا فرق.

وحتى الحياة السياسية نفسها فإنها تتأسس على ثيولوجية معلمنة.

وقد عرفت المجتمعات الإسلامية تغيرات عميقة بفعل الحداثة ما يؤدي إلى ضرورة تغيير باراديغماتنا النظرية:

1- فقدت هذه المجتمعات مرجعيتها ومركزها الموحد بعد سقوط أنظمتها السياسية الحاضنة لها من جهة، وكسر كل مرجعيات المعاني المشتركة بين البشر من جهة ثانية.

2- نشأ ما يمكن تسميته بسيولة التقسيمات بين الطبقات والفئات الاجتماعية المختلفة وخصوصًا وجود طبقات وفئات وسيطة بين الطبقات المتصارعة.

3- برزت أشكال تمييز اجتماعي جديدة تصيب الطبقات الوسطى الدنيا وهي لا تقتصر على الحرمان الاقتصادي وإنما تشير إلى أزمة هوية وانتماء وحضور بحسب توصيف إنزو باتشي[1]. حيث إن أزمة الحضور تعني من وجهة نظر سوسيولوجية أن التغيرات الاجتماعية أدخلت في سلوك ومزاج الناس متلازمات (syndroms) من الاستياء والسخط وانعدام الولاء حيال المؤسسات التقليدية والقيم التقليدية، وإحساس بالعزلة والهامشية والعدائية نجدها أكثر ما يكون في المجتمعات المدينية، إنها في الحقيقة متلازمات أزمة هوية. فالموارد المرجعية التي يستخدمها الناس عادة لتحديد مواقعهم وأدوارهم وتعيين معنى أفعالهم الاجتماعية، تبدو وكأنها دخلت في أزمة.

لقد انتهى الانقسام التقليدي بين يمين ويسار، وزال وَهم الحداثة، وانقشع ستار التقدم، وبان الخطر المخيف: تطور لا بل انفجار لا سابق له للمعارف (ثورة المعلومات والاتصالات) في سيرورة غير مضبوطة النتائج (تطوُّر الأبحاث العلمية في المختبرات بمعزل عن قيم وضوابط البشر ووجودهم واستمرار نوعهم)، سقطت الكتل المغلقة أمام شبكات الاتصال العنكبوتية، وانهارت المرجعيات الضابطة للفكر والحركة أو هي أصبحت مائعة الحدود هشة الجذور.

وقد أصبحت المسيحية اليوم رأيًا بين الآراء المختلفة، تَعرف أنها كانت ضحية الحركة التاريخية التي أطلقتها من داخلها وعلى حسابها، فكانت هي -أي المسيحية الغربية- ديانة الخروج على الدين والمروق من الدين، لا بل وولادة دين جديد هو دين الحداثة المطلق والوحيد؛ لأنه السائد والكوني.

لم تخرج الحداثة من غير هذا الرحم ولم تُولَد عبر انقطاعات أو تفكيكات بنيوية، وإنما هي كانت نتاج سياق مجتمعي تاريخي حضاري تبلور خلال عدة قرون من الصراعات.

وكل المدارس الفلسفية والتيارات الفكرية للحداثة، المختلفة والمتناقضة في أسسها، تلتقي عند نقطة جوهرية وهي فكرة أن هناك حلًّا واحدًا وحيدًا يمكن تعميمه على الكون

---

(1) Enzo Pace, *New Paradigms of Popular Religion*, Archives des Sciences Sociales des Religions., 1987, 64/1 (Juillet0Septembre),7-14.

كله، وعلى كل الظواهر الاجتماعية والأخلاقية والسياسية (نهاية التاريخ - ديكتاتورية الشيوعية - التجسُّد المطلق للفكرة - الخلاص بالمسيح وضرورة التبشير - مجيء المسيح الحقيقي عند اليهود وقيام مملكة القدس... إلخ).

وبحسب هذا المنظور فإن البشرية هي مجموعة أفراد عقلانيين تدفعهم المنفعة أو المصلحة أو القناعة أو الموقف الأخلاقي أو التعاطف أو حتى الخوف، إلى تحقيق وحدتهم في التاريخ. وتبعًا لذلك فإن التنوع البشري يصبح عائقًا أمام تقدم التاريخ، ولذا ينبغي إزالته (من الاستعمار إلى التمدين إلى فرض التقدم على الشعوب المتخلفة أي المختلفة). وكل ما يميِّز البشر (الجماعات والأمم والشعوب) يصبح بهذا المنظار حادثًا طارئًا (أي غير تاريخي - خارج التاريخ) يتم تجاوزه، (فولكلور في أحسن الحالات) أو ضربه وإلغائه؛ لأنه خطر على البشرية الموَّحدة في مجرى التاريخ. (خطر الآخر: موضوعة غربية بامتياز، تؤدي إلى إلغاء الآخر أو إلى استتباعه وإدماجه بالقوة أي إلى إزالته كآخر مختلف موجود لأنه مختلف).

وبقدر ما كانت الحداثة أسلوب عمل وليس فقط مجرد أفكار، فإنها حاولت بكل الوسائل أن تنتزع الأفراد من انتماءاتهم الخاصة بغية إخضاعهم إلى نمط عمومي كوني للتجمع وللوجود، وأكثر هذه الأنماط فعالية كان بالطبع السوق (واقتصاد السوق).

لقد سيطرت رغبات الحرية والمساواة على المتخيِّل الحداثوي (موهوم الحداثة). غير أن الواقع يقول لنا إن الحداثة خانت وغدرت قيم الحرية والمساواة. ذلك أن الأفراد وقد بُتروا عن الجماعات التي كانت تحضنهم وتحميهم وتقدم في الوقت ذاته شكلًا ومضمونًا (ومعنى) لوجودهم، أصبحوا مع الحداثة وبالحداثة خاضعين لسوط آليات كبيرة من السيطرة والهيمنة تقف حريتهم أمامها عاجزة أو بالأصح تصبح شكلية باهتة في إزائها.

إن الأفراد يواجهون فُرَادى القوة الكونية للسوق وللعلم التقني وللاتصالات والمواصلات، دون أن يكون بإمكانهم تقرير مجراها أو التحكُّم بمسارها.

ونفس الفشل المزدوج ينطبق على شعار المساواة: لقد خانته الشيوعية حين أقامت الأنظمة الكليانية الأكثر وحشية في التاريخ (وقلَّدتها في ذلك الديمقراطيات الشعبية والجماهيريات الثورية في البلاد العربية والعالم الثالث عمومًا). أما الرأسمالية فقد تلاعبت بها حين أعطت شرعية للفروقات والتفاوتات الاقتصادية والاجتماعية الأكثر مأساوية ورعبًا في عالم اليوم تحت ستار الديمقراطية والليبرالية. لقد نادت الحداثة بحقوق كثيرة دون أن تُؤَمِّن وسائل ممارستها.

لقد أجَّجَت الحداثة وأثارت كل الرغبات والحاجات وهي تخلق يوميًّا حاجات ورغبات أكثر وأكبر، ولا تفسح في المجال لإشباعها إلا لقلة قليلة من الأغنياء والحُكَّام، مما يترك القطاع الأوسع من الناس في حالة كبتٍ وإحباطٍ وغضبٍ وتوتر.

أما أيديولوجية التقدم التي جاءت لتلبية انتظارات الشعوب للمهدي والمخلِّص فأدامت الوعود بمجيء عالم أفضل، وها هي اليوم تدخل أزمتها الجذرية: فالمستقبل الغامض والمقلق لم يعد حاملًا لبشائر الأمل وإنما لنُذُر الخطر والخوف (من ثقب الأوزون والتصحُّر والجفاف وتلوث البيئة إلى الإيدز والسرطان وعودة الأوبئة الكبرى). لقد عاد الإنسان ليواجه الخوف على المستقبل والقلق على المصير وعدم الثقة باليوم الذي يجيء أو باحتمال بقاء النوع الإنساني أو بسعادة أولاد الغد، وكل جيل جديد يجد نفسه في مواجهة عالم مختلف عن عالم آبائه. هذا «التجدد» الدائم والمستمر والمؤسس على الحطِّ من قدر البُنُوَّة والنَّسَب والتجارب السابقة وخبرة الأجيال، في حين يتم التحوُّل وبسرعة رهيبة من نمط حياة إلى آخر ومن وسط بيئي إلى آخر، هذا التجدد الأزلي لم يعد حاملًا لأحلام السعادة والطمأنينة بقدر ما أنه أزال كل عوامل الأمان والثقة وأحل محلها القلق والتوتر انتظارًا للمجهول المخيف.

وتروي «نهاية الأيديولوجيات» حكاية النضوب التاريخي لكل النصوص التحشيدية التعبوية والتي تجسدت في الليبرالية والاشتراكية والقومية والفاشية والشيوعية والنازية. لقد شهد القرن العشرون مرور كل هذه الأيديولوجيات على مسرح الفعل التاريخي، وكانت نتائجها أكوام من الجثث والمذابح الجماعية والحروب العالمية بين الأمم والشعوب، والمنافسة المستمرة بين الأفراد (البقاء للأقوى) والكوارث البيئية والفوضى الاجتماعية وفقدان كل مرجع معياري حامل للمعنى. (تتحدث الأفكار الغربية الحديثة عن أزمة المعنى).

إن الحداثة بتدميرها للعالم المعيش لحساب العقل الأدوي (instrumental) قد ضاعفت من النمو والتطور المادي الذي قابله إفقار رهيب لا مثيل له للفكر وللروح. لقد عمَّمت الحداثة القلق، والوسواس وعدم الثقة في الحاضر المعيش، في عالم يفتقد إلى الماضي ولا يجرؤ على التطلع إلى المستقبل. لقد تولدت الحداثة بالحضارة الأكثر فراغًا في تاريخ البشرية. لقد أصبحت لغة الدعاية الإعلانية هي الأنموذج والمثال لكل اللغات الاجتماعية، وأصبح المال هو الإله الذي يستبطن السلعة والسوق، وتحوَّل الإنسانُ نَفْسُهُ إلى سلعة أو غرض للتداول، في جو من المتعية الفقيرة (Hedomima). أما التقنية فهي تخنق العالم المعيش

في شبكة مسالمة وعقلانية من التحفظ والدعة، فيما تنتشر جرائم الأحداث والعاطلين عن العمل والعنف وفقدان حس المواطنة والحياة المدنية، انتشار النار في الهشيم على شكل حرب يخوضها الكل ضد الكل، والفرد ضد ذاته وضد غيره، فيقبع هذا الفرد القلق المُنْبَتُّ، لا ظهرًا أبقى ولا ضرعًا حَلَبَ، ويحلِّق في عوالم موهومة متوهمة من المخدرات ومن الصور الافتراضية (Virtual) ومن التوسط الشيئي الإعلامي التشيئي (metiatique) تتصحر القرى من الإنماء «المتوازن» والتنمية «المستديمة» لأموال الصناديق الدولية التي تُهجِّر الحجر والبشر من الريف إلى الضواحي البائسة المتوحشة، والتي لا يمكن أن يسكنها بشر، في مدن - عواصم متضخمة متخومة تستفرغ أحشاءها حديدًا وإسمنتًا مسلحًا وطرقات - أوتوسترادات للموت المجاني، وها هو الفرد الوحيد المستوحد يذوب وسط الجمهرة - حشود مجهولة الاسم والرسم، متوترة إلى حدود العداء والعدوان، فيما الأشكال القديمة للتوسط والتضامن والتراحم والتكافل، الاجتماعية منها والسياسية، الثقافية والدينية، تصبح شيئًا فشيئًا هشَّةً متقلبةً على غير سوية، أو في أحسن الأحوال هي شكلانية فارغة من الطقوس والعادات المفارقة للزمان والمكان، المغايرة للمألوف والمعتاد، وقد أصبح نمطيًّا.

5- المدينة العربية كإطار مرجعي

في الإطار المرجعي النمطي للمدينة العربية الإسلامية كما عمَّمَه الاستشراق الغربي أن المدينة تتشكل من: فضاء-مكان مخصوص- واجتماع واقتصاد وثقافة. ولكن هذا الإطار المرجعي النمطي خاطئ. وقد ناقشت جانيت أبو لغد أصل مفهوم المدينة الإسلامية هذا[1]، في حين انتقده أيرا لابيدوس[2] لجهة أنه يقوم على تضاد بين مدينة وريف، تجار مدن ومزارعين وبدو. وهذا التضاد لا يعكس حقيقة الواقع العربي والشرق أوسطي والإسلامي الآسيوي (وسط آسيا)، حيث يرى لابيدوس أن المدينة تتميز بتكامل بين هذه المسماة تعارضات أو تقابلات. ومع أن معظم الباحثين قد يوافق على نقد لابيدوس هذا، إلا أنهم استمروا في

(1) Janet L. Abu-Lughod. The Islamic City--Historic Myth, Islamic Essence, and Contemporary Relevance. *International Journal of Middle East Studies*, Vol. 19, No. 2 (May 1987), pp. 155-176

(2) Ira Lapidus,"Muslim Cities and Islamic Societies",in: *Middle Eastern Cities*, Lapidus,ed., Berkeley 1969.

تكرار الإطار النمطي نفسه. ولعل ذلك يرجع إلى غرام الباحثين الغربيين بالتحليلات المقارنة من مثل: الإسلام/ اليونان وروما، الإسلام/ أوروبا... إلخ. ونتيجة لهذا الإطار النمطي جرى ضغط المدينة الشرق أوسطية والعربية والآسيوية ضمن موديل ضاعت فيه وجودات غنية من التنوع والتغير المكاني والزماني، المعنوي والمادي.

وبحسب ماساشي هانيد وطورو ميورا[1] فقد جرت بلورة واصطناع مقولة المدينة الإسلامية بالتقابل مع المدينة الأوروبية، خصوصًا المدينة/ الكومونة (Stadtgemeinschaft) بحسب فهم ماكس فيبر لها. ولعل أبرز من قام بتعميم هذا النمط الأخوان وليام وجورج مارسيه[2]، وكذلك غوستاف فون غرونباوم[3].

---

(1) Masashi haned and Toru Miura, eds. *Islamic Urban Studies. Historical Review and Perspectives*. Kegan Paul International. London 1994.

(2) وليام مارسيه: مستشرق ومستعرب فرنسي (1872-1956) كان خبيرًا مختصًا باللهجات العربية المغاربية ودرس أيضًا الفقه الإسلامي.

جورج مارسيه: مستشرق ومستعرب فرنسي (1876-1962) اهتم بعلم الآثار ودرَّس في جامعات الجزائر، وتولى إدارة متحفها، وله مؤلفات عن مدن وبلدات المغرب العربي، وعن الهندسة المعمارية الإسلامية للمدن.

William Marçais, "L'Islamisme et la vie urbaine," *L'Academie des Inscriptions et Belles-Lettres*, Comptes Rendus (Paris: January-March 1928), pp. 86-100.

Georges Marçais, "L'urbanisme musulman," *5e Congres de la Federation des Societes Savantes de* l'Afrique du Nord (Algiers, 1940), which was reprinted on pp. 219-31 of the collection of his works, Melanges d'histoire et d'archeologie de l'occident musulman, tome I, articles et conferences de Georges Marçais (Alger, 1957).

G. Marçais, "La conception des villes dans l'Islam," Revue d'Alger, 2 (1945), 517-33.

(3) غوستاف فون غرونباوم: مؤرخ ومستعرب نمساوي (1909-1972) هاجر إلى أميركا مع وصول النازية للحكم ودرَّس اللغة العربية وتاريخ الشرق الأدنى في جامعة كاليفورنيا وصار مديرًا لمركز الشرق الأدنى فيها.

G. von Grunebaum, "The Structure of the Muslim Town," *Islam: Essays in the Nature and Growth of a Cultural Tradition,* Memoir No. 81, The American Anthropological Association (Ann Arbor, 1955). Reissued in second edition in London in 1961.

G. von Grunebaum, *Medieval Islam* (Chicago, 1946). Quotation taken from p. 173 of the second edition, 1954.

G. von Grunebaum, *The Structure of the Muslim Town*, 1961 edition, p. 146

وبحسب هذا النمط المرجعي فإن المدينة الأوروبية (المدينة/ الكومونة) تمثل سيادة النظام السياسي العقلاني الذي يتطور لاحقًا إلى المجتمع الأوروبي الحديث، في حين أن المدينة الإسلامية تمثل حالة الفوضى السياسية والهوية الدينية الغالبة. وهذا التقابل/ التضاد ينطلق من مفهوم جمود العالم الإسلامي مقابل تقدم أوروبا، كما عبَّر عنه الكثير من المستشرقين ومن الإدارات الاستعمارية[1].

أما في وسط آسيا بعد بروز الاتحاد السوفيتي فقد جرى التعامل مع المدينة باعتبارها ما قبل ثورية، إقطاعية، قروسطية، وجرت دراستها بمعيار موقعها داخل النظام الاشتراكي الناشئ.

وأيضًا بحسب هانيدا فإن مقولة المدينة الإسلامية هذه هي صناعة الاستعمار الأوروبي والاستشراق، وذلك على قاعدة الأبحاث التي قاموا بها في البلاد العربية (خصوصًا المغرب وسورية) حيث كان هناك تراث روماني أو هيلليني. فهذا التراث يجعل من السهل مقارنة المدن الإسلامية بالمدن الأوروبية/ الكومونة القديمة، إلا أنه يتجاهل المدن التركية والإيرانية التي لم تعرفه. ويرى هانيدا أيضًا أن تبني عدد من العلماء والبحاثة المسلمين لمقولة المدينة الإسلامية باعتبار وجود الشريعة أو الخطط العربية الإسلامية للمدينة، يعود إلى دراستهم في أوروبا وأميركا. وهناك في الحقيقة قلة اهتمام لدى العرب والترك والفرس بالقيام بدراساتهم الخاصة حول موضوع المدينة، ولعل ذلك يعود إلى الطريقة أو المنهج الغربي بدراسة أو فهم أي موضوع من خلال الطريقة التحليلية بالمقارنة، وخصوصًا من خلال الأطر المتضادة أو الثنائيات أو الأنماط المتقابلة. وهذا المنهج يختلف عن التراث الإسلامي الشرق الأوسطي، حيث موضوع المعرفة لا بد أن يفحص ويدرس مباشرة وأن يوصف من كل جوانبه كي يتم الإمساك به تمامًا[2].

---

(1) إدوارد سعيد: الاستشراق،

(2) Toru Miura, The City as a frame of reference. Beyond the dichotomy of the orientalist idea". In: *Sciences sociales et phénomenes urbains dans le monde arabe: actes du Colloque de l'Association de liaison entre les centres de recherches et documentation sur le monde arabe (ALMA)*: Casablanca, 30 novembre-2 décembre 1994. Fondation du roi Abdul-Aziz Al Saoud pour les études islamiques et les sciences humaines. Casablanca 1990., pp. 43-57.

ويذكر طورو مويرا من بين الأبحاث الإسلامية التراثية حول المدينة كتاب علي مبارك الخطط التوفيقية الجديدة لمصر القاهرة[1] وكتاب صالح أحمد العلي: بغداد مدينة السلام[2].

6- محاولة تركيبية لفهم الطائفة/ القبيلة/ العشيرة

درجت الأدبيات التي عالجت مسألة العائلية والعشائرية والقبلية في مجتمعاتنا على اعتبار هذه الوحدات من مخلفات أنظمة قديمة لم تستطع الدولة القضاء عليها لعجزها الناجم عن طبيعة النظام السياسي الاقتصادي التابع للغرب. فالمنظور التطوري (الماركسي منه كما الوضعي السوسيولوجي) اعتبر أن هذا الشكل من التنظيمات الاجتماعية هو من البقايا التي لا تزال تتعايش مع نظام رأسمالي متخلف، ولذا فإن حتمية التطور لا بد أن تقضي على هذه البقايا عندما تتشكل شروط قيام نظام «رأسمالي حقيقي».

لكن العائلة-العشيرة-القبيلة في مجتمعات المشرق العربي تشكلت تاريخيًّا وفق شروط لم تتوافر إلا في بداية القرن العشرين. وتشير جميع المعطيات المتوافرة إلى أن الانتماء إلى العائلة-العشيرة-القبيلة لم يكن معروفًا أيام الدولة العثمانية وحتى عشرينيات القرن العشرين، وكان الفرد يكنى (في تذكرة الهوية) باسم فرع من القبيلة أو العشيرة (الفخذ أو البطن أو الجب أو الحمولة...إلخ) وليس باسم عشيرته. ومع الانهيار الكلي الذي لحق بالدولة العثمانية وحلول الانتداب الفرنسي محلها ومحاولته بناء دولة حديثة انهارت الرموز السياسية التي ارتبطت بالمرحلة العثمانية، وظهرت محلها العائلات والعشائر وزعاماتها الجديدة، بعد أن كانت مشتتة. فقد كان تمركز السلطة في يد زعامة واحدة تمنع العائلات من التوحد. وبدأت العائلات تتجمع لتشكيل وحدة سياسية بقيادة الزعيم الذي ينتمي إلى أحد فروعها. وكان لعلاقات القرابة الدور الأساس في تكوين هذه الوحدات السياسية، وأصبح الانتماء والولاء يتحددان ضمن آليتها. ورافق هذا التشكل إيجاد عناصر تماسك العائلة-العشيرة واستمرار هذا التماسك (نظام القيم والأجهزة السياسية العسكرية الاقتصادية الملائمة). والعائلة-العشيرة باستكمالها عناصر تماسكها تخلق دورتها الخاصة، وشروط هذه الدورة ترتبط بالموقع الذي

(1) وهو في 20 جزءًا، طبعة بولاق القاهرة 1886-1888.

(2) وهو في جزأين. طبعة بغداد 1986.

تحتله في السلطة المركزية. وإمكانية تقديم الخدمات والمنافع والخبرات للأنصار رهن بهذا الموقع، ولذا فإنه شرط من شروط استقلالية دورتها واستمرارها. وهذا الارتهان للسلطة المركزية لا يعني تنازل العائلة-العشيرة عن مقومات وجودها بإحلال قوانين الدولة محل قوانينها، بل هي تحاول أن تتعايش مع الدولة، وككل تعايش لا بد أن ينفجر حين يحاول أحد الأطراف المساس بمقومات الطرف الآخر. وهنا تطرح مسألة العنف وشرعية استخدامه.

علاقات القرابة وعلاقات الإنتاج: لبنان مثالًا

لفهم تركيبة السلطة في لبنان وموقع الطائفية ودورها لا بد من دراسة مسألتين: علاقات الإنتاج وعلاقات القرابة.

علاقات القرابة لا تخضع لمعطى أساسي محدِّد (Fondamental et Determinant) كما هو الحال في دراسة علاقات الإنتاج، حيث يشكل المستوى الاقتصادي (من يملك وسائل الإنتاج) المعطى الحاسم والمحدِّد... «في كل مرحلة تاريخية تتطور الملكية بشكل مختلف وضمن جملة علاقات اجتماعية مختلفة كليًا». ويضيف فريدريك إنغلز: «في المجتمعات حيث قوى الإنتاج ضعيفة تكون علاقات القرابة هي المسيطرة» **(في كتابه أصل العائلة والملكية الخاصة والدولة)**.

ليفي ستروس فسَّر السيطرة بمعنى «العامل المحدِّد» (Facteur determinant) ونفى من ثَمَّ أي دور للمادية التاريخية في تفسير الواقع الاجتماعي للمجتمعات التي دعاها «اللاطبقية» و«الماقبل رأسمالية».

السيطرة هنا بمعنى الغلبة ولا يمكن أن تكون أكثر من ذلك ولا أقل من ذلك.

والسيطرة بمفهومها كغلبة ليست عملية قهر فوقي أحادي الجانب، بل هي نتيجة توازن قوى بين جملة من العناصر يكون أحدها هو الأقوى فتتم الغلبة له، وهذه الغلبة تبقى مشروطة بوجود العناصر الأخرى في علاقة صراع وولاء دائمة مع العنصر الغالب.

التوازن بالغلبة: أو النمط الطائفي للسلطة

النمط الاقتصادي اللبناني هو «نمط إنتاج وسيط»، أي يقوم على الوساطة. الوساطة ترتبط بالرأسمال في المركز وتلعب دور عميل اقتصادي مباشر، وهذا ينعكس بدوره على

مفهوم الدولة، فالدولة هي الإطار الحقوقي السياسي لتنظيم عملية العمالة هذه وإعطائها طابعًا شرعيًّا حقوقيًّا.

ويتحدد النمط الوسيط بالأمور التالية:

1- ليس هناك علاقات إنتاج تقنية اقتصادية بمعنى عدم وجود إنتاج وتملك فائض قيمة داخلي، بل تقاسم للريع مع المركز.

2- ليست الملكية ملكية اقتصادية بمعنى ملكية وسائل الإنتاج بل هي احتكار سياسي يشكل قاعدة تقاسم الريوع مع المركز.

3- لا وجود لتقسيم تقني، فهناك ضرب لقوى الإنتاج أي لقاعدة علاقات التملك الفعلية واستبدالها بعملاء أحرار للتبادل، ملكيتهم الفردية هي ملكية حقوقية. أي هناك استبدال للإنتاج بالرواج.

4- يتوحد الأفراد في غياب علاقات الإنتاج (تقسيم العمل) على أساس علاقات القرابة التي تضطلع بوظيفة علاقات التوزيع كعلاقات سياسية بشكل مباشر.

5- تصبح الدولة نقطة توازن التجمعات القائمة على القرابة (القبيلة/ الطائفة) ويقوم هذا التوازن بالغلبة وليس بالهيمنة.

6- ولذا فإن الملكية السياسية-الحقوقية هي مجموعة علاقات داخلية وخارجية يقوم عليها هذا النمط الذي يعطي شرعية لوجود الكيان السياسي.

انتقال شكل الملكية في جبل لبنان أفرز صراعات اجتماعية متعددة الجوانب دخلت فيها الدول الاستعمارية دخولًا مباشرًا (فرنسا أساسًا، وبريطانيا)، وعلى قاعدة الاتجاه التاريخي لهذا الصراع يقف النمط الوسيط.

الملكية التي سادت جبل لبنان في القرن الثامن عشر كانت الملكية العثمانية التي تتحدد من خلال أولية سحب ريع الأراضي الزراعية التي يقوم الفلاحون بزراعتها. فالملكية من حيث المبدأ هي ملكية الدولة أي ملكية السلطان الذي يقطعها لولاته وللأمراء ولقادة الجيش ويستخرج الريع منها.

وسحب الريوع يخضع لمراتبيَّة هي التعبير عن التوازنات العامة في السلطنة في علاقاتها بتوازنات الجبل.

هذه المراتبيَّة هي: السلطان-الوالي-الأمير-المقاطعجي.وهي تعبيرات عن توازنات العصبيات المتنازعة على سحب الريع.

الملكية هنا هي بهذا المعنى لحظة توازن هذه العصبيات.

لذلك ففي فترة صراع العصبيات أي انهيار توازناتها يعاد توزيع الملكية على حجم التوازن الجديد الذي ينتج عن الصراع.

هكذا تصبح المراتبيَّة لحظة توازن للملكية الخراجية تقوم على الغلبة، إذ لا تستطيع العصبيات تصفية بعضها، بل تتحالف ضد بعضها من أجل إعادة تشكيل التوازن: «لأن الاجتماع والعصبية بمثابة المزاج للمتكوِّن، والمزاج في المتكوِّن لا يصلح إلا إذا تكافأت العناصر. فلا بد من غلبة أحدها وإلا لا يتم التكوُّن. فهذا هو سر اشتراط الغلب في العصبية، ومن تعيين استمرار الرئاسة في النصاب المخصوص كما قررناه»[1].

تقوم هذه الملكية على **العصبية أي على نظام القرابة بوصفه إعادة إنتاج النسل وإعادة إنتاج لعلاقات الإنتاج**. لكن هذه العصبية هي مزاج، أي تتكوَّن من أكثر من عنصر واحد. فإذا أخذنا نظام القرابة في الجبل قبل مرحلة الانتقال، أي في القرن الثامن عشر، فإننا نلاحظ فيه ثلاثة مستويات:

1- **العشيرة**: القائمة على علاقات الحسب.

2- **العائلة**: القائمة على علاقات الزواج والحسب المزدوج (الأب، الأم).

بين هذين المستويين كان المستوى الأول هو الغالب. فالعشيرة عبر تحالفاتها كانت تشكل قاعدة الملكية القائمة على المراتبيَّة والتوازن.

3- هناك مستوى ثالث وهو **الطائفة**: الذي كان يضبط المستويين الأولين ضمن أيديولوجية الأقلية الدينية المعرَّضة للاضطهاد، وضمن وضع حدود لعلاقات الزواج، دون أن يستطيع الهيمنة على المستويين الأولين؛ لأن علاقات الإنتاج

---

(1) ابن خلدون، المقدمة، دار الفكر العربي، بيروت، 1997، ص 131-132-133.

كانت تحدد بمراتبيَّة وتوازن يضبطان بالدولة بوصفها المالك الاسمي للأرض، وبالعشيرة بوصفها قاعدة المراتبيَّة والتوازن التي يقوم عليها سحب الريع.

المستويات الثلاثة (العشيرة-العائلة-الطائفة) تبقى في مرحلة الانتقال لكن مزاجها يصبح مختلفًا. تصبح الطائفة هي التي تحكم هذه المستويات بوصفها قاعدة القرابة القائمة على التوزيع والتجارة. وتصبح العائلة قاعدة الطائفة بوصفها شكلًا اجتماعيًا يلائم الملكية الفردية الجديدة. أما العشيرة، شكل التحالف العصبي القديم، فتبدأ عملية انهيارها.

هذا الانقلاب في أولوية المستوى الذي يحكم المستويات الأخرى هو في الواقع التعبير العيني عن انتقال شكل الملكية. فالملكية القائمة على الوساطة هي ملكية تستعير الشكل البورجوازي-ملكية فردية من جهة، وهي ملكية حقوقية جرى تكريسها النهائي بانهيار الزراعة في أوائل القرن العشرين من جهة ثانية. هكذا لا تضبط الملكية الحقوقية إلا بالنعرة التي تحل محل العشيرة، لأن العشيرة فقدت نقطة ارتكازها الإنتاجية، وبدأت عملية انهيارها كشكل للعصبية.

إن علاقة العشيرة-العائلة هي علاقة تناقضية. فالعائلة بوصفها شكلًا للعلاقات الاجتماعية تقوم على الحسب المزدوج، هي في تناقض داخل وحدة مع العشيرة. لذلك تقوم الصراعات داخل العصبيات وتتشكل التحالفات الجديدة.

الفصل السادس
في شؤون علم الاجتماع الإسلامي

1- في اتجاهات النظر إلى التدين الإسلامي

الانطباع الذي يخرج به من يقرأ الكتابات التي تحلل أسباب انتشار الأصولية والسلفية بين الشباب في العالم العربي هو أن هؤلاء الشباب أُصيبوا بصدمةٍ من الحضارة المادية الاستهلاكية واكتشفوا خلطها وعبثيتها فـ«رجعوا» إلى الدين. وهذا الفهم (الرجوع إلى الدين) مقتبس عن الحركات الدينية الجديدة في الغرب. وهو ينظر إلى الإسلام باعتباره شيئًا من الماضي، رجعيًّا، لاعقلانيًا، معاديًا للعصر وللحداثة، يصلح كمهرب / ملجأ للشباب الحائر اليائس أو العديم الخبرة والضعيف العدة الفكرية والثقافية (أليس الدين أفيون الشعوب؟). وينظر هذا الاتجاه إلى التدين عند المسلمين نظرة دُونية، معتبرًا إياه حالة بحث عن هوية، فلذا يجرده من كل أبعاده الروحية التي يضفيها بالمقابل على بقية الأديان حين يدرس أسباب «رجوعها» في المجتمع الحديث. فالهوية تحيل بالضرورة إلى معايير إثنية أكثر منها أيديولوجية أو روحية.

أما المقاربة التي تعتبر الإسلام من زاوية الخيارات والصراعات السياسية والاجتماعية، أي كظاهرة سطحية غير متركزة مباشرة حول المعطى الديني بذاته، هذه المقاربة تقول في الحقيقة إن الإسلام كموضوع للدراسة العلمية لا يمكن أن ينبني إلا من خلال أهميته الإعلامية، أي ظهوره الإعلامي، أو من خلال ارتباطه بالسياق السياسي. وهكذا نرى كيف أن الإسلام -وفي مفارقة غريبة- موضوعٌ للتغطية الإعلامية الفائقة والزائدة عن الحد، ودينٌ مجهولٌ ومتجاهَلٌ[1].

في حين أن هدف سوسيولوجيا الدين اكتشاف الدين في المجتمعات وليس تعريفه. فالإسلام يشتغل كدين عادي يومي، ويطرح الأسئلة نفسها التي تطرحها الأديان الأخرى[2].

---

(1) L.Babes,"Islam en France ou la Religion oubliée". *Unite des Chrétiens*, Janvier.1994. N: 93

(2) C. Geertz, Observer l'Islam.Changements religieux au Maroc et en Indonesie, Ed. La decouverte, 1992. P15.

الدين لعب دورًا اجتماعيًا هائلًا بين الزنوج الأميركيين وفي السجون تحديدًا. ونفس الأمر ينطبق على الضواحي الفقيرة في فرنسا أو ألمانيا وبريطانيا...إلخ.

ويمكن مراقبة الظاهرة نفسها في أحياء طرابلس الفقيرة، حيث حلت الجمعيات التي تقدم الدعم والمساعدة للفقراء محل مؤسسات الدولة الاجتماعية فاتهموها بأنها «تستخدم الدين» كأداة للتنظيم واكتساب الأعضاء الجدد. وهذا المفهوم «الأداتي» للدين نراهم يطبقونه فقط حين الكلام عن الإسلام ودوره الاجتماعي وليس عن المسيحية أو اليهودية مثلًا، حيث تنشط جمعيات اجتماعية ورعوية شبيهة.

ومن ثَمَّ فالتفسير الأول هو هروب الشباب إلى الأمام للبحث عن هوية، والتفسير الثاني هو استخدام الدين كأداة.ولكن ما لا تراه هذه التحليلات هنا أن الدين هو ظاهرة حقيقية لإعادة بناءٍ للفرد وللجماعة.

فالدين هو الذي أخرج الشباب من الهامشية الاجتماعية والثقافية وأدخلهم إلى نسيج مجتمعهم، وهذا يوافق ما وصفه دوركهايم عن دور المذهب الديني، فهو ليس مجرد ترجمة للإيمان إلى أفعال وإنما هو وسيلة تسمح بالوصول إلى السعادة وإلى السلام الداخلي والصفاء والحماس والمعنى. وهذا يمارسه المنضمون إلى الجماعة على أنفسهم كأفراد (الجهاد الأكبر) وعلى محيطهم وعلاقاتهم الاجتماعية. فالاستقامة الخُلقية والأخلاق الحميدة يتعلمها الأولاد في البيت عادة، ولكن هنا مع تفكك العائلات وخروج الأولاد للشارع صارت من مهمات المسجد والجمعيات الدينية التي تعطي للمنتسب أسرةً جديدةً، وتعلمه الدين والتربية وحتى القراءة والكتابة، فتعطيه مكانة اجتماعية[1].

2- الظاهرة الإسلامية بين الصحوة والسلفية

منذ نهاية السبعينيات من القرن العشرين، أخذ موضوع الحركات الإسلامية يستقطب اهتمام الباحثين في العلوم الإنسانية والاجتماعية والسياسية، ومراكز الأبحاث والدراسات في العالم. والباعث على هذا الاهتمام يعود إلى حدَثَيْن شكّلَا منعطفًا تاريخيًّا في مصائر الشرق الأوسط:

(1) E. Durkheim, les formes elementaires de la vie religieuse, Quadrige/PUF, 1985. p. 596.

1- انتصار الثورة الإسلامية في إيران في شباط/ فبراير 1979.

2- انطلاق الجهاد الأفغاني المسلَّح ضد الاحتلال السوفيتي أواخر العام 1980.

أطلق هذان الزلزالان سلسلة من التداعيات ما تزال آثارها مستمرة إلى يومنا هذا. وما يعنينا منها هنا يتعلَّق بالحراك الإسلامي المعاصر (الذي سُمي بالصحوة الإسلامية) ومن ثم بانتشار أفكار العنف المسلَّح وظواهر السلفية والسلفية الجهادية.

بالإمكان إيراد نبذة عن الأحداث التي توثِّق لولادة الحركات الإسلامية العربية في أتون تلك المعمعة، ولكننا نكتفي هنا بذكر الشواهد الرئيسة على أهمية وتاريخية ذلك الحراك الإسلامي الذي حدث في الثمانينيات من القرن العشرين:

1- الحرب العراقية-الإيرانية التي استمرت من أيلول 1980 حتى تموز 1989، ثم احتلال العراق للكويت في آب 1990، وما تلاه من أوضاع عربية ودولية كان لها الأثر الأكبر في زعزعة النظام الإقليمي العربي من جهة، وفي انتشار التطرُّف والطائفية من جهة ثانية.

2- نجاح الحركة الإسلامية في الانتخابات البرلمانية التركية، الأمر الذي أدى إلى انقلاب العسكر لمنع الإسلاميين من الوصول إلى السلطة (أيلول 1980).

3- اغتيال الرئيس المصري أنور السادات في 6 أكتوبر 1981 وولادة ظاهرة الجهاد الإسلامي وتفرُّعاتها المصرية والعربية والإسلامية.

4- ولادة الاتجاه الإسلامي في تونس 1981 (حركة النهضة لاحقًا).

5- ولادة حركة الجماعة الإسلامية في المغرب 1981 (حزب العدالة والتنمية لاحقًا).

6- انطلاق حزب الله والمقاومة الإسلامية ضد الاحتلال الإسرائيلي في لبنان صيف 1982.

7- ولادة حركة الجهاد الإسلامي الفلسطينية 1983.

8- تفرُّغ عبد الله عزام للجهاد الأفغاني وولادة قاعدة المجاهدين العرب في أفغانستان 1984.

9- انطلاق حركة المقاومة الإسلامية حماس في فلسطين مع بداية الانتفاضة آخر عام 1987.

10- انتفاضة أكتوبر 1988 (أكتوبر الأسود) في الجزائر وتأسيس الجبهة الإسلامية للإنقاذ في آذار (مارس) 1989 واكتساحها الانتخابات المحلية في حزيران (يونيو) 1990 ثم البرلمانية في ديسمبر 1991 فانقلاب الجيش في 4 يناير 1992.

11- الانقلاب العسكري/ الإسلامي في السودان 30 حزيران (يونيو) 1989.

12- حرب الخليج الثانية (عملية عاصفة الصحراء)، أو حرب تحرير الكويت (17 يناير إلى 28 فبراير 1991) وولادة تيار الصحوة الجهادي في السعودية.

هذه التطوُّرات الكبرى التي شهدتها البلاد العربية والشرق الأوسط (تركيا – إيران – أفغانستان) حملت في داخلها بذور التيارات الجهادية والسلفية الجهادية (وحضنها الآمن) والتي بدأت بالظهور على أرض أفغانستان منذ استيلاء جماعة الطالبان على السلطة في كابول 1996 وتحويل أرض أفغانستان إلى ملتقى جديد لجميع فروع الجهاديات العربية والإسلامية في العالم (القاعدة).

3- في المصطلحات

الحراك الاجتماعي الثوري الإسلامي الذي عاشته المجتمعات العربية-الإسلامية خلال الثمانينيات والتسعينيات من القرن العشرين، أطلقت عليه مراكز البحوث الغربية عددًا من التسميات التي جرى نقلها واستنساخها إلى العربية (مع اعترافنا بوجاهة استخدامها كلِّها على تفاوتات واختلافات).

الأصولية الدينية (Religious Fundamentalism) وهي كانت بالفرنسية (Intégrisme).

الإحيائية الإسلامية (Islamic Revivalism).

وهي لا توجد بالفرنسية إلا بمعنى النهضة والتجديد (Renouveau-Renaissance).

الإسلام السياسي (Political Islam /Islam Politique).

الإسلاموية (Islamism /Islamisme).

إذن فقد جرى في البداية استدعاء تعبير الأصولية، وكان الاستدعاء غريبًا في الأساس؛ لأنه كان ضامرًا في الاستعمال (كمصطلح) إلا عند أهل الاختصاص، وكان استعماله في اتجاه التعبير بالسلب عن هذه الظاهرة. فكان هذا الاستخدام صادمًا لكثير من المسلمين،

لأن التعبير عند المسلمين ليس سلبيًّا وإنما كان إيجابيًّا. فالأصولية والأصوليُّون، وهم أهل الاختصاص في الأصول (أي أصول الدين أو أصول الفقه)، هي تعبيرات ذات مدلول إيجابي. والأصوليون بهذا التعريف أهل تقدير واحترام بين أغلب المسلمين الحريصين على دينهم وعلى أهل الاختصاص الشرعي فيهم. فالأصولية عند المسلمين لها معنيان:

أ- الأول: العناية بأصول الدين وهي العقائد والعبادات وأصول المحرَّمات والواجبات في المعاملات.

ب- الثاني: العناية بأصول الفقه وهي أدلة الأحكام وطرق الاستنباط منها أو بحسب القدماء، فإن علم أصول الفقه هو «مجموع طرق الفقه على سبيل الإجمال، وكيفية الاستدلال بها، وكيفية حال المستدل بها». أو كما عرَّفها العلامة الشيخ عبد الوهَّاب خلاف:[1] «علم أصول الفقه، في الاصطلاح الشرعي، هو العلم بالقواعد والبحوث التي يتوصل بها إلى استفادة الأحكام الشرعية العملية من أدلتها التفصيلية، أو هي مجموعة القواعد والبحوث التي يتوصل بها إلى استفادة الأحكام الشرعية العملية من أدلتها التفصيلية».يتحدث علماء الشريعة بتقدير كبير عن المتخصصين في هذا العلم، وهم الأصوليُّون. فيقول عنهم الشيخ محمد الخضري في كتابه أصول الفقه:[2] «ومما تقدَّم قال بعض الأصوليين: إن علم أصول الفقه قواعد مستعارة من علوم أخرى (يقصد علوم شرعية ولغوية أخرى) وليس في ذلك غضٌّ منه، لأن الأصوليين جمعوا من العلوم المختلفة ما يرجع إلى غرضهم ويختص ببحثهم، فألفوه وصيَّروه علمًا موضوعه الدليل السمعي».

من كل ما سبق، يتضح أن كلمة الأصولية محبَّبَة لدى المسلمين، وأن تعبير الأصولية ليس ذَمًّا بل مدحًا بهذا المفهوم الإسلامي. فالعودة إلى الأصول وخاصة أصول الدين محمودة، حيث النبع الصافي ونقاء الرسالة وبعدها عن التحريف. ومع ذلك، صار مصطلح الأصولية شائعًا ويستخدمه الجميع: مستشرقون ومستعربون وسياسيون، وفي وسائل الإعلام الغربية والعربية على السواء، وحتى في بعض أوساط الإسلاميين.

---

(1) عبد الوهَّاب خلاف: علم أصول الفقه، مكتبة الدعوة الإسلامية- شباب الأزهر، الطبعة الأولى: القاهرة 1942، الطبعة الثامنة: دار القلم الكويت، لا ت، ص 12.

(2) محمد الخضري: أصول الفقه، الطبعة السادسة 1969، المكتبة التجارية الكبرى، مصر، ص 17.

تعبير أصولية (بمعناه الحديث) كانت جذوره ظهرت في نزعة دينية داخل البروتستانتية الأميركية للقرن التاسع عشر. والأصوليون هم عمومًا محافظون يريدون تعديل أو تكييف الممارسات والسلوكيات الفردية وفق القيم الدينية. والأصولية تعني «الرغبة في العودة فقط إلى النصوص التأسيسية للدين، عبر تجاوز جميع إسهامات التاريخ والفلسفة وتراث الرجال»[1].

ففي مواجهة تحدي الدخول في العصر والزمن كان الرد المحافظ هو الانطواء على الذات: المجموعة الدينية ترفض المساومة مع الخارج ومع الآخر المختلف دينيًا وحضاريًا، ومع كل ما يمت إليهما بصلة (مظاهر الحداثة العصرية). ولتأمين الصمود والاستمرارية تقوم المجموعة الدينية بإيجاد كل وسائل التنظيم والمأسسة التي تسمح لأفرادها بالوصول إلى كل الخدمات الضرورية من دون الحاجة إلى اللجوء للخارج ولو حتى للدولة الوطنية ومؤسساتها: (التعليم-الصحة-التجارة). يمكن هنا الإشارة إلى أمثلة ونماذج لهذا التيار من بعض الجماعات اليهودية الحسيدية في أميركا وكذلك من جماعة الأميش ناهيك عن التجربة اللبنانية.

ويمكن القول إن هذا التيار هو تقليدي ديني محافظ...إلخ، وهو يعمل غالبًا داخل الحقل الديني الخاص ولا يتوسل أي شيء خارجه باعتبار أن هدفه المحافظة على التقليد الأصلي (السنة وميراث السلف أو أهل البيت) فهو بذلك محافظ وأصولي وتمامي في آن معًا. ولكنه تيار لا يهتم بالحراك الاجتماعي السياسي الهادف للتغيير في المجتمع والوطن، بل يقصر جهده على الدعوة والوعظ والعمل داخل الحقل الديني الخاص بجماعته لا يتعداه. ولعله يمكن تصنيف جماعات السلفية التقليدية والعلمية والأثرية ضمن هذا الإطار.

الموقف الثاني الذي قد تتخذه الجماعات الدينية في علاقتها بالخارج وبالحداثة هو التكيُّف أو بعبارة الشيخ محمد عبده التوفيق والتلفيق بين الأخذ من الآخر وبين الحفاظ على الهوية الذاتية أي بين الأصالة والمعاصرة. وبحسب هذا التيار فإن الغرب والحداثة فيهما الكثير من الأمور التي يمكن بل ويجب اقتباسها منه. والتكيُّف أو التوفيق لا يعني التنازل عن بعض الأساسيات الفكرية والنظرية، خصوصًا في مجال نقد آفات الحداثة الغربية على صعيد الأخلاق والقيم والروحانية.

(1) Olivier Roy, Généalogie de l’islamisme, Paris, Hachette, 1995, p. 21.

وبحسب إرنست ترولتش Ernst Troeltsch (1865-1923)[1] فإن هذا النوع من ردود الفعل يميِّز ما يسميه هو الكنائس (churches) تمييزًا لها عن الفرق والنِّحَل sects التي تحمل الموقف الثالث والذي يظهر عند ترولتش بصورة جمعية دينية أشد مقاومة وممانعة حيال مظاهر الحداثة التي قد تذيب نقاوة وطهارة التعبيرات الدينية التقليدية. وهذا الصنف السوسيولوجي (الطائفة أو الفرقة أو النِّحْلة) يتشكل باعتبار رؤية أصولية للمرجعية الدينية. وتعبير أصولية هنا كانت جذوره قد ظهرت في نزعة دينية داخل البروتستانتية الأميركية للقرن التاسع عشر. وفي إطار تصنيفه للكنائس والفرق الدينية السائدة في العالم المسيحي، رأى ترولتش أن الطبقات الدنيا هي التي تكون منبع الاستقطاب بالنسبة إلى الفرق الدينية، فالظلم الاجتماعي وعدم المساواة هما من أسباب خلق الظروف السيئة للإنسان. لذلك فإن التوتر بين الكنيسة والفرق الدينية سوف يستمر طالما استمرت المسيحية في الوجود.

وفي حين أن الأصولية ليست في حد ذاتها راديكالية أو ثورية سياسيًا، فإنها مع ذلك لا تزال تحمل فكرة القطيعة مع المجتمع المعاصر الذي يبعد المؤمن (عبر إغراءاته وانحرافاته الأخلاقية) عن واجبه الوحيد والحقيقي القادر وحده على ضمان الخلاص (في هذا العالم وفي العالم الآخر). والأصولية التمامية (intégrisme) مصطلح يعبِّر عن وجهة نظر ليبرالية كاثوليكية فرنسية للقرن الثامن عشر. فالمصطلح يأتي من الأوساط الكاثوليكية التقدمية لفرنسا الثورية وكان يستهدف -تحقيرًا- أولئك الذين قاتلوا ضد انفتاح المسيحية الاجتماعي والسياسي باسم كاثوليكية رومانية تامة كاملة (من هنا التسمية بالتمامية).

هذا «الإرث النَّسَبي» لا يحد من نطاق المفهوم ضمن التقليد الكاثوليكي. ففي الواقع، نجد الأصولية -من وجهة نظر سوسيولوجية- كامنة في النسيج والحبكة السوسيولوجية لأي دين من الأديان، على الرغم من أنه كمفهوم ليس حكرًا على الأيديولوجية الدينية فقط. فهو يطفو على السطح في كل مرة تُطرح فيها داخل نظام أيديولوجي معين مسألةُ التكيف

(1) Jean Séguy, Ernst Troeltsch et ses Soziallehren, Archives de sociologie des Religions, 11, 1961, p1 à 34.

Hervieu-Léger (D) et Willaime (JP), Sociologies et religion: Approches classiques. Collection Sociologie d'aujourd'hui, (Paris: PUF, 2001).

مع الجدة، أو كلما ظهرت فرص للتحوُّل الجذري لإطار شرعية القيم، للرؤية إلى العالم، للمعايير الاجتماعية المحمولة على تاريخ طويل يضمن لها ديمومتها.

التمامية هي تجذير الأصولية (راديكاليتها)، عندما تُعبِّر هذه الأخيرة عن نفسها كإرادة سياسية للإصلاح الشامل للمجتمع. وهذا يعني أنها ليست مجرد استمرارية للأولى وإنما مماسة (tangente) يمكن أن تأخذها أي حركة، تريد العودة إلى مصادر التقليد، فتؤدي إلى محاكمة الانحرافات التاريخية، ومن ثَمَّ تطرح إعادة تأسيس النظام الاجتماعي والسياسي.

وفي حين أن الإصلاحية الدينية (التقليدية) تقتصر على الحقل الديني، فإن الراديكالية تقف في قبالة البيئة الاجتماعية التي تعتبرها مشوَّهة. الأصولية تسعى إلى إعادة إدخال «تمام الدين» في جميع مناحي الحياة السياسية والاجتماعية، وذلك لمكافحة الأعطال التي ولَّدها التحديث المادي.

إن الرغبة في إعادة بناء النظام الاجتماعي على أساس قواعد معيارية مستوحاة من النصوص المقدسة تحمل في طياتها اختلافات متعددة وفقًا للتقاليد الدينية المختلفة وللسياقات السياسية الاجتماعية التي تبرز فيها الأصولية. وتتوقف درجة التطرُّف في القول والعمل -من ضمن جملة أمور- على القدرة على الاندراج في المؤسَّسات السياسية.

ففي السياقات الوطنية حيث توجد لعبة سياسية مفتوحة، إن لم تكن ديمقراطية، فإن الحركات الأصولية أو التمامية النشيطة والمناضلة أظهرت بعض الاعتدال في الوقت الذي كانت تقوم فيه بالاندماج في التنظيم السياسي لمجتمعها. ويصح هذا -على سبيل المثال- بالنسبة إلى الإسلاميين في تركيا وتونس والمغرب (والكويت والأردن إلى حد ما)، وبالنسبة إلى الأصولية البروتستانتية في الولايات المتحدة. ولكن هناك أمثلة عن حالات أخرى تؤدي فيها العلاقات الوثيقة بين الأيديولوجية الدينية والهوية القومية إلى أوضاع متفجرة من مثل الدمج بين اليهودية والقومية (الصهيونية) في إسرائيل، أو بين الهندوسية والقومية في الهند.

وعلى الرغم من التعدُّد الكبير في أشكال التعبير والتأصيل الثقافي الاجتماعي الذي تمثِّله الحركات «الأصولية التمامية»، فإنه يمكننا تحديد خمس سمات مشتركة لجميع هذه الحركات:

1- الخطاب العدواني عمومًا، يحيلنا دائمًا، ومن دون تردُّد، إلى إدانة لكل التشويهات الملازمة للعالم الحديث (رفض الحداثة).

2- العودة إلى الالتزام الديني في جميع جوانب الحياة الاجتماعية هي الطريقة الوحيدة الصالحة للهروب من هذه الشرور الحديثة (الرجوع إلى الأصول).

3- لمواجهة عقم أشكال التضامن والأيديولوجيات التقليدية الناجم عن التنميط الذي تعممه الحداثة الثقافية، تستعيد المرجعية الدينية دورها كلحمة اجتماعية قوية ونشيطة قادرة على التعبئة وعلى توليد معايير ونقاط ارتكاز هوياتية (الدين إطار جامع وقائد).

4- هذه القدرة التعبوية تلعب على نحو ما كنقطة انطلاق اجتماعية سياسية لضمان إقامة النظام الجديد، إما من «أعلى» أي المنظمة السياسية، وإما من «أسفل»، أي بواسطة جماعات مجتمعية (الحركية أو النشاطية الطليعية والأهلية).

5- أخيرًا، فإن منطق الأصولية، وعبر تهجينه الأصناف الحديثة والدينية التقليدية، يحمل «حداثة» ما، بحسب السياقات الاجتماعية التي ينبثق فيها (الأصولية حداثة نخبوية).

أما عن مصطلح السلفية فهو لم يبرز خلال العقود السابقة (على مستوى الدراسات الغربية) على الرغم من أن مختلف الحركات الإسلامية كانت تدعو إلى امتلاك المستقبل انطلاقًا من نموذج ماضوي (سلفي). هذا في حين استخدم أنصار الحركات الإسلامية مصطلح «الصحوة» للإشارة إلى دعوتهم للعودة إلى الأصول (أصولية) ولإحياء تراث الأقدمين من السلف الصالح (إحيائية- سلفية).

وقد شاعت مصطلحات الإحيائية والأصولية في السبعينيات والثمانينيات من القرن العشرين، تلاها في الشيوع مصطلح الإسلام السياسي والإسلاموية ومصطلح الاحتجاج الإسلامي في التسعينيات، فمصطلح السلفية والسلفية الجهادية منذ العقد الأول من القرن الحادي والعشرين (ما بعد حادثة 11 أيلول (سبتمبر) 2001).

فالسلفية لم تجتذب الكثير من الانتباه إليها[1] قبل تاريخ 11 أيلول 2001، باستثناء الانتباه

---

(1) رول ميير: مقدمة كتاب: السلفية العالمية، الحركات السلفية المعاصرة في عالم متغيِّر، محرر، ترجمة محمود التوبة، الشبكة العربية للأبحاث والنشر، بيروت، 2014، ص 13.

الذي كان قد توجَّه نحو الفترة التقليدية الكلاسيكية[1]، أو الانتباه الذي كان قد توجه نحو الفترة الحديثة المبكرة[2]. وفي المحيط الأكاديمي «قلة قليلة من العلماء هم الذين درسوا السلفية»[3] «بَلَه أن يكونوا قد درسوها بوصفها ظاهرة عالمية»[4]. والحال أن معظم الدارسين الغربيين للحركات الإسلامية درسوها ضمن إطار ما سموه «الإحيائية» و«الأصولية»، كترجمة للمصطلحات الغربية التي تشير إلى عودة التديُّن وتسييس الدين، أو بالتحديد أكثر «في اتصال على الغالب مع الردكلة» (التجذير العقائدي)[5].

4- في مسألة الدين والعنف

في السنوات الأخيرة برز موضوع العنف، وموضوع فعالية الرقابة الاجتماعية وقدرتها على العمل، فضلًا عن الدور الذي يؤديه الدين على الساحة الدولية نتيجة لتكاثر أعمال العنف أو الهجمات الإرهابية التي قام بها أتباع جماعات دينية. ويمكن هنا ذكر أمثلة أميركية: الانتحار الجماعي لأتباع معبد الشعب للقس جيم جونز في جونستون في عام 1978، وانتحار أعضاء «محفل معبد الشمس» من جماعة جو دي مامبرو ولوك جوري بين عامي 1994 و1997، وعملية «العبور إلى سيريوس» لطائفة «بوابة السماء الكاليفورنية» في عام 1997؛ أو المواجهة العنيفة بين فرع «الداووديين في واكو» وقوات الأمن عام 1993؛ أو حادثة تفجير أوكلاهوما سيتي في عام 1995، مما يشير إلى ما يسمى الميليشيات الأصولية

---

(1) يعطي رول ميير مثالاً على ذلك كتاب مايكل كوك: «الأمر بالمعروف والنهي عن المنكر في الفكر الإسلامي»، صدر عن جامعة كامبريدج عام 2000، وكتاب هنري لاوست عن ابن تيمية والصادر عن المعهد الفرنسي بدمشق عام 1948. والحقيقة أن هناك دراسات غربية كثيرة عن السلفية التيمية والحنبلية والوهَّابية.

(2) يعطي رول ميير هنا أيضًا مثالاً كتاب جون فول وجون اسبوزيتو في تاريخ أوكسفورد للإسلام، جامعة أوكسفورد 1999، ص ص 509-547. وكتاب دانييل براون: إعادة النظر في الحديث النبوي في الفكر الحديث، جمعة كامبريدج، 1996.

(3) ميير، المرجع نفسه، وهو يعطي هنا مثال كتاب برنارد هيكل: الإحياء والإصلاح في الإسلام: تراث محمد الشوكاني، جامعة كامبريدج، 2003.

(4) ميير، المرجع نفسه، وهو يعطي هنا كمثال كتاب جيل كيبل: أثر الإسلام السياسي، لندن، أي بي توريس، 2002 وكتاب راينهالد شولتز: العالمية الإسلامية في القرن العشرين، دراسات في تاريخ الجامعة الإسلامية، ليدن، بريل، 1990.

(5) ميير، المرجع نفسه، ص 14.

ذات المعتقدات الداعية إلى تفوق «المسيحي الأبيض» في الولايات المتحدة والعودة إلى تقليد ديني كتابي معين، كما يمكن الإشارة إلى المجزرة التي ارتكبتها طائفة «أوم اليابانية» في مترو الأنفاق بطوكيو في عام 1995. بحيث أمكن القول إن نهاية الألفية حملت تصورًا بوجود «تهديد جديد» اسمه الجماعات الدينية(1).

كل هذه الأحداث التي حظيت بتغطية إعلامية واسعة أثارت أسئلة أصبحت أكثر أهمية وخطورة بعد الهجمات التي وقعت في 11 سبتمبر 2001 على يد إسلاميين متطرفين.

منذ ذلك التاريخ المشؤوم، صار العنف والدين زوجين لا ينفصلان، وبخاصة في الصحافة وفي عقول عامة الناس. وهكذا، صارت الظواهر الدينية الآن موضوع دراسة يجذب أضواء وسائط الإعلام، واهتمام الأدبيات الأكاديمية الأكثر حداثة، وبعض أجهزة المجتمع والدولة في الغرب، خصوصًا قوات الشرطة والاستخبارات(2).

هذه التطوُّرات لا يمكن إلا أن تؤدي إلى أسئلة جديدة، لا سيما أن الدين يُعتبر تقليديًّا عاملًا قويًّا للسيطرة الاجتماعية التي تُمارس على الأفراد والتي يساعد عملها عادة في منع مخاطر العنف بدلًا من استثارتها وتشجيعها(3).

وإذا كان النصف الثاني من القرن العشرين قد أبرز تزايد علمنة المجتمع وتقدُّمًا ملحوظًا لحركات ومطالب ذات طابع علماني، فإننا نشهد حاليًّا صعود دور العامل الديني في العديد من الصراعات، وهي ظاهرة تفسرها إلى حد كبير تغييرات ذات طابع هيكلي ودوري أدت إلى التسريع بهذه الحركة.

إن عدم استقرار المجتمعات الخاضعة لحتمية التغيير ولأخلاقيات الأنا، في عالم متسارع العولمة أكثر فأكثر، يثير أيضًا تأكيدات قوية الظهور للهوية الدينية، لا سيما لدى الشباب الفاقد

---

(1) Mayer, J. F., 2001, «Cults, Violence and Religious Terrorism: A International Perspective», Studies in Conflict & Terrorism, no. 24, p. 361-376.

(2) Jurgensmeyer, M., 2000, Terror in the Mind of God: The Global Rise of Religious Violence, Berkeley, University of California Press.

Bromley, D.G., G.J. Melton, 2002, Cults, Religion and Violence, Cambridge University Press, London.

.Larsson, J.P., 2004, Understanding Religious Violence, Ashgate, Angleterre

(3) Stark, R., W.S. Bainbridge, 1996, Religion, Deviance and Social Control, New York, London, Routledge.

الضائع والمشتَّت من أولاد المهاجرين في البلدان الغربية. وإذا حاولت بعض الحركات النضال -من خلال النشاطات الجماعية- ضد هذه السيطرة للنزعة الفردية والليبرالية الجديدة، ولعولمة الأسواق، فقد يفضِّل آخرون طريق الانكفاء الهوياتي على الذات[1].

إن العنف الديني أو المستوحى من الدين، ولا سيما الإرهاب المرتبط بالجماعات الدينية، قديم لا يعود فقط إلى الأمس القريب. لقد كان هناك متطرفون وحتى إرهابيون دينيون منذ العصور القديمة، وقبل بداية عصرنا منذ ألفي سنة. كان هناك -على سبيل المثال- يهود متعصبون (Zelots)، ثم في وقت لاحق، ظهر بين المسلمين طائفة الحشاشين، وبين الهندوس ظهرت مجموعة البلطجية (Thugs) التي كانت مسؤولة عن وفاة ما يزيد على مليون شخص، بين القرنين السابع عشر والتاسع عشر[2].

وفي فترات أقرب إلينا كان هناك إرهاب الفوضويين الروس المتطرفين في مطلع القرن العشرين، وفي النصف الثاني من القرن العشرين كان هناك إرهاب الثوريين الألمان (عصابة بادِر ماينهوف)، والإيطاليين (الألوية الحمراء) والفرنسيين (العمل المباشر) واليابانيين (الجيش الأحمر) وفي أميركا اللاتينية (التوباماروس والدرب المضيء) والحركات الماوية في الهند والنيبال...إلخ.

وكان «جيل كيبيل» لاحظ في عام 2004، بأننا نشهد في العالم الإسلامي، تتمة لمسلسل فشل الحركة الإسلامية في التسعينيات في كل من مصر والبوسنة، والمملكة العربية السعودية والجزائر، أي فشل لإسلام تواق إلى الاستيلاء على السلطة في هذه البلدان. وكتب يومها أنه ردًّا على هذا الفشل، ولدت الاتجاهات الجهادية الأممية، مجسدة بالقاعدة[3].

ورأى «لارزيليير»[4] بأن الجهاديين الأمميين (القاعدة)، استبدلوا الإقليم بخطاب أممي عالمي شامل معادٍ للغرب، في حين أن التيارات الإسلامية الوطنية التي تحمل قضايا محلية خصوصًا في (لبنان، وفلسطين، والشيشان، ومصر)، لا تزال تستخدم وتوظِّف نسخة مقدسة ودينية لمفهوم الإقليم الوطني.

---

(1) Farro, A., 2000, Les mouvements sociaux, Presses de l'Université de Montréal, Montréal.

(2) Hoffman, B., 1999, La Mécanique terroriste, Paris, Calman-Lévy.

(3) Kepel, G., 2004, Fitna. Guerre au cœur de l'islam, Paris, Gallimard.

(4) Larzillière, 2005, «Islam et islamisme», Le Monde, Point de vue, 10 août 2005.

ومع ظهور وانتشار حركات الإحياء الإسلامي الجديدة التي تعتمد العنف والإرهاب في تعاملها مع الآخر الداخلي والخارجي، لم يتم التعامل مع قضية العنف هذه من منظار عصري، وإنما ظلَّت تلك الحركات أسيرة الخطاب الإسلامي السلفي القديم وبمضامينه البعيدة عن مقاربة المشكلات المعرفية والسياسية الحقيقية. والحال أن شعار إعادة نظام الخلافة، أو إقامة دولة الإسلام، أو استئناف الحياة السياسية الإسلامية للأمة، أو مواجهة الصليبية الجديدة، كان محور الكثير من دعاوى تلك الحركات التي لم ترَ بُدًّا من اعتماد العنف والإرهاب كطريق للوصول إلى مبتغاها[1].

5- عن الأصولية الإحيائية في طورها الأول

منذ العام 1980، حدَّد ريتشارد ديكمجيان ثلاث ميزات لظاهرة الإحياء الإسلامي:

1- حجم الانتشار الكبير والهائل لها، فهي لا تظهر في الدول المصدرة لها في دائرة العالم العربي والإسلامي فحسب، بل خارج نطاق ذلك في دول أوروبا والولايات المتحدة.

2- افتقارها إلى المركزية أو بالأحرى تعدُّد مراكز قوتها (Polycentrism)، كما لو أنها مجموعة من القوى الأخطبوطية التي لا تدار من مركز محدد (Epicenter) أو يقودها شخص معيَّن أو تنظيم محدد.

3- تصلُّبها وقوتها وقدرتها على الاستمرار والإحياء على مدى القرن العشرين[2].

(وها نحن نشهد استمرار ذلك في العقد الثاني من القرن الحادي والعشرين)

وذهب «جيل كيبيل» إلى أن ظاهرة «الحركة الأصولية المعاصرة» اتخذت بُعدًا كونيًا، وشملت المعمورة كلَّها، وأنها ظاهرة لا تقتصر على الإسلام وحده، بل إنها انبعثت في

---

(1) يرجع بهذا الخصوص إلى الرسائل لحسن البنا، ومعالم في الطريق لسيد قطب، والنظام السياسي في الإسلام لتقي الدين النبهاني مؤسِّس حزب التحرير الإسلامي. وكلمة حق لعمر عبد الرحمن أحد قادة ومؤسِّسي الجهاد الإسلامي المصري، كما إلى أدبيات حزب الدعوة الإسلامية (الشيعي العراقي). انظر حول ذلك كتابِي: الجماعات الإسلامية والعنف، بيروت، دار مدارك، ط1، آب 2011.

(2) Dekmejian, R. Hrair, The Anatomy of Islamic Revival: Legitimacy Crisis, Ethnic Conflict and the Search for Islamic Alternatives, Middle East Journal, Vol. 34. No.1 (Winter,1980) pp.1-12.

حضارات تختلف في أصلها الثقافي، مثلما تتباين في مستوى نموها، وأن هذه الحركات أعادت رسم العلاقة بين الدين والسياسة من جديد، معتبرًا سنوات السبعينيات عشريةً تَحَوَّل المسار الذي تسير فيه الإحيائية (ومنها الإسلامية) لجهة نظرتها إلى انتصارات التقنية وانتشار الحداثة. فبعد أن أخذت العلاقة أشكالًا من الدفاع عن قيمها وعقائدها، والاجتهاد في تكييف مقالاتها الدينية وفق قيم المجتمع «الحديثة»، باحثة عن مثل هذه القيم ومُظهِرَة تقاربها معها، في محاولة منها لاحتواء رعيتها والحفاظ عليها، وعلى إيمانها بمرجعياتها الدينية، انقلب هذا المسار وهذا المسعى رأسًا على عقب في حدود العام 1975، «فقد بدأ يتكوَّن خطاب ديني جديد، لا يهدف إلى التكيُّف مع القيم الدنيوية، وإنما إلى إعطاء تنظيم المجتمع أساسًا قدسيًا، ولو بتغيير هذا المجتمع إذا اقتضى الأمر. ويدعو هذا الخطاب في تعابيره المتعددة، إلى تجاوز حداثة فاشلة، كان يعزو فشلها ومأزقها إلى الابتعاد عن الله»[1].

ورأى الإسلاميون في حينها أن ظهور حركات الإحياء «جاء نتاج تدافع طبيعي واستفزاز غربي، بما فرضه على الأمة العربية والإسلامية من تحديات مختلفة، سياسية وعسكرية وثقافية وتكنولوجية»، وأنها «حركات جاءت كرد فعل طبيعي على الغرب»[2]، ولذا تحمل سمة «المقاومة والممانعة»[3].

المقاربة الإسلامية الأساسية أرجعت عوامل الإحياء الإسلامي بشكل رئيس إلى الإسلام نفسه، بصفته الباعث على هذا الإحياء، وبصفته دينًا ومنهجًا شاملًا للحياة تكمن بداخله عوامل إحيائية متجددة لم تَمُت على الإطلاق. وما حدث في السبعينيات بنظر هذه الرؤية هي «عودة إلى الذات الحضارية للأمة، وإلى فطرة الله التي فطر الناس عليها، ولا يمكن أن يعيش الإنسان سعيدًا دون دين، فكانت العودة إلى الدين واستعادة الهوية بعد أن تمَّ تجريب

(1) جيل كيبيل، يوم الله، الحركات الأصولية في الديانات الثلاث، ترجمة نصير مروة، دار قرطبة للنشر والتوثيق والأبحاث، قبرص، 1992، ص10.

(2) رفعت سيد أحمد، الحركات الإسلامية في مصر وإيران، القاهرة، سينا للنشر، 1989، ص ص33-34. محمد جميل بن منصور، الأصولية ظاهرة حضارية استجابة لتحدي الانتماء والهوية، جريدة الشرق الأوسط (لندن)، العدد 6655، 16/ 2/ 1997م، ص10.

(3) للدلالة على الذين يرفضون ويقاومون الغرب وقد شاع كثيرًا استخدام هذا المصطلح مؤخرًا، علمًا أن أول من استخدمه هو الدكتور سهيل القش في كتابه: «في البدء كانت الممانعة، مقدمة في تاريخ الفكر السياسي العربي». دار الحداثة، بيروت 1980.

النماذج الحضارية والاجتماعية والسياسية الغربية وإخفاقها جميعًا على امتداد المائتَي عام الأخيرة من تاريخ العالم الإسلامي»[1].

ويعطي مكسيم رودنسون «الأصولية السياسية» منحى أكثر أصالة وأقل عَرَضيَّة، حين يعتبر أن العامل الأساس في انتشارها «هو تشكُّل الطائفة الإسلامية لأول مرة على هيئة بنية سياسية- دينية، وكل ذلك راجع إلى الظروف التاريخية الخاصة التي رافقت ظهور الإسلام وتشكُّل دولة المدينة»[2]. وفي اتجاه تأكيد الأصالة التاريخية لظاهرة الإحياء الإسلامي، يذهب حسن حنفي إلى أنها «نتاج تراكم تاريخي عبر العصور للمجدِّدين ورجال الإصلاح»[3].

ويؤكد رودنسون على أن القطع التاريخي مع «المثال» -دولة المدينة وممارسة الصحابة والسلف- مع الحضور الغربي في المنطقة، وتشكُّل دول ما بعد الاستقلال، التي أخذت تنحو منحًا علمانيًا تمثَّل بإقصاء الدين عن السلطة، ومواقع القرار وإعادة ضبطه ومأسسته في المجتمع، بما يعزز شرعية السلطة، أدخل الذات العربية في أزمة هوية بين ما هو إسلامي وما هو غربي، بين ما هو عنوان «للتقدم»، وبين ما هو عنوان «للجمود والتأخر»، لكنه طرح أيضًا وأساسًا مسألة الدولة الحديثة وعلاقتها بالمجتمعات الإسلامية، ومسألة مواجهة التحدِّي الاستعماري وفي القلب منه تحدِّي الاحتلال الإسرائيلي لفلسطين. ومع إخفاق تجارب النهضة والتنمية لدول ما بعد الاستقلال، وفشل مؤسَّسات الحداثة وأبنيتها وقيمها الحديثة عن إقصاء القيم الدينية أو علمنتها، إضافة إلى الهزائم العسكرية أمام «إسرائيل»، زادت الأزمة وتمظهرت كحالةٍ من الاغتراب داخل المجتمعات نفسها و«أصحبت مصطلحات الاغتراب والتشيؤ والاستلاب مفردات تُعبِّر عن حالة مميزة للفرد في المجتمعات المعاصرة،

(1) - سيد أحمد، الحركات الإسلامية...، مرجع سبق ذكره، ص ص33-36-42. وبن منصور، الأصولية ظاهرة حضارية...، الشرق الأوسط (لندن)، مرجع سبق ذكره. وانظر خصوصًا مقال منير شفيق: الإسلام أصل لا استثناء في كتابه: الإسلام في معركة الحضارة. الطبعة الأولى، دار الكلمة بيروت 1982.

(2) مكسيم رودنسون، الأصوليات الإسلامية والأصوليات الأخرى، المبادئ شيء والواقع شيء آخر، جريدة الشرق الأوسط (لندن)، العدد 6623، 15/ 11/ 1997م، ص10. ورودنسون، الأصوليات الإسلامية والأصوليات الأخرى، إفلاس العلمانية أحد أسباب ظهور الأصوليات، الشرق الأوسط (لندن)، العدد 6622، 14/ 1/ 1997م، ص10.

(3) - حسن حنفي، الإسلام حاور المخالفين والمشركين والكفَّار والمنافقين، جريدة الشرق الأوسط (لندن)، العدد 6632، 24/ 1/ 1997م، ص10. وحنفي، الدين والثورة في مصر 1952-1981، الكتاب الخامس، الحركات الدينية المعاصرة، القاهرة، مكتبة مدبولي، د.ت، ص301.

وتُستخدم في مختلف أوجه النشاط الثقافي، حيث تظهر كموضوع أساسي لتعقيد ظواهر اجتماعية وسياسية... والاغتراب الديني، بمعنى أن يلجأ الفرد إلى الدين كصيغة على المستوى الأنطولوجي والنفسي والسياسي والاجتماعي، لمقاومة هذا الإحساس المعذَّب بالاغتراب عن نفسه، نتيجة للاغتراب عن المؤسسات الاجتماعية التي يحاول أن ينتج ذاته من خلالها»[1].

6- عن الأصولية الإحيائية في طورها السلفي الجديد

عودة التدُّين وتمظهراته الإحيائية في بلادنا، وعودة الإسلام إلى قلب الصراعات الاجتماعية والسياسية والحضارية، وبروز تيارات وحركات تستهدف من خلال الدعوة الدينية، أو العمل السياسي، أو العنف الثوري، إعادة أسلمة مجتمعاتها، وإعادة تنظيمها، وتوجيه مسارها، طبقًا لمبادئ الشريعة الإسلامية وأحكامها، كل ذلك يمكننا رده تاريخيًّا إلى حركات الإحياء الإسلامي بالمعنى الواسع للكلمة، أي «بما تمثِّله من استعادة بطيئة، لكن دائمة ومستمرة للثقافة الكلاسيكية، وتَمثُّل قيمها كمرتكز لتماهٍ جماعي تاريخي، واستعادة للوعي وإعادة فهم وتقويم وتجديد للتراث والقيم والأفكار، بل وللإيمان الديني نفسه، بعد حقبة الانحطاط والموت الطويلة للقلب والعقل الإسلاميين»[2].

وقد شملت العودة المدوِّية للمشاريع الدينية، واحتلالها المشهد التاريخي المعاصر، العالم الإسلامي كلَّه، فكان انتشار «الإحيائية» الإسلامية الأصولية «السلفية» التي لم تنحصر تجلياتها في منازعة الحركية الإسلامية التقليدية (الإخوان المسلمون) للمجال السياسي فقط، بل تمظهرت في الدعوة العامة إلى بعث هوية إسلامية جديدة تتسم بالشمول والقوة. وما يميز هذه الإحيائية السلفية المعاصرة عن الإحيائية الجهادية الوطنية (المقاومة الإسلامية وحركتا حماس والجهاد)، وعن الإحيائية الحركية التقليدية (الممثلة بالإخوان المسلمين)، ارتكازها على فهم سلفي جهادي محدد وضيِّق يشكِّل عصبها العقائدي ولحمتها الأيديولوجية وقوتها الشعبية.

(1) - رمضان بسطاويسي محمد، الاغتراب الديني وثقافة المؤسَّسات، في محمود أمين العالم (إشراف)، الأصوليات الإسلامية...، مرجع سبق ذكره، ص67.

(2) - برهان غليون، نقد السياسة...، مرجع سبق ذكره، ص 312.

والمظهر البارز للإحياء الإسلامي «السلفي» يتعلق بالمستوى الاجتماعي، وبروز موجة التديُّن الشعبي، واضطلاع الجماهير بأعمال وأدوار دينية واضحة، كبناء المساجد وإقامة جمعيات تحفيظ القرآن الكريم، وحضور الدروس الدينية، وتأسيس الجمعيات الثقافية الإسلامية، وجمعيات التكافل الاجتماعي. إنه مظهر خاص بما يُصطلح عليه بالمجتمع الأهلي، أي مبادرة جمهور المتدينين للاضطلاع بأدوار اجتماعية ودينية في آن واحد، بعيدًا عن دور الدولة وانتظار رعايتها لهم. يضاف إلى ذلك: «الاهتمام المتزايد بالعمل النقابي، والانتخابات الطلابية والعمالية، وبروز ظاهرة السريَّة، وتشكيل حركات وتجارب صدامية احتجاجية ضد النظم الحاكمة، الأمر الذي أدى إلى تشكّل حركات الإسلام السياسي السلمي منها والعنفي»[1].

وفي خضم هذا التمظهر السياسي للحركة الإحيائية برز أيضًا وبشكل موازٍ وأحيانًا متقدِّم، نوعٌ جديد من السلوك الفردي، هو نتاج رغبة في التمايز عند الفئات المتدينة عن باقي الفئات الاجتماعية، من جهة الملبس والمأكل والرموز والشعائر الدينية. فتُركِّز هذه الفئة على إطالة اللحى، وحلق الشارب، وارتداء الجلباب دون عقب القدم. ويقابله عند النساء ارتداء ما يصطلحون على تسميته باللباس الشرعي (الحجاب) والدعوة إلى «ضرورة ارتداء النقاب حتى، والتركيز على عدم الاختلاط بين الجنسين، والإقبال على الكتب الدينية، وزيادة التردُّد على الاحتفالات الدينية، والحشد في المساجد، والحرص على الطقس الديني في حفلات الزواج والختان، وإقامة الموالد الدينية، والاحتفال بالمناسبات الدينية»[2].

ومن أجل تعميق هذا التمايز، تقوم الحدود «الرمزية» بين المناطق، التي تصير صافية نقية من كل اختلاط أو تمازج. فالحدود بين باب التبانة وجبل محسن (أو بين الضاحية الجنوبية لمدينة بيروت «وهي شيعية»، وبين بقية مناطق بيروت «السُّنِّيَّة») هي حدود مرسومة بقوة

---

(1) - سيد أحمد، الحركات الإسلامية...، مرجع سبق ذكره، ص24.

(2) - فايز سارة، الحركة الإسلامية في المغرب العربي، م.س، ص66.

وانظر: فؤاد زكريا، الصحوة الإسلامية في ميزان العقل، بيروت، دار التنوير للطباعة والنشر، ط1، 1985م، ص22-23.

ونيلوفر غول، مهندسون إسلاميون وطالبات محجبات في تركيا، بين التوتاليتارية والنزعة الفردية، ضمن كتاب: جيل كيبيل ويان ريشار، (محرران). المثقف والمناضل في الإسلام المعاصر، ترجمة بسام الحجار، بيروت، دار الساقي، ط1، 1994م، ص164-166.

ومحترمة من خلال نظام رموز يفصل بوضوح بين «الداخل» و«الخارج»، أو بين «الأهل» و«الغرباء». هذه النظم الرموزية تجدد الهوية الخاصة وتجعل من الانتماء والسلوك الشعائري ليس مجرد نشاط ديني، وإنما قاطرة قوية للمقاومة والممانعة[1] تسمح لمنتسبيها ببلورة هوية أسطورية خيالية تساعدهم على تجاوز إشكالات وإرباكات حياتهم اليومية.

وحين تكون الهوية موضوعًا للتعبئة الشعبية وللسياسة اليومية وتصير أيقونة مقدَّسة ومحرَّمة لحركات جماعية، لجماعات إثنية ودينية، أو لشعوب بأكملها، فإن المسارح الاجتماعية التي تدور عليها عملية تثبيت الصراع تتغيَّر مشاهدها: تنسحب الدوافع الاقتصادية والاجتماعية إلى المرتبة الثانوية وتتقدَّم الدوافع ذات السمة الثقافية والدينية.

ويبقى المسجد هو «المطرح» الاجتماعي بامتياز، أي أنه يحل محل المقهى، أو هو استكمال له في ظروف الفقر والهامشية. وهو يصبح بالنسبة إلى الشباب أول موقع محرِّر لهم ضمن المجتمع، لهم فيه يد واستقلالية عن المؤسَّسات الرسمية والدينية[2].

والحاجة إلى بناء مطارح مستقلة مدارة إدارة ذاتية خالية من أي نفوذ أو وجود للسلطة الرسمية والدينية اكتمل بتشكيل الجمعيات الخيرية، وإقامة النوادي وأماكن التدريس واللهو للصغار والشباب.

كما أن هذا التحرير للمكان سمح أيضًا لهذا الجيل من الشباب بالظهور أمام المجتمع (الظهورية) فصاروا مرئيين بعد أن كانوا مخفيين أو متجاهَلين.

أما المظهر الأهم، فيتمثل في شيوع الدعوة إلى إقامة دولة إسلامية أو إلى تطبيق أحكام الشريعة الإسلامية، أو إلى رفض التعدُّد والتنوُّع في المجتمعات ورفض الاندماج الوطني،

---

(1) كان سهيل القش وروجيه نبعة أستاذَي خليل عكاوي ومقاومته الشعبية، وهما من نحت مصطلح الممانعة الذي صار شائعًا اليوم. انظر الفصل السادس الخاص بالدولة العثمانية (وهو من تحرير القش ونبعة) في كتاب سهيل القش: في البدء كانت الممانعة، دار الحداثة، بيروت 1980. (العثملي أو في المسألة التاريخية: ص120-140، يليه ملاحق هي نصوص مترجمة لماركس عن تركيا، ص 141-162... إلخ).

(2) ومن هنا فقد دارت حروب للسيطرة على المساجد كان أهمها ليس الحرب مع دار الفتوى، بل الحرب مع جماعة الأحباش المدعومين من المخابرات اللبنانية-السورية. وأول «شهداء الحالة السلفية» كان الشيخ أسامة قصاص الذي اغتيل في طرابلس والشيخ زهير جنين الذي اغتيل في بيروت. كما يتهم الإسلاميون جماعة الأحباش بالاستيلاء على الأوقاف، وباغتيال المفتي الشيخ حسن خالد والشيخ الدكتور صبحي الصالح، وبالاعتداء على المساجد وقتل المصلين خدمة للنظام السوري. انظر:
http://alrased.net/main/articles.aspx?selected_article_no=5402

وبروز ظواهر الهويات المذهبية-الدينية، والعرقية-الإثنية، وتراجع الانتماء الوطني وضرب معنى المواطنية وانتشار ظواهر التكفير والتخوين وتهم الرِّدَّة والفسق والبدعة[1].

ومن ثَمَّ فقد صارت الجماعات الدينية تقدُّم أفضل مثال عن حركات تعمل على امتلاك نفوذ ودخول المجال العام واحتلال مواقع داخل النظام السياسي، فهي فواعل اجتماعية دينية تدخل المجال العام والسياسي انطلاقًا من ادعاء تمثيلها للحقيقة الصافية الكاملة، أي لنظام آخر تسود فيه قيم أخرى يعتقدون أنها خلاص البشر من الفساد والظلم.

لقد قامت حركات الإحياء الإسلامي بإنشاء خطاب متعدِّد الملامح، منه ما هو إصلاحي ذو منزع «تجديدي»، وهو خطاب نخبوي ضعيف الأثر، ومنه ما هو سلفي تقليدي، وهو الأكثر شعبية ونفوذًا. وكلاهما كان يتم إنشاؤه على قاعدة الأرضية المعرفية والثقافية لتلك الحركات، أي الإسلام، مع سَعيٍ إلى الاستجابة لتحديات الواقع المخصوص المعيش.

ومن داخل حركات الإحياء الإسلامي هذه، ومن داخل أزمة الهوية والعودة إلى الأصول، وبسبب المواجهة مع الآخر بكل عناوينه ومضامينه الدينية والثقافية والعسكرية والاقتصادية، تطوَّر خطابٌ إسلامي جديد يقوم على محورية فكرة العنف الثوري المسلَّح، وعلى ممارستها ضمن رؤية سلفية لها قولها في كيفية تنظيم وإدارة الاجتماع السياسي للمجتمعات العربية، الأمر الذي قاد هذه الحركات إلى تبرير الإرهاب باعتباره ممارسةً ثوريةً وجهادًا مشروعًا للدفاع عن الذات ولرد العدوان.

7- السلفية كمذهبية جديدة: الإشكالية الجامعة والمأزق الأساس

كشف بعض الجدل السائد، عربيًا وعالميًا، حول السلفية والسلفيين، عن المفاجأة والاضطراب الكبيرين في التعامل مع الظاهرة السلفية وجماعاتها وقواها السياسية خصوصًا في خضم دورها في الربيع العربي. فلسنوات طويلة صُوِّرت قوى «الإحياء الإسلامي» وكأنها كتلة مصمتة من دون أن يؤخذ في الاعتبار التنوُّع الكبير في منابتها الفكرية وفي السياقات

---

(1) حول هذه المسائل انظر: سعود المولى، الجماعات الإسلامية والعنف، م.س.

الاجتماعية والسياسية التي حددت ولادتها ونشأتها[1]، ناهيك عن فهم مواقعها وأدوارها في الحراك الاجتماعي الراهن.

واليوم، يستخدم مثقفون وباحثون مسلمون وغير مسلمين -ليبراليون أو يساريون- مصطلح السلفية أحيانًا لتحديد التوجُّه الفكري للتيارات الإسلامية كافة، على اعتبار أن هذه التيارات جميعها تنادي بإحياء نموذج متصوَّر للماضي (سلفي). والمشكلة في هذا الفهم أنه يَغُضُّ النظر عن أن مصطلح السلفية ذو أصل إسلامي ولد وتبلور في سياق تاريخي، فكري ثقافي إسلامي الطابع ولا بد بالتالي أن يجري البحث عن دلالاته في سياقه الخاص[2]. وبعد تعريف السلفية لغة واصطلاحًا ودينًا، لا بد من تعريفها في سياقها الزماني والمكاني، أي في إطارها التاريخي الاجتماعي المعاصر. فما نتحدث عنه هنا ليس سلفية الْمُحَدِّثِين أو الفقهاء ولا سلفية المدارس الدينية والجمعيات الدعوية، وإنما سلفية حركة اجتماعية حديثة خرجت إلى الفضاء العام وتحوَّلت إلى ظاهرة احتجاج ورفض سني (طائفي- مذهبي) للهيمنة الشيعية (الطائفية-المذهبية).

والسؤال المهم هنا هو: هل كان الخطاب الإسلامي السلفي المقدَّم بخصوص طبيعة شكل العلاقة بين الدين والمجتمع، وكيفية الوصول إلى إقامة النظام السياسي الإسلامي أو استئناف الحياة الإسلامية، أو تحرير الأرض والوطن، ومسائل التعددية المجتمعية والعلاقات بين المذاهب والطوائف والأقوام والإثنيات- محددًا ومشروطًا بحدود وشروط الحراك الاجتماعي الخاص بالمجتمع الموجودة فيه هذه الحركات، أم بمرجعية إسلامية «سلفية» واحدة؟

إن مناقشة الإشكالية السابقة وطرحها تستند إلى مفهومٍ قَوامُه أن حركات الإحياء الإسلامي السلفية هي حركات اجتماعية من الطراز الأول، ونحن نعتبر دراسة تلك الحركات -كونها مؤسسات سياسية غير رسمية (أهلية) في أحد صورها- جزءًا أساسيًّا من النظام

---

(1) بشير نافع: السلفية: إشكالية المصطلح، التاريخ، والتجليات المتعددة. ضمن كتاب «الظاهرة السلفية» الصادر عن مركز الجزيرة للدراسات، الدوحة، قطر، الطبعة الأولى 2014. (ص13-14).

(2) المرجع نفسه، ص 15، حيث يعطي مثالاً نبيل عبد الفتاح في كتابه المصحف والسيف (القاهرة 1977)، وسمير أمين في كتابه ربيع الشعوب (بالإنكليزية 2012). ويمكن إعطاء أمثلة كثيرة من وسائل الإعلام والسياسة في لبنان، حيث ساد الخلط بصورة قبيحة.

الاجتماعي، لا يمكن فصلها عنه بأية صورة، وما يترافق مع ذلك من دراسة مظاهر الصراع وطرق السيطرة عليه.

فحركات الإحياء السلفية (القديمة منها والجديدة) هي حركات اجتماعية قيمية (Value-Oriented Movements) بالدرجة الأولى، وتندرج «كمحاولات جماعية هدفها إنعاش أو حماية أو تطوير أو استحداث قيم معينة، باسم بعض المعتقدات العامة التي تتسم بقدرتها على التنفيذ في مجالات الفعل الجماعي، لإعادة تركيب القيم، أو وضع المعايير في صيغ جديدة، وإعادة تنظيم حوافز السلوك الاجتماعي لدى الأفراد...»، وهي «... تشدَّد على القيم والمعايير الماضية، محاولِةً إعادة قوتها، أو نفوذها، في واقع الحياة الاجتماعية...»، وهي «... ذات نزعة دينية أو روحية»[1]. وتكمن أهمية دراسة تلك الحركات الاجتماعية في أن «المجتمعات قد أصبحت الآن تعترف بأنفسها بصفتها نتيجة لعمل اجتماعي، لقرارات أو معاملات، لسيطرة أو صراعات، وفي عملية الخلق الذاتي هذه تُمَثِّل الحركات الاجتماعية القوى التي تنازع جهازًا قائمًا للعمل التاريخي وتسعى إلى تحويل تطوُّر المجتمع إلى قناة مختلفة»[2].

تلتقي السلفيات كلها في الجانب الفكري النظري عند معاني الدعوة الأولية وهي كونها حديثية فقهية تهتم بتنقية الدين الأصلي مما علق به من بدع وخرافات (العودة إلى أصول الدين وإحياء تراثه) ما يعني تنقية وتطهير العقائد والممارسات في آن معًا. وهذا يجعل منها حالة مركَّبة من أصولية إحيائية من جهة (تنقية العقائد) ومن حركية اجتماعية سياسية من جهة أُخرى (إسلام سياسي ومنظمة حديثة).

وكثرة تفريعاتها جعلت السلفية تتحول إلى نوعٍ من فكرةٍ إسلاميةٍ مهيمنة (بمعنى Hegemonie) على المجال الأيديولوجي الحركي الإسلامي. كما أن خروجها إلى الفضاء العام جعلها تتماهى مع كل الحراك الإسلامي الراديكالي الإحيائي والكفاحي.

والخروج إلى الفضاء العام تمثل بداية في التفاعل مع الحركة الاجتماعية ومحيطها السياسي الاجتماعي، كما في الاستفادة من الفرص المتاحة للانخراط في العمل العام ولإبراز

(1) - معن زيادة، وآخرون، الموسوعة الفلسفية العربية، بيروت، معهد الإنماء العربي، ط1، 1986م، ج1، ص ص364-365.

(2) - توم بوتومور، علم الاجتماع السياسي، بيروت، دار الطليعة، ط1، 1986م، ص58.

فاعلية حركية مميزة. وكان لانخراط السلفية في العملية السياسية تداعيات على رؤاها لنفسها وعلى أفكارها كما على علاقتها بالآخر. كما كان لاندلاع الثورة الشعبية السورية الأثر الأكبر على التحولات والتمظهرات الجديدة للتيار السلفي خصوصًا في مدينة طرابلس.

لقد تمظهرت سلفية القرن التاسع عشر ومطلع القرن العشرين في مواجهة الصوفية والتديُّن الشعبي من جهة، وفي مواجهة الحداثة والتغريب الاستعماريَيْن من جهة أخرى، وهذا جعلها تستقل عن الحكام والمؤسَّسة الدينية الرسمية من جهة (الدولة العثمانية التي كانت تعزز الطرق الصوفية والممارسات الدينية الشعبية)، وعن المجتمع والدولة الحديثة من جهة أخرى. وتميَّزت السلفية المعاصرة برفضها للعلاقات الاجتماعية الحديثة (الاختلاط، شكل اللباس...إلخ)، كما تميَّزت برفضها للمؤسَّسات الاجتماعية الحديثة (المعركة ضد العلمانية ومؤسَّساتها ومثالها المعركة ضد نقابة المحامين اللبنانيين في الخمسينيات) وللسلوكيات الدينية الشعبية (زيارة الأضرحة والمقامات، احتفالات الموالد...إلخ)، لذلك لم تلقَ رواجًا في الوسط الشعبي المسلم (الصوفي تقليديًّا في طرابلس وعكار على سبيل المثال)، ما أدى إلى انحسارها بعد خسارتها معاركها الأولى 1948-1952. غير أنها عادت بصورة جديدة مع الحرب الأهلية 1975، قبل أن تقضي عليها حملة النظام السوري على طرابلس 1985. وهي عادت تتجدد مع بروز أفق الصراع السني الشيعي والحرب المفتوحة في سورية، ما جعلنا نرى فيها حركة اجتماعية احتجاجية في وضع جديد مرتبط بآليات الصراع في المنطقة، والتي تنتج وتعيد إنتاج أشكالٍ وتعبيرات متفارقة أهمها وأخطرها الاصطفاف الهوياتي الطائفي المذهبي.

السلفية اليوم ظاهرة سوسيولوجية وأنتروبولوجية ونفسية وسياسية صار لها قدرة على الاستقطاب والتعبئة في ظروف انقسام مجتمعي مذهبي طائفي كما هي الحال في لبنان. والسلفية كأيديولوجية دينية صار لها قدرة هائلة على الجذب والتحشيد، إذ هي تتوجه للجمهور من الناس البسطاء، وليس للنخب، وهي تقوم على تبسيط العقائد (على مثال أبسط عقيدة: التوحيد) وتبسيط السلوكيات (الاقتداء بالسلف في كل مناحي الحياة اليومية من مأكل وملبس ومنكح...إلخ). وفي موازاة أنماط التديُّن والسلوكيات الأهلية الأصلية في المجتمع السُّني (الطرابلسي الصوفي مثالًا) تقيم السلفية أنماطًا قادرة على التوسع رويدًا رويدًا والتحول إلى نمط عام سائد، ما يطرح سؤالًا حول مدى ضعف واضمحلال الأنماط

التقليدية والمقدار الذي حلت به محلها تصورات ورموز وأنماط جديدة (وهَّابِيَّة نَجْدِيَّة) لا ترتبط بالبيئة المحلية المدينية المتوسطية، لا بل تتمظهر في انفصال تام عنها في الشكل والمضمون؛ خصوصًا وأن بعض التقديرات تذهب إلى القول بأن الحركة الاجتماعية الجديدة (المتمظهرة بالسلفية) تماهت مع المدينة المتوسطية وخصوصياتها الاجتماعية من خلال استعادة موقع الحارات في المدينة القديمة ودور الفتوة والشباب فيها المترافق مع التركيز على العنف الهامشي في مقابل عنف المركز.

فقد انقسمت طرابلس ما بين الحارات القديمة والشوارع الحديثة، وهجر بعض الطرابلسيين حاراتهم القديمة للسكن في المناطق الجديدة، فيما أدت الهجرة الريفية إلى تكدس الوافدين في أحياء عشوائية في ضواحي طرابلس، كما انتشروا في الحارات القديمة إلى جانب فقرائها الذين لم يغادروها[1].

والسلفية بصيغتها الحركية الجديدة تُعبِّر عن تحوُّل سوسيولوجي في أنماط التدين الشعبي التقليدي من جهة، وفي المشاركة السياسية في المجال العام من جهة أخرى. ذلك أن النماذج القديمة للتديُّن (المؤسَّسات الدينية الرسمية، الجماعة الإسلامية، حركة التوحيد) غدت إما ضعيفة وإما هامشية الدور والفاعلية في ظل صعود الاستقطاب الطائفي المذهبي الحاد في المرحلة التي تلت أحداث 2005-2006. فتأتي السلفية الجديدة لتسد هذا الفراغ. هذا من جهة، ومن جهة ثانية فإن التمثيل السياسي للجماعة الدينية (الإسلام السُني) صار في يد فئات بعيدة عن مشاعر وهموم القاعدة الشعبية، أو أنه لا يلبي طموحاتها وهواجسها (الزعامات التقليدية، تيار المستقبل).

السلفية هنا توصيف لحركة اجتماعية يغلب عليها التدين الطائفي المذهبي الذي يحاول ضمان استقلاليته تجاه العلاقات الاجتماعية السائدة، ويسعى إلى الصفاء الذاتي والطهارة بمعزل عن بيئته (المسلمة السُنِّيَّة). إنه تديُّن راديكالي تتبناه حركة اجتماعية ترفض المؤسَّسات القائمة (اجتماعية وسياسية) وتحمل نزعة محافظة إلى أقصى حد تتلبس شكل الاحتجاج على ما طرأ على الدين من تطوُّرات وتحولات في مواجهة الآخر: من هنا أهمية وعي الذات والخصوصية الذاتية في تشكل الحركة واستمرارها على قاعدة

(1) انظر: خالد زيادة، حارات الأهل جادات اللهو، دار النهار. بيروت. 1995. ص 90-96.

تحولها إلى هوية تمتلك نظامًا خاصًا للمعنى، كما يتجسد في الأنساق الترميزية المكثفة التي تبثها الحركة الجديدة.

كما يستخدم هذا التيار خطابًا أيديولوجيًا يوفّر لأتباعه حالة من الوعي التطهري يتماهى مع الطهورية الشخصية النضالية للشباب/ الفتيان في الحارة. ويترافق ذلك مع أنماط فعل/ أساليب عمل وتحرك ترتبط بموروث موجة الإسلام السياسي الحركي النضالي الراديكالي. فيبدو لذلك أن العامل الطائفي (العصبوية الجماعية أكانت مذهبية دينية أم عشائرية إثنية، كما في حالة الأكراد) هو ما يمنح الجماعة الدينية- السياسية التماسك والاستمرار. فهو الروح بالنسبة لجسد الجماعات المختلفة، وبخاصة تلك التي تعيش جنبًا إلى جنب. فلا يمكن تخيل نجاح جماعة دينيةٍ ما من غير تأسيس عصبوي جماعاتي يعتبر العامل الحاسم في استمرار وقوة الجماعة. والميكانيزم الطائفي لا يعاد إنتاجه إلا وفق خرائط الطوائف الأخرى (أي لا طائفية إلا من ضمن حقل صراع طائفي)[1].

إن تسييس أي طائفة بحدود وآمال سياسية معينة يعني إعادة إنتاج للطائفية وسط حقل التعدد الطائفي. إن السلفيين الجُدد بمحاولاتهم الدؤوبة لإعادة أدلجة المذهب السُّني وفق خرائط الصراع السياسي القائم فإنهم يعيدون إنتاج المذهب السُّني بشروط جوهر الفكر الطائفي والتموضع الطائفي (العشائري) أي بشروط المخيال العصبوي الجماعاتي[2]. «فهم

(1) مفهوم الحقل: ارتبط باسم بيار بورديو الذي نحته، فقد قسم المجتمع إلى حقول لها استقلالها النسبي ومنطقها الخاص بها بعيدًا عن كل النزاعات المختزلة للوقائع والحقائق الاجتماعية، كالحقل السياسي، الحقل الاقتصادي، الحقل الثقافي... والحقول كأماكن تشكل فيها الحس المشترك، أماكن مشتركة، أنساق نموذجية، لا يمكن اختزال بعضها في البعض الآخر. إن هذا التقسيم يمكّن عالم الاجتماع من دراسة المجال والتعرف عليه في جوهره كما هو، وذلك برصد مختلف معطياته وأوضاعه ومؤشراته، دون الوقوع في الأحكام العامة. كل حقل يحمل في ثناياه نمطين من الصراع، الأول داخلي بين عملائه وفاعليه الذين يتنافسون من أجل أخذ مراكز القوة والتعبير عن الحقل وتمثيله، واحتكار منافعه التي يجنيها، ومن جهة أخرى يخضع الحقل للصراع بين ممثليه القدماء أو كما يسميها بورديو «الأسماء المكرسة» و«الوافدين الجدد عليه». أما الثاني فهو صراع خارجي بين الحقل برمته أي ببنيته الكاملة وباقي الحقول المنافسة، ولكن في نظر بورديو لا يمكن الحديث عن هذا النوع من الصراع إلا إذا توفر حد أدنى من المصالح المشتركة بين مختلف العملاء الذين ينتمون إلى الحقل الواحد. انظر:

Patrice Bonnewitz: *Premières leçons sur la sociologie de Pierre Bourdieu*. PUF. Paris. 2eme ed. 2002.

(2) حمود حمود: إخوان الأصولية والطائفية، إخوان دمشق نموذجًا، كراسات البوصلة- شرق المتوسط، برلين ألمانيا، 2003 ص 24-30.

يلتزمون أولًا وأخيرًا باراديميًّا بفكر «الجماعة الدينية» التي ترى نفسها طرفًا في الصراع والدفاع عن المقدس وبعثه وسط جماعات أخرى»[1]. والسلفيون حين يطابقون ذاتهم مع الإسلام السُني (مستفيدين من فراغ المؤسَّسة الدينية ومن صعود الاصطفاف الطائفي) فإنما يضعون أنفسهم في موقع تمثيل «الذاكرة الأكثرية» في مواجهة قطاعات اجتماعية أخرى رأوا فيها أنها احتكرت فضاءً سياسيًا، في حين أنهم يعتبرون أنفسهم «الجهة الشرعية» المخوَّلة بإزاحتها، ومن ثم لتمثيل تلك الذاكرة العصبوية.

فالجماعات السلفية تلتزم نظامين أيديولوجيين: التمذهب الديني السُني السلفي الذي يُحيل إلى الآليات الأيديولوجية التراثية من جهة، والمخيال العصبوي الجماعي للطائفة السُّنِّيَّة من جهة ثانية.

والسلفية الجديدة هي إذن وسيلة/ أداة كي يسترجع الدين/ الطائفة دوره «الممانع» من جهة، والمتغلب من جهة أخرى: ممانعة الاستتباع والتهميش، والانتقال إلى الغلبة/ التغلب والاستيلاء. فهي (السلفية الجديدة) تعبيرٌ ديني حيوي متجدد يرفض الممارسات الشكلية الروتينية والنخب والرموز القيمة عليها، وينتج نخبته ورموزه (شيوخه) ويعطيهم مكانة اعتبارية (ومظاهر شبه قداسية) ويولِّد حماسة ورهبة قداسية.

كيف نطبق مفاهيم بورديو على دراسة الحالة السلفية وعملية انتقالها من حركة دينية بحتة إلى فاعل سياسي منخرط في المجال العام.

إن استفادتنا من بورديو تتمثل في تحليل الإطار المفاهيمي للفاعلين الرئيسيين في الحركات السلفية والتركيز على موقع ودور القيادات والعائلات ووظائفها الاجتماعية. فالفاعلون يستهدفون الاستحواذ على احتكار الرأسمال الرمزي، وذلك عبر حجب الرهانات الاجتماعية والسياسية لممارساتهم وأفكارهم، فالناظر إلى السلفية من هذا المنظار ينظر إليها باعتبارها حركة دينية حددت نفسها تاريخيًّا ضمن الحقل الديني، في حين أن حركة دينية أخرى مثل الإخوان المسلمين لم تحصر نفسها فقط ضمن الحقل الديني وإنما امتدت إلى الحقل السياسي، ولذا فقد دار صراع داخل الحقل الديني من جهة (إخواني سلفي)

---

(1) Aron Lund. Struggling to Adapt: The Muslim Brotherhood in a New Syria (May 7, 2013) on: http://carnegieendowment.org/2013/05/07/struggling-to-adapt-muslim-brotherhood-in-new-syria/g2qm

وداخل الحقل السياسي من جهة أخرى (إسلامي علماني). غير أن ما حمله العقد الأول من الألفية الثالثة هو دخول السلفية إلى الحقل السياسي، ما أدى إلى تنازع داخل الحقل الديني الإسلامي أولًا على تعريف ما يسمح به الرأسمال لفاعلٍ ما في ادعاء موقع قوي داخل هذا الحقل. وقد نافس السلفيون الإخوان على تعريف الرأسمال لجهة أنهم ركزوا على التمسك الحرفي بالنص والأثر، وعلى التشديد على المعارف الشرعية: القرآن والسنة، والتعليم الديني، والسلوك الشرعي في كل مناحي الحياة، وذلك في وجه المعرفة الحديثة (في السياسة والاجتماع). وبالنسبة للسلفيين فإن التركيز هو على أهمية ما يسميه بورديو الرأسمال الثقافي والرأسمال الديني في صراعهما على الحقلين الديني والسياسي. في حين أن الإخوان وغيرهم من الإسلاميين غير السلفيين ركزوا على العقيدة الأشعرية وعلى الفقه المدرسي التقليدي (المالكي والشافعي والحنفي)، لتبرير وشرعنة أدوارهم الاجتماعية. والحال أن دخول السلفيين الحقل السياسي يعود إلى الهابيتوس الذي كان طوره السلفيون خلال مراحل انخراطهم الحصري الطويلة في الحقل الديني. وهذا نقل الصراع بينهم وبين الإخوان إلى الحقل السياسي محمولًا على الرأسمال الثقافي والديني للحقل الديني[1].

(1) Henri Lauzière, "The Construction of Salafiyya: Reconsidering Salafism from the Perspective of Conceptual History," *International Journal of Middle East Studies* 42, no. 3 (2010): 369–389,

ملحق
عن العلمانية والدولة والدين
في الفكر الإسلامي المعاصر

مقدمة:

يقتضي الحديث عن العلمانية والدولة والدين البدء بمقدمة مصطلحية- مفاهيمية هي باعتقادي أكثر من ضرورية لكي نعرف على أية أرض نقف حين نتناول هذا الموضوع. والحال أن سنوات العقد الأخير من القرن العشرين شهدت انتشار وتعميم مفاهيم ومصطلحات أُريد لها إبراز سيطرة العلمنة في مجتمعاتنا على حساب الفكر التقليدي الديني والمؤسسات الاجتماعية التقليدية، فصرنا نستخدم ونكرر استخدام مصطلحات ومفاهيم مثل العلمانية والعلمنة والمواطن والمواطنة والمجتمع المدني والدولة المدنية، كإشارة إلى سعي المثقفين والأحزاب نحو تحقيق العلمنة في بلادنا.

1- مصطلح علمانية وتعدد دلالاته وترجماته

هو من أكثر المصطلحات غموضًا واضطرابًا في اللغة العربية، حتى إن العرب لم يتفقوا إلى الآن على نسبته وترجمته. فكلمة «العلمانية» التي نستخدمها اليوم بالعربية وُضعت بادئ ذي بدئ في أواسط القرن التاسع عشر في مقابل كلمة Laïcisme بالفرنسية أو Secularism بالإنكليزية. وكان أسبق الواضعين لها باللغة العربية اللغوي التركي شمسي، واقتبسها عنه المعلم بطرس البستاني في معجمه محيط المحيط، كما تبناها الدكتور خليل سعادة في معجمه الكبير الإنكليزي- العربي، وشاعت شيوعها الكبير بين الناس على أساس عِلمانية (بكسر العين)، على ما يقول العلامة المرحوم الشيخ عبد الله العلايلي الذي يعلِّق مضيفًا بأن هذا «خطأ فاحش إذ لا علاقة للأصل اللاتيني بالعلم من قرب أو من بعد وإنما صحتها بفتح

العين نسبة إلى العالم بمعنى العالم الدنيوي.وبتأصيل هذه الكلمة صرفوها تصريف المزيد من الأفعال أو الملحق بالمزيد فقالوا (علمن السلطة) أي جعلها بأيدي العامة الشعبية، وهذا متفق مع الأصل اللاتيني لأن (Laïcisme) تعني الإشاحة عن الانتساب إلى فئة الكهنوت فهي مفرغة من أي محتوى إيجابي، وأعني خلوًّا من أي مفهوم معتقدي، ولذا درج الباحثون الاجتماعيون على مصطلحي العلمانية المؤمنة والعلمانية الملحدة، وساعدهم على هذا أنها بنفسها وضعًا واستعمالًا لا تشتمل على محتوى معين. أما الكلمة الشائعة بكسر الأول (العِلمانية) فلا تصلح أبدًا إذ لا علاقة كما قلنا للأصل اللاتيني من قرب أو من بعد، بل على العكس تدل على كلمة عامة وعوام»[1].

ولعل العلايلي هو أول من لفت الانتباه إلى ورود معنى العلمانية اللاتيني في الأدب الكلامي الإسلامي القديم. ففي العصر العباسي نجد أن كلمتي عامة وعوام كانتا تطلقان على الساعين في مرافق الحياة الدنيا غير المنقطعين إلى الدرس الخالص الحاذقين فيه[2]، كما أن الإمام الغزالي ألَّف رسالة دعاها «إلجام العوام عن علم الكلام»[3] وهو يقصد بالعوام «غير المتضلعين».

وأول معجم ثنائي اللغة قدم ترجمة صحيحة للكلمة هو قاموس «عربي فرنسي» أنجزه لويس بُقْطُر المصري عام 1828م، وهو من الجيل الذي ينتمي للحملة الفرنسية، وقد كان متعاونًا مع الفرنسيين ورحل معهم إلى باريس وعاش هناك، وكانت ترجمته لكلمة (sécularité) عالمانية و(séculier) عَلماني، عالماني، وميزة هذه الترجمة أنها أول وأقدم ترجمة صحيحة للكلمة تدحض آراء الذين يعتبرون العَلمانية من العِلم، لأنه نسبها إلى العالَم[4].

وكما أن الرباني منسوب إلى الرب بزيادة الألف والنون للدلالة على المبالغة الشديدة في التخلق بصفات الرب عز وجل والعبودية له، وللدلالة على كمال الصفة أو بلوغها حدًّا

---

(1) انظر عبد الله العلايلي: «حول كلمة علمانية»، مجلة آفاق، بيروت، عدد خاص بالعلمانية، حزيران 1978، ص 1، 2.

(2) انظر: عيون الأخبار لابن قتيبة الدينوري، طبعة المكتب الإسلامي في أربع مجلدات، صدرت سنة 1429هـ، ج-3 ص: 22.

(3) دار الفكر اللبناني، بيروت، 1993.

(4) انظر: أحمد فرج «علماني وعلمانية تأصيل معجمي»، ملحق بكتابه «جذور العلمانية»- دار الوفاء للطباعة والنشر - المنصورة - الطبعة الخامسة 1413 هـ 1993م، سلسلة نحو عقلية إسلامية واعية رقم 2، ص 138، وانظر عبد الصبور شاهين «العلمانية، تاريخ الكلمة وصيغتها»، مقال ملحق بـ أحمد فرج «جذور العلمانية»، ص124.

قريبًا من الكمال، قالوا في كثير الشعر: شعراني. وغليظ الرقبة: رقباني. وطويل اللحية أو كثيفها: لحياني[1].

كذلك فإن العَلماني منسوبٌ إلى العالَم - بهذا الشكل - للدلالة على المبالغة في الانتماء إلى العالم والإيمان به[2].

وبما أن المصطلح منقول أصلًا عن المعجم الأجنبي وعن التشكيل الحضاري الغربي، فإن دلالته الحقيقية تتحدد بالإشارة إلى هذا المعجم وإلى هذا التشكيل الحضاري، وهو يكتسب مضمونه الحقيقي منهما.

فالأصل اللغوي الذي تُنسب إليه العلمانية هو كلمة «سكيولاريزم» (secularism)، وهي كلمة إنجليزية لها نظائرها في اللغات الأوروبية الأخرى، إذ هي مشتقة من اللاتينية «سايكيولوم» (seaculum) وتعني العصر أو الجيل. أما في لاتينية العصور الوسطى فالكلمة تعني «العالَم» أو «الدنيا» (في مقابل الكنيسة). وقد استُخدم المصطلح «سكيولار» (secular) لأول مرة مع نهاية حرب الثلاثين عامًا، عام 1648، عند توقيع صلح «وستفاليا»، وبداية ظهور الدولة القومية (أي الدولة العلمانية الحديثة). وكان معنى المصطلح محايدًا تمامًا في البداية، إذ تمَّ الإشارة إلى «علمنة» ممتلكات الكنيسة بمعنى نقلها إلى سلطات سياسية غير دينية، أي إلى الدولة أو الدول التي لا تخضع لسلطة الكنيسة. وفي القرن الثامن عشر أصبحت الكلمة تعني في فرنسا (من وجهة نظر الكنيسة الكاثوليكية) المصادرة غير الشرعية لممتلكات الكنيسة. أما من وجهة نظر مجموعة المفكرين الفرنسيين المعروفين باسم الفلاسفة (Philosophes) فكانت الكلمة تعني المصادرة الشرعية لممتلكات الكنيسة لصالح الدولة[3].

أما في اللغة الفرنسية فتوجد كلمة «لائيك» (laïque) وقد انتقلت الكلمة إلى الإنكليزية

---

(1) انظر: «الكتاب» لسيبويه، الهيئة المصرية للكتاب 1977، ج 3، ص280، وانظر: تفسير الطبري (جامع البيان عن تأويل آي القرآن)، أبو جعفر محمد بن جرير الطبري، حققه وخرج أحاديثه: محمود محمد شاكر، دار المعارف بمصر، 3/ 327.

محمد بن علي بن محمد الشوكاني: فتح القدير الجامع بين فني الرواية والدراية من علم التفسير، تحقيق:الدكتور عبد الرحمن عميرة، دار الوفاء 1994م، القاهرة، 5 مجلدات، 1/ 355.

(2) انظر: د. عبد الصبور شاهين، المرجع السابق: ص 127. وأحمد فرج، المرجع السابق: ص 143.

(3) انظر عبد الوهاب المسيري: العلمانية رؤية معرفية، مجلة الغدير، المجلد الرابع، العددان 25-26، صيف 1994، ص 64-87.

في كلمة «لايي» (Lay) بمعنى «خاصة بجمهور المؤمنين»، بوصفهم طبقة متميزة (laymen)، (laywomen). ومنها كلمة «لاييتي» (laity) وهم الكافة (باستثناء رجال الدين)، وكلمة «لاييسيزم» (Laïcisme-laicism) تعني النظام العلماني، أي النظام السياسي المتميز بإقصاء النفوذ الكهنوتي عن الدولة. واشتق كذلك فعل «لاييسايز» (laicize) بمعنى ينزع عنه الصبغة الكهنوتية أو يعلمن (خاصة المدارس)، و«لاييسيزايشن» (laicization) أي نقل كثير من وظائف رجال الدين والكهنوت إلى خبراء «زَمَنيين».

وعلى مقلب آخر فإننا نجد أن الدول الإسلامية التي طبقت العلمانية احتفظت بالكلمة الأجنبية كما هي، بدل اجتراح مرادف عربي أو إسلامي لها، فهي في تونس وتركيا لائكية، وفي إيران لاييسيزم، أما إندونيسيا فقد اخترعت أيديولوجيتها العلمانية الإسلامية الخاصة بها وسمتها «بانكاسيلا».

واللائكية - كصياغة عربية- مشتقة من لفظ أجنبي لاتيني هو (laicus) وهو بدوره مأخوذ من اللفظ اليوناني (laos) ومعناه «الشعب». غير أن استعماله اللاتيني قد تخصص في قسم من «الشعب» ومن ثَمَّ لا يدل على الشعب بإطلاق، وإنما يدل على «الشعب» بمعنى العامة والعوام كما سبقت الإشارة، وذلك في مقابل «الكاهن» (clerc)، وهو رجل المعرفة «العالِم» (من اللفظ اليوناني (clêros) بمعنى الحظ الموروث)، والمقصود رجل الدين (المسيحي) المنتظم في سلك الكهنوت الكنسي وهو وحده في العصور الوسطى كان رجل العلم والمعرفة.

والفعل الإنكليزي المشتق عن الفرنسية يحمل بصمات أصوله الفرنسية والتجربة الفرنسية في العلمنة (المرتبطة بالثورة الفرنسية) التي أخذت شكلًا حادًّا وقاطعًا. ذلك أن مؤسسة الكنيسة كانت قوية في المجتمع الفرنسي القديم، وكانت امتيازات النبلاء واضحة محددة، كما كان هناك تداخل شِبه كامل بين طبقة النبلاء ورجال الدين (خاصة ذوي المراتب الرفيعة)، ولذا كان ردُّ فعل الثوار عنيفًا ومنهجيًّا، يأخذ شكل رفض النظام القديم متمثلًا في الحكومة الملكية المطلقة، وفي نظام الطبقات السائد ومؤسسة الكنيسة، وكل الرموز السياسية والدينية القائمة. ووصل الرفض إلى حد ذبح النبلاء وكثير من أعضاء طبقة الكهنوت وإلى تحويل بعض الكنائس إلى معابد تعبد فيها ربة العقل، ووضع سياسة منهجية صريحة تهدف إلى تصفية أي مضمون ديني في التعليم أو القانون. ولكن نظرًا لارتباط المصطلح الفرنسي بتجربة تاريخية محددة نجده محدود الدلالة، وربما لا يصلح إلا لوصف عملية العلمنة في

المجتمع الفرنسي ذاته، والذي ما يزال يعاني إلى يومنا هذا من أصوليته الفاقعة كما يتبدى ذلك في موضوع حجاب المسلمات في المدارس اللائكية.

واللاييسيزم الفرنسية صارت تعني أن الدين لا يمكنه أن يُمارس أي تأثير على تنظيم الدولة ووظائفها وآليات ومؤسسات وأجهزة اشتغالها، وأيضًا (ولعله أولًا) أنه لا يمكنه ممارسة أي تأثير على عملية التشريع وسن القوانين، فالفرق هو أن اللاييسيزم يتحدد ضمن التزامات سلبية في حين أن السايكيولاريزم يتطلب التزامات إيجابية.

وقد كان للبابا الراحل يوحنا بولس الثاني مداخلة لطيفة في التمييز بين (Laïcisme) الفرنسية و(Secularism) الإنكليزية. فالمعروف عن يوحنا بولس الثاني أنه كان من أشد المنافحين عن الاعتراف بدور الكنيسة في نهضة أوروبا، لا بل عن الجذور المسيحية لأوروبا الحديثة، وهو خصص جزءًا من مداخلاته الكنسية قبل وفاته لدحض الفكرة الفرنسية الشائعة عن العلمنة. ففي لقاء له بأساقفة فرنسيين من بوزانسون وستراسبورغ (27 شباط (فبراير) 2004) أعاد البابا التذكير برسالته إلى السلك الديبلوماسي المعتمد لدى الكرسي البابوي والمنشورة في 12 كانون الثاني (يناير) من نفس العام وفيها يقول: «السايكيولاريزم إن فُهمت جيدًا لا يجوز أن تلتبس مع اللاييسيزم... فالأولى هي احترام كل المعتقدات من طرف الدولة التي تضمن حرية ممارسة العبادات والشعائر الدينية وحرية النشاطات الروحية والثقافية والخيرية لجماعات المؤمنين... أما الثانية فهي حين تدَّعي الدولة أنها لا تبالي بهذا البُعد الروحي، أكان ذلك على مستوى الأفراد أم الجماعات»... وأضاف موضحًا بأن النظرة الصحيحة للسايكيولاريزم هي التي لا تتجاهل معتقدات الأفراد والجماعات... ولذا فإن محاولة إزالة هذا البُعد الروحي الحيوي في حياة البشر، محاولة إزالته من الحيِّز الاجتماعي، ومحاولة إزالة الرموز والمعاني التي تجسِّده، ستكون محاولة للسير ضد حرية الأفراد والجماعات... إن حرية العبادة لا يمكن أن تقوم من دون حرية ممارسة الإنسان فرديًّا وجماعيًّا لمضامين دينه أو معتقده، أي من دون حرية الكنيسة... لا يمكن اختزال الدين بمجرد المساحة العبادية الفردية الخصوصية»[1].

وقد رأى بعض القسيسين البروتستانت أن العلمنة في الأصل تحوُّل المعتقدات المسيحية إلى مفاهيم دنيوية عن البشر والعالم..[2].

---

(1) الموقع الرسمي لإذاعة الفاتيكان في 27 شباط 2004.

(2) انظر: القس الألماني جوتفرايد كونزلن: مأزق المسيحية والعلمانية في أوروبا، تقديم وتعليق د. محمد عمارة، دار نهضة مصر – القاهرة – 1999، سلسلة في التنوير الإسلامي رقم 44، ص 22.

ولكن عالِم اللاهوت الهولندي «كورنليس فان بيرسن» يوضح ذلك بشكل أكثر صراحة عندما يقرر بأن العلمانية تعني: «تحرر الإنسان من السيطرة الدينية أولًا، ثم الميتافيزيقية ثانيًا على عقله ولغته». ويفصِّل أكثر بقوله: «إنها تعني تحرر العالم من الفهم الديني، وشِبه الديني، إنها نَبْذ لجميع الرؤى الكونية المغلقة، وتحطيم لكل الأساطير الخارقة، وللرموز المقدسة ... إنها تخليص للتاريخ من الحتميات والقدريات، وهي اكتشاف الإنسان أنه قد تُرِك والعالَم بين يديه، وأنه لا يمكن بعد الآن أن يلوم القدر أو الأرواح الشريرة على ما تفعله بهذا العالم، إنها تعني أن يدير الإنسان ظهره لعالم ما وراء الطبيعة، وأن يولي وجهه شطر هذا العالم أو «الْهُنَا» وأن يحصر نفسه في الزمن الحاضر»...كما أنها تعني: «زوال وظيفة الدين في تحديد رموز التوحيد والاندماج الثقافي»، وتعني: «أن هناك مسارًا تاريخيًّا لا راد له تقريبًا هو الذي يتحرر بمقتضاه المجتمع والثقافة من الخضوع لوصاية الدين والأنساق الميتافيزيقية المغلقة»، وتعني: «القضاء على التبعية الطفولية في كل مستوى من مستويات المجتمع، إنها عملية نضج ورشد وتحمل للمسؤولية، أو قل إنها التخلي عن كل سند ديني أو غيبي أو ميتافيزيقي، وجعل الإنسان يعتمد على نفسه»[1].

2- العلمانية عند المفكرين العرب المعاصرين

ويزداد المصطلح اضطرابًا وغموضًا لجهة أنه يوجد داخل التشكيل الحضاري الغربي عدة تشكيلات فرعية، فهناك التشكيل الفرنسي (الكاثوليكي) والإنجليزي (الأنغليكاني) والألماني (البروتستانتي اللوثري-الكالفيني)، وغيرها (كالإسكندنافي اللوثري، والهولندي والأسكوتلاندي الكالفيني، ناهيك عن الأميركي المتعدد في بروتستانتياته..). وكل تشكيل عرَّف المصطلح بطريقة مختلفة من خلال تجربته الخاصة وسياقاته الاقتصادية-الاجتماعية-الثقافية-الفلسفية-الدينية التي عرفت تحولات مختلفة تفاوتت فيها معدلات العلمنة وطرق تطبيقها والمواقف منها. ونحن العرب لم ننقل فقط هذه التعريفات وإنما نقلنا معها مجالاتها الدلالية المضطربة المتناقضة تبعًا لأهوائنا ولمصادر ثقافتنا وتجاربنا. فاختلفت بذلك ترجمات

(1) انظر: سيد محمد نقيب العطاس «مداخلات فلسفية في الإسلام والعلمانية»، ترجمة: محمد طاهر الميساوي ط1/ 1420 هـ 2000 م ص 42-43-44.

المفكرين العرب للمصطلح ما بين عِلمانية (بكسر العين) نسبة إلى العِلم (على رأي سلامة موسى وطه حسين ومن سار على نهجهما من العرب) أو عَلمانية (بفتح العين) نسبة إلى العالَم (على رأي الشيخين عبد الله العلايلي ومحمد مهدي شمس الدين). وذهب البعض إلى تسميتها «بالدنيوية» أي الإقبال على الحياة الدنيا وحدها (والإعراض عن الآخرة). كما أشار البعض إلى الظاهرة باعتبارها «الزمنية» أي أن كل الظواهر مرتبطة بالزمان والدنيا ولا علاقة لها بأي غيبيات. كما قال البعض إنها «الدهرية»، من الدهر، ولعلها العلمانية الملحدة نسبة إلى فرقة إسلامية قديمة ملحدة قالت «لا يميتنا إلا الدهر»، وقد أعاد كتاب السيد جمال الدين الأفغاني الشهير في الرد على «الدهريين» الحوار مع هذا النمط من العلمانية المتطرفة.

وبحسب الويكيبيديا[1] فإن كلمتنا العربية هي ترجمة مستعارة من السريانية لأن السريان اشتقوها أولًا في لغتهم ترجمة مستعارة عن اليونانية أيضًا. (قارن السريانية: / ܥܠܡܐ: عَلْما/ «العالم، الدهر، الدنيا»، فالعلماني في السريانية هو «الدنيوي، الدهري»، ولا علاقة لهذا المعنى بالعِلم (بكسر العين). ومن الجدير بالذكر أن الجذر السامي / ع ل م/ يفيد في جميع اللغات السامية معاني «الدهر، الدنيا، العالم، الزمن اللامتناهي»، إذ يجانس كلمة «العالم» عندنا كل من الكلمات السريانية: / ܥܠܡܐ: عَلْما/، والعبرية: / עולם: عُولَم/، وكذلك البابلية: / عَلونو/، والحبشية: / عالَم/.. فالكلمة السريانية أعلاه ترجمة مستعارة عن اليونانية كما نرى لأن «الدنيا» من معاني الكلمة السريانية / ܥܠܡܐ: عَلْما/ أيضًا.

وتختلف إسهامات المفكرين العرب بشأن تعريف مصطلح «العلمانية»[2].. فعلى سبيل المثال يرفض المفكر المغربي محمد عابد الجابري تعريف مصطلح العلمانية باعتباره فقط فصل الكنيسة عن الدولة، لعدم ملاءمته للواقع العربي الإسلامي، ويرى استبداله بفكرة الديموقراطية «حفظ حقوق الأفراد والجماعات»، والعقلانية «الممارسة السياسية الرشيدة».

في حين يرى وحيد عبد المجيد الباحث المصري أن العلمانية (في الغرب) ليست أيديولوجية -منهج عمل- وإنما مجرد موقف جزئي يتعلق بالمجالات غير المرتبطة بالشؤون الدينية. ويميز د. وحيد بين «العلمانية اللادينية» - التي تنفي الدين لصالح سلطان العقل-

---

(1) لا تذكر الويكيبيديا مصادرها لهذه الترجمة، ولكنني تأكدت منها بسؤال مطران السريان الكاثوليك الدكتور ميخائيل الجميل. وكذلك بخصوص العبرية والكلدانية البابلية.

(2) بحسب الجردة التي يقدمها عبد الوهاب المسيري، العلمانية رؤية معرفية، م.س.

وبين «العلمانية» التي نحت منحى وسيطًا، حيث فصلت بين مؤسسات الكنيسة ومؤسسات الدولة مع الحفاظ على حرية الكنائس والمؤسسات الدينية في ممارسة أنشطتها.

وفي المنتصف يأتي فؤاد زكريا -أستاذ الفلسفة- الذي يصف العلمانية بأنها الدعوة إلى الفصل بين الدين والسياسة، ملتزمًا الصمت إزاء مجالات الحياة الأخرى (الاقتصاد والأدب) وفي الوقت نفسه يرفض سيطرة الفكر المادي النفعي، ويضع مقابل المادية «القيم الإنسانية والمعنوية»، حيث يعتبر أن هناك محركات أخرى للإنسان غير الرؤية المادية.

ويقف مراد وهبة - أستاذ الفلسفة- وكذلك الكاتب السوري هاشم صالح إلى جانب «العلمانية الشاملة» التي يتحرر فيها الفرد من قيود المطلق والغيبي وتبقى الصورة العقلانية المطلقة لسلوك الفرد، مرتكزًا على العلم والتجربة المادية.

ويتأرجح حسن حنفي-المفكر البارز صاحب نظرية «اليسار الإسلامي» مطلع الثمانينيات من القرن العشرين- بين العلمانية الجزئية والعلمانية الشاملة، ويرى أن العلمانية هي «فصل الكنيسة عن الدولة» كنتاج للتجربة التاريخية الغربية، ويعتبر العلمانية -في مناسبات أخرى- رؤية كاملة للكون تغطي كل مجالات الحياة وتزود الإنسان بمنظومة قيمية ومرجعية شاملة، مما يعطيها قابلية للتطبيق على مستوى العالم[1].

وعن العلمانية نفسها فإن عزيز العظمة يراها عملية بالغة التعقيد وغير متعذر تعريفها لفظًا، وهي تعكس صيرورة تاريخية أكثر منها رؤية للعالم كما يعرفها المسيري. وإذ يتفق العظمة مع المسيري على أن منشأ العلمانية ومهدها كان في أوروبا فإنه يراها متجاوزة لمنشئها الأوروبي ومؤدية إلى تحولات «بالغة السعة والعمق في جل أرجاء المعمورة»، وبأنها -كما الحداثة- صارت شأنًا من شؤون حياتنا التي لا مفر منها في سياق ترتيب علاقة الدين بالمجال العام. ومن هنا فإن العظمة ينكر على الخطاب العربي ربطه الوثيق للعلمانية

---

(1) المسيري: العلمانية، محاضرة في القاهرة بتاريخ 25/ 10/ 2001، منشورة على موقع إسلام أون لاين، صفحة مدارك، 27/ 10/ 2001. انظر أيضًا: عبد الوهاب المسيري وعزيز العظمة: العلمانية تحت المجهر، دار الفكر المعاصر، دمشق، الطبعة الأولى، 2000، حيث يرى العظمة أن الخطاب العربي المعاصر حول العلمانية «قد تناولها تناولًا سطحيًا على وجه العموم على صورة أيديولوجية مبتسرة يغلب فيها السجال على النظر المتروي وعلى الاعتبار التاريخي، إذ إنه اعتبرها على شاكلة لائحة من المثالب والمكاسب والمحاسن تبعًا لاستساغتها أو عدم استساغتها..»، ص 154.

بالاستعمار، ويرى أن تلك المرحلة انتهت وأن العلمانية هي نتاج تحولات عالمية قربت العالم بعضه من بعض من ناحية التاريخ والمسارات العامة في الاجتماع والتقدم.

وهكذا فإنه في الوقت الذي يرى فيه المسيري العلمانية «رؤية للعالم» ما فتئت تتجه نحو درجات أشمل من التكامل والانغلاق، وشأنًا لا يرد إلى نصابه من التاريخ الفعلي بل إلى مسيرة نوهها التحول من الكمون إلى العيان، فإن العظمة يرى أن مسيرة التاريخ هي «سلسلة متراكبة» وليست بالضرورة متكاملة من العمليات الاجتماعية والسياسية والثقافية والمعرفية وخلاف ذلك من ميزات أي مركب تاريخي. وينقد العظمة نظرة المسيري للعلمانية كمفهوم غير محايد، وكأن هذا المفهوم نظرة ومنظور ومعيار بدلًا من كونه سلسلة عمليات موضوعية في التاريخ، كما يعي موضعيًا هنا وهناك، دون أن يكون لهذا الوعي أثر يذكر على تركيب خطابه[1].

من جانب آخر، يتحدث د.حسن حنفي عن الجوهر العلماني للإسلام -الذي يراه دينًا علمانيًّا للأسباب التالية:

- النموذج الإسلامي قائم على العلمانية بمعنى غياب الكهنوت، أي بعبارة أخرى المؤسسات الدينية الوسيطة.
- الأحكام الشرعية الخمسة (الواجب-المندوب-المحرم-المكروه-المباح) تُعبِّر عن مستويات الفعل الإنساني الطبيعي، وتصف أفعال الإنسان الطبيعية.
- الفكر الإنساني العلماني الذي حوَّل بؤرة الوجود من الإله إلى الإنسان وُجد متخفٍ في تراثنا القديم عقلًا خالصًا في علوم الحكمة، وتجربة ذوقية في علوم التصوف، وكسلوك عملي في علم أصول الفقه[2].

وقد اقترح عبد الوهاب المسيري التميز بين ما سماه «العلمانية الجزئية» وبين «العلمانية الشاملة»، ولعل ذلك هو ما سبق طرحه في السجالات العربية حول التمييز بين العلمانية «المتطرفة» والعلمانية «المعتدلة»، وقد اعترف هو نفسه بأن العلمانية «المعتدلة» تندرج في

(1) عزيز العظمة، المرجع السابق، ص 270.

(2) انظر: عبد الوهاب المسيري، محاضرة القاهرة، مرجع سابق.

إطار «العلمانية الجزئية»، بينما تندرج العلمانية «المتطرفة» في إطار «العلمانية الشاملة»[1].

وبالإجمال فقد «نَظر المسيري إلى الفرق بين الاعتدال والتطرف ليس على مستوى الدرجة، بل على مستوى النوع، ونقل الجدل بين الموقفين العلمانيَين المعتدل والمتطرف من حدود المواقف إلى الحدود المعرفية، وبشكل يمكن فيه تكثيف رؤيته وبمصطلحاته نفسها في أن العلمانية الجزئية ليست درجة من درجات العلمانية الشاملة تتم لأسباب وظيفية، بقدر ما هي مقابلة لها. وبالتالي، فالعلمانية الجزئية تختلف عن العلمانية الشاملة في النوع وليس في الدرجة. يرتد مفهوما المسيري إلى التمييز بين العلمانية بمعنى Laïcité والعلمانية المعتقدية أو المذهبية بمعنى (Laïcisme)، والعلمانية بالمعنى الأول أقرب إلى «دنيوة العالم»، بينما هي في المعنى الثاني عقيدة ترتبط بالمستوى المعتقدي، وتغدو فيه المعتقدية العلمانية من نوع ما يسميه مؤرخو الأديان بـ (الأديان البديلة)»[2].

3- العلمانية في حقل السياسة والحقوق

فالعلمانية بحسب الشيخ محمد مهدي شمس الدين هي ذلك «النهج الحياتي الذي يستبعد أي تأثير أو توجيه ديني على تنظيم المجتمع والعلاقات الإنسانية داخل المجتمع، والقيم التي تحتويها هذه العلاقات وترتكز عليها، ومن ثم فهي نهج حياتي مادي تكوَّن نتيجة لنمو الفلسفات المادية اللادينية»[3].

وهي أنتجت من ثَمَّ نموذجًا معرفيًّا حديثًا هو ما يسميه محمد مهدي شمس الدين -كما عبد الوهاب المسيري-: النموذج المعرفي الغربي الحديث.

يرى شمس الدين -كما المسيري- أن الرؤية المعرفية الغربية ذات طبيعة إمبريالية كامنة في نظرتها للإنسان والطبيعة والمقدس، فهي تميل إلى نزع القداسة عن الإنسان، بل تدعو إلى غزوه وتسخيره وإخضاعه دون اعتبار لأي معايير أخلاقية، باستثناء القوة... وتتبنى هذه

---

(1) المسيري، موسوعة اليهود واليهودية والصهيونية، دار الشروق، القاهرة، الطبعة الأولى 1999 في 8 أجزاء، انظر الجزء الأول.

(2) جمال باروت: المسيري، رحيل مفكر عميق، مركز دمشق للدراسات النظرية والحقوق المدنية، 7/ 7/ 2008.

(3) الشيخ محمد مهدي شمس الدين: العلمانية، الطبعة الرابعة، المؤسسة الدولية للدراسات والنشر، بيروت، 1996.

الرؤية المعرفية علمانية لا تفصل المؤسسة الدينية عن الدولة كما هو شائع، بل تعزل القيم المطلقة (المعرفية والأخلاقية) عن الحياة، وفي هذا السياق، تتماهى الرؤية المعرفية العلمانية مع الرؤية المعرفية الإمبريالية، بحيث تصبح الإمبريالية نقلًا للمنظومة المعرفية والأخلاقية العلمانية من الغرب إلى العالم(1).

والنظريات العلمانية الحديثة في السياسة والحقوق(2) تستند إلى النموذج المعرفي الغربي الحديث الذي يُرَكِّز على العالَم-الدنيا، وعلى أمور هذا العالم وهذه الدنيا وحسب، ويدعو إلى إعادة ترتيب المجتمع الإنساني وإدارته على أسس زمنية مادية، لا تنتمي إلى الفلسفة أو الأخلاق أو الدين. ولعل مثال الوضعية وعلم الاجتماع مع أوغست كونت يعطينا فكرة عن المقصود بالنموذج المعرفي الغربي الحديث، وعن العلمنة والعلمانية في التشكيل الحضاري الغربي.

فالعلمنة هي ثمرة عمليات اجتماعية واقتصادية وسياسية وثقافية في غاية التركيب، جرت في أوروبا على مدى عقود ونتج عنها تمايز بين مؤسسات المجتمع (الاقتصادية والسياسية والثقافية والاجتماعية) وانفصالها الواحدة عن الأخرى ما أدى إلى تزايد تخصص الوظيفة والدور. ونتج عن ذلك أن هذه المؤسسات بدأت تدريجيًا في الاستقلال والتحرك حسب قوانينها الداخلية والذاتية والكامنة فيها (تمامًا مثل قوانين الطبيعة) دون الرجوع إلى أي نقطة خارج ذاتها(3).

فالمؤسسة الاقتصادية تحاول أن تتحرك داخل إطار اقتصادي وحسب (من كينز وآدم سميث إلى النيوليبرالية)، والمؤسسة السياسية تحاول أن تحقق أهدافها السياسية وتتحرك حسب قوانينها الذاتية (من مكيافيلي وهوبز إلى النيوليبرالية أيضًا)، بمعنى أن كل مؤسسة تصبح ما يشبه الكيان المستقل الذي له آلياته المستقلة وإجراءاته التجريبية وأهدافه وأغراضه الدنيوية، وأصبح كل كيان يكتسب شرعيته من شيء ما داخله ويحكم عليه كفاءته في تأدية وظائفه ومدى نجاحه في تحقيق أهدافه دون الإشارة إلى أية أهداف مقدسة ودون الإهابة بأية قيم مطلقة(4).

---

(1) انظر محمد مهدي شمس الدين: الإسلام والغرب، المؤسسة الدولية للنشر، الطبعة الأولى، بيروت، 2004، الصفحات 22 إلى 40، والمسيري: العلمانية رؤية معرفية، مرجع سبق ذكره.

(2) بحسب المسيري: الموسوعة، مرجع سابق.

(3) انظر مجددًا وضعية أوغست كونت وكلامه عن نشأة علم الاجتماع وانفصال كل العلوم واستقلالها التدريجي عن الدين والفلسفة والأخلاق.

(4) المسيري: العلمانية رؤية معرفية، مرجع سابق، وانظر أيضًا الشيخ محمد مهدي شمس الدين: العلمانية، مرجع سابق.

فالنسق الاقتصادي يصبح شرعيًّا إن حقق النجاح الاقتصادي، والنسق السياسي يكتسب شرعيته من تحقيق صالح الدولة (النجاح السياسي) بغض النظر عن أي اعتبارات أخلاقية أو إنسانية خارجة عنه. لكل هذا كان لا بد وأن تنسلخ هذه المؤسسات، التي لها إطار مرجعي.

وتتضح هذه العملية في أول قطاعين تم تحررهما من «قيد» «الدين والأخلاق والإنسان»، وهما القطاع الاقتصادي والسياسي. فمكيافيلي، ومن بعده هوبز، اكتشفا في مرحلة مبكرة، كيف تحول القطاع السياسي (الدولة) إلى قطاع مستقل تمامًا عن كل قيمة خارجة عنه وأصبح له آلية مستقلة، لا عن القيم الدينية وحسب وإنما عن القيم الأخلاقية أيضًا، وحيث إنه استقل عن المطلق الديني، أصبح في الواقع هو ذاته المطلق العلماني الجديد أو الركيزة النهائية للنسق العلماني. ومن هنا حديث مكيافيلي عن الأمير وكأنه الخالق، وحديث هوبز عن الدولة/ التنين: هذا الوحش أو الإله العلماني الجديد الذي سيقدسه الجميع[1].

وبعد سقوط الملكيات المطلقة احتفظت الدولة العلمانية القومية المركزية بصفة المطلقية، فما سقط هو الإطلاق السياسي للملكية وليس المطلقية المعرفية للدولة، ومن ثم أصبحت الدولة هي الإله أو على الأقل المطلق (واجب الوجود) الذي يفسر كل شيء ويشكل الركيزة النهائية للنسق المعرفي والأخلاقي، وهي كيان لا يمكن محاكمته من منظور مجموعة من القيم خارجة عنه متجاوزة له. (وعلى عكس النموذج الديني، حيث توجد دائمًا القيم المطلقة المتجاوزة لجماعة المؤمنين، والتي يمكن محاكمتهم من منظورها). وبسبب مطلقية الدولة نجد أن الشعائر شِبه الدينية التي أحاطت الملوك المطلقين انتقلت إلى الدولة المطلقة (بالمعنى المعرفي وليس بالمعنى السياسي).

وكان من نتيجة هذه التطورات المعرفية وسيادة أيديولوجية التنوير الوضعية أن شاع بأنه يمكن الفصل بين الظواهر في قطاع الطبيعة والبشر، إلى الحد الذي ينشئ لكل وضعية أو موضوع، علمًا أو منهجًا قائمًا في ذاته (أوغست كونت مثالًا) وإلى الحد الذي يجعل من الظواهر البشرية قطاعات متميزة ومنفصلة أشبه بأفلاك أو دوائر مغلقة.

وفي هذا السياق التفكيكي والتجزيئي للظواهر[2]، وهو سياق تاريخي-اجتماعي، يبدو

(1) انظر المسيري: العلمانية رؤية معرفية، مرجع سابق.

(2) بحسب قول عبد الوهاب المسيري: موسوعة اليهود، مرجع سابق.

أنه كان ضروريًا في أوروبا يومذاك التشديد على الفواصل والعوامل والكيانات بما هي عناصر أو ميادين وحقول ذات خصائص وجواهر وأهداف ووسائل للنظر والفهم والتأثير.

ولعل الفصل بين الدين والسياسة جاء في هذا السياق التفكيكي والتجزيئي نفسه. والملاحظ أن التجربة الفرنسية قدَّمت الأنموذج العالمي لهذا الفصل الذي يبدو كشرطٍ للديموقراطية وركنٍ للمجتمع المدني في كل مكان. في حين أن الدراسة الموسَّعة والمعمَّقَة، تطرح تساؤلات كثيرة حول مدى صحة تعميم هذا الفصل بالنسبة إلى تواريخ البلدان الديموقراطية الغربية نفسها، كما بينت دراسات ماكس فيبر في مطالع القرن العشرين، كما تطرح تساؤلات أكثر حدة وإلحاحًا بالنسبة إلى التواريخ غير الغربية، لا لجهة مدى صحة التعميم على التاريخ فحسب، بل لجهة مدى واقعيته من زاوية اجتماعية وسياسية وثقافية أيضًا.

فاصلة: حوارات مطلوبة لتوضيح الْمُراد

العلمانية إذن وبالعموم موقف دنيوي وضعي بشري وعقلاني وديموقراطي مدني، وهو موقف لا يمكن تجريد الدينيين والمتدينين منه. بل إنه كما نلاحظ لدى الأكثرية من الاتجاهات الإسلامية أو المسيحية المعاصرة، حاضر في توجيهاتهم ودعواتهم، والعلمانية من جانب آخر موقف عقيدي وفلسفي ومناهض للدين في كل مستوياته الفطرية والمؤسسية معًا، وهو موقف له أصوله في بعض المدارس الأوروبية في مرحلة معينة من مراحل التاريخ. وباعتقادي فإن الحوار الواجب خوضه هو بين هذين الموقفين لجلاء أمر ما نتحدث عنه وتوضيح مقاصدنا.

أما الحوار الآخر الواجب خوضه فهو بين الموقف الديني (الرسمي والشعبي) السائد في البلاد العربية-الإسلامية والذي يدمج مستويات التدين بالسياسة دمجًا كليًّا فيجتمع «الديني» و«السياسي» معًا، ويتوحدان في مفهوم الحق الإلهي (القروسطي) أو في «الحاكمية الإلهية»، (وفقًا لمصطلح المودودي وسيد قطب وبعض الحركات الإسلامية) وبين الموقف الديني المجدد والمتنوِّر الذي يرى في السياسة حقلًا لتجليات الاجتماع الديني بما يحمله هذا من إيمان الفطرة وأخلاقيات العبادة ومسلكيات التدين، وهي أمور تشكل في مجموعها حال استنهاض للسياسي الاجتماعي.

4- الدولة بين الغرب والعرب

تطورت الدولة في الغرب من الملوكية الإلهية ثم المطلقة التي تعتبر الرعية عبيدًا ليس إلا، إلى فكرة العقد بين الملك والرعية، ولعل بطلي هذا التطور في الفكر الغربي هما توماس هوبز وجون لوك، ثم تطورت فكرة العقد بين الملك والرعية إلى فكرة عامة لتعاقد اجتماعي كما لدى مونتسكيو وجان جاك روسو، أو إلى علاقات اجتماعية بين قوى متناقضة متحدة كما لدى هيغل وماركس.

يطرح «إنغلز» منظورًا محددًا يحمل في آن واحد معنى الاتفاق والصراع، وكيف يفرز المجتمع هذا التنظيم الرئيسي بقوله: «نتجت الدولة كنتاج للصراع الطبقي بعد أن وصل المجتمع إلى تناقض غير قابل للحل.. ولكيلا يستهلك المجتمع نفسه في صراعات لا فائدة منها، كان لا بد من إيجاد قوة يبدو أنها تقف فوق المجتمع من أجل تهدئة النزاع والحفاظ عليه في حدود «النظام»، وأن هذه السلطة أو القدرة المتنامية -ولكن الواضعة نفسها فوق المجتمع والمبتعدة عنه أكثر فأكثر- هي الدولة»[1].

وانطلاقًا من مفهوم «العقد الاجتماعي» أو «الصراع الاجتماعي» رأى الغربيون «الدولة» من خلال المعايير التي اعتادوا عليها حسب خط التطور الأوروبي بكل المفاهيم التي حملها هذا الخط. لذلك حملت الدولة سمات محددة يلخصها «إنغلز» بسمتين رئيسيتين يقول إنهما تسمان كل دولة، وهما قيامها على رابطة الموقع وتأسيسها السلطة العامة. يقول «إنغلز»: «إن هذه المنظمة للمواطنين حسب الموقع التي توقفت عن التطابق المباشر مع التنظيم السكاني نفسه كقوة مسلحة.. وإنه للحفاظ على هذه السلطة العامة فإن مساهمة المواطنين تصبح ضرورية (الضرائب)»[2].

وهكذا تشكل مفهوم «الدولة»باعتبارها تقوم على رابطة الإقليم، وتقيم سلطة عامة لا

---

(1) Fredrick Engels. Origin of the Family, Private Propriety and State. Selected Works. Progress Press. Moscow. V3., p. 327.

فريدريك إنغلز: أصل العائلة والملكية الخاصة والدولة، بالإنكليزية، المؤلفات المختارة، المجلد 3، دار التقدم موسكو، لات، لام، ص 327. هناك ترجمة عربية قديمة أنجزها أديب يوسف، دار الفارابي ودار الكتاب العربي، لا مكان نشر ولا تاريخ نشر، والأرجح بحسب مقدمة المترجم دمشق 1958، ولكنها ناقصة.

(2) نفس المرجع، الطبعة الأصلية الإنكليزية، ص 327.

تتطابق مع التنظيمات العفوية والطبيعية للجماعات، وتأخذ الضرائب للحفاظ على هذه السلطة التي تقوم على مفهوم «المواطنين»... أي سلطة فئة قليلة من السكان أو المجتمع، فالدولة كما رآها إنغلز هي في المحصلة «منظمة الطبقة المالكة لحمايتها ضد الطبقة غير المالكة..»[1].

ويقول إنغلز أيضًا: «في معظم الدول التاريخية فإن حقوق المواطنة هي بجانب أمور أخرى، تتوزع حسب ثروتهم، فيترجم هذا الأمر مباشرة حقيقة أن الدولة هي منظمة للطبقة المالكة لحمايتها ضد الطبقة غير المالكة. وهذا ما كان عليه الحال في الدول الإقطاعية للقرون الوسطى، حيث تتجه السلطة السياسية إلى التطابق مع حجم الأراضي المملوكة. ونراها في التصنيفات الانتخابية للدول التمثيلية المعاصرة»[2].

فإذا أردنا تلخيص ما تقدم فسنرى ما يلي:

إن الدولة هي الثمرة الرئيسية للتنظيم الاجتماعي سواء في حالة صراعه أو اتفاقه.

يقوم مفهوم الدولة على رابطة الإقليم بعد تدميرها لرابطة الدم.

تقوم السلطة العامة للدولة على مفهوم المواطن الذي يلخصه مفهوم الطبقة أو الإقليم.

والدولة بالمفهوم الغربي تحمل معني الثبات (state) أو (Etat) عن اللاتينية (Status).. أما في المفهوم اللغوي العربي فهي «الانتقال من حال إلى حال»[3]، ﴿وَتِلْكَ الْأَيَّامُ نُدَاوِلُهَا بَيْنَ النَّاسِ﴾[4]، وقالوا: «دواليك أي مداولة على الأمر... ودالت الأيام أي دارت... والله يداولها بين الناس... (وتداولته الأيدي) أخذته هذه مرة وهذه مرة...إلخ.

المهم التقاطه هنا ليس مفهوم الثروة بل مفهوم المواطن.. لأن إنغلز سيؤكد في مكان آخر أن مفهوم الثروة ليس الأساس. فالدولة تقوم على مفهوم المواطن والمواطنة القائم على رابطة الموقع، والذي يربط (أي مفهوم المواطن) إما بالطبقات المالكة أو بسكنة مدينة أو إقليم معين (روما مثلا). أما بقية السكان فلا يدرجون تحت صفة المواطنة، وسنرى أن هذه الأمور تشير بمجملها إلى خط تطور يختلف عن خط التطور كما جرى في التجربة

(1) نفسه، ص 327.

(2) نفسه، ص 329.

(3) ابن منظور: لسان العرب، دار صادر، بيروت، 1968، في 15 جزءًا، ج11، ص 252.

(4) سورة آل عمران، 140.

الإسلامية، والذي يقوم أولًا لا على أساس «المواطنة»ولا على أساس «الملكية» بل على أساس الولاء لدين أو لعصبية [1].

5- بين المجتمع الأهلي والمجتمع المدني

يمكن القول بأن مفهوم المجتمع المدني (ونشأته وتطوره) قد جاء مقترنًا بولادة الدولة الحديثة (نشأتها وتطورها). وهناك قواسم مشتركة تناولها الفكر الغربي أثناء صياغته لمفهوم المجتمع المدني، وذلك منذ العقد الاجتماعي وحتى أطروحات غرامشي. فالمجتمع المدني يظهر باعتباره رابطة اختيارية يدخلها الأفراد طواعية والعضوية فيها غير قائمة على الإجبار، وينضم إليها الأفراد بمحض إرادتهم إيمانًا منهم بأنها قادرة على تلبية مصالحهم والتعبير عنهم. ويتكون المجتمع المدني بهذا المعنى من المؤسسات الإنتاجية والطبقات الاجتماعية والمؤسسات التعليمية والدينية والنقابات العمالية والروابط والأحزاب السياسية والنوادي الثقافية والاجتماعية. أما استقرار المجتمع المدني وتمتعه بوحدته وأداؤه لوظائفه فهي مرتبطة وملازمة للدولة والمجتمع السياسي. وعند قيام المجتمع المدني فليس بالضرورة أن تكون الدولة ديمقراطية ولكنها غير مطلقة السلطة وهي تخضع أثناء أداء مهامها لقواعد عقلانية. وتتمتع مؤسسات المجتمع من حيث المبدأ باستقلالية نسبية من النواحي المالية والإدارية والتنظيمية (عن الدولة) وبالتالي فهي تجسد قدرة أفراد المجتمع على تنظيم نشاطاتهم بعيدًا عن تدخل الدولة. غير أن الدراسات الاجتماعية والسياسية المعاصرة قد أخذت تصب الاهتمام تدريجيًا على اكتشاف الممارسات الاجتماعية (مدرسة فرنكفورت: أدرنو – ماركوز – هابرماس) وعلى التركيز على الرأسمال الرمزي والفاعلين الاجتماعيين (بيار بورديو) مما دفع بالحوار حول المجتمع المدني والديمقراطية وحقوق الإنسان باتجاه اكتشاف وتوسيع آفاق الفهم الديمقراطي عبر ربطه بالعدالة الاجتماعية (مفهوم شومسكي) واستنباط أشكال جديدة من الفهم والممارسة تبقى مفتوحة على مختلف الممكنات...

وقد استخدم المثقفون العرب مصطلح مجتمع مدني في تقابل عدائي مع «المجتمع الأهلي»

---

(1) انظر عادل عبد المهدي: الثوابت والمتغيرات في التاريخ الاقتصادي للبلاد الإسلامية، الدار العربية للعلوم، بيروت، 2009، والكتاب في الأصل أطروحة دكتوراه كان نشرها صاحبها عام 1982 في بيروت.

أو الأصلي – التقليدي. ففي وعي المثقف العربي الحديث (وبغض النظر عن التصاق المصطلح بالتجربة الغربية وبالممارسة الديمقراطية العلمانية الليبرالية) فإن «المجتمع المدني» هو القيِّم على الشأن الخاص المتعلق بالفرد وحياته الشخصية، وهو القائم على البنى والتنظيمات الحديثة بمواجهة أو في مقابل المجتمع الأهلي أو البنى التقليدية القديمة من دينية وعشائرية ومناطقية، الأمر الذي يجعل المصطلح كما يستخدمه المثقف العربي شديد الالتصاق بالعلمانية وبتشكل حقوق المواطن ووعي هذا الأخير مواطنيته في اجتماع سياسي مدني على النمط الغربي، حيث المدني مواجِه للديني من جهة وللسلطة التوتاليتارية (أو العسكرية) من جهة أخرى، فيكون المجتمع المدني قيِّمًا أيضًا وفي آن معًا على الحرية والديمقراطية في مواجهة السلطة والدولة، وعلى الحداثة والتقدم في مواجهة الدين والبنى التقليدية. فيكون بالتالي هو آية انتصار العلمنة في المجتمع[1]...

والحقيقة أن هذا الاستخدام يثير إشكالية أساسية هي لغوية مفاهيمية. ففي حين أننا نجد في اللغات الأجنبية الغربية تطابقًا وتدرجًا في الاشتقاق اللغوي والمفاهيمي معًا بين مصطلحات: (civique-civile-cité) و(citoyen)، فإن تعبير المواطنة الذي شاع استخدامه لترجمة (Citoyenneté) يخرج عن المدنية والمدني ويستعير تعبير الوطن كأساس للاشتقاق... وهذا أمر لا يعكس فحسب إشكالًا لُغويًا وإنما أيضًا إشكالًا مفاهيميًّا في المصطلح. من هنا تفضيلنا استخدام المصطلح الذي شاع في تراث العرب والمسلمين والصادر عن اجتماعهم السياسي وهو المجتمع الأهلي، بما هو وعاء لبشر ينتجون سياسة وثقافة وسلعًا وعلاقات تبادل في علاقاتهم بالدولة بما هي هيئة حاكمة ومنظمة وضابطة لعلاقات هؤلاء البشر. إن هذا يجعلنا نقرر بأن مصطلح المجتمع الأهلي في التاريخ الاجتماعي السياسي العربي هو الذي يوازي مفهوم المجتمع المدني الحديث من حيث دلالة استقلالية المجتمع عن الدولة عبر مؤسسات ومنظمات مستقلة أو شِبه مستقلة أو وسيطة.

إن هذا لا يعني استبدال أو المفاضلة بين مؤسسات حديثة ومؤسسات قديمة، ولا التبشير بنموذج تاريخي ناجز أو العودة إلى الأصول التاريخية بقدر ما نهدف إلى إيجاد واستخدام مصطلح ومفهوم يعبِّران عن حقيقة الانتظام الاجتماعي والمجتمعي في بلادنا.

وهكذا يبدو المجتمع المدني أو الأهلي، نمطًا في تنظيم المجتمع يتعلق بعلائق الأفراد

---

(1) انظر: عزمي بشارة: المجتمع المدني: دراسة نقدية، مركز دراسات الوحدة العربية، بيروت، 1998.
كريم أبو حلاوة: إشكالية مفهوم المجتمع المدني – دار الأهالي – دمشق 1998.

فيما بينهم لا بصفتهم مواطنين في دولة ولكن من حيث هم منتجون لأوضاعهم المعيشية ولمعتقداتهم ومقدساتهم وحرماتهم. ويبدو أيضًا مُسمى يُطلق على البنى والتنظيمات المختصة والمنتجة لأوضاع الناس العائلية والاجتماعية والاقتصادية والدينية والخارجة عن اختصاص سلطة الدولة.

غير أن التجربة اللبنانية كانت قد سمحت بتطوير مفاهيم أخرى وخطوط عمل مختلفة عن تلك التي طوَّرها الإسلاميون المصريون والإيرانيون على سبيل المثال... انطلق هذا التطوير اللبناني من إلقاء الضوء مبكرًا على خصوصية التجربة العربية والإسلامية في مجال مشاركة الناس في التنظيمات والجمعيات والمؤسسات الأهلية المستقلة عن الدولة[1].

وتشير كلمة الأهلي والأهلية على معانٍ مهمة في اللغة العربية مثل الارتباط بالقاعدة العريضة من السكان وتعبيرها عن مبادرات صادرة عن تلك القاعدة من المجتمع وليس الدولة. وقد تنوعت الصياغات التنظيمية لتلك الخبرة الغنية وتوسعت وامتدت إلى المفاهيم والفلسفة التي تحدد توجهات المجتمع الأهلي وتؤثر عليها. فلم تعد مقتصرة على مفهوم الخيرية، والرعاية الاجتماعية (وهما شكَّلا المنطلق الأساسي للمجتمع الأهلي) وإنما تعدته إلى طرح التنمية والمشاركة الشعبية إلى إعادة النظر في المفهوم نفسه بناء على التجربة الغربية ذاتها. ذلك أن جزءًا كبيرًا من مظاهر المجتمعات الغربية قد تحولت أو هي قيد التحول ولم تعد مفاهيم المجتمع المدني التي نشأت في حالة نقض للطابع الديني للدولة وللسياسة صالحة لفهم الحوار والنقاش الثري الجاري في الغرب منذ التسعينيات، حيث احتل الدين مثلًا دورًا أساسيًا في مناهضة سلطات الدولة في أوروبا الشرقية وفي الصراع مع الحزبية البيروقراطية اللادينية (مثال بولندا خصوصًا ودور الكنيسة في قيادة المجتمع المدني ضد مجتمع وسلطة الحزب الحاكم)... كما عاد مع البابا يوحنا بولس الثاني وتحركاته الدور المحرك للكنيسة في المجتمع باتجاهات الديمقراطية والعدالة الاجتماعية وحقوق الإنسان والتصدي للقهر الاجتماعي والطبقي وللتمييز العنصري وللرأسمالية المتوحشة والعولمة... إن الأطروحة

---

(1) انظر بهذا الصدد: مجلة الوحدة التي صدرت في بيروت عام 1980-1981، ومجلة الغدير التي أصدرها موسى الصدر أولًا عام 1976-1977، ثم أعاد محمد مهدي شمس الدين إصدارها في 1981-1982، ثم توليتُ أنا إصدارها بإشراف الشيخ محمد مهدي شمس الدين 1990-2000، وهذه المجلات ساهمت في إبراز كتابات موسى الصدر ومحمد مهدي شمس الدين إلى جانب أقلام عادل عبد المهدي، وفاضل رسول، ورضوان السيد، ووجيه كوثراني، وحسن الضيقة، ونظير جاهل، ومحمد دكروب، وهاني فحص، ومحمد حسن الأمين.

التي تحصر مفهوم المجتمع المدني في قالب الفلسفة الليبرالية (أو المادية) المعادية للدين وللجماعات هي مما تجاوزه الزمن والواقع في أوروبا الغربية بالتحديد، حيث العودة إلى مفاهيم التنوع والتعدد واحترام الاختلاف، وحيث يطرح الوجود الإسلامي إشكالات وأسئلة جديدة لا يقدر المعنى العلماني القديم على مواجهتها، حيث كان يرى كل تعبير ديني بُعدًا ثيوقراطيًّا ورمزًا رجعيًّا ينبغي معاداته وسحقه بالدعوة إلى استقلالية الدين عن الدولة، بل إلى فصله عن السياسة المدنية. إن هذه النظرة الأحادية المدمرة للمجتمع وللسياسة المدنية معًا هي مما يقود إلى احتكار فئوي للسلطة، أداته الحكم العسكري. وهي مما تخلى عنه الغرب حيث عاد الدين يلعب دورًا بارزًا في السياسة من خلال مؤسساته التي هي جزء من المجتمع المدني لا خارجة عنه ولا نقيضة له، ومن خلال الدعوات الكونفدرالية الأوروبية التي تعيد طرح مسألة العلاقة بين المجتمعات المتعددة وبين تعبيراتها السياسية والثقافية[1].

6- نحو اجتهاد إسلامي مطابق للواقع المعاصر

في مقابلةٍ شهيرة أجراها معه «وجيه كوثراني» في مجلة منبر الحوار، حول العلمانية والإسلام[2] قال الشيخ محمد مهدي شمس الدين: «يمكن أن نتصوَّر ونرسم مخططًا لدولة إسلامية لا تفترق عن أي دولة مدنية حديثة. فلنسمِّها علمانية إذن، ومع الحفاظ على الخلفية الفلسفية للتشريع.. ومع الحفاظ على السمات العامة التي تميِّز المسلم عن غيره وخصوصية السمات الثقافية موجودة في كل حضارة ولدى كل مسلم». ودعا الشيخ إلى «توليد علمانيتنا الخاصة بنا، وحداثتنا الخاصة بنا، وأن ننتج ديموقراطيتنا»، وولاية الأمة على نفسها، وأن نقتبس في ذلك من الغرب «لأن الخير في كل حضارة هو «أحسن قولها» (بحسب التعبير القرآني) أو هو أفضل تجاربها (بحسب تعبيراتنا المعاصرة)».. وقال الشيخ محمد مهدي شمس الدين أيضًا: «الخشية القائمة الآن لدى العلمانيين لها ما يبررها إذا ما أردنا أن ننتج

(1) انظر خصوصًا عودة كتابات يوهانس ألتوسيوس والحوارات حول الفدرالية في أوروبا وأميركا: يوهانس التوسيوس Johannes Althusius راجع العدد الخاص عنه في مجلة كرايزيس Krisis (الصادرة في باريس وأبرز محرريها آلان دو بنوا)، العدد 22، مارس 1999... وفي مجلة تيلوس Telos التي تصدر في نيويورك منذ أكثر من ربع قرن، وأبرز محرريها روبيرتو داميكو وبول بيكوني.

(2) محمد مهدي شمس الدين: في حوار مع وجيه كوثراني. مجلة منبر الحوار، بيروت، العدد 34، خريف 1994، الصفحات 10-32.

دولة على غرار تلك الدول المسماة إسلامية: دولة شمولية، بالمصطلح الحديث، أو دولة سلطانية بالمصطلح التاريخي. أنا كفقيهٍ مسلمٍ وإسلامي لا أوافق أبدًا على دولة من هذا القبيل ولا أراها إسلامية، وأفضل عليها أي صيغة تتم برضى الناس واختيارهم»[1].

والحال أن «الإصلاح الديني الذي كان شرطًا من شروط النهضة الأوروبية، غاب عن النهضة العربية والإسلامية أو أن بواكيره أُجهضت مع مقتبل النهضة الدستورية على يد الحزبية الإسلامية السلطوية وعلى يد الحزبية القومية الانقلابية التوتاليتارية»[2].

غير أني أعتبر المسؤول الأول عن إجهاض النهضة الدستورية (في حركة الدستورية والمشروطة والوفد وغيرها من التجارب) هو الحزبية القومية الانقلابية والعسكرية والتوتاليتارية حين لم تكن الحزبية الإسلامية قد ولدت بعد، أو أنها ولدت جوابًا عكسيًّا على هذا الإجهاض.

ومن جهة أخرى فقد كان أبرز ما يواجه عمليَّة عقلنة وعصرنة الفكر السياسي الإسلامي (والواقع الإسلامي نفسه)، ذلك التعارض المطلق الذي أقيم بين الهويَّات المختلفة (لبنانيَّة - سوريَّة - عربيَّة - إسلامية - شيعيَّة - سُنِّيَّة - مناطقيَّة - عشائريَّة - عائلية...إلخ، في لبنان كمثال). وكان على المفكرين العرب والمسلمين أن يشتغلوا على ضرب الموهومات الفكريَّة/ النظريَّة المبرِّرة للتهويمات ما فوق قوميَّة التي عُرفت بها الحركات القوميَّة والإسلاميَّة في لبنان والبلاد العربية. لقد واجهنا قضيَّة «التجزئة» (العزيزة على فكر القوميين والإسلامويين) بنفس العقليَّة الموروثة عن مرحلة سايكس - بيكو، ولم ننتبه إلى اعتبار أن الاجتماع العربي الإسلامي لا يقوم على أساس وحدة اندماجية على غرار الوحدات القوميَّة الأوروبيَّة... وأننا عالجنا بالتالي قضية الوحدة في مقابل التجزئة علاجًا خاطئًا عمَّقها وشجَّع القُطْرية الإقليمية وخلق أنظمة مصالح متناقضة بدل أن يخلق فضاءً أوسع للتنوُّع مع التركيز على بناء نظام مصالح متكامل.

ذلك أن «الأمَّة» انتزاع تجريدي، وهذا التجريد لا أساس فقهي له، كما أنه لا قيمة علميَّة له. فالأمَّة خاضعة واقعيًّا لتقسيمات وكيانات وأنظمة مصالح. وهذا الانقسام الواقع عمل مشروع ومبرَّر فقهيًّا إذا لم يصادم نظام مصالح كيان ما نظام مصالح الكيانات والأنظمة

---

(1) انظر: محمد مهدي شمس الدين: الدولة والأمة والحركة الإسلامية، كتاب الغدير، بيروت 1994.

(2) انظر: وجيه كوثراني: بين فقه الإصلاح الشيعي وولاية الفقيه، دار النهار، بيروت، 2007.

الأخرى. ومقولة «الحكومة العالمية»، حتى في العصور الإسلامية السالفة، كلام غير دقيق، لا مشروعيَّة فقهيَّة له ولا مشروعيَّة علميَّة... وحتى الدولة النبوية الأولى فهي كانت دولة تتراوح بين الفدرالية والكونفدرالية.

نعم، المسلمون أمَّة واحدة هذا صحيح... لكن وجودهم في كيانات ودول وأوطان، هذا ليس فقط أمرًا واقعًا بل هو مشروع فقهيًا وتاريخيًا[1]... وفي موقفه هذا استعاد محمد مهدي شمس الدين ما سبق أن قرره الإمام الشيخ محمد رشيد رضا: «وأما بعد انتشار الإسلام واتساع رقعته وتباعد أطرافه، فمعلوم أنه قد صار في كل قُطْر الولاية إلى إمام أو إلى سلطان.. فاعرف هذا فإنه المناسب للقواعد الشرعيَّة والمطابق لما تدلُّ عليه الأدلة، ودع عنك ما يقال في مخالفته»[2].

وقد قرَّر محمد مهدي شمس الدين بأنَّ الدولة في زمن الرسول لم تكن دولة مركزية وإنما اتحادية.. لا بل كان أول من لفت الانتباه إلى تجاهل الإسلاميين الحركيين لصحيفة المدينة، أول عقد اجتماعي مدني صاغه الرسول وأسس للاجتماع السياسي وللدولة الإسلامية النبوية على أسس مدنية... أما بعد الرسول فلم توجد أبدًا حكومة إسلاميَّة عالميَّة.. ومن هنا فإن التهويل بأن المسلمين يصيرون مقسَّمين في كيانات ودول هو أمر سخيف... فلا يوجد في الإسلام تشريع يفرض على المسلمين أن يكونوا قالبًا واحدًا يتحرَّكون بأزرار.. «إن أي اتجاه تنظيمي يدعو إلى مركزة الأمور هو اتجاه مخالف للشرع، فيما المطلوب اليوم هو تطوير الفقه السياسي حول الأمَّة والدولة والوطن تطويرًا مبنيًا على الواقع التشريعي والواقع التاريخي، وليس على التجريد.. فالكلام عن الخلافة والحكومة العالمية كلام تجريد يصلح للشعر وليس للفقه.. إنه من قبيل دعاء الشيعة في بكائهم على الحسين وأهله: «يا ليتنا كنَّا معكم لنفوز فوزًا عظيمًا». جميل جدًّا.. ورائع جدًّا.. بالمعنى الإنساني التجريدي.. ولكننا لم نكن معهم.. وُلِدْنَا في زمان غير زمانهم.. والفاصل بيننا وبينهم 1400 سنة! فماذا نفعل؟»[3].

---

(1) شمس الدين، الدولة والأمة، مرجع سابق.

(2) في كتابه الشهير «الخلافة»، المطبعة الأميرية بمصر - 1296 هجرية، ص413.

(3) شمس الدين: الدولة والأمة، مرجع سابق.

7- ما معنى الدولة المدنية؟

الدولة هي في جوهرها جهاز إدارة وضبط للنشاطات المشتركة في مجتمعٍ ما، وليس لها -في ذاتها- أي غاية من شأنها أن تتقدم بها أو تستمد منها شرعيتها. فالشرعية التي تمتلكها هي شرعية وظيفيَّة محضة. ولا يمكن الحكم على هذه الدولة إلا من خلال اعتماد مقاييس الفعالية والمردودية للنظر في نتائج إدارتها للنشاطات المشتركة في مجتمعها. وهذا الأمر يجري يوميًّا في أي دولة تتمتع بحدٍّ أدنى من الديمقراطية، حيث يتركز البحث السياسي حول مسألة ارتفاع الضرائب وتنظيم النقل المشترك وزيادة الأجور وتوسيع المطارات... إلخ، لكن ما إن تنشأ مشكلة تتخطى هذا الجانب الإداري كمسألة تحويل المجتمع الغربي إلى مجتمع استهلاكي، أو مشكلة استخدام الطاقة الذرية، أو أي أمر يتعلق بالحرب والسلم مثلًا حتى يجد المواطن الغربي نفسه عاجزًا عن إعطاء رأي إلا إذا استعان بفلسفة أو رؤية للعالم لم تعد الدولة تعترف بها كمرجعٍ ذي قيمة، منذ أن قرر الغرب فصل الدين عن الدولة واعتبار الوسائل التي تستخدمها الدولة أمرًا قائمًا بحد ذاته لا علاقة له بالغائيات التي يؤمن بها المجتمع. إن الغرب في الواقع لم يفصل الدين عن الدولة بل استبدل بالدين نظرية جديدة تقول بأن سعادة الإنسان وانفتاحه مرتبطان بقدرته على السيطرة على الطبيعة. إن هذا الإيمان المطلق بالتقدم الذي حل محل الدين هو الذي تعتبره الدولة العلمانية مصدر شرعيتها. الدولة في الغرب هي دولة تحكم أفرادًا مجرَّدين، لأنهم أحاديو البُعد ولا ينظر إليهم إلا انطلاقًا من صفتهم الإنتاجية. أما الدولة التي نبغي فلا يمكن إلا أن تكون نسبية؛ لأن الأفراد الذين تمثلهم كائنات ملموسة لا يختزل بُعدهم الإنساني بدورهم في سيرورة الإنتاج. إن الدولة المطلقة هي الدولة التي تمثل أفرادًا مجرَّدين لا يعبِّرون عن رأيهم إلا فيما يتعلق بالوسائل، لا بالغايات، فمثل هذه الدولة المطلقة ليست موجودة في الشرق. ذلك أن الدولة هنا لم تنجح -كما حدث في الغرب- في تفكيك النسيج الاجتماعي التقليدي. فالبنى التي يتشكل منها هذا النسيج حافظت على وجودها برغم كل الجهود التي بذلتها النخب التحديثية لتلغي الفروقات والتمايزات التي تقوم عليها خصوصية هذا المجتمع القديم بعلاقة ثنائية بين الدولة والأفراد. لكن هذه البنية القديمة التي لا تشكل فقط ملاذًا بل تشكل أيضًا نظام قِيم ومرجعيات، استمرت على هامش الحياة السياسية وتمكنت في مرحلة لاحقة من استيعاب البنى الجديدة (الدولة والإدارة والأحزاب) التي لم تعد اليوم

-وفي معظم الأحيان- سوى مجرد تعبير سياسي عن هذه البنى التقليدية سواء إن كانت طائفية أم أَقَلَّوِيَّة أو عائلية أم إثنية.

وإذا كانت الدولة العلمانية تزعم أنها تستطيع احتواء الدين، فإن الدولة الدينية -فيما يعنيها- تطمح إلى اختزال الدين إلى مضمار الدولة. فبدل أن يحدد الغائيات، تحول الدين إلى مجرد مقياس للوسائل التي ينبغي أن تتوسلها الدولة لضمان حسن سيرها. ولا تعود هذه الوسائل تربط بالنتائج التي يتم التوصل إليها، بل تكتسب بُعدًا غيبيًّا يقطع الطريق على أية إعادة نظر أو تشكيك. إن العلاقة بين الدين والدولة تكمن في إحلال التناغم والانسجام بين الوسائل التي تستخدمها الدولة لتأمين إدارة النشاطات المشتركة في المجتمع وضبطها، والغايات التي يعينها لها الدين. فهذا الأخير ليس عقيدة مجردة ومستقلة عن كل شيء، بل يتم اعتباره الطريقة التي من خلالها يتوصل مجتمعٌ ما إلى وعي نفسه ووعي صلته بالطبيعة والعالم والكون. وبهذا المعنى فإن إحلال التناغم في الصلات بين الدولة والدين يعني تنظيم الصلات بين الدولة والمجتمع.

خاتمة ضرورية: ما العمل؟

بداية ينبغي الاعتراف بأنه لا يمكن في أي حال من الأحوال فصل الدين عن السياسة، في أي مجتمع من المجتمعات. فالمتدينون وغير المتدينين يعيشون معًا في مجتمع سياسي، ولا بد أن يتحركوا في هذا المجتمع انطلاقًا من أفكارهم ونصوصهم وتصوراتهم للعالم والكون والإنسان والمجتمع، وهذه كلها أمور تختلط بالسياسة أو تؤثر فيها. ولعل هذا ما قصده المصلحون المجددون في كلامهم عن دور عالم الدين في المجتمع وفي السياسة باعتبارها من شؤون المجتمع وليس الدولة وحدها... والفصل الْمُدَّعَى بين الدين والسياسة ليس إلا فصلًا صوريًّا أو شكليًّا، حصل في مرحلة من التاريخ، وتطبيقه الصارم لا يؤدي إلا إلى مزيدٍ من القمع (قمع المجتمع ونفيه وتغريبه من جانب نُخَب الدولة، مثال تجربة الأنظمة العربية مع الحالة الإسلامية ومع المجتمع عمومًا) أو إلى تعسف في استخدام القانون المدني (العلماني).

وبدل الدعوة إلى الفصل، دعا كبار المفكرين المسلمين أمثال الجزائري مالك بن نبي والعراقي النجفي حسين النائيني والإيراني مهدي بازركان واللبناني محمد مهدي شمس الدين

والعراقي الكردي فاضل رسول والمصري الشيخ محمد عبده (ومن بعده محمد الغزالي وطارق البشري ومحمد سليم العوا وفهمي هويدي) والسوداني حسن الترابي والتونسي راشد الغنوشي والمغربي علال الفاسي، إلى التمييز بين المستويين، بين السياسة والدين (وإلى الانسجام بينهما كما في وثيقة الوفاق الوطني اللبناني في الطائف 1989). ذلك «أن حدًّا فاصلًا دقيقًا ومرنًا ومتحركًا يقوم بينهما، يمكن أن تعبِّر عنه المعادلة الآتية: لا يمكن أن يتحول الدين سياسة، وإلا فقد جوهره الفطري الإنساني، وغابت قيمه العرفانية والأخلاقية، وضاعت ديناميته وحركيته التي تتجاوز كل سياسة وضعية، وذلك بفعل الضغط الاجتماعي واحتمال الانحراف البشري، ولا يمكن أن تتحول السياسة دينًا وإلا فقدت مبررها كسياسة مدنية وأصبحت أسيرة نص من النصوص أو مذهب من المذاهب أو طائفة من الطوائف»[1].

فالأصل الأول: أنه ينبغي ألا ينعزل الدين عن هموم المجتمع ومشاكله وقضاياه، وأن يكون له كلمة ومشاركة في السياسة والعمل السياسي.

والأصل الثاني: أنه يجب على السياسة أن تستلهم الدين في أخلاقيته وقيمه في حركة تقوى حوارية: تقوى الله وتقوى الأخوَّة الإنسانية، وتقوى الشعب والأمة.

والأصل الثالث: أنه يمكن تنظيم «الحد الفاصل بين الدين والسياسة»[2].

والأصل الرابع: ألا تستبد الدولة بالولاية وألا يتشتت المجتمع دون حكومة (بالمعنى الإسلامي)[3]... أي ألا يطغى طرف الدولة بِنُخَبها، وأيديولوجية نُخَبها، على المجتمع (مثال الدول العربية الاستبدادية عمومًا) وألا يخترق المجتمع بما يختزنه من تعددية وتنوع وصراعات ومصالح وحدة الدولة فيفككها إلى زعامات ومراكز طائفية ومذهبية وجهوية وفئوية (مثال لبنان وغيره).

---

(1) وجيه كوثراني: بين فقه الإصلاح الشيعي وولاية الفقيه، مرجع سابق.

(2) عنوان كتاب مهدي بازركان، ترجمه ونشره فاضل رسول، دار الكلمة، بيروت، 1979.

(3) انظر عادل عبد المهدي: الثوابت والمتغيرات في التاريخ الاقتصادي للبلاد الإسلامية، الدار العربية للعلوم، بيروت، 2009، والكتاب في الأصل أطروحة دكتوراه كان نشرها صاحبها عام 1982 في بيروت.

المصادر والمراجع

نظرًا للكم الكبير من المصادر والمراجع المستخدمة في هذا الكتاب ارتأينا الاقتصار على أهمها.

1- المراجع باللغة العربية

- ابن حزم الأندلسي الظاهري: الفِصَل في الملل والأهواء والنحل. تحقيق عادل بن سعد، دار ابن الهيثم، القاهرة، 2005.
- أبو الحسن الأشعري: مقالات الإسلاميين واختلاف المصلِّين. تحقيق محمد محيي الدين عبد الحميد، المكتبة العصرية، صيدا وبيروت، 1990.
- أبو الفتح محمد بن عبد الكريم الشهرستاني: الملل والنحل. تحقيق محمد عبد القادر الفاضلي، المكتبة العصرية، صيدا وبيروت، 2011.
- أحمد بن يحيى المرتضى: المنية والأمل في شرح الملل والنحل. تحقيق محمد جواد مشكور، مؤسسة الكتاب الثقافية، بيروت، 1988.
- الحسن بن موسى النوبختي: فرق الشيعة. تحقيق عبد المنعم الحفني، دار الرشاد، القاهرة، الطبعة الأولى، 1992.
- أكرم حجازي: الموجز في النظريات الاجتماعية التقليدية والمعاصرة. منشورات كلية الآداب، قسم علم الاجتماع، جامعة تعز. اليمن. 2002.
- بريان تيرنر: ماركس ونهاية الاستشراق. مؤسسة الأبحاث العربية، بيروت 1981.
- جورج بوليتزر: أصول الفلسفة الماركسية. تعريب شعبان بركات، المكتبة العصرية، صيدا وبيروت، د.ت.
- حسين مروة: النزعات المادية في الفلسفة العربية الإسلامية، دار الفارابي، بيروت، 2008.

- رضوان السيد: مفاهيم الجماعات في الإسلام. الطبعة الثالثة، دار جداول، بيروت، 2011.
- رشدي عليان، سعدون الساموك: الأديان؛ دراسة تاريخية مقارنة. دار الحرية، بغداد، 1976.
- روجيه عساف، المسرحة، أقنعة المدينة. دار المثلث، بيروت، 1984.
- سهيل القش: في البدء كانت الممانعة. دار الحداثة، بيروت، 1980.
- شكيب أرسلان: لماذا تأخر المسلمون ولماذا تقدم غيرهم؟ الطبعة الثانية، منشورات دار مكتبة الحياة، د.ت. الدار التقدمية، بيروت، 2010.
- عبد القادر جغلول: الإشكاليات التاريخية في علم الاجتماع السياسي عند ابن خلدون. دار الحداثة، الجزائر، الطبعة الثانية، 1981.
- عبد القاهر بن طاهر بن محمد البغدادي: الفرق بين الفرق. دار الكتب العلمية، بيروت، 2009.
- عبد الوهّاب خلاف: علم أصول الفقه. مكتبة الدعوة الإسلامية - شباب الأزهر، القاهرة، الطبعة الأولى، 1942.
- عزمي بشارة: الدين والعلمانية في سياق تاريخي. المركز العربي للأبحاث ودراسة السياسات، بيروت، 2013.
- عزمي بشارة: المجتمع المدني، دراسة نقدية. مركز دراسات الوحدة العربية، بيروت، 1998.
- علي حرب، التأويل والحقيقة. دار التنوير، بيروت، 1985.
- كارل ماركس: حول الهند والجزائر. تعريب شريف الدشوني، دار ابن خلدون، بيروت، 1980.
- كارل ماركس وفريدريك إنغلز: حول الدين. ترجمة زهير الحكيم، دار الطليعة، بيروت، 1974.
- كارل ماركس وفريديريك إنغلز: البيان الشيوعي. ترجمة العفيف الأخضر، دار ابن خلدون، بيروت، الطبعة الأولى، 1975.
- كليفورد غيرتز: تأويل الثقافات. ترجمة محمد بدوي، بيروت، المنظمة العربية للترجمة، 2006.

- لوثروب ستودارد: حاضر العالم الإسلامي. ترجمة عجاج نويهض، تعليقات الأمير شكيب أرسلان، دار الفكر، دمشق وبيروت، الطبعة الثالثة، 1971.
- محمد الخضري: أصول الفقه، المكتبة التجارية الكبرى، مصر، الطبعة السادسة، 1969.
- محمد عبد الله دراز: الدين: بحوث ممهدة لدراسة تاريخ الأديان. دار المعرفة الجامعية. الإسكندرية، 1990.
- مجموعة من الباحثين: إشكالية العلوم الاجتماعية. المركز القومي للبحوث الاجتماعية والجنائية، القاهرة، 1984.
- مكسيم رودنسون: التاريخ الاقتصادي وتاريخ الطبقات الاجتماعية في العالم الإسلامي. تعريب شبيب بيضون، دار الفكر الجديد، بيروت 1979.
- ميرتشيا إلياده: البحث عن التاريخ والمعنى في الدين. ترجمة سعود المولى. المنظمة العربية للترجمة، بيروت 2007.
- وجيه كوثراني: السلطة والمجتمع والعمل السياسي، من تاريخ الولاية العثمانية في بلاد الشام. مركز دراسات الوحدة العربية، بيروت، 1988.

2- المراجع باللغات الأجنبية

- Antoine Vergote. Religion, Belief and Unbelief. A Psychological Study. Leuven University Press. 1996.
- Auguste Comte, *Discours sur l'Esprit Positif*. Société Positiviste Internationale. Paris 1923.
- Auguste Comte: *Pensées et Préceptres*, recueillis par Georges Deherme. Paris 1924.
- Brent Nongbri. *Before Religion: A History of a Modern Concept*. Yale University Press. 2013.
- Bryan S. Turner, *Religion and Modern Society. Citizenship, Secularisation and the State*. Cambridge University Press 2011.
- Bryan S. Turner, *Weber and Islam. A Critical Study*, London: Routledge & Kegan Paul. 2nd edn.1998.

- Bryan S. Turner. *Religion and Modern Society. Citizenship, Secularisation and the State*. Cambridge University Press 2011.
- Bryan Turner, *For Weber. Essays on the Sociology of Fate*. London Routledge and Kegan Paul. 1981.
- Clifford Geertz. *"Religion as a cultural system". The interpretation of cultures: selected essays*. New York, Basic Books, 1973.
- Clifford Geertz. "Religion as a cultural system". *The interpretation of cultures: selected essays*. New York, Basic Books, 1973.
- Daniel Dubuisson. *The Western Construction of Religion: Myths, Knowledge, and Ideology*. Baltimore, Md.: Johns Hopkins University Press. 2007.
- Daniel L. Pals. *Eight Theories of Religion*. Oxford University Press. 2006.
- Danièle Hervieu-Leger, *La Religion pour mémoire*, Paris, Cerf, 1993.
- David Émile Durkheim, *Les formes élémentaires de la vie religieuse*, 1912.
- David Émile Durkheim, *Les Règles de la méthode sociologique*, Paris, Félix Alcan, coll. Bibliothèque de philosophie contemporaine. 1895.
- Edward Burnett Tylor. *Primitive Culture: Researches into the Development of Mythology, Philosophy, Religion, Art, and Custom*. Vol. 1. London: John Murray; 1871.
- Émile Durkheim, *Le Suicide: Étude de sociologie*, Paris, Félix Alcan, (1897), Presses universitaires de France, 1960.
- Émile Durkheim. *The Elementary Forms of the Religious Life*. London: George Allen & Unwin. 1915.
- Enzo Pace, *New Paradigms of Popular Religion*, Archives des Sciences Sociales des Religions., 1987.
- Erwan Dianteill. *Pieree Bourdieu et la Religion*. Archives des Sciences Sociales des Religions., 2002.
- Fustel de Coulanges, *La Cité Antique.* Silberman. Strasbourg,1864.
- Henri Hubert and Marcel Mauss; *Outline of a general theory of magic* (1902), translated by Robert Brain. Routledge. London & New York. 2001.
- Henri Hubert and Marcel Mauss; *Sacrifice: Its Nature and Function* (1899), translated by W.D. Halls ; foreword by E.E. Evans-Pritchard. [London]: University of Chicago Press, 1964.
- Ivan Strenski. *Thinking about Religion: An Historical Introduction to Theories*

of Religion. Malden, MA; Oxford, UK; Carlton, Victoria: Blackwell Publishing, Ltd. 2006.

- Jean Séguy, *Christianisme et société. Introduction à la sociologie de Ernst Troeltsch,* Le Cerf, Paris, 1980.
- Jean Séguy. *Christianisme et société. Introduction à la sociologie de Ernst Troeltsch*, Le Cerf, Paris, 1980.
- Jean-Paul Williaime, Sociologie des Religions. Que sais-je, PUF, Paris.1995.
- Johan Huizinga. *The Waning of the Middle Ages* (1919) Reprint of the Edward Arnold & Co., London, 1924 edition.
- John F. Wilson. *Religion: A Preface.* Prentice-Hall, 1982.
- John R. Hinnells, *The Routledge Companion to the Study of Religion.* London; New York: Routledge. 2005.
- John Raines, *Marx on Religion*. Philadelphia: Temple University Press. 2002.
- Jurgen Habermas and Joseph Ratzinger. *The Dialectics of Secularization: On Reason and Religion.* San Francisco: Ignatius. 2006.
- Jurgen Habermas. *Religion and Rationality. Essays on Reason, God and Modernity*. Cambridge, MA: MIT Press. 2002.
- K. J. Christianao, W. H. Swatos Jr and P. Kivisto, *Sociology of Religion. Contemporary Developments*, Altamira Press, Walnut Creek (Ca), 2002.
- K. Wittfogel : *Le despotisme oriental, étude comparative du pouvoir total*. Editions de Minuit, Paris. 1977.
- Karl Marx & Frederick Engels: *Études philosophiques*, Éditions sociales, 1977.
- Karl Marx & Frederick Engels: The *German Ideology*, Lawrence & Wishart, 1991 [1845].
- Karl Marx et Friedrich Engels: *sur la religion*. Textes choisis, traduits et annotés par G. Badia, P. Bange et Émile Bottigelli. Paris: Les Éditions Sociales,1968.
- Karl Marx. *Critique of Hegel's Philosophy of Right*. (1843): Cambridge University Press, 1970.
- Kevin J. Christiano; William H. Swatos; Peter Kivisto. *Sociology of Religion: Contemporary Developments* (2nd ed.). Lanham, Maryland: Rowman & Littlefield Publishers Inc. 2008.
- Lewis A. Coser. *Masters of sociological thought: Ideas in historical and social contex*. Harcourt Brace Jovanovich, New York, 1977, 2nd edition.

- Linda M. Whiteford; Robert T. Trotter II. *Ethics for Anthropological Research and Practice*. Waveland Press. 2008.
- Lloyd Ridgeon. *Major World Religions: From Their Origins to The Present*. Routledge. 2003.
- M. Weber, *Économie et Société*, Tome Premier (1921), Plon, Paris, 1971.
- M. Weber, *L'éthique protestante et l'esprit du capitalisme suivi d'autres essais*, édité, traduit et présenté par Jean-Pierre Grossein avec la collaboration de Fernand Cambon, Gallimard, Paris, 2003.
- M. Weber, *Sociologie des Religions.* Textes réunis et traduits par Jean-Pierre Grossein. Introduction de Jean-Claude Passeron, Gallimard, Paris, 1996.
- M.B. Mcguire, *Religion: The Social Context*, Wadsworth Publishing Company, Belmont (California), First Edition, 1981.
- Marcel Mauss: *Sociologie et Anthropologie*. Paris: Les Presses universitaires de France, 1ere edition. Paris 1950.
- Maurice Godelier: *La notion de « mode de production asiatique » et les schémas marxistes d'évolution des sociétés,* Paris, Centre d'études et de recherches marxistes, 1964.
- Maurice Godelier ; Centre d'études et de recherches marxistes (France) : *Sur les sociétés précapitalistes: textes choisis de Marx, Engels, Lénine.* Paris: Les Éditions sociales, 1970.
- Max Müller, *Natural Religion*. London: Longmans Green and Co. 1889.
- Max Müller. *Introduction to the science of religion*. London: Longmans Green and Co. 1882.
- Max Weber, *Ancient Judaism*. Glencoe: Free Press. 1952.
- Max Weber. *Économie et Société*, Tome Premier (1921), Plon, Paris, 1971.
- Max Weber. *Sociologie des Religions*. Textes réunis et traduits par Jean-Pierre Grossein. Introduction de Jean-Claude Passeron, Gallimard, Paris, 1996.
- Maxime Rodinson, *Islam and Capitalism*. Austin: University of Texas Press.1966.
- Michel Despland, La religion en Occident. Évolution des idées et du vécu, Fides, Montréal, 1979.
- Mircea Eliade. *The Encyclopedia of Religion* (2nd ed.). MacMillan Reference US. 2005.
- Olivier Roy, Généalogie de l'islamisme, Paris, Hachette, 1995.

- P. Gisel et J.-M. Tetaz (dir.), *Théories de la religion. Diversité des pratiques de recherche, changements des contextes socio-culturels, requêtes réflexives,* Labor et Fides, Genève, 2002.
- Paul Connelly. *Definition of Religion and Related Terms*. Dawnstar Advanced Research Collaborative (DARC (. City University of New York. 1996.
- Paul James & Peter Mandaville. *Globalization and Culture, Vol. 2: Globalizing Religions*. London: Sage Publications. 2010.
- Paul Tillich. *Dynamics of faith*. New York: Harper Perennial; 1957.
- Peter Harrison. *The Territories of Science and Religion*
- Pierre Bourdieu, *Choses dites*. Les Éditions de Minuit. Collection « Le sens commun », Paris 1987.
- Pierre Bourdieu*, Le Sens pratique*, Paris, Éditions de Minuit, 1980.
- Pierre Bourdieu. *La Distinction. Critique Sociale du Jugement.* Paris: Les éditions de Minuit. 1979.
- Pitirim A. Sorokin in Review, edited by Philip J. Allen (Durham: Duke University Press, 1963(.
- Radcliffe Brown: *Structure and Function in Primitive Society*. Cohen.London 1956.
- Robert Bocock and Kenneth Thompson (eds), *Religion and Ideology*. Manchester University Press.UK.1985.
- Robert S. Ellwood. *Introducing Religion: From Inside and Outside.* Englewood Cliffs, N.J.: Prentice-Hall, 1983.
- Roger Bastide. Elements de Sociologie Religieuse. A. Colin. Paris 1947
- Sabino Acquaviva et Enzo Pace, *La Sociologie des Religions*, Paris, Cerf,1994.
- Sabino Acquaviva, et Enzo Pace, La Sociologie des Religion.Les éditions du Cerf, Paris.1994.
- Seth D. Kunin, *Religion: The Modern Theories*. Edinburgh: University of Edinburgh. 2003.
- Seth D. Kunin. *Religion: The Modern Theories*. Edinburgh: University of Edinburgh. 2003.
- T. William Hall; Richard B. Pilgrim; R. Cavanagh. *Religion: An Introduction* Harper and Raw.San Francisco; 1st edition 1985.
- Talal Asad, *Genealogies of Religion: Discipline and Reasons of power in*

Christianity and Islam, Baltimore/London, The John Hopkins University Press, 1993.
- Timothy Fitzgerald. *Discourse on Civility and Barbarity*. Oxford University Press. 2007.
- Toby Huff, and Wolfgang Schluchter (eds.), *Max Weber & Islam.* New Brunswick: Transaction. 1999.
- Wilfred Cantwell Smith. *The Meaning and End of Religion*. Minneapolis: Fortress Press. 1991.
- William H. Jr Swatos. *Encyclopedia of Religion and Society*. AltaMira Press. 1998.
- William James. *The Varieties of Religious Experience. A Study in Human Nature.* Longmans, Green, and Co., 1902.